간호직

기출문제 정복하기

8급 공무원 간호직
기출문제 정복하기

개정4판 발행　　　2025년 01월 10일
개정5판 발행　　　2026년 01월 09일

편 저 자 | 공무원시험연구소
발 행 처 | ㈜서원각
등록번호 | 1999-1A-107호
주　　소 | 경기도 고양시 일산서구 덕산로 88-45(가좌동)
교재주문 | 031-923-2051
팩　　스 | 031-923-3815
교재문의 | 카카오톡 플러스 친구[서원각]
홈페이지 | goseowon.com

▷ 이 책은 저작권법에 따라 보호받는 저작물로 무단 전재, 복제, 전송 행위를 금지합니다.
▷ 내용의 전부 또는 일부를 사용하려면 저작권자와 (주)서원각의 서면 동의를 반드시 받아야 합니다.
▷ ISBN과 가격은 표지 뒷면에 있습니다.
▷ 파본은 구입하신 곳에서 교환해드립니다.

PREFACE
이 책의 머리말

모든 시험에 앞서 가장 중요한 것은 출제되었던 문제를 풀어봄으로써 그 시험의 유형 및 출제 경향, 난도 등을 파악하는 데에 있다. 즉, 최단시간 내 최대의 학습효과를 거두기 위해서는 기출문제의 분석이 무엇보다도 중요하다는 것이다.

'8급 공무원 기출문제 정복하기 - 간호직'은 이를 주지하고 그동안 시행된 기출문제를 과목별로, 시행처와 시행연도별로 깔끔하게 정리하여 담고 문제마다 상세한 해설과 함께 관련 이론을 수록한 군더더기 없는 구성으로 기출문제집 본연의 의미를 살리고자 하였다.

> 8급 공무원 최근 기출문제 시리즈는 기출문제 완벽분석을 책임진다. 그동안 시행된 국가직·지방직 및 서울시 기출문제를 연도별로 수록하여 매년 빠지지 않고 출제되는 내용을 파악하고, 다양하게 변화하는 출제경향에 적응하여 단기간에 최대의 학습효과를 거둘 수 있도록 하였다. 또한 상세하고 꼼꼼한 해설로 기본서 없이도 효율적인 학습이 가능하도록 하였으며, 모의고사 방식으로 구성하여 최종적인 실력점검이 될 수 있도록 하였다.

8급 공무원 시험의 경쟁률이 해마다 점점 더 치열해지고 있다. 이럴 때일수록 기본적인 내용에 대한 탄탄한 학습이 빛을 발한다. 수험생 모두가 자신을 믿고 본서와 함께 끝까지 노력하여 합격의 결실을 맺기를 희망한다.

STRUCTURE
이 책의 특징 및 구성

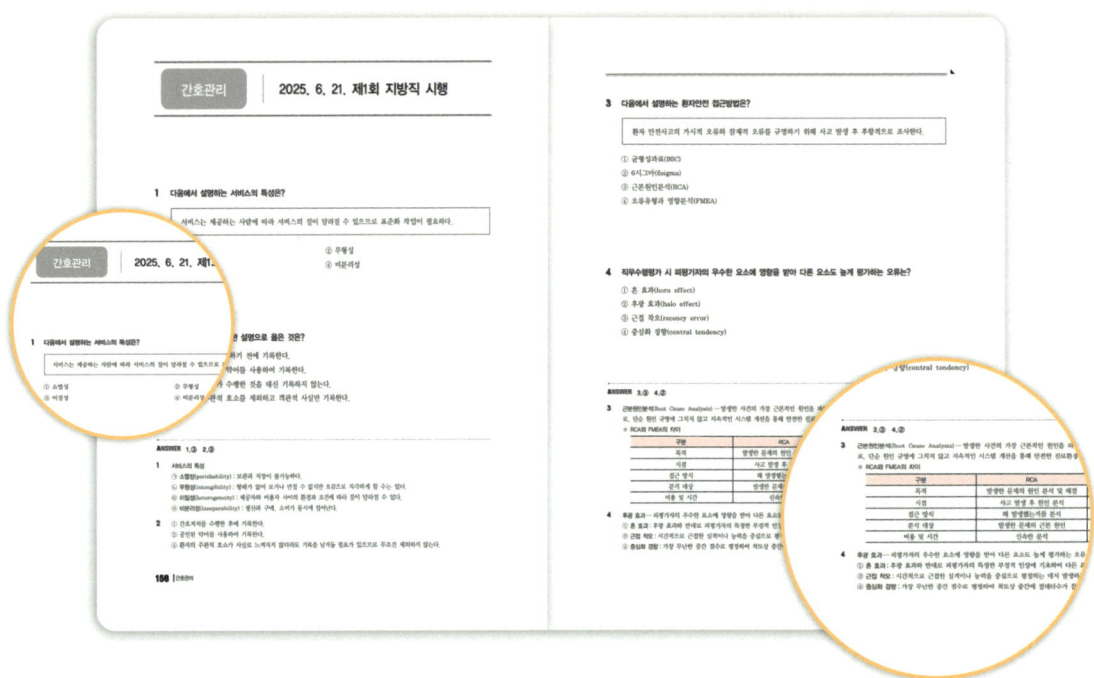

최신 기출문제분석
최신의 최다 기출문제를 수록하여 기출 동향을 파악하고, 학습한 이론을 정리할 수 있습니다. 기출문제들을 반복하여 풀어봄으로써 이전 학습에서 확실하게 깨닫지 못했던 세세한 부분까지 철저하게 파악, 대비하여 실전대비 최종 마무리를 완성하고, 스스로의 학습상태를 점검할 수 있습니다.

상세한 해설
상세한 해설을 통해 한 문제 한 문제에 대한 완전학습을 가능하도록 하였습니다. 정답을 맞힌 문제라도 꼼꼼한 해설을 통해 다시 한 번 내용을 확인할 수 있습니다. 틀린 문제를 체크하여 내가 취약한 부분을 파악할 수 있습니다.

CONTENT
이 책의 차례

01 간호관리

2018. 5. 19.	제1회 지방직 시행	8
2019. 2. 23.	제1회 서울특별시 시행	19
2019. 6. 15.	제1회 지방직 시행	30
2019. 6. 15.	제2회 서울특별시 시행	40
2020. 6. 13.	제1회 지방직 시행	51
2020. 6. 13.	제2회 서울특별시 시행	61
2021. 6. 5.	제1회 지방직 시행	72
2021. 6. 5.	제1회 서울특별시 시행	84
2022. 2. 26.	제1회 서울특별시 시행	95
2022. 4. 30.	지방직 8급 간호직 시행	105
2022. 6. 18.	제2회 서울특별시 시행	114
2023. 6. 10.	제1회 지방직 시행	126
2023. 6. 10.	제1회 서울특별시 시행	136
2024. 6. 22.	제1회 지방직 시행	148
2025. 6. 21.	제1회 지방직 시행	156

02 지역사회간호

2018. 5. 19.	제1회 지방직 시행	2
2019. 2. 23.	제1회 서울특별시 시행	14
2019. 6. 15.	제1회 지방직 시행	30
2019. 6. 15.	제2회 서울특별시 시행	41
2020. 6. 13.	제1회 지방직 시행	52
2020. 6. 13.	제2회 서울특별시 시행	63
2021. 6. 5.	제1회 지방직 시행	73
2021. 6. 5.	제1회 서울특별시 시행	83
2022. 2. 26.	제1회 서울특별시 시행	96
2022. 4. 30.	지방직 8급 간호직 시행	107
2022. 6. 18.	제2회 서울특별시 시행	120
2022. 6. 18.	제1회 지방직 시행	132
2023. 6. 10.	제1회 지방직 시행	146
2023. 6. 10.	제1회 서울특별시 시행	158
2024. 6. 22.	제1회 지방직 시행	169
2025. 6. 21.	제1회 지방직 시행	179

01 간호관리

간호관리 | 2018. 5. 19. 제1회 지방직 시행

1 다음 설명에 해당하는 것은?

> 대형 의료사고나 산업재해와 같은 심각한 사고는 우연히 발생하는 것이 아니라 그 이전에 경미한 사고나 징후들이 반드시 존재한다.

① 적신호 사건
② 하인리히 법칙
③ 근본원인 분석
④ 스위스 치즈 모형

2 진료비 지불제도 중 행위별 수가제에 대한 설명으로 옳은 것은?

① 의료서비스 항목별로 가격을 매겨 지불하는 방식이다.
② 과잉 진료를 줄일 수 있지만 의료서비스의 질도 저하될 위험이 있는 방식이다.
③ 유사한 질병군 별로 미리 책정된 일정액의 진료비를 지불하는 방식이다.
④ 환자의 입원 1일당 또는 외래진료 1일당 의료서비스 수가를 정하여 지불하는 방식이다.

ANSWER 1.② 2.①

1 ① 적신호 사건(sentinel event): 치료과정에서 전혀 예상치 못하거나 기대하지 않았던 사망, 심각한 신체적, 심리적 상해를 유발하는 사건을 말한다.
③ 근본원인 분석(RCA: Root Cause Analysis): 오류가 발생할 수 있는 시스템의 잠재적인 취약점, 원인을 변화시키거나 수정하여 다시 발생하지 않도록 하는 것이다.
④ 스위스 치즈 모형: 구멍이 뚫린 스위스 치즈를 얇게 썰어 몇 장을 겹쳐 놓으면 구멍이 일직선상에 놓여 있기 어려운 것처럼, 사고의 원인들이 여러 가지이기 때문에 이들이 모두 겹쳐서 사고가 발생하기란 확률적으로 높지 않다. 그러나 여러 잠재 원인들이 동시에 작용할 경우, 즉 스위스 치즈의 구멍들이 일직선상에 놓이면 사고가 발생한다.

2 행위별 수가제는 진찰료, 검사료, 처치료, 입원료 등에 행위별로 가격을 매긴 뒤 합산하여 진료비를 산정하는 제도로, 진료의 다양성과 의사의 전문성을 인정한다는 반면 과잉진료와 의료비 급증을 야기할 수 있다.
②③ 포괄수가제에 대한 설명이다.
④ 일당수가제에 대한 설명이다.

3 약품 관리방법으로 옳지 않은 것은?

① 약품의 외관, 포장이 유사한 경우 분리 보관한다.
② 병동에서 사용하고 남은 마약은 병동에서 즉시 폐기한다.
③ 고위험 약품 보관은 경구, 주사 등 제형별로 각각 분리하여 보관한다.
④ 항암주사제, 고농도 전해질은 각각의 안전지침에 따른 규정에 의거하여 보관한다.

4 화재 발생 시 대처 방법으로 옳은 것은?

① 대피는 중환자부터 경환자, 보호자, 방문객, 조직구성원 순으로 한다.
② 비상 상황 기준에 따른 환자분류체계에 의하여 환자를 분류하여 대피시킨다.
③ 타 방화구획으로 대피하는 것보다 1차 화점으로 이동하는 것이 안전하다.
④ 보행이 가능한 환자는 계단보다 엘리베이터를 이용하여 신속하게 대피시킨다.

5 직무급에 대한 설명으로 옳은 것은?

① 근속연수에 따라 임금을 결정한다.
② 개인의 조직 공헌도에 따라 임금을 결정한다.
③ 직무의 책임성과 난이도 등에 따라 임금을 결정한다.
④ 직무특성과 근로자의 직무수행능력에 따라 임금을 결정한다.

ANSWER 3.② 4.② 5.③

3 사용하고 남은 잔여 마약류는 「마약류 관리에 관한 법률」 제12조 제2항 및 동법 시행규칙 제23조에 따라 지방식품의약품안전청장, 시·도지사 또는 시장·군수·구청장에게 폐기신청서를 제출하고 관계공무원 입회하에 폐기하여야 한다.

4 ① A급 환자는 중환자, 거동 불가능 환자이고, B급 환자는 도움을 받아서 보행이 가능한 환자, C급 환자는 자립으로 거동 가능한 일반 환자를 말한다. 대피 순서는 C, B, A 순이다.
③ 대피 시는 1차 화점으로부터 타 방화구획으로 대피하고, 2차 직하층이나 피난층으로 대피한다.
④ 대피 시 승강기 탑승을 금지하고 비상계단을 이용하여 대피한다.

5 **직무급** … 동일노동, 동일임금의 원칙에 입각하여 직무의 중요성·난이도 등에 따라서 각 직무의 상대적 가치를 평가하고 그 결과에 의거하여 그 가치에 알맞게 지급하는 임금을 말한다.

6 자원기준 상대가치 수가제도(Resource-Based Relative Value System)에 대한 설명으로 옳지 않은 것은?

① 상대가치 점수는 매년 변하지만 환산지수는 변하지 않는다.
② 의료행위에 필요한 육체적, 기술적 노력을 반영할 수 있다.
③ 환자의 위급성과 위험성에 따른 업무량의 강도를 반영할 수 있다.
④ 의료행위에 제공되는 인력, 시설, 장비 등의 소모량을 반영할 수 있다.

7 직무충실화에 의하여 동기부여가 효과적인 사람은?

① 존재욕구가 강한 사람
② 친교욕구가 강한 사람
③ 자아실현욕구가 강한 사람
④ 소속욕구가 강한 사람

8 질병관리청에서 제시한 의료관련감염 표준예방지침(2017)상 전파경로에 따른 주의와 질병의 연결이 옳은 것은?

① 공기전파주의 – 활동성 결핵, 홍역, 백일해
② 비말전파주의 – 디프테리아, 풍진, 유행성이하선염
③ 접촉주의 – VRE(Vancomycin-Resistant Enterococci)감염, 세균성 이질, 성홍열
④ 혈액(체액)주의 – A형 간염, B형 간염, HIV(Human Immunodeficiency Virus)

ANSWER 6.① 7.③ 8.②

6 환자지수는 상대가치 점수를 금액으로 바꾸어 주는 지표로 매년 변한다.

7 일반적으로 종업원은 스스로에게 부과된 직무가 양적, 질적으로 충실하며 의미 있고 책임감을 느낄 수 있는 일이라고 생각되는 경우에 동기가 부여된다.
※ **직무충실화** … 직무내용을 고도화해 직무의 질을 높이는 것을 의미한다.

8 ① 백일해는 비말전파주의에 해당한다.
③ 성홍열은 비말전파주의에 해당한다.
④ A형 간염은 접촉주의에 해당한다.

9 지난 5년간 분기별 입원환자의 병원감염 발생 추이를 살펴보는 데 적절한 분석도구는?

① 런차트(run chart)

② 레이다차트(radar chart)

③ 유사성다이어그램(affinity diagram)

④ 원인결과도(fishbone diagram)

10 동기부여 이론을 두 가지 군으로 분류할 때, 다음 설명에 해당하는 군에 속하는 이론은?

- 무엇이 조직구성원들의 동기를 불러일으키는가를 다룬다.
- 조직구성원들의 행동을 유발시키는 인간의 욕구나 만족에 초점을 맞춘다.

① 공정성 이론

② ERG 이론

③ 기대 이론

④ 목표설정 이론

ANSWER 9.① 10.②

9 런 차트 … 그래프에 데이터를 점선으로 표시하고 꺾은 선으로 연결한 그래프로, 시간의 흐름에 따른 패턴과 추세를 파악할 수 있는 기법이다.

10 동기부여 이론
   ㉠ **과정이론**: 동기 유발의 과정을 설명하는 이론이다.
     예 브룸의 기대 이론, 포터 및 롤러의 업적만족 이론, 조고풀러스 등의 통로-목표 이론, 애트킨슨의 기대이론, 애덤스의 공정성 이론 등
   ㉡ **내용이론**: 동기를 유발하는 요인의 내용을 설명하는 이론이다.
     예 매슬로우의 욕구단계 이론, 앨더퍼의 ERG 이론, 허즈버그의 2요인 이론, 맥클리랜드의 성취동기이론 등

11 다음 설명에 해당하는 간호전달체계 유형은?

> • 비용의 절감과 질 보장을 목적으로 환자가 최적의 기간 내에 기대하는 결과에 도달할 수 있도록 고안됨
> • 모든 의료팀원들의 다학제적 노력을 통합하여 환자결과를 향상시키는 데 초점을 둠

① 사례관리방법
② 팀간호방법
③ 일차간호방법
④ 기능적분담방법

ANSWER 11.①

11 제시된 내용은 사례관리에 대한 설명이다.
※ 간호전달체계 유형
  ㉠ **전인간호방법**: 가장 오래된 간호전달체계로, 간호사가 각자에게 할당된 환자의 요구를 충족시키기 위해 모든 책임을 담당한다.
  ㉡ **기능적 간호방법**: 간호인력별로 특정 업무를 배정하여 그 업무만을 기능적으로 수행하도록 하는 방법으로, 환자가 필요로 하는 간호를 총체적으로 수행하는 것과는 거리가 멀다.
  ㉢ **팀간호방법**: 보조 인력들이 정규 간호사의 지시 아래 환자간호에 참여하는 것으로, 간호사는 팀 리더로서 팀에 할당된 모든 환자의 상태와 요구를 알아야 하며 간호대상자의 개별적인 간호 계획을 수립한다.
  ㉣ **일차간호방법**: 일차 간호사는 한 명 이상의 환자를 입원 혹은 치료 시작부터 퇴원 혹은 치료를 마칠 때까지 24시간 내내 환자 간호의 책임을 담당한다.
  ㉤ **사례관리방법**: 환자가 최적의 기간 내에 기대하는 결과에 도달할 수 있도록 고안된 건강관리체계로 모든 의료팀원의 노력을 통합하여 환자의 목표를 달성하는 데 초점을 두는 방법이다.

12 다음 기준을 사전에 설정한 후 이에 따라 해당 직무의 등급을 평가하는 방법은?

> • 1등급 : 높은 수준의 학습과 오랜 경험을 필요로 하고, 판단력과 독자적인 사고가 항상 요구되는 과업을 수행
> • 2등급 : 높은 수준의 학습을 필요로 하고, 판단력과 독자적인 사고가 자주 요구되는 과업을 수행
> • 3등급 : 사전에 간단한 학습을 필요로 하는 과업을 수행
> • 4등급 : 매우 단순하고 반복적인 과업을 수행

① 서열법
② 점수법
③ 요소비교법
④ 직무분류법

13 인간관계론에 근거하여 조직구성원을 관리하고자 할 때 적합한 활동은?

① 간호조직의 팀워크를 향상시키기 위해 동아리 지원 제도를 도입한다.
② 간호사의 급여체계에 차별적 성과급제를 도입하여 인센티브를 제공한다.
③ 일반병동에 서브스테이션(substation)을 설치하여 물리적 환경을 개선한다.
④ 다빈도 간호행위에 대하여 병원간호실무 표준을 설정한다.

ANSWER 12.④ 13.①

12 ① 서열법 : 전체적·포괄적인 관점에서 각 직무를 수행함에 있어 요구되는 지식, 숙련도, 책임 등을 고려하여 상호 비교하여 순위를 정하는 방법이다.
② 점수법 : 직무와 관련된 각 요소들을 구분하여 그 중요도에 따라 평가한 다음 점수를 합산하여 각 직무의 가치를 매기는 방법이다.
③ 요소비교법 : 가장 핵심이 되는 몇 개의 기준직무를 선정하고 각 직무의 평가요소를 기준직무의 평가요소와 결부시켜 비교함으로써 모든 직무의 상대적 가치를 결정하는 방법이다.

13 인간관계론에 근거하여 비공식집단인 동아리 지원 제도를 도입하였다.
※ 인간관계론 … 조직구성원들의 사회적·심리적 욕구와 조직 내 비공식집단 등을 중시하며, 조직의 목표와 조직구성원들의 목표 간의 균형 유지를 지향하는 민주적·참여적 관리 방식을 추구하는 조직이론이다.

14 다음 사례에서 간호사의 위약(placebo) 사용에 대한 정당성을 부여할 수 있는 윤리 원칙은?

> 환자가 수술 후 통증조절을 위해 데메롤(Demerol)과 부스펜(Busphen)을 투약받고 있다. 수술 후 1주일이 넘었는데도 환자는 매 시간마다 호출기를 누르며 진통제를 요구하고 있다. 담당 간호사는 의사와 상의하여 부스펜과 위약을 처방받아 하루 3회 투약하기로 하였다.

① 신의의 원칙
② 정의의 원칙
③ 선행의 원칙
④ 자율성 존중의 원칙

15 페이욜(Fayol)이 제시한 행정관리론의 관리원칙이 아닌 것은?

① 규율(discipline)의 원칙
② 공정성(equity)의 원칙
③ 고용안정(stability of tenure of personnel)의 원칙
④ 방향 다양성(diversity of direction)의 원칙

ANSWER 14.③ 15.④

14 윤리 원칙과 윤리 규칙
　㉠ 윤리 원칙
　　• 자율성 존중의 원칙 : 치료 과정과 방법, 그리고 필요한 약품의 효능과 부작용 등을 거짓 없이 상세히 설명하고, 환자는 자신의 자발적 선택과 충분한 설명에 의거하여 치료에 동의해야 한다.
　　• 악행 금지의 원칙 : 타인에게 의도적으로 해를 입히거나 타인에게 해를 입히는 위험을 초래하는 것을 금지한다.
　　• 선행의 원칙 : 악행 금지의 원칙을 넘어서 해악의 예방·제거와 적극적인 선의 실행을 요구한다.
　　• 정의의 원칙 : 공평한 분배에 대한 윤리적 원칙이다.
　㉡ 윤리 규칙
　　• 정직의 규칙 : 선을 위해서 진실을 말해야 하는 의무이다.
　　• 신의의 규칙 : 환자의 의료기밀을 보장하기 위해 최선을 다해야 한다는 규칙이다.
　　• 성실의 규칙 : 끝까지 최선을 다하려는 노력, 약속이행의 의지를 말한다.

15 페이욜은 일반적인 관리원칙으로 분업의 원칙, 권한-책임의 원칙, 규율의 원칙, 명령일원화의 원칙, 지휘일원화의 원칙, 공동의 이익에 대한 개인의 이익 종속의 원칙, 공정한 보수의 원칙, 권한 집중화의 원칙, 계층조직의 원칙, 질서의 원칙, 공정의 원칙, 고용안정의 원칙, 창의성의 원칙, 종업원 단결의 원칙을 제시하였다.

16 전단적 의료(unauthorized medical care)가 발생하지 않도록 의료인이 준수해야 할 의무는?

① 비밀누설금지 의무
② 결과예견 의무
③ 결과회피 의무
④ 설명과 동의 의무

17 피들러(Fiedler)의 상황적합성 이론에서 제시한 리더십 상황에 따른 효과적인 리더십 행동유형의 연결이 옳은 것은?

	리더십 상황			리더십 행동유형
	리더-구성원관계	과업구조	리더의 직위권력	
①	나쁨	높음	강함	과업지향적 리더십
②	나쁨	낮음	약함	과업지향적 리더십
③	좋음	높음	강함	관계지향적 리더십
④	좋음	높음	약함	관계지향적 리더십

ANSWER 16.④ 17.②

16 전단적 의료 … 의료인이 어떤 위험성이 있는 의료행위를 실시하기 전에 환자로부터 동의를 얻지 않고 의료행위를 시행하는 것으로 불법행위이며 민형사상 책임을 진다.

17 피들러의 상황적합성 이론

리더-구성원 관계	좋음	좋음	좋음	좋음	나쁨	나쁨	나쁨	나쁨
과업구조	높음	높음	낮음	낮음	높음	높음	낮음	낮음
리더의 직위권력	강함	약함	강함	약함	강함	약함	강함	약함
리더십 행동유형	과업중심				관계중심			과업중심

18 내부모집과 외부모집의 일반적인 특징의 비교로 바르게 연결한 것은?

	내부모집	외부모집
① 모집 범위	넓다	좁다
② 모집 비용	많다	적다
③ 인력개발 비용	적다	많다
④ 신규직원 적응 기간	짧다	길다

ANSWER 18.④

18 내부모집과 외부모집의 장단점

구분	내부모집	외부모집
장점	• 고과기록으로 적합한 인재를 적재적소에 배치 → 검증된 인재 • 직원의 사기 향상, 동기유발 • 훈련과 사회화 기간 단축 • 재직자의 직장안전 제공 • 신속한 충원과 비용 절감	• 모집범위가 넓어 유능한 인재 영입 • 인력개발 비용절감(경력자) • 새로운 정보와 지식의 도입이 용이 → 조직에 활력을 북돋움 • 조직 홍보 효과
단점	• 모집범위의 제한으로 유능한 인재영입이 어려움 • 조직 내부정치와 관료제로 인한 비효율성 • 내부 이동의 연쇄효과로 인한 혼란 • 급속한 성장기 조직의 인력부족 • 창의성 결여로 조직 발전을 저해 • 다수 인원 채용 시 인력공급 불충분	• 권력에 의한 부적격자 채용 가능성 • 안정되기까지는 비용 시간 소모 • 내부 인력의 사기 저하 • 채용에 따른 비용 부담 • 신규직원 적응기간의 장기화

19 「의료법」상 진단서 등에 대한 설명으로 옳은 것은?

① 조산사는 자신이 조산한 것에 대한 사망증명서 교부를 요구받은 때에는 정당한 사유없이 거부하지 못한다.
② 의사는 진료 중이던 환자가 최종 진료 시부터 24시간이 지난 후 사망한 경우에는 다시 진료를 해야만 증명서를 내줄 수 있다.
③ 의사는 자신이 진찰한 자에 대한 진단서 교부를 요구받은 때에는 정당한 사유가 있는 경우에도 거부하지 못한다.
④ 환자를 검안한 치과의사는 「형사소송법」 제222조 제1항에 따라 검시를 하는 지방검찰청검사에게 환자의 허락없이 검안서를 교부하지 못한다.

ANSWER 19.①

19 진단서 등〈의료법 제17조〉
㉠ 의료업에 종사하고 직접 진찰하거나 검안(檢案)한 의사[이하 이 항에서는 검안서에 한하여 검시(檢屍)업무를 담당하는 국가기관에 종사하는 의사를 포함한다], 치과의사, 한의사가 아니면 진단서·검안서·증명서를 작성하여 환자(환자가 사망하거나 의식이 없는 경우에는 직계존속·비속, 배우자 또는 배우자의 직계존속을 말하며, 환자가 사망하거나 의식이 없는 경우로서 환자의 직계존속·비속, 배우자 및 배우자의 직계존속이 모두 없는 경우에는 형제자매를 말한다) 또는 「형사소송법」 제222조 제1항에 따라 검시(檢屍)를 하는 지방검찰청검사(검안서에 한한다)에게 교부하지 못한다. 다만, 진료 중이던 환자가 최종 진료 시부터 48시간 이내에 사망한 경우에는 다시 진료하지 아니하더라도 진단서나 증명서를 내줄 수 있으며, 환자 또는 사망자를 직접 진찰하거나 검안한 의사·치과의사 또는 한의사가 부득이한 사유로 진단서·검안서 또는 증명서를 내줄 수 없으면 같은 의료기관에 종사하는 다른 의사·치과의사 또는 한의사가 환자의 진료기록부 등에 따라 내줄 수 있다.
㉡ 의료업에 종사하고 직접 조산한 의사·한의사 또는 조산사가 아니면 출생·사망 또는 사산 증명서를 내주지 못한다. 다만, 직접 조산한 의사·한의사 또는 조산사가 부득이한 사유로 증명서를 내줄 수 없으면 같은 의료기관에 종사하는 다른 의사·한의사 또는 조산사가 진료기록부 등에 따라 증명서를 내줄 수 있다.
㉢ 의사·치과의사 또는 한의사는 자신이 진찰하거나 검안한 자에 대한 진단서·검안서 또는 증명서 교부를 요구받은 때에는 정당한 사유 없이 거부하지 못한다.
㉣ 의사·한의사 또는 조산사는 자신이 조산한 것에 대한 출생·사망 또는 사산 증명서 교부를 요구받은 때에는 정당한 사유 없이 거부하지 못한다.
㉤ ㉠부터 ㉣까지의 규정에 따른 진단서, 증명서의 서식·기재사항, 그 밖에 필요한 사항은 보건복지부령으로 정한다.

20 다음 설명에 해당하는 기획의 원칙은?

> 간호관리자가 병원 질관리 시스템 구축을 기획하기 위해 필요한 인원, 물자, 설비, 예산 등 모든 제반 요소를 빠짐없이 사전에 준비하였다.

① 탄력성
② 계층화
③ 포괄성
④ 간결성

ANSWER 20.③

20 ① 탄력성의 원칙: 기획은 변동되는 상황에 대응할 수 있고, 하부 집행기관이 창의력을 충분히 발휘할 수 있도록 탄력성을 지녀야 한다.
② 계층화의 원칙: 기획은 가장 큰 것으로부터 시작하여 구체화 과정을 통해 연차적으로 기획을 파생시킨다.
④ 간결성의 원칙: 기획은 가능한 한 난해하고 전문적인 용어를 피해 간결하고 명료하게 표현해야 한다.

간호관리 | 2019. 2. 23. 제1회 서울특별시 시행

1 〈보기〉의 간호전달체계의 종류는?

〈보기〉
전문직 간호사와 간호보조인력이 함께 팀을 이루어 일을 하는 것으로, 일반적으로 2~3명의 간호요원이 분담 받은 환자들의 입원에서 퇴원까지 모든 간호를 담당한다.

① 팀간호
② 일차간호
③ 모듈간호
④ 사례관리

ANSWER 1.③

1 **모듈간호** … 팀 간호를 정련하고 향상시키기 위해 개발된 방법으로 2~3명의 간호사가 환자들이 입원하여 퇴원할 때까지 모든 간호를 담당한다. 팀을 작게 유지함으로써 간호계획 수립과 조정활동에 전문직 간호사가 더 많이 관여가 가능하며, 팀원들 간의 의사소통에 소요되는 시간을 줄여 환자의 직접간호에 더 많은 시간을 할애한다.
  ※ **간호전달체계의 발전** … 간호전달체계는 간호사가 대상자에게 간호를 제공하기 위하여 책임과 권한을 분담하는 조직 구조로서 간호단위라는 물리적 공간을 중심으로 간호서비스를 전달하기 위하여 구성 인력들에게 업무를 할당하거나 조직화하는 방법을 말한다. 역사적으로 간호전달체계는 초기의 사례 방법에서 시작하여 기능적 간호방법, 팀 간호방법, 일차간호방법, 사례관리의 형태로 발전해왔다.
    ㉠ **사례 방법** : 가장 초기에 개발된 방법으로 한 명의 간호사가 근무 동안 업무를 할당받아 모든 간호를 제공하는 방법
    ㉡ **기능적 간호방법** : 분업의 원리를 간호에 적용한 것으로 투약, 침상 정리, 환자 위생 관리 등과 같이 업무를 중심으로 간호를 분할하는 방법이다.
    ㉢ **팀 간호방법** : 전문 지식과 기술을 갖춘 간호사와 보조 인력을 함께 활용하는 방법으로 팀 리더를 중심으로 간호사(RN), 실무 간호사(LPN), 간호보조인력이 한 팀이 되어 20~25명의 환자를 담당하는 방법이다.
    ㉣ **일차간호방법** : 환자 중심적인 철학을 바탕으로 환자의 입원에서부터 퇴원까지 24시간 동안 1명의 일차간호사가 환자를 사정, 계획, 평가하는 책임과 권한을 갖고 간호를 수행하는 방법이다.
    ㉤ **사례관리** : 환자가 최적의 기간 내에 기대하는 결과에 도달할 수 있도록 고안된 건강관리체계로, 모든 의료팀원의 노력을 통합하여 환자의 목표를 달성하는 데 초점을 두는 방법이다.

2 요통환자가 많은 지역사회에서 요통전문병원을 개원하였다면, 의료의 질(quality) 구성요소 중 어느 것에 해당하는가?

① 가용성(availability)
② 적합성(adequacy)
③ 적정성(optimality)
④ 효율성(efficiency)

3 간호사는 간호조무사에게 욕창 발생의 위험이 있는 환자를 2시간마다 체위변경을 하도록 지시하였다. 간호조무사는 간호사의 지시를 잘못 듣고 4시간마다 체위변경을 시행하였고 이로 인하여 1단계 욕창이 발생하였다. 간호사의 행위에 해당하는 것은?

① 설명의무 태만
② 확인의무 태만
③ 동의의무 태만
④ 요양방법 지도의무 태만

ANSWER 2.② 3.②

2 요통환자가 많은 인구집단에 부합하는 요통전문병원을 개원하였으므로 의료의 질 구성요소 중 적합성과 관련 있다.

※ Meyer의 고전적 의료의 질의 구성요소
 ㉠ 효과성(Effectiveness) : 목적한 바의 기대나 편익의 달성
 ㉡ 효율성(Efficiency) : 자원이 불필요하게 소모되지 않은 정도
 ㉢ 기술 수준(Technical Quality) : 과학적 타당성과 적절성
 ㉣ 접근성(Accessibility) : 의료서비스 이용의 제한
 ㉤ 가용성(Availability) : 공간적, 시간적 여건
 ㉥ 이용자 만족도(Customer Satisfaction) : 이용자 기대수준의 충족
 ㉦ 지속성(Continuity) : 시간적, 지리적, 종류 간 연결정도와 상관성
 ㉧ 적합성(Adequacy) : 대상 인구집단에 부합하는 정도

3 간호사는 간호의 내용 및 그 행위가 정확하게 이루어지는가를 확인할 의무가 있다. 간호보조행위에 대한 확인 의무 및 의약품과 기자재 사용에 대한 확인 의무가 이에 해당한다. 문제에 제시된 상황은 간호사가 간호조무사에게 지시한 간호행위가 정확하게 이루어지는가를 확인하지 않았으므로, 확인의무 태만에 해당한다.

4 직무수행평가에서 강제배분법을 사용함으로써 감소시킬 수 있는 평가상의 오류 유형은?

① 후광 효과
② 논리적 오류
③ 규칙적 오류
④ 관대화 경향

5 모든 조직은 자신의 존재 이유인 조직목적을 가장 잘 성취할 수 있는 형태로 조직을 구조화하는데, 이러한 조직구조의 유형에 대한 설명으로 가장 옳은 것은?

① 매트릭스 조직은 생산과 기능에 모두 중점을 두는 이중적 조직이다.
② 위원회 조직은 부하에 대한 감독이나 통솔력이 증가 한다.
③ 직능 조직은 조직이 작고 단순할 때 운영이 잘 된다.
④ 프로세스 조직은 인적 및 물적 자원을 탄력적으로 운영할 수 있다.

ANSWER 4.④ 5.①

4 관대화 경향은 평정자가 피평가자의 수행이나 성과를 실제보다 더 높게 평가하는 오류이다.
① **후광 효과**: 어떤 대상이나 사람에 대한 일반적인 견해가 그 대상이나 사람의 구체적인 특성을 평가하는 데 영향을 미치는 현상이다.
② **논리적 오류**: 논증을 구성하거나 추론을 진행하는 데 있어 그 과정이 바르지 못하여 생긴 잘못된 추리나 판단이다.
③ **규칙적 오류**: 어떤 평정자가 다른 평정자들보다 언제나 후한 점수 또는 나쁜 점수를 줌으로써 나타나는 오류이다.
※ **강제배분법** … 직무수행평가에서 흔히 발생하는 집중화 또는 관대화 경향을 제한하기 위해 등급을 강제배분하는 방법이다.

5 ② 위원회 조직은 특정문제에 대해 토의하거나 결정하기 위해 계획에 따라 모임을 가지는 조직으로 뚜렷한 서열이 존재하지 않아 부하에 대한 감독이나 통솔력이 증가하는 것은 아니다.
③ 직능 조직은 스탭 조직의 구성원이 단순히 충고나 조언의 기능을 넘어서서 라인에 있는 직원에게 명령할 수 있도록 권한을 부여한 것으로, 조직이 크고 복잡할 때 주로 나타난다.
④ 프로세스 조직이란 고객가치를 충족시키는 데 있어 최상의 프로세스가 구축될 수 있도록 전체 조직시스템(조직구조, 관리평가시스템, 보상시스템, 기업문화 등)을 프로세스를 중심으로 근본적으로 재설계한 조직이다. 따라서 자원의 탄력적 운영은 어렵다.

6 「의료법 시행규칙」 제1조의4(간호·간병통합서비스의 제공 환자 및 제공 기관)에 따른 간호·간병통합서비스의 제공 기관에 해당하지 않는 것은?

① 병원
② 요양병원
③ 치과병원
④ 한방병원

7 우리나라 간호서비스에 대한 지불제도인 간호수가에 관한 설명으로 가장 옳은 것은?

① 간호관리료는 간호사 확보수준에 따라 입원료를 차등 지급한다.
② 가정간호는 간호서비스 제공시간에 따라 수가가 산정된다.
③ 장기요양시설에 입소하는 환자는 상대가치요소를 고려하여 수가가 산정된다.
④ 간호행위별 수가를 산정하기 위해서는 포괄수가제를 적용한다.

ANSWER 6.② 7.①

6 「의료법」 제4조의2 제2항(보건복지부령으로 정하는 병원급 의료기관은 간호·간병통합서비스를 제공할 수 있도록 노력하여야 한다.)에서 "보건복지부령으로 정하는 병원급 의료기관"이란 병원, 치과병원, 한방병원 및 종합병원을 말한다〈의료법 시행규칙 제1조의4 제2항〉.

7 간호관리료차등제는 병상 수 또는 환자 수당 확보된 간호사 수에 따라 1~7등급으로 분류하여 그 등급에 따라 입원료에 대해 가산율을 적용하여 입원료를 차등지급하는 제도이다. 적정 수준의 간호사 수를 확보하지 못한 의료기관에서 간호서비스의 일부를 보호자나 간병인에게 위임하는 등 입원진료 시 간호서비스의 질이 저하되는 현상을 해소하고 의료기관의 간호서비스 질 향상을 유도하고자 도입되었다.
② 가정간호란 가정전문간호사가 가정에서 질병이나 상해가 있는 대상자에게 병원과 긴밀한 관계를 유지하면서 가정에서도 병원에서와 같은 양질의 치료와 간호를 받게 함으로써 질병과 장해로부터 회복을 도모하고 장기 입원이나 불필요한 입원으로 인한 국민의료비를 절감할 수 있는 제도이다. 가정간호 비용은 '가정간호 기본방문료 + 진료행위별 수가(치료/재료비) + 교통비'로 결정된다.
③ 상대가치점수는 요양급여에 드는 시간·노력 등 업무량, 인력·시설·장비 등 자원의 양, 요양급여의 위험도 및 요양급여에 따른 사회적 편익 등을 고려하여 산정한 요양급여의 가치를 각 항목 사이에 상대적 점수로 나타낸 것으로 행위별수가제와 관련 있다. 장기요양시설은 일당정액수가제를 주로 적용한다.
④ 간호행위별 수가를 산정하기 위해서는 행위별수가제(fee-for-service)를 적용한다. 행위별수가제는 의료기관에서 의료인이 제공한 의료서비스(행위, 약제, 치료재료 등)에 대해 서비스 별로 가격(수가)을 정하여 사용량과 가격에 의해 진료비를 지불하는 제도이다. 포괄수가제는 환자가 입원해서 퇴원할 때까지 발생하는 진료에 대하여 질병마다 미리 정해진 금액을 내는 제도로, 행위별수가제의 보완 및 의료자원의 효율적 활용을 위해 병행하고 있다.

8 직무수행평가는 구성원이 가지고 있는 능력, 근무성적, 자질 및 태도 등을 객관적으로 평가하는 것이다. 직무수행평가 유형에 대한 설명으로 가장 옳은 것은?

① 도표식 평정척도법(graphic rating scale)은 최고부터 최저 순위까지 상대서열을 결정하는 방법이다.
② 강제배분법(forced distribution evaluation)은 각 평정 요소마다 강약도의 등급을 나타내는 연속적인 척도를 도식하는 방법이다.
③ 중요사건기록법(critical incident method)은 논술형태로 조직구성원의 성과에 관해 강점과 약점을 기술하는 방법이다.
④ 행위기준고과법(BARS, behaviorally anchored rating scale)은 전통적인 인사고과시스템이 지니고 있는 한계점을 극복·보완하기 위해 개발된 평가기법이다.

9 관리자와 리더의 특성에 대한 설명 중 가장 옳은 것은?

① 관리자는 직위에 따르는 권한과 합법적인 권력을 갖는다.
② 리더는 주로 시간과 비용, 급여, 재고물품에 대한 통제를 강조한다.
③ 관리자는 수평적인 관점을 갖고, 리더는 수직적인 관점을 갖는다.
④ 관리자는 신뢰로 이끌어 가고, 리더는 통제하려고 한다.

ANSWER 8.④ 9.①

8 행위기준고과법은 중요사건기록법과 도표식 평정척도법을 결합한 방식으로 두 방법의 장점을 강화한 것이다. 주관적 판단 배제를 위해 직무분석에 기초하여 직무와 관련된 중요 과업분야를 선정하고, 각 분야에 대해 이상적인 과업 형태에서 바람직하지 못한 행태까지로 등급 구분된 평정표를 사용한다.
　① 도표식 평정척도법은 가장 보편적으로 사용하는 방식으로 실적, 능력, 태도 등 평정요소를 나열하고 다른 한편에 각 평정요소마다 그 우열을 나타내는 척도인 등급을 표시한다. 직무분석보다는 직관을 바탕으로 평정요소가 결정되어 평정표 작성이 쉽다는 장점이 있으나, 연쇄효과나 집중화·관대화 경향 등 오류가 발생할 수 있다는 단점이 있다.
　② 강제배분법은 도표식 평정척도법에서 흔히 나타날 수 있는 관대화 경향이나 집중화 경향을 줄이기 위해 사용되는 방법으로, 미리 평점점수의 분포비율을 정해 놓는 방법이다.
　③ 중요사건기록법은 근무평정기간 중에 일어난 근무실적에 영향을 주는 중요사건들을 기록해 두었다가 이를 중심으로 피평가자를 평가하는 방법이다.

9 ② 관리자는 주로 시간과 비용, 급여, 재고물품에 대한 통제를 강조한다.
　③ 리더는 수평적인 관점을 갖고, 관리자는 수직적인 관점을 갖는다.
　④ 리더는 신뢰로 이끌어 가고, 관리자는 통제하려고 한다.

10 효과적인 통제전략에 대한 설명으로 가장 옳은 것은?

① 통제는 활동의 특성이나 상황과 무관하게 원칙에 근거하도록 한다.
② 모니터링 체계는 업무수행을 완료한 후 확인되어야 한다.
③ 수행의 표준은 업무수행을 완료한 후 정한다.
④ 통제는 조직문화에 알맞아야 한다.

11 의료의 질 향상 방법으로 제시되는 FOCUS-PDCA에서 〈보기〉의 단계에 해당하는 것은?

〈보기〉
개선하고, 자료수집 및 분석을 한다.

① 계획(Plan)
② 시행(Do)
③ 점검(Check)
④ 실행(Act)

ANSWER 10.④ 11.②

10 ① 통제는 원칙에 근거해야 하지만, 활동의 특성이나 상황에 따라 융통성을 가지고 해야 효과적이다.
② 모니터링 체계는 업무수행을 완료한 후뿐만 아니라 업무수행 중에도 확인되어야 한다.
③ 수행의 표준은 업무수행 전에 정한다.

11 FOCUS-PDCA
㉠ F(Find, 문제의 발견) : 개선이 필요한 문제를 선정한다.
㉡ O(Organize, 팀 구성) : 업무과정을 잘 파악하고 있는 구성원으로 팀을 조직한다.
㉢ C(Clarify, 명확화) : 문제와 관련한 현재 상황을 명확히 파악한다.
㉣ U(Understand, 원인분석) : 과정의 변이의 원인을 이해하고 문제의 원인을 분석한다.
㉤ S(Select, 전략선택) : 우선순위에 의한 개선 전략을 선택한다.
㉥ P(Plan, 계획수립) : 질 향상 활동 계획을 수립한다.
㉦ D(Do, 실행) : 질 향상 활동, 자료수집 및 활동 효과분석한다.
㉧ C(Check, 점검) : 수집된 자료를 분석을 통해 도출된 결과를 점검한다.
㉨ A(Act, 조치) : 결과를 바탕으로 기존 CQI 활동에 어떤 조정 및 보완이 있어야 할지 결정한다.

12 기획에 대한 설명으로 옳지 않은 것을 〈보기〉에서 모두 고른 것은?

〈보기〉
㉠ 기획은 활동목표와 방법(how to do)을 의미하는 반면, 계획은 새로운 아이디어를 포함하는 방향성을 지닌 창조행위(what to do)를 의미한다.
㉡ 기획의 원칙에는 목적부합, 간결성, 탄력성, 안정성, 경제성의 원칙 등이 있다.
㉢ 기획의 유형은 전략기획, 전술기획, 운영기획으로 분류할 수 있다.
㉣ 운영기획은 비전 지향적이고 창의적이며, 긍정적 방향으로 변화를 지향하고, 비교적 장기간에 걸쳐 수립하는 전체적인 기획을 의미한다.

① ㉣
② ㉠㉣
③ ㉡㉢
④ ㉠㉡㉢

13 조직은 다양한 환경으로부터 변화의 압력을 받으며 환경변화에 적절히 대응하기 위해 노력하고 있다. 이러한 조직변화의 유형에 대한 설명으로 가장 옳은 것은?

① 기술관료적 변화는 개인이나 집단이 그가 속한 사회 혹은 집단의 요구에 의해서 일어난다.
② 사회화 변화는 상관과 부하가 함께 목표를 결정하여 일어난다.
③ 상호작용적 변화는 상관과 부하가 동등한 입장에서 목표를 수립하지만, 무의식중에 다른 사람의 의견을 따를 때 일어난다.
④ 주입형 변화는 사고나 재해, 환경적인 요인 등에 의해서 이루어지고 목표 설정없이 일어난다.

ANSWER 12.② 13.③

12 ㉠ 기획은 새로운 아이디어를 포함하는 방향성을 지닌 창조행위(what to do)를 의미하는 반면, 계획은 활동목표와 방법(how to do)을 의미한다.
㉣ 운영기획은 단기간에 걸쳐 수립한다. 장기간에 걸쳐 수립하는 전체적인 기획은 전략기획이다.

13 ① 개인이나 집단이 그가 속한 사회 혹은 집단의 요구에 의해서 일어나는 것은 사회적 변화이다.
② 상호작용적 변화, 계획적 변화, 주입형 변화 등에서는 상관과 부하가 함께 목표를 결정하지만 사회화 변화는 그렇지 않다.
④ 조직변화의 출발은 목표 설정에서 시작한다. 따라서 주입형 변화 역시 목표 설정없이 일어나는 것은 아니다.

14 조직 내 의사결정 방법에 대한 설명으로 가장 옳은 것은?

① 구조화된 문제의 경우 비정형적인 의사결정 방법이 유리하다.
② 의사결정의 비용 측면에서는 집단의사결정 방법이 유리하다.
③ 수용성의 측면에서는 개인의사결정 방법이 유리하다.
④ 문제해결 없이 의사결정이 이루어질 수 있다.

15 보상제도에 대한 설명으로 가장 옳은 것은?

① 성과급은 직무내용, 근무조건 등의 특수성에 따라 지급된다.
② 복리후생은 임금 외 부가적으로 지급되며, 보험·퇴직금 등이 포함된다.
③ 직능급은 직원의 근속 연수, 학력 등을 기준으로 지급된다.
④ 임금은 근로에 대한 대가를 말하며, 기본급 외에 수당과 상여금은 제외된다.

ANSWER 14.④ 15.②

14 ① 구조화된 문제의 경우 정형적인 의사결정 방법이 유리하다.
② 집단의사결정 방법은 개인의사결정 방법보다 시간과 비용이 많이 드는 단점이 있다.
③ 수용성의 측면에서는 개인의사결정 방법보다 집단의사결정 방법이 유리하다.

15 ① 성과급은 작업의 성과를 기준으로 지급하는 임금이다.
③ 직능급은 직무를 수행하는 능력에 따라 임금을 지급하는 방식으로, 기능, 자격, 지식, 숙련도, 경험 따위의 일정한 판정 기준에 의하여 서열을 정하고 임금을 정한다.
④ 임금은 근로자가 노동의 대가로 사용자에게 받는 보수로, 기본급 외에 수당, 상여금 따위가 있으며 현물 급여도 포함된다.

16 A간호사는 간호학과 졸업 후 중소규모의 재활병원에 취업하여 3년째 근무 중으로, 최근에 상급종합병원 경력직 간호사 모집에 지원하여 합격하였다. 그러나 현재 근무하는 재활병원 수간호사와 면담 후, A간호사는 상급종합병원 입사를 포기하고 그대로 재활병원에 남아 있기로 하였다. ERG이론에 근거하여 볼 때, 이후 A간호사의 욕구변화로 가장 옳은 것은?

① 존재욕구 충족으로 인하여 관계욕구 증대
② 관계욕구 충족으로 인하여 성장욕구 증대
③ 성장욕구 좌절로 인하여 관계욕구 증대
④ 관계욕구 좌절로 인하여 존재욕구 증대

17 의료시장 개방에 따른 의료시장 내 경쟁심화, 고객의 알 권리 및 소비자 보호의 강화 등으로 간호의 질 관리가 중요한 사안이 되고 있다. 간호의 질 관리와 관련된 용어 정의로 가장 옳은 것은?

① 결과표준은 의사소통, 환자간호계획, 절차편람, 환자 교육실시와 관련된 기준과 표준들이다.
② 구조표준은 수행되는 간호활동과 관련된 기준과 표준 들이다.
③ 과정표준은 환경, 기구의 사용, 직원의 자격과 관련된 기준과 표준들이다.
④ 간호표준은 간호의 구조, 과정 및 결과적 측면의 질을 평가 할 수 있는 간호에 대한 기대수준으로 달성 가능한 질의 정도, 목표를 말한다.

ANSWER 16.③ 17.④

16 상급종합병원으로의 이직을 포기하였으므로 성장욕구 좌절이며, 현재 근무하는 재활병원에 남았으므로 관계욕구의 증대라고 할 수 있다.
※ ERG이론 … Maslow의 5단계 욕구이론을 수정해서 개인의 욕구 단계를 3단계로 단순화시킨 Alderfer의 욕구이론이다.
㉠ 생존욕구(existence needs) : 육체적인 생존을 유지하고자 하는 다양한 유형의 물리적·생리적 욕구이다.
㉡ 관계욕구(relatedness needs) : 타인과의 관계를 유지하고자 하는 인간의 기본 욕구이다.
㉢ 성장욕구(growth needs) : 자신의 성장과 발전을 도모하고자 하는 인간의 기본 욕구이다.

17 ① 결과표준은 간호활동의 결과와 관련된 표준이다.
②③ 구조표준은 간호활동이 행해지는 조직구조 간의 관계에 관련된 표준이다. 수행되는 간호활동과 관련된 기준과 표준은 과정표준이다.

18 조직구성원 간의 반복적인 상호작용 패턴으로 의사 소통 경로의 구조를 의미하는 의사소통 네트워크(의사 소통망)에 대한 설명으로 가장 옳은 것은?

① 사슬형은 집단 내에 특정 리더가 있는 것은 아니지만 집단을 대표할 수 있는 인물이 있는 경우에 나타난다.
② Y형은 특정 리더에 의해 모든 정보가 전달되기 때문에 리더에게 정보가 집중되는 현상을 보인다.
③ 수레바퀴형(윤형)은 공식적인 리더나 팀장은 있지만 지위나 신분의 서열이 뚜렷하지 않고 특정 문제의 해결을 위한 조직에서 나타난다.
④ 원형은 구성원 간의 상호작용이 한곳에 집중되지 않고 널리 분산되어 있어서 수평적 의사소통이 가능하다.

ANSWER 18.④

18 의사소통 네트워크의 유형
　㉠ **수레바퀴형**: 집단 구성원 간에 리더가 존재하는 경우에 나타나는 형태로, 구성원들의 정보전달이 한 사람의 리더에 집중된다.
　㉡ **사슬형**: 의사소통이 공식적인 명령계통과 수직적인 경로를 통해서 이루어지는 형태로, 구성원들 간의 커뮤니케이션이 연결되지 않는다.
　㉢ **Y형**: 사슬형과 수레바퀴형이 혼합된 유형으로, 수레바퀴형에서처럼 확고한 리더가 존재하지는 않지만 비교적 집단을 대표할 수 있는 인물이 있는 경우에 나타난다.
　㉣ **원형**: 구성원 간에 뚜렷한 서열이 없는 경우에 나타나는 형태로, 위원회나 태스크포스의 구성원들 사이에 이루어지는 커뮤니케이션 유형이다.
　㉤ **완전연결형**: 리더가 존재하지 않고 구성원 누구나 다른 구성원과 커뮤니케이션을 주도할 수 있는 형태로, 구성원들 간 정보교환이 완전히 이루어져 개방형이라고도 한다.

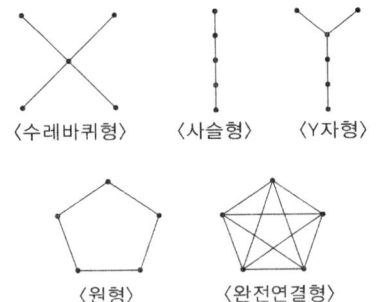

19 〈보기〉와 같은 질 향상 활동 방법의 종류는?

> • 모든 서비스와 상품의 불량률이나 결함을 줄이고 고객 만족을 높이기 위한 질 향상 활동 방법이다.
> • 드매익(DMAIC)이라고 불리는 '정의 – 측정 – 분석 – 개선 – 관리'의 절차로 프로세스의 개선을 수행한다.

① PDCA 사이클
② 린(lean)
③ 6시그마
④ 균형성과표(BSC, Balanced Score Card)

20 서비스의 표준화 및 품질통제가 어려워 서비스 표준의 설계 및 수행 그리고 서비스의 맞춤화 시행이 필요한 서비스의 특징은?

① 이질성
② 무형성
③ 비분리성
④ 소멸성

ANSWER 19.③ 20.①

19 6시그마
　㉠ 모든 프로세스에 적용할 수 있는 전방위 경영혁신 운동으로, 1987년 미국의 마이클 해리가 창안한 품질경영 혁신기법이다.
　㉡ 모든 서비스와 상품의 불량률이나 결함을 줄이고 고객만족을 높이기 위한 질 향상 활동 방법이다.
　㉢ 6시그마 품질수준이란 3.4PPM(parts per million)으로, 100만 개의 제품 중 발생하는 불량품이 평균 3.4개라는 것을 의미한다. 이는 실제 업무상 실현될 수 있는 가장 낮은 수준의 에러로 인정된다.
　㉣ 6시그마의 해결기법 과정은 DMAIC로 대표된다. 즉, 정의(define), 측정(measure), 분석(analyze), 개선(improve), 관리(control)를 거쳐 최종적으로 6시그마 기준에 도달하게 된다.

20 서비스의 특징
　㉠ 무형성: 서비스는 상품과 다르게 형태가 있지 않아 저장할 수 없다.
　㉡ 비분리성(동시성): 서비스는 제공자에 의해 제공되는 동시에 고객에 의해 소비된다.
　㉢ 이질성: 같은 서비스는 서비스를 전달하는 사람과 고객의 상황에 따라 달라진다.
　㉣ 소멸성: 상품과 달리 서비스는 1회로 소멸하며 소비되지 않은 서비스는 재고로 보관할 수 없다.

간호관리 | 2019. 6. 15. 제1회 지방직 시행

1 기획의 원칙에 대한 설명으로 옳은 것은?

① 기획자의 전문성이 부각될 수 있는 전문용어를 사용한다.
② 기획자의 주관이 개입되지 않도록 객관적 정보를 통해 미래를 예측한다.
③ 조직의 목적 달성을 위해 처음 의도한 기획안은 변경하지 않아야 한다.
④ 추상성이 낮은 수준에서 높은 수준으로 순차적으로 기획한다.

2 변혁적 리더십(transformational leadership)의 구성 요소만을 모두 고르면?

㉠ 개별적 배려	㉡ 영감적 동기부여
㉢ 보상 연계	㉣ 지적 자극

① ㉠, ㉡
② ㉠, ㉣
③ ㉠, ㉡, ㉣
④ ㉡, ㉢, ㉣

ANSWER 1.② 2.③

1 ① 기획은 가능한 한 난해하고 전문적인 용어는 피해야 한다.
③ 처음 의도한 기획안일지라도 외부환경 등 상황에 따라 변경이 가능해야 한다.
④ 기획은 가장 큰 것으로부터 시작하여 구체화 과정을 통해 연차적으로 기획을 파생시킨다.

2 **변혁적 리더십** … 카리스마와 개별적 배려, 지적 자극을 통한 구성원들의 자아개념을 자극하는 것으로 구성원들에 대한 높은 기대의 표현을 통하여, 구성원들의 성과를 이끌어낸다.
  ㉠ **카리스마**: 리더의 이상적인 공약, 구성원들에 대한 높은 기대감, 리더 자신의 확신감과 구성원들에 대한 리더의 신뢰감에 의해 형성되는 것으로 구성원들은 리더 계획에 대한 강력한 지지와 몰입을 통해 리더와 자신을 동일시한다.
  ㉡ **지적 자극**: 부하들에게 문제점을 새로운 방식으로 보도록 시도하는 것으로 구성원은 스스로 문제에 대한 해결책을 탐구, 구성원들의 문제해결능력이 높아진다.
  ㉢ **개별적 배려**: 리더의 관심사항과 부하들의 관심사항을 공유하는 것으로 구성원들이 개인적 욕구를 스스로 확인하게 만들고, 보다 높은 차원의 욕구를 가질 수 있도록 한다.
  ㉣ **영감적 동기부여**: 큰 변화를 이룩해야 할 책무를 수행하는 리더로서 변화를 성공적으로 이룩하기 위하여 구성원들로 하여금 정상의 노력과 헌신을 이끌어 낼 수 있어야 한다.

3 간호관리 체계모형의 투입 요소는?

① 간호인력의 수 ② 환자의 재원일수
③ 간호사 이직률 ④ 환자 만족도

4 다음 글에서 설명하는 것은?

> 전년도의 경비에 근거하여 차기 연도의 물가상승률이나 소비자물가지수 등을 추가 혹은 곱하는 방법으로 차기 연도의 예산을 세우는 방법

① 유동 예산제 ② 점진적 예산제
③ 기획 예산제 ④ 영기준 예산제

5 의료인이 감염 예방을 위해 N95 마스크를 착용해야 하는 질병만을 모두 고르면?

㉠ 홍역	㉡ 수두
㉢ 풍진	㉣ 성홍열
㉤ 디프테리아(diphtheria)	

① ㉠㉡ ② ㉠㉤
③ ㉢㉣ ④ ㉠㉡㉤

ANSWER 3.① 4.② 5.①

3 간호관리 체계모형
㉠ 투입: 인력, 물자, 자금, 시설, 설비, 정보 등의 자원을 포함한다.
㉡ 전환과정: 투입을 산출로 전환시키기 위해 필요한 관리과정(기획, 조직, 인사, 지휘, 통제)과 관리지원기능(동기부여, 권력과 갈등, 의사소통, 의사결정, 지도성, 시간관리, 갈등관리 등)을 의미한다.
㉢ 산출요소: 간호서비스의 질과 양, 간호시간, 재원일수, 환자만족도, 조직활성화 등이 있다.

4 점진적 예산제 … 전년도 경비에 근거하여 차기연도의 물가상승률이나 소비자 물가지수 등을 올해 경비에 추가하여 차기연도의 예산을 세우는 방법으로, 이 방법은 실행하기가 간단하고 신속하며 전문적인 지식이 많지 않아도 세울 수 있으나 현재 책정되어 있는 수가에 동기부여의 의미가 전혀 없고, 여러 서비스나 프로그램의 우선순위가 고려되지 않기 때문에 재무적인 관점에서 보면 비효율적이다.

5 ㉢㉣㉤ 비말전파주의 질병이다.
※ N95 마스크 … 식품의약품안전처 기준 KF94에 해당하는 헤파필터 마스크이다. 숫자 '95'는 공기 중 미세과립의 95% 이상을 걸러준다는 뜻이다. N95 마스크는 공기전파주의 감염병인 홍역, 수두, 활동성 결핵, SARS 등의 예방을 위해 착용해야 한다.

6 통제 활동에 대한 설명으로 옳은 것은?

① 근본원인분석(root cause analysis) - 적신호 사건을 예방하기 위하여 근본 원인을 전향적으로 파악한다.
② 린(Lean) - 지속적인 질 향상을 위해 업무 성과의 변이를 최소화한다.
③ 6-시그마(6-sigma) - 업무 프로세스에서 낭비 요소를 제거하고 고객에게 가치 있는 요소를 강조한다.
④ 오류유형과 영향분석(failure mode and effect analysis) - 업무 프로세스에서 발생할 수 있는 사건 유형을 사전에 파악하고 체계적으로 분석한다.

7 목표관리(MBO)에 대한 설명으로 옳지 않은 것은?

① 구체적인 목표와 측정 방법을 계획함으로써 조직성과를 향상시킨다.
② 단기목표에 치중하여 조직의 장기목표에 지장을 초래할 수 있다.
③ 객관적인 직무수행평가와 통제 활동을 용이하게 돕는다.
④ 성과의 질적 측면을 강조함으로써 계량적 목표 측정을 소홀히 한다.

8 허즈버그(Herzberg)의 동기-위생 이론에 대한 설명으로 옳은 것은?

① 직무수행을 향상시키기 위해 위생요인을 개선한다.
② 위생요인을 개선하면 직무만족이 높아진다.
③ 작업조건 향상을 통해 동기요인을 개선한다.
④ 직무충실화를 통해 동기요인을 개선한다.

ANSWER 6.④ 7.④ 8.④

6 ① 근본원인분석은 과오의 재발을 예방하기 위한 체계적 변화에 중점을 두는 후향적 검토 방법이다.
② 린 생산방식은 작업 공정 혁신을 통해 비용은 줄이고 생산성은 높이는 것으로, 숙련된 기술자들의 편성과 자동화 기계의 사용으로 적정량의 제품을 생산하는 방식이다.
③ 6-시그마는 모든 서비스와 상품의 불량률이나 결함을 줄이고 고객만족을 높이기 위한 질 향상 활동 방법이다.

7 목표관리의 경우 질적인 목표는 측정이 어려우므로 계량적 목표 측정에만 치우칠 수 있는 단점이 있다.

8 허즈버그의 2요인 이론 … 인간의 욕구 가운데는 동기요인과 위생요인의 두 가지가 있으며, 이 두 요인은 상호 독립되어 있다고 주장한다.
㉠ 동기요인(만족요인) : 조직구성원에게 만족을 주고 동기를 유발하는 요인이다.
  예 성취, 인정, 직무 내용, 책임, 승진, 승급, 성장 등
㉡ 위생요인(불만요인) : 욕구 충족이 되지 않을 경우 조직구성원에게 불만족을 초래하지만 그러한 욕구를 충족시켜 준다 하더라도 직무 수행 동기를 적극적으로 유발하지 않는 요인이다.
  예 조직의 정책과 방침, 관리 감독, 상사/동료/부하직원과의 관계, 근무환경, 보수, 지위, 안전 등

9 다음 글에서 설명하는 의사소통 네트워크의 유형은?

> • 구성원들 간 의사소통에 대한 만족도가 낮다.
> • 조직 내 강력한 리더가 있고 모든 구성원이 그 리더와 의사소통한다.
> • 구성원의 과업이 복잡할 경우에 의사소통 속도가 느리고 정보 공유가 어렵다.

① 원형
② 사슬형
③ 수레바퀴형
④ 완전연결형

ANSWER 9.③

9 의사소통 네트워크의 유형
 ㉠ 수레바퀴형 : 집단 구성원 간에 리더가 존재하는 경우에 나타나는 형태로, 구성원들의 정보전달이 한 사람의 리더에 집중된다.
 ㉡ 사슬형 : 의사소통이 공식적인 명령계통과 수직적인 경로를 통해서 이루어지는 형태로, 구성원들 간의 커뮤니케이션이 연결되지 않는다.
 ㉢ Y형 : 사슬형과 수레바퀴형이 혼합된 유형으로, 수레바퀴형에서처럼 확고한 리더가 존재하지는 않지만 비교적 집단을 대표할 수 있는 인물이 있는 경우에 나타난다.
 ㉣ 원형 : 구성원 간에 뚜렷한 서열이 없는 경우에 나타나는 형태로, 위원회나 태스크포스의 구성원들 사이에 이루어지는 커뮤니케이션 유형이다.
 ㉤ 완전연결형 : 리더가 존재하지 않고 구성원 누구나 다른 구성원과 커뮤니케이션을 주도할 수 있는 형태로, 구성원들 간 정보교환이 완전히 이루어져 개방형이라고도 한다.

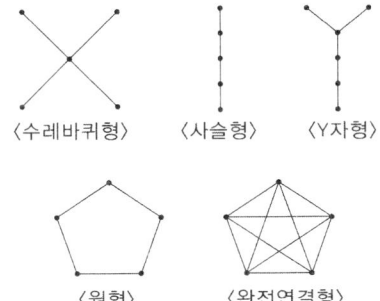

10 「한국간호사 윤리강령」의 항목에 대한 설명으로 옳은 것은? [기출변형]

① 건강 환경 구현 – 간호사는 건강을 위협하는 사회적 유해 환경, 재해, 생태계의 오염으로부터 간호 대상자를 보호하고, 건강한 환경을 보전·유지하는 데 적극적으로 참여한다.

② 교육과 연구 – 간호사는 간호 전문직의 발전과 국민 건강 증진을 위해 간호 정책 및 관련 제도의 개선 활동에 적극적으로 참여한다.

③ 간호 대상자 보호 – 간호사는 간호의 전 과정에서 간호 대상자의 안전을 우선시 하며, 위험을 최소화하기 위한 조치를 취해야 한다.

④ 취약한 간호 대상자 보호 – 간호사는 동료 의료인이나 간호 관련 종사자에 의해 간호 대상자의 건강과 안전이 위협받는 경우, 간호 대상자를 보호하기 위한 적절한 조치를 취한다.

ANSWER 10.①

10 한국간호사 윤리강령(2023년 2월 28일 5차 개정) … 간호의 근본이념은 인간 생명을 존중하고 인권을 지키는 것이다. 간호사의 책무는 인간 생명의 시작부터 삶과 죽음의 전 과정에서 간호 대상자의 건강을 증진하고, 질병을 예방하며, 건강을 회복하고, 고통이 경감되도록 돌보는 것이다. 간호사는 간호 대상자의 자기결정권을 존중하고, 간호 대상자 스스로 건강을 증진하는 데 필요한 지식과 정보를 획득하여 최선의 결정을 할 수 있도록 돕는다. 이에 대한간호협회는 국민의 건강과 안녕에 이바지하는 전문직종사자로서 간호사의 위상과 긍지를 높이고, 윤리 의식의 제고와 사회적 책무를 다하기 위하여 이 윤리 강령을 제정한다.

㉠ 간호사와 간호 대상자
- 평등한 간호 제공: 간호사는 간호 대상자의 국적, 인종, 종교, 사상, 연령, 성별, 정치적·사회적·경제적 지위, 성적 지향, 질병, 장애, 문화 등의 차이에 관계없이 평등하게 간호한다.
- 개별적 요구 존중: 간호사는 간호 대상자의 관습, 신념 및 가치관에 근거한 개인적 요구를 존중하여 간호하는 데 최선을 다한다.
- 사생활 보호 및 비밀유지: 간호사는 간호 대상자의 개인 건강 정보를 포함한 사생활을 보호하고, 비밀을 유지하며, 간호에 필요한 최소한의 정보 공유를 원칙으로 한다.
- 알 권리 및 자기결정권 존중: 간호사는 간호의 전 과정에 간호 대상자를 참여시키며, 충분한 정보 제공과 설명으로 간호 대상자가 스스로 의사 결정을 하도록 돕는다.
- 취약한 간호 대상자 보호: 간호사는 취약한 환경에 처해 있는 간호 대상자를 보호하고 돌본다.
- 건강 환경 구현: 간호사는 건강을 위협하는 사회적 유해 환경, 재해, 생태계의 오염으로부터 간호 대상자를 보호하고, 건강한 환경을 보전·유지하는 데 적극적으로 참여한다.
- 인간의 존엄성 보호: 간호사는 첨단 의과학 기술을 포함한 생명 과학 기술의 적용을 받는 간호 대상자를 돌볼 때 인간 생명의 존엄과 가치를 인식하고 간호 대상자를 보호한다.

㉡ 전문인으로서 간호사의 의무
- 간호 표준 준수: 간호사는 모든 업무를 대한간호협회 간호 표준에 따라 수행하고 간호에 대한 자신의 판단과 행위에 책임을 진다.
- 교육과 연구: 간호사는 간호 수준의 향상과 근거 기반 실무를 위한 교육과 훈련에 참여하고, 간호 표준 개발 및 연구에 기여한다.
- 정책 참여: 간호사는 간호 전문직의 발전과 국민 건강 증진을 위해 간호 정책 및 관련 제도의 개선 활동에 적극적으로 참여한다.
- 정의와 신뢰의 증진: 간호사는 의료자원의 분배와 간호 활동에 형평성과 공정성을 유지함으로써 사회의 공동선과 신뢰를 증진하는 데에 기여한다.
- 안전을 위한 간호: 간호사는 간호의 전 과정에서 간호 대상자의 안전을 우선시 하며, 위험을 최소화하기 위한 조치를 취해야 한다.
- 건강 및 품위 유지: 간호사는 자신의 건강을 보호하고 전문인으로서의 긍지와 품위를 유지한다.

㉢ 간호사와 협력자
- 관계 윤리 준수: 간호사는 동료 의료인이나 간호 관련 종사자와 협력하는 경우 상대를 존중과 신의로서 대하며, 간호 대상자 및 사회에 대한 윤리적 책임을 다한다.
- 간호 대상자 보호: 간호사는 동료 의료인이나 간호 관련 종사자에 의해 간호 대상자의 건강과 안전이 위협받는 경우, 간호 대상자를 보호하기 위한 적절한 조치를 취한다.
- 첨단 생명 과학 기술 협력과 경계: 간호사는 첨단 생명 과학 기술을 적용한 보건 의료 연구에 협력함과 동시에, 관련 윤리적 문제에 대해 경계하고 대처한다.

11 상급종합병원의 일반병동 간호관리료 차등제에 대한 설명으로 옳은 것은?

① 7개 등급으로 구분하고 7등급을 기준으로 가산한다.
② 병상 수 대 간호사 수의 비가 2.5 : 1 미만이면 1등급이다.
③ 응급실, 신생아실, 분만실도 일반병동 간호관리료를 적용한다.
④ 직전 분기의 평균 병상 수 대비 당해 병동에서 간호업무에 종사하는 직전 분기 평균 간호사 수에 따라 산정한다.

12 용어에 대한 설명으로 옳지 않은 것은?

① 의료오류(medical error) – 현재의 의학적 지식수준에서 예방가능한 위해사건 혹은 근접오류
② 과오(malpractice) – 상식을 가진 일반인의 표준적 수준을 충족하지 못하는 행위
③ 과실(negligence) – 유해한 결과가 발생하지 않도록 정신을 집중할 주의의무를 태만히 한 행위
④ 전단적 의료(unauthorized medical care) – 위험성이 있는 의료를 행하기에 앞서 환자로부터 동의를 얻지 않고 의료행위를 하는 것

ANSWER 11.④ 12.②

11 ④ 서울시, 광역시 구지역, 경기도의 구가 있는 시에 소재한 의료기관은 병상 수 : 간호사 수를 기준으로, 이외의 지방 시군구 병원급(상급의료 의료기관 제외) 의료기관은 환자 수 : 간호사 수를 기준으로 등급을 구분한다.
① 상급종합병원의 일반병동 간호관리료 등급은 6등급으로 구분하고 6등급을 기준으로 가산한다.
② 병상 수 대 간호사 수의 비가 2.0 : 1 미만이면 1등급이다.
③ 일반병동의 병상 수는 의료기관의 전체 병상 중에서 응급실, 신생아실, 분만실, 집중치료실, 격리실, 무균치료실, 인공신장실, 낮병동, 정신과 폐쇄병동의 병상을 제외한 일반병동의 병상을 말한다.

12 의료과오 … 의료과오는 의료인이 의료행위를 수행함에 있어서 당시의 의학지식 또는 의료기술의 원칙에 준하는 업무상 필요로 하는 주의의무를 게을리하여 환자에게 적절치 못한 결과를 초래한 것이다. 의료인에게 법적 책임을 지울 수 있는 의료행위상의 잘못을 모두 포함하는 반면에 의료과실은 의료행위상의 잘못에 대하여 법적으로 비난할 수 있는 특정 요소로써, 사법상으로는 '일정한 사실을 인식할 수 있었음에도 불구하고 부주의로 인식하지 못한 것'을 의미하고, 형법상으로는 '정상의 주의를 태만함으로 인하여 죄의 성립요소인 사실을 인식하지 못한 것'을 뜻한다.

13 개인 의사결정에 비해 집단 의사결정이 가진 장점만을 모두 고르면?

> ㉠ 결정의 질 ㉡ 수용성
> ㉢ 신속성 ㉣ 비용

① ㉠, ㉡
② ㉢, ㉣
③ ㉠, ㉡, ㉣
④ ㉡, ㉢, ㉣

14 다음 글에서 설명하는 환자분류방법은?

> 간호서비스 유형과 양을 결정하는 환자군별 특징을 광범위하게 기술하고 이를 기준으로 유사성에 기초하여 환자를 분류한다.

① 요인평가법
② 원형평가법
③ 점수평가법
④ 서술평가법

15 의료법령상 의료기관 인증에 대한 설명으로 옳은 것은?

① 인증등급은 인증 또는 조건부인증으로 구분하고, '인증' 유효기간은 4년이다.
② 이의신청은 평가결과 또는 인증등급을 통보받은 날부터 60일 이내에 하여야 한다.
③ 조건부인증을 받은 의료기관의 장은 1년의 유효기간 내에 보건복지부령에 정하는 바에 따라 재인증을 받아야 한다.
④ 의료기관인증위원회의 위원은 인증전담기관의 장이 임명하거나 위촉한다.

ANSWER 13.① 14.② 15.③

13 집단 의사결정은 개인 의사결정보다 시간 및 비용이 많이 든다는 단점이 있지만, 의사결정의 질이 높고 수용적 측면에서 개인 의사결정에 비해 용이하다.

14 **원형평가법** … 환자를 3~4개의 군으로 나누어 군별 전형적인 특성을 광범위하게 기술하고, 이를 기준으로 유사성에 기초하여 환자를 분류하여 간호서비스 유형과 양을 결정한다.

15 ① 인증등급은 인증, 조건부인증 및 불인증으로 구분한다. 인증의 유효기간은 4년, 조건부인증의 경우에는 유효기간을 1년으로 한다〈의료법 제58조의3(의료기관의 인증기준 및 방법 등) 제2항 및 제3항〉.
② 이의신청은 평가결과 또는 인증등급을 통보받은 날부터 30일 이내에 하여야 한다. 다만, 책임질 수 없는 사유로 그 기간을 지킬 수 없었던 경우에는 그 사유가 없어진 날부터 기산한다〈의료법 제58조의5(이의신청) 제2항〉.
④ 의료기관인증위원회의 위원장은 보건복지부차관으로 하고, 위원회의 위원은 보건복지부장관이 임명 또는 위촉한다〈의료법 제58조의2(의료기관 인증위원회) 제3항〉.

16 다음 괄호 안에 들어갈 말로 옳은 것은?

> 백내장 수술 진료비를 행위별수가제가 아닌 포괄수가제로 지불한 결과, 진료 비용이 감소하였다. 백내장 수술 결과는 행위별수가제 환자군과 포괄수가제 환자군 간에 차이가 없는 것으로 나타났다. 따라서 백내장 수술에 대해 포괄수가제가 행위별수가제에 비해 (　　)이 높다고 평가하였다.

① 효능성
② 효과성
③ 효율성
④ 형평성

17 조직 내 간호인력 수요예측에 관한 설명으로 옳지 않은 것은?

① 간호업무량을 파악하기 위해 시간-동작 분석 결과를 활용한다.
② 간호인력 수요는 환자 수, 환자 요구도, 병상점유율의 영향을 받는다.
③ 사전에 직무분석을 통해 직무 내용 및 해당 인력의 자격요건을 결정한다.
④ 간호 업무의 난이도와 중요도를 반영하기 위해 서술적 방법으로 인력을 산정한다.

18 직무평가방법에 대한 설명으로 옳은 것은?

① 서열법 - 표준 척도 없이 직무별 중요도와 가치를 종합적으로 비교하는 방법
② 점수법 - 중요도가 유사한 직무를 묶어서 분류 후 그룹별 특성을 기술하고 점수를 부여하는 방법
③ 직무등급법 - 기준이 되는 특정 직무를 선정하고 다른 직무를 기준 직무와 비교하여 등급을 결정하는 방법
④ 요소비교법 - 직무평가 요소별로 중요도에 따라 점수를 부여하고 직무별 총점을 산출하는 방법

ANSWER 16.③ 17.④ 18.①

16 수술 결과는 행위별수가제 환자군과 포괄수가제 환자군 간에 차이가 없는데 포괄수가제로 지불한 결과 진료 비용이 감소하였다. 비용 대비 효과를 따지는 용어는 효율성으로 능률성이라고도 한다.

17 서술적 방법은 환자를 유형에 따라 분류하여 설정한 간호표준에 따라 간호인력을 산정한다. 산정과정이 비교적 쉽고 빨리 수행할 수 있지만 환자의 중증도와 그에 따른 간호인력 요구의 증감은 반영할 수 없다.

18 ② **점수법**: 직무와 관련된 각 요소들을 구분하여 그 중요도에 따라 평가한 다음 점수를 합산하여 각 직무의 가치를 매기는 방법이다.
③ **직무등급법**: 서열법보다 좀 더 발전한 것으로 사전에 직무등급표를 만들고 각 직무를 직무등급표의 분류기준과 비교 검토하여 해당 등급에 편입시키는 방법이다.
④ **요소비교법**: 가장 핵심이 되는 몇 개의 기준직무를 선정하고 각 직무의 평가요소를 기준직무의 평가요소와 결부시켜 비교함으로써 모든 직무의 상대적 가치를 결정하는 방법이다.

19 병원 감염관리 방법으로 옳은 것은?

① 격리된 세균성 이질 환자에게 사용한 수액세트를 일반의료폐기물 박스에 버린다.
② 방문객을 제한하되 응급실 소아 환자의 보호자 수는 제한하지 않는다.
③ 코호트 격리 중인 VRE(vancomycin-resistant enterococci) 감염 환자들의 활력징후 측정 시 매 환자마다 장갑을 교체한다.
④ 격리된 콜레라 환자에게 사용한 가운을 병실 앞 복도에 비치된 전용 폐기물 박스에 버린다.

20 병동 물품관리에 대한 설명으로 옳은 것은?

① 물품의 기준량은 침상 수, 환자 수, 간호요구도 등을 고려하여 결정한다.
② 최근 공급된 멸균제품을 기존 멸균제품보다 선반 앞쪽에 배치한다.
③ 부피가 작고 사용량이 많은 진료재료의 공급은 정수보충방식을 원칙으로 한다.
④ 매주 공급되는 소모품은 주간 평균 사용량과 동일한 개수를 청구하여 재고가 없게 한다.

ANSWER 19.③ 20.①

19 ①④ 법정 전염병중 격리병실 사용 중인 환자에서 발생한 폐기물은 격리의료폐기물에 해당한다.
② 방문객을 제한하고 응급실 소아 환자의 보호자 수 역시 제한한다.

20 ② 최근 공급된 멸균제품은 기존 멸균제품보다 선반 뒤쪽에 배치한다.
③ 정수보충방식은 사용빈도가 높은 물품 중 부피가 큰 진료재료의 공급에 적용한다.
④ 매주 공급되는 소모품이라도 재고를 보유하고 있어야 한다.

간호관리 | 2019. 6. 15. 제2회 서울특별시 시행

1 간호업무의 질을 평가하기 위한 접근방법 중 과정적 측면을 평가하는 항목으로 가장 옳은 것은?

① 간호기록
② 직무기술서
③ 정책과 절차
④ 환자 만족도

2 조직화의 원리를 적용한 설명으로 가장 옳은 것은?

① 계층제 원리를 강조한 조직은 명확한 계층을 가지기 때문에 환경변화에 빠르고 신축적으로 대응할 수 있다.
② 부하직원의 능력이 우수할수록, 조직의 정책과 규범 정도의 명확성이 낮을수록 관리자의 통솔범위는 넓어진다.
③ 업무를 세분화하여 한 사람이 맡게 될 업무가 단순화 되면 흥미와 창의력이 높아져 업무의 효율성과 생산성이 향상된다.
④ 구성원이 한 명의 상사로부터 지시와 명령을 받을 때, 구성원의 책임소재가 명확해지고 책임자는 전체적인 조정이 가능하다.

ANSWER 1.① 2.④

1 간호기록이란 간호사의 책임하에 기재하는 공적인 환자개인의 기록이다. 간호활동과정에서 발생한 여러 가지 정보로, 입원 시의 환자사정에서부터 간호진단, 간호수행, 간호에 대한 환자의 반응 등을 조직적이고 체계적으로 기록한 문서라고 할 수 있다. 따라서 간호업무의 질을 평가하기 위한 접근방법 중 과정적 측면을 평가하는 항목으로 적절하다.

※ 평가의 유형
  ⊙ 구조적 평가: 간호가 제공되는 구조에 초점을 둔다.
  ⓒ 과정적 평가: 건강제공자의 활동에 초점을 둔다.
  ⓒ 결과적 평가: 대상자의 건강상태와 간호결과에 대한 대상자의 만족에 초점을 둔다.

2 ① 계층제 원리를 강조한 조직은 명확한 계층을 가지기 때문에 환경변화에 빠르고 신축적으로 대응하기 어렵다.
② 부하직원의 능력이 우수할수록, 조직의 정책과 규범 정도의 명확성이 낮을수록 관리자의 통솔범위는 좁아진다.
③ 업무를 세분화하여 한 사람이 맡게 될 업무가 단순화되면 흥미와 창의력이 낮아지게 된다.

3 간호사와 의사 간 업무에 대한 의견 차이로 인해 갈등이 발생했을 때, 대상자의 결과 향상을 위해 할 수 있는 최선의 일이 무엇인지 생각하고, 문제의 근본 원인을 규명하여 통합적 대안을 도출함으로써 갈등을 해결하고자 하는 방법은?

① 회피
② 수용
③ 타협
④ 협력

4 신입간호사의 새로운 역할 습득과 성공적인 조직사회화를 도와주는 프리셉터(preceptor)에 대한 설명으로 가장 옳은 것은?

① 신입간호사의 선택에 따라 프리셉터가 결정된다.
② 프리셉터는 신입간호사와 비공식적인 관계를 맺고 보이지 않게 심리적 지원을 한다.
③ 신입간호사의 '현실충격(reality shock)'을 인정하고 1 : 1 교육으로 가장 효과적인 학습기회를 제공한다.
④ 신입간호사가 새로운 역할을 습득하여 독립적으로 업무 수행을 할 수 있을 때까지 프리셉터가 지속적으로 교육한다.

ANSWER 3.④ 4.③

3 둘 다 만족할 수 있는 통합적 대안을 도출함으로써 갈등을 해결하고자 하는 방법은 협력이다.
① 회피 : 갈등이 없었던 것처럼 행동하여 이를 의도적으로 피하는 방법이다.
② 수용 : 자신의 욕구충족은 포기하더라도 상대방의 갈등이 해소되도록 노력하는 방법이다.
③ 타협 : 양보를 통해 절충안을 찾으려는 방법이다.
※ 갈등관리 유형

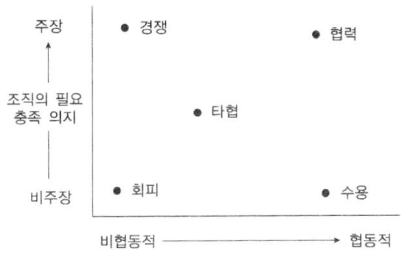

4 프리셉터십(preceptorship) … 숙련된 간호사가 학습자와의 1 : 1 상호작용을 통해 간호실무 능력을 지도, 감독, 평가하는 것이다. 신규간호사들은 간호대학에서의 교육과 임상현장 간의 격차, 실무현장에서 필요한 전문지식 및 기술 부족, 상황 판단력 미숙 등으로 인해 현실충격을 겪고 있다. 프리셉터십을 통해 신규간호사가 현실충격을 극복하고 효율적으로 임상실무에 적응해 역할을 해나갈 수 있도록 도울 수 있다.

5 관리자가 〈보기〉와 같이 마케팅 STP(Segmentation, Targeting, Positioning) 전략을 수립하던 중 한 가지 요소를 누락하였다. 다음에서 누락된 전략에 대한 설명으로 가장 옳은 것은?

> 〈보기〉
> 소비자의 욕구를 파악하기 위하여 연령, 성별과 같은 인구학적 특성과 지식, 태도, 사용 정도와 같은 행태적 특성을 고려하여 소비자 집단을 3개의 시장으로 구분하였다. 이 중 고령 여성 노인으로 지식 수준이 높고 사용 정도가 높을 것으로 기대되는 집단을 표적 시장으로 선정하였다.

① 사회계층, 라이프 스타일, 개성과 같은 소비자의 심리 분석적 특성을 조사한다.
② 소비자에게 경쟁사와 차별화되는 이미지를 인식시키기 위한 방안을 수립한다.
③ 개별 고객을 별도의 시장으로 인식하여 표적 시장을 정밀화한다.
④ 전체 시장을 대상으로 소비자의 동질적 선호패턴을 분석한다.

6 공기 중에 먼지와 함께 떠다니다가 흡입에 의해 감염이 발생하는 질환으로 공기전파 주의 조치를 취해야 하는 홍역, 활동성 결핵의 감염관리 방법으로 가장 옳은 것은?

① 대상자는 음압 격리실에 격리한다.
② 간호수행 시 병실 문은 열어 놓아도 된다.
③ 격리실에 다제내성균 환자와 같이 격리하였다.
④ 간호수행 시 보호장구로 가운과 장갑을 착용한다.

ANSWER 5.② 6.①

5 마케팅 STP … 시장 세분화(Segmentation), 표적시장 선정(Targeting), 위상 정립(Positioning)의 첫 자를 딴 마케팅 전략 중 하나이다. 제품 범주와 소비자 욕구에 근거하여 고객집단을 세분화하고 나누고 경쟁 상황과 여러 자원을 고려하여 가장 자신 있는 표적시장을 선정한다는 것이 주요 내용이다. 〈보기〉에서는 STP 중 P가 누락된 것으로 소비자에게 경쟁사와 차별화되는 이미지를 인식시켜 자사의 상품의 위상을 정립하는 포지셔닝이 요구된다.

6 공기전파(airborne transmission) … 미생물을 포함한 5μm 이하 작은 입자들이 공기 중에 떠다니다가 감수성이 있는 환자가 이를 흡입함으로 인해 전파되는 경우이다. 이러한 경로로 전파되는 미생물은 기류를 타고 먼 거리까지 전파가 가능하다. 공기로 전파되는 미생물은 결핵균, 홍역 바이러스, 수두 바이러스 등이 있다. 공기주의 환자 격리실은 기존 건물인 경우 시간당 적어도 6회, 새 건물이나 리노베이션 건물인 경우 시간당 12회 이상 공기를 교환할 수 있어야 하고 격리실의 공기는 직접 건물 외부로 배출되거나 헤파필터를 거친 후 인접 공간으로 유입되어야 한다. 음압을 유지하기 위하여 격리실 문은 출입을 제외하고 닫아두어야 하며 환자가 입원한 격리실이 음압을 잘 유지하고 있는지 매일 육안으로 확인하여야 한다. 개인보호장구로는 N-95마스크나 고수준 호흡보호구를 착용한다.

7 기획의 원칙 중 〈보기〉에 해당하는 원칙은?

〈보기〉
A지역 시립병원은 병원 경쟁력을 높이기 위한 전략으로 간호간병통합서비스 병동을 신설하기로 결정하였다. 병동을 신설하기 전에 관리자는 필요한 모든 요소들을 검토하고 인적, 물적 자원과 설비, 예산 부족 등으로 차질이 생기지 않도록 모든 요소를 고려하여 충분한 사전검사를 하여야 한다.

① 경제성의 원칙
② 균형성의 원칙
③ 포괄성의 원칙
④ 장래 예측의 원칙

8 최고관리자가 기획을 수립할 때 사용하는 의사결정 유형으로 가장 옳은 것은?
① 정형적 의사결정, 위험상황의 의사결정, 운영적 의사결정
② 비정형적 의사결정, 위험상황의 의사결정, 전술적 의사결정
③ 정형적 의사결정, 불확실한 상황의 의사결정, 의사결정
④ 비정형적 의사결정, 불확실한 상황의 의사결정, 전략적 의사결정

ANSWER 7.③ 8.④

7 **포괄성의 원칙** … 계획안의 수행 단계에서 인력, 장비, 시설, 물자, 예산 등의 부족으로 계획에 차질이 생기지 않도록, 사전에 포괄적인 검사가 이루어져야 한다.

8 최고관리자는 의사결정 과정이 프로그램화되어 있지 않은 비정형적 의사결정을 한다. 기획 수립 시에는 불확실한 상황에서 의사결정이 진행되므로 전략적인 의사결정이 요구된다.

9 동기부여 이론을 적용한 관리자의 수행으로 가장 옳은 것은?

① 맥그리거(McGregor)의 XY이론에 따라 X이론 관점을 가진 관리자가 구성원들에게 성장과 발전의 기회로 자율성을 확대하였다.
② 매슬로우(Maslow)의 욕구단계이론에 따라 구성원의 '안정과 안전욕구' 충족을 위해 '사회적 욕구'를 먼저 충족시켜 주었다.
③ 허츠버그(Herzberg)의 동기-위생이론에 따라 구성원의 동기요인을 충족시키기 위해 작업조건을 향상시켜 주었다.
④ 아담스(Adams)의 공정성 이론에 따라 구성원의 조직 몰입을 위해 업무성과에 대한 평가를 객관화하고, 성과와 보상을 합치시키려고 노력하였다.

10 우리나라의 의료비 지불제도 방식 중 현재 시범사업으로 시행 중인 신포괄수가제도에 대한 설명으로 가장 옳은 것은? [기출변형]

① 신포괄수가제도의 핵심은 비용절감과 서비스 제공의 최소화이다.
② 기존의 포괄수가제에 행위별수가제적인 성격을 반영한 혼합모형지불제도이다.
③ 4대 중증질환(암·뇌·심장·희귀난치성질환)을 제외한 603개 질병군 입원환자에게 적용한다.
④ 의료자원의 효율적 사용을 더욱 증대시키기 위해 완전히 새로운 개념으로 고안된 의료비지불제도이다.

ANSWER 9.④ 10.②

9 ① 구성원들에게 성장과 발전의 기회로 자율성을 확대하는 것은 Y이론 관점에 해당한다.
② 매슬로우(Maslow)의 욕구단계이론은 하위욕구가 충족되어야 상위욕구가 일어난다고 본다. 따라서 안정과 안전욕구를 먼저 충족시켜야 한다.
③ 작업조건 향상은 위생요인을 충족시키는 사항이다.

10 신포괄수과제는 행위별수가제와 7개 질병군포괄수가제의 대안적 모델로, 포괄지불방식과 행위별 지불방식을 병행한다. 대부분의 의료서비스를 포괄로 묶고, 진료비 차이를 유발하는 고가 서비스를 행위별수가로 보상하는 제도이다. 7개 질병군 포괄수가제는 비교적 단순한 일부 외과수술에만 적용하고 있다. 여기에 4대 중증질환(암·뇌·심장·희귀난치성질환)과 같이 복잡한 질환까지 포함시켜 더 많은 입원환자가 혜택을 받을 수 있게 한 것이 신포괄수가제이다.

※ 7개 질병군 포괄수가제와 신포괄수가제(2024년 기준)

구분	7개 질병군 포괄수가제	신포괄수가제
대상기관	7개 질병군 진료가 있는 전체 의료기관(2013. 7. 1.부터)	국민건강보험 공단일산병원, 국립중앙의료원, 지역거점공공병원 등 총 87개 기관
적용환자	백내장수술, 편도수술, 맹장수술, 항문수술, 탈장수술, 제왕절개분만, 자궁수술 7개 질병군 입원환자	603개 질병군 입원환자
장점	• 포괄수가(묶음) • 의료자원의 효율적 사용	• 포괄수가(묶음) + 행위별수가(건당) • 의료자원의 효율적 사용 + 적극적 의료서비스 제공

11 권력의 유형에 대한 설명으로 가장 옳은 것은?

① 다른 사람에게 가치가 있다고 인정되는 상을 주거나 보상을 할 수 있는 능력은 보상적 권력이다.
② 지식, 전문성과 경험 등에 의해 얻어지며 특정 전문분야에 한정되는 권력은 준거적 권력이다.
③ 해고, 징계와 같은 처벌에 대한 두려움에 근거하여 발생되는 권력은 합법적 권력이다.
④ 특별한 자질을 갖고 있거나 다른 사람들이 권력 행사자를 닮고자 할 때 발생하는 권력은 전문가 권력이다.

12 〈보기〉에서 제시된 간호관리자의 리더십 유형은?

〈보기〉
중환자실에 간호관리자가 새로 부임하였다. 이 간호관리자는 병동회의에서 앞으로 모든 간호사가 병동 운영 시 의사결정에 함께 참여하고 병동이 나아가야 할 목표를 함께 만들어 가야한다고 제시하였다.

① 민주적 리더십
② 전제적 리더십
③ 상황적합적 리더십
④ 자유방임적 리더십

ANSWER 11.① 12.①

11　② 지식, 전문성과 경험 등에 의해 얻어지며 특정 전문분야에 한정되는 권력은 전문가 권력이다.
　　③ 합법적 권력은 법규, 제도, 공식적 규칙에 의해 선출되거나 임명된 리더가 행사하는 권력이다. 해고, 징계와 같은 처벌에 대한 두려움에 근거하여 발생되는 권력은 강압적 권력이다.
　　④ 특별한 자질을 갖고 있거나 다른 사람들이 권력 행사자를 닮고자 할 때 발생하는 권력은 준거적 권력이다.
　　※ 미국의 사회심리학자인 프렌치와 레이븐이 제시한 다섯 가지 권력 유형은 준거적 권력, 전문적 권력, 합법적 권력, 보상적 권력, 강압적 권력이 있다.

12　민주적 리더십 … 의사결정 전 과정에 조직구성원 참여시키는 유형으로, 명령보다는 조언을 통한 인간관계와 팀워크를 중시한다.

13 파스케일과 아토스(Pascale & Athos) 등은 조직문화에 영향을 주는 7S 요소를 제시하였다. 이에 대한 설명으로 가장 옳지 않은 것은?

① 구조(structure)는 조직체를 형성하고 있는 구성단위 들과 이들 사이의 관계를 연결시키는 패턴을 말한다.
② 관리시스템(management system)은 의사결정제도, 경영정보시스템 등 일상적 조직체 운영과 경영과정에 관련된 모든 제도를 말한다.
③ 공유가치(shared value)는 조직이 목적을 달성하기 위해 조직의 자원을 장기간에 걸쳐 조직체의 여러 구성요소에 배분하는 계획과 행동 패턴을 말한다.
④ 리더십 스타일(leadership style)은 리더와 구성원 간의 상호관계에 있어 기본 성격을 지배하는 요소이다.

14 성과 평가 시 측정하는 생산성은 효과성과 효율성을 포함하는 포괄적 개념으로 효과성과 효율성을 모두 고려하여야 한다. 이 중 효율성에 대한 개념으로 가장 옳은 것은?

① 효과성과 상호대체적인 개념이다.
② 목표를 최대한 달성하는 것을 지향한다.
③ 자원의 활용 정도를 평가하는 수단의 의미를 강조한다.
④ 목적의 의미를 강조하는 가치추구의 개념이다.

ANSWER 13.③ 14.③

13 조직문화에 영향을 주는 7S(Pascale & Athos)
　㉠ 구조(Structure) : 조직체를 형성하고 있는 구성단위들과 이들 사이의 관계를 연결시키는 패턴으로서, 조직구조와 직무설계, 권한관계와 방침 등 구성원들의 역할과 그들 간의 상호관계를 지배하는 공식요소들을 포함한다.
　㉡ 전략(Strategy) : 조직의 장기적인 계획과 이를 달성하기 위한 자원배분 과정을 포함하며, 조직의 장기적 방향과 기본적 성격을 결정하고 조직운영 방식의 혁신에 영향을 미친다.
　㉢ 관리시스템(management System) : 조직운영을 위한 일련의 의사결정과 일상운영의 틀이 되는 보상제도와 인센티브, 경영정보와 의사결정시스템, 경영계획과 목표설정 시스템, 결과측정과 조정·통제 등 조직체 운영과 경영과정에 관련된 모든 제도를 말한다.
　㉣ 리더십 스타일(leadership Style) : 리더와 구성원 간의 상호관계에 있어 기본 성격을 지배하는 요소로서, 조직구성원들에 대한 동기부여와 상호작용, 그리고 조직분위기와 나아가서 조직문화에 직접적인 영향을 준다.
　㉤ 기술(Skill) : 조직의 각종 물리적 하드웨어기술과 이를 작동시키는 소프트웨어기술, 그리고 기관운영에 활용되는 관리기법 등을 포함한다.
　㉥ 구성원(Staff) : 조직의 인력구성과 구성원들의 능력, 전문성, 신념, 욕구와 동기, 지각과 태도, 행태 등을 포함한다.
　㉦ 공유가치(Shared value) : 조직구성원이 함께 하는 가치관으로서 다른 조직의 구성요소에 영향을 주는 핵심요소이다.

14 효율성 … 투입된 만큼 얼마나 잘했는지, 투입 대비 산출의 개념이다. 즉, 경제적 개념을 내포하며 투입과 산출에 대한 관계를 측정한다. 반면 효과성은 목적과 관련된 개념으로 조직의 목적에 적합한지, 조직의 목적을 어느 정도 달성했는지를 측정한다.

15 〈보기〉에서 설명하는 의사소통 네트워크 방법에 해당하는 것은?

〈보기〉
- 권한의 집중도는 낮음
- 의사소통의 속도가 빠름
- 의사결정의 수용도가 높음
- 구성원의 만족도가 높음

① 사슬형
② Y형
③ 수레바퀴형
④ 완전연결형

16 의료행위는 사전설명과 그 설명에 기초한 동의에 의해서 적법화된다. 대상자에게 설명을 제공할 때 고려할 사항은?

① 의료행위를 하기 직전에 설명을 하고 동의를 받는다.
② 대상자에게 정확한 내용을 전달하기 위하여 전문용어를 사용하여 설명한다.
③ 의료인의 판단에 근거하여 설명의 내용과 범위를 결정한 뒤 대상자에게 설명한다.
④ 대상자가 자기결정권을 행사하는데 필요한 이해력과 판단능력을 갖추고 있는지 확인하여야 한다.

ANSWER 15.④ 16.④

15 완전연결형 … 개방형이라고도 하며 구성원 누구나 다른 구성원과 커뮤니케이션을 주도할 수 있는 형태로 구성원들 간 정보교환이 완전히 이루어진다. 따라서 수용도가 높고 구성원의 만족도가 높다.
  ※ 의사소통 네트워크의 유형
    ㉠ 수레바퀴형: 집단 구성원 간에 리더가 존재하는 경우에 나타나는 형태로, 구성원들의 정보전달이 한 사람의 리더에 집중된다.
    ㉡ 사슬형: 의사소통이 공식적인 명령계통과 수직적인 경로를 통해서 이루어지는 형태로, 구성원들 간의 커뮤니케이션이 연결되지 않는다.
    ㉢ Y형: 사슬형과 수레바퀴형이 혼합된 유형으로, 수레바퀴형에서처럼 확고한 리더가 존재하지는 않지만 비교적 집단을 대표할 수 있는 인물이 있는 경우에 나타난다.
    ㉣ 원형: 구성원 간에 뚜렷한 서열이 없는 경우에 나타나는 형태로, 위원회나 태스크포스의 구성원들 사이에 이루어지는 커뮤니케이션 유형이다.
    ㉤ 완전연결형: 리더가 존재하지 않고 구성원 누구나 다른 구성원과 커뮤니케이션을 주도할 수 있는 형태로, 구성원들 간 정보교환이 완전히 이루어져 개방형이라고도 한다.

16 의료행위에 대한 사전설명과 동의는 의료행위에 대한 대상자의 자기결정권을 보장하기 위함이다. 따라서 대상자가 자기결정권을 행사함에 있어 필요한 이해력과 판단능력을 갖추고 있는지 확인해야 한다.

17 간호부 예산수립과 편성이 간호관리자에게 미치는 영향으로 가장 옳은 것은?

① 간호관리자의 사고를 현재 중심적으로 변화시킨다.
② 통제를 위한 준거 수단으로 활용된다.
③ 사업의 당위성보다 안전성을 우선하여 사업을 계획하게 한다.
④ 간호관리자들이 병원 및 간호부의 목표달성을 위해 노력할 수 있도록 안내 역할을 하는 지침을 제시해 준다.

18 의료서비스 수준의 평가를 통해 의료서비스 질 향상을 도모하고자 실시하는 우리나라의 의료기관인증제의 인증을 받기 위한 필수 기준으로 반드시 충족하여야 하는 기준이 아닌 것은?

① 환자안전
② 직원안전
③ 진료지침 관리체계
④ 질 향상 운영체계

ANSWER 17.② 18.③

17 예산의 수립과 편성은 간호관리자의 통제를 위한 준거 수단으로 활용된다. 간호관리자의 사고를 미래 중심적으로 변화시키며 사업의 당위성을 우선하여 계획하고 효율성을 강조한다.

18 의료기관 인증기준〈의료법 제58조의3(의료기관의 인증기준 및 방법 등) 제1항〉
　㉠ 환자의 권리와 안전
　㉡ 의료기관의 의료서비스 질 향상 활동
　㉢ 의료서비스의 제공과정 및 성과
　㉣ 의료기관의 조직·인력관리 및 운영
　㉤ 환자 만족도

19 〈보기〉와 같은 병원의 마케팅 전략은 의료서비스의 어떤 특성에 따른 문제점을 보완하기 위한 것인가?

〈보기〉
- 건강보험심사평가원에서 실시한 '급성기 뇌졸중 환자의 입원치료' 평가결과가 1등급임을 병원 내·외에 고지하였다.
- 갑상선절제술 환자에게 자가관리를 위해 수술 후 목운동 및 상처 관리에 대한 영상을 제작하여, 인터넷으로 보급하였다.
- 퇴원환자에게 3일 후 전화를 걸어 건강상태와 추후 관리를 모니터링 하였다.

① 무형성(intangibility)
② 가변성(variability)
③ 소멸성(perishability)
④ 비분리성(inseparability)

ANSWER 19.①

19 〈보기〉는 형태가 없는 의료서비스의 무형성을 보완하기 위해 영상으로 제작하여 인터넷으로 보급하여 마케팅 전략으로 활용한 예이다.
※ 서비스의 특성
  ㉠ 무형성 : 서비스는 상품과 다르게 형태가 있지 않아 저장할 수 없다.
  ㉡ 비분리성(동시성) : 서비스는 제공자에 의해 제공되는 동시에 고객에 의해 소비된다.
  ㉢ 이질성 : 같은 서비스는 서비스를 전달하는 사람과 고객의 상황에 따라 달라진다.
  ㉣ 소멸성 : 상품과 달리 서비스는 1회로 소멸하며 소비되지 않은 서비스는 재고로 보관할 수 없다.

20 〈보기〉의 간호부가 사용한 계획적 조직변화 전략으로 가장 옳은 것은?

〈보기〉
간호부에서는 투약과 관련된 안전사고를 감소시키기 위한 방법으로 근접오류(near miss)를 보고하고 관리할 수 있는 간호정보시스템을 개발하고 운영 중이다.
그러나 간호사들이 오류 보고 후 뒤따르는 비난과 질책이 두려워 익명화된 시스템임에도 불구하고 보고 자체를 꺼리고 있다는 문제점을 발견하게 되었다. 이에 간호부에서는 환자안전 관련 지침과 자료들을 개발·배포하고, 병동별로 변화 촉진자를 선정하여 활성화될 수 있도록 노력하고 있다.

① 동지적 전략
② 규범적-재교육적 전략
③ 경험적-합리적 전략
④ 권력-강제적 전략

ANSWER 20.②

20 규범적-재교육 전략은 자발적으로 새로운 것을 받아들이고 운영하도록 정보를 제공하고 구성원들의 가치관과 태도변화에 주안점을 두는 전략이다.
※ Chin과 Benne의 접근전략
㉠ 합리적-경험적 전략
㉡ 규범적-재교육적 전략
㉢ 권력적-강제적 전략

간호관리 | 2020. 6. 13. 제1회 지방직 시행

1 간호관리체계 모형에서 다음 내용을 포함하는 것은?

- 간호사 만족도
- 응급실 재방문율
- 환자의 욕창발생률

① 조정
② 투입
③ 변환과정
④ 산출

2 조직 유형을 정태적 조직과 동태적 조직으로 구분할 때 다른 유형에 속하는 것은?

① 위원회 조직
② 매트릭스 조직
③ 프로젝트 조직
④ 라인-스태프 조직

ANSWER 1.④ 2.④

1 간호관리 체계모형
　㉠ 투입: 인력, 물자, 자금, 시설, 설비, 정보 등의 자원을 포함한다.
　㉡ 전환과정: 투입을 산출로 전환시키기 위해 필요한 관리과정(기획, 조직, 인사, 지휘, 통제)과 관리지원기능(동기부여, 권력과 갈등, 의사소통, 의사결정, 지도성, 시간관리, 갈등관리 등)을 의미한다.
　㉢ 산출요소: 간호서비스의 질과 양, 간호시간, 재원일수, 환자만족도, 조직활성화 등이 있다.

2 조직 유형
　㉠ 동태적 조직: 위원회 조직, 매트릭스 조직, 프로젝트 조직 등
　㉡ 정태적 조직: 라인-스태프 조직 등

3 간호사가 수행하는 간접간호활동은?

① 투약
② 산소투여
③ 인수인계
④ 섭취량 및 배설량 측정

4 다음 글에서 설명하는 환자의 권리는?

> • 의료진은 환자에게 특정 의료행위를 하기 전에 설명과 동의를 구해야 한다.
> • 환자는 의료진에게 질병상태, 치료방법, 예상결과 및 진료비용 등에 관하여 질문할 수 있다.

① 진료받을 권리
② 비밀을 보호받을 권리
③ 알 권리 및 자기결정권
④ 상담·조정을 신청할 권리

5 간호관리과정에 대한 설명으로 옳은 것은?

① 기획은 실제 업무성과가 계획된 목표나 기준에 일치하는지를 확인하는 것이다.
② 조직은 공식 구조를 만들고, 적합한 간호전달체계를 결정하며 업무활동을 배치하는 것이다.
③ 지휘는 유능한 간호사를 확보하고 지속적으로 개발·유지하기 위해 적절히 보상하는 것이다.
④ 통제는 간호조직의 신념과 목표를 설정하고 목표달성을 위한 행동지침들을 결정하는 것이다.

ANSWER 3.③ 4.③ 5.②

3 간호사의 간호활동
  ㉠ 직접적인 환자간호와 관련된 역할 : 입·퇴원관리, 환자방문, 간호업무의 평가 및 감독, 간호계획 및 분배, 퇴원환자 교육, 응급상황 해결 및 업무수행
  ㉡ 간접적인 환자간호와 관련된 역할 : 간호업무에 필요한 자료수집, 환자분류 및 조정, 상담 및 설명, 새로운 지식에 대한 정보제공, 간호문제 토의, 관련부서와 상의, 간호업무수행에 필요한 물품지원 및 보충, 간호의 질 평가, 간호기록 점검

4 알 권리 및 자기결정권 존중 … 간호사는 간호대상자를 간호의 전 과정에 참여시키며, 충분한 정보 제공과 설명으로 간호대상자가 스스로 의사결정을 하도록 돕는다.

5 ① 기획은 조직의 목표를 설정하고 이를 효율적으로 달성하기 위한 구체적인 행동방안을 선택하는 과정이다.
  ③ 지휘는 조직 목표 달성을 위해 리더십을 발휘하고 직원들에게 동기를 부여하는 과정이다.
  ④ 통제는 조직 목표 달성을 위한 활동이 계획대로 진행되고 있는지 확인하고 피드백을 통해 교정하는 과정이다.

6 다음 글에서 설명하는 직무수행평가 오류는?

> A 간호관리자는 간호사의 직무수행을 평가하면서 정해진 시간보다 일찍 출근하는 간호사가 업무를 더 잘 수행한다고 판단하여 직무수행능력을 '우수'로 평가하였다.

① 혼효과
② 근접오류
③ 규칙적 착오
④ 논리적 오류

7 「의료법」상 의료인의 면허 취소 사유는? [기출변형]

① 의료인의 품위를 심하게 손상시키는 행위를 한 경우
② 의료기관 개설자가 될 수 없는 자에게 고용되어 의료행위를 한 경우
③ 관련 서류를 위조·변조하거나 속임수 등 부정한 방법으로 진료비를 거짓 청구한 경우
④ 사람의 생명 또는 신체에 중대한 위해를 발생하게 한 경우

ANSWER 6.④ 7.④

6 논리적 오류는 논증을 구성하거나 추론을 진행하는 데 있어 그 과정이 바르지 못하여 생긴 잘못된 추리나 판단을 말한다.
   ① 혼효과: 어느 한 평가요소에 대한 부정적인 판단이 다른 면에도 영향을 주어 부정적인 평가를 하는 것을 말한다.
   ② 근접오류: 사고가 발생했으나 환자에게 도달하지 않는 것을 의미한다.
   ③ 규칙적 착오: 어떤 평정자가 다른 평정자들보다 언제나 후한 점수 또는 나쁜 점수를 줌으로써 나타나는 오류이다.

7 ①②③ 「의료법」 제66조(자격정지 등)에 의해 1년의 범위에서 면허자격이 정지된다.

8 마약류 약품 관리 활동에 대한 설명으로 옳은 것은?

① 마약 처방전은 1년 보관 후 폐기하였다.
② 마약은 이중 잠금장치가 된 철제 금고에 별도 저장하였다.
③ 마약 파손 시 깨어진 조각은 정리 후 분리수거하여 폐기하였다.
④ 냉장 · 냉동 보관이 필요한 마약류는 잠금장치 없이 보관하였다.

9 다음 글에서 설명하는 의사결정 방법은?

> A 간호관리자는 병원 감염률을 낮추기 위해 병원 감염 담당자들과의 대면 회의를 소집하였다. 이때, 참석자들은 어떠한 압력도 없이 자신의 아이디어를 자유롭게 제안하고 그 내용에 대해서는 어떠한 평가나 비판도 받지 않도록 하였다. 그 결과, 병원 감염을 효과적으로 감소시킬 수 있는 창의적인 방법들이 다양하게 개발되었다.

① 델파이법
② 전자회의
③ 명목집단법
④ 브레인스토밍

ANSWER 8.② 9.④

8 처방전 또는 진료기록부(「전자서명법」에 따른 전자서명이 기재된 전자문서를 포함한다)는 2년간 보존하여야 한다〈마약류 관리에 관한 법률 제32조(처방전의 기재) 제3항〉.
　②④ 마약은 이중으로 잠금장치가 설치된 철제금고(철제와 동등 이상의 견고한 재질로 만들어진 금고를 포함한다)에 저장할 것〈마약류 관리에 관한 법률 시행규칙 제26조(마약류의 저장) 제2호〉
　③ 마약류취급자 또는 마약류취급승인자가 소지하고 있는 마약류를 다음 각 호의 어느 하나에 해당하는 사유로 폐기하려는 경우에는 총리령으로 정하는 바에 따라 폐기하여야 한다〈마약류 관리에 관한 법률 제12조(사고 마약류 등의 처리) 제2항〉.
　　㉠ 변질 · 부패 또는 파손에 해당하는 사유
　　㉡ 유효기한 또는 사용기한의 경과
　　㉢ 유효기한 또는 사용기한이 지나지 아니하였으나 재고관리 또는 보관을 하기에 곤란한 사유

9 브레인스토밍 … 집단의 리더가 제기한 문제에 대하여 자발적으로 아이디어를 제시하고 유용한 아이디어를 가능한 한 많이 얻어냄으로써 문제의 해결책을 찾으려는 방법으로 문제를 정의하고 새로운 창의적인 대안을 탐색하는 데 효과적으로 사용할 수 있고 동기부여, 독선적 사고의 배제, 적극적이고 진취적인 태도 함양 등의 부수적인 효과를 얻을 수 있다.

10 다음 글에서 설명하는 예산 과정은?

> • 회계연도 중, 부서의 수입과 지출의 실적을 확정적 계수로서 표시하는 행위이다.
> • 부서의 사후적 재정보고로, 재무활동을 평가할 수 있다.

① 예산 편성
② 예산 심의
③ 결산 및 보고
④ 회계 감사

11 의료서비스 마케팅에 대한 설명으로 옳은 것은?

① 가변성은 동시성이라 불리며, 생산과 소비가 동시에 이루어지는 것을 뜻한다.
② 소멸성은 의료서비스의 저장이 불가능하여, 의료서비스를 보관할 수 없음을 뜻한다.
③ 내부마케팅은 환자를 소비자로 생각하여 환자만족을 위해 필요한 환경을 제공하는 것을 가리킨다.
④ 비분리성은 이질성으로 불리며, 서비스의 질이나 수준, 내용, 과정이 항상 같을 수 없음을 뜻한다.

ANSWER 10.③ 11.②

10 결산 및 보고 … 일정 회계연도 동안의 간호부 수입과 지출을 계수로 표시하는 행위를 말한다. 예산의 범위 내에서 부서가 재정활동의 결과를 확인하고, 미래의 예산편성 및 심의, 재정계획의 보다 효율적인 운영을 위한 정보·자료로서의 기능을 한다.

11 간호서비스 마케팅의 특징
  ㉠ 무형성: 기본 특성의 형태가 없다.
  ㉡ 비분리성(동시성): 생산과 소비가 동시에 일어난다.
  ㉢ 이질성: 가변적 요소가 많기 때문에 고객에 대한 서비스가 다르다.
  ㉣ 소멸성: 판매되지 않는 서비스는 사라진다.

12 간호단위 환경관리에 대한 설명으로 옳은 것은?

① 적절한 냉·난방 시설이 필요하며 습도는 20 ~ 25%가 적절하다.
② 중환자실이나 수술실, 결핵 병동은 자주 창문을 열어 환기시킨다.
③ 환자병실의 소음은 대화가 가능한 60데시벨(decibel) 이상으로 유지한다.
④ 조명은 자연채광이 되도록 노력해야 하지만 강한 햇빛을 가릴 수 있는 커튼이나 블라인드를 설치한다.

13 간호사고를 예방하기 위한 조직적 예방 방안은?

① 근본적 원인 해결을 위하여 필요하다면 병원의 구조적 변화를 요청한다.
② 사건보고와 인사고과를 연결하여 효율적으로 사고 예방 체계를 마련한다.
③ '왜 문제가 발생되었는가'보다 '누가 과오를 범하였는가'에 대한 책임 소재를 명확히 규명한다.
④ 사고예방을 위하여 사례 중심의 문제해결 교육보다는 지침서 위주의 교육으로 전환하는 것이 더 효과적이다.

ANSWER 12.④ 13.①

12 ① 병원환경에서 습도는 35 ~ 74%가 적절하다.
　　② 중환자실이나 수술실, 결핵 병동의 환기를 자주시킬 경우 병원감염을 일으킬 위험이 있다.
　　③ 소음은 신경계통을 자극시키므로 환자를 불쾌하게 만들고 안정을 방해한다.

13 안전대책의 수립 … 사고예방을 위한 안전대책이 제정되어 간호단위마다 비치되어야 한다.

14 다음 글에서 설명하는 의료의 질 평가 방법은?

> • 환자의 입장에서 진료 및 치료경로를 따라 의료진 및 환자와의 대화, 기록검토, 관찰 등을 통합적으로 살펴보는 방법
> • 환자가 의료기관에 도착해서 퇴원할 때까지 환자에게 제공되는 실제 경로를 조사하는 방법
> • 개별 환자뿐만 아니라 조직 시스템을 대상으로 함

① 추적조사방법
② 국가고객만족도조사
③ BSC(Balanced Score Card) 기법
④ PDCA(Plan-Do-Check-Act) 방식

15 다음 글에서 설명하는 리더십 이론은?

> • 소수의 사람은 위대해질 수 있는 자질을 가지고 태어난다는 이론
> • 리더십이란 타고난 것이지 개발될 수 없는 것으로 간주하는 이론

① 행동이론
② 특성이론
③ 상황이론
④ 거래적 리더십이론

ANSWER 14.① 15.②

14 의료의 질 평가 방법
 ㉠ BSC 기법 : 1990년대 초반 하버드 비즈니스 스쿨의 카플란과 노턴 교수에 의해 창안되었다. 기존의 성과지표들이 주로 재무적인 분야에 초점을 맞추고 있는 데 비해 BSC는 성과지표를 재무, 고객, 내부 프로세스, 학습 및 성장 관점의 4가지 관점으로 균형 있게 선정하고 그 지표들 간의 인과관계를 파악하여 strategy map으로 구성한다.
 ㉡ PDCA 방식 : 의료의 질 향상 방법으로 제시된다.
  • P(Plan, 계획수립) - 질 향상 활동 계획수립
  • D(Do, 실행) - 질 향상 활동, 자료수집 및 활동 효과분석
  • C(Check, 점검) - 수집된 자료 분석을 통해 도출된 결과를 점검
  • A(Act, 조치) - 결과를 바탕으로 기존 CQI(continuous quality improvement) 활동에 어떤 조정 및 보완이 있어야 할지 결정

15 특성이론…사회나 조직에서 인정되고 있는 성공적인 리더들은 어떤 공통된 특성을 가지고 있다는 전제하에 이들 특성을 집중적으로 연구하여 개념화한 이론이다.

16 의료의 질(quality)을 구성하는 요소에 대한 설명으로 옳은 것은?

① 접근성(accessibility) - 6시간 걸리던 병원 방문시간을 원격진료를 통하여 단축하였다.
② 효율성(efficiency) - 의료자원의 분배는 공정성에 입각하여 지역별 균형을 맞추었다.
③ 지속성(continuity) - 입원환자 1인당 간호서비스 투입비용을 전년대비 10% 감소시켰다.
④ 형평성(equity) - 환자를 전원하면서 의료정보를 공유하여 환자에게 제공되는 진료와 간호를 일관성 있게 하였다.

17 활동성 결핵으로 입원한 환자의 효과적인 병원 감염 관리 방법은?

① 대상자를 음압격리실에 배치한다.
② 개인정보보호를 위하여 환자 침상에 경고스티커를 부착하지 않는다.
③ 격리실을 나온 후에 장갑과 가운을 벗고 일반 폐기물통에 버린다.
④ 다인실에 입원한 환자의 경우 커튼을 쳐서 옆의 맹장 수술 환자와 격리시킨다.

ANSWER 16.① 17.①

16 접근성은 시간이나 거리 등의 요인에 의해 의료서비스의 비용에 제한을 받는 정도이다.
② 효율성: 의료서비스의 제공시 자원이 불필요하게 소모되지 않고 효율적으로 활용되었는지에 대한 정도이다.
③ 지속성: 의료서비스의 시간적, 지리적 연결 정도와 상관성을 말한다.
④ 형평성: 보건의료의 분배와 주민에 대한 혜택에서의 공정성을 결정하는 원칙에 대한 순응을 의미한다.

17 공기전파(airborne transmission) … 미생물을 포함한 $5\mu m$ 이하 작은 입자들이 공기 중에 떠다니다가 감수성이 있는 환자가 이를 흡입함으로 인해 전파되는 경우이다. 이러한 경로로 전파되는 미생물은 기류를 타고 먼 거리까지 전파가 가능하다. 공기로 전파되는 미생물은 결핵균, 홍역 바이러스, 수두 바이러스 등이 있다. 공기주의 환자 격리실은 기존 건물인 경우 시간당 적어도 6회, 새 건물이나 리노베이션 건물인 경우 시간당 12회 이상 공기를 교환할 수 있어야 하고 격리실의 공기는 직접 건물 외부로 배출되거나 헤파필터를 거친 후 인접 공간으로 유입되어야 한다. 음압을 유지하기 위하여 격리실 문은 출입을 제외하고 닫아두어야 하며 환자가 입원한 격리실이 음압을 잘 유지하고 있는지 매일 육안으로 확인하여야 한다. 개인보호장구로는 N-95마스크나 고수준 호흡보호구를 착용한다.

18 질 관리 정도를 평가하기 위해 각 영역별 실제 수행 정도와 기대되는 수행 정도를 점선, 실선 등으로 표시하여 그 차이까지도 볼 수 있는 도구는?

① 산점도(scatter gram)
② 레이더 차트(radar chart)
③ 파레토 차트(Pareto chart)
④ 원인 결과도(fishbone diagram)

19 A 병동 간호사들은 업무에 대한 능력은 낮고, 의지가 높은 상태이다. 이 경우, 허쉬와 블랜차드(Hersey & Blanchard)의 상황적 리더십 이론(situational leadership theory)을 적용할 때, A 병동 간호관리자의 효과적인 리더십 유형과 리더십 행동 유형으로 옳은 것은?

	리더십 유형	리더십 행동 유형	
		관계지향 행동	과업지향 행동
①	설득형 리더	높음	높음
②	설득형 리더	높음	낮음
③	참여형 리더	낮음	낮음
④	참여형 리더	낮음	높음

ANSWER 18.② 19.①

18 레이더 차트(Radar Chart) … 어떤 측정 목표에 대한 평가항목이 여러 개일 때 항목 수에 따라 원을 같은 간격으로 나누고, 중심으로부터 일정 간격으로 동심으로 척도를 재는 칸을 나누어 각 평가항목의 정량화된 점수에 따라 그 위치에 점을 찍고 평가항목 간 점을 이어 선으로 만들어 항목 간 균형을 한눈에 볼 수 있도록 해주는 도표이다. 여러 측정 목표를 함께 겹쳐 놓아 비교하기에도 편리하다. 각 항목 간 비율뿐만 아니라 균형과 경향을 직관적으로 알 수 있어 편리하다.

19 허쉬–블랜차드 모델 … 리더십 차원을 과업중심과 관계중심 차원으로 나눈 피들러의 상황이론을 발전시킨 것으로 과업과 관계중심 행동을 각각 고, 저로 세분화 하여 지시형, 설득형, 참여형, 위임형의 4가지 특정한 리더십 유형을 제시하였다.
㉠ 지시형 리더십 : 능력과 의지가 모두 낮은 상태로 과업수준은 높게 요구되고 관계성 수준은 낮게 요구된다(R1 단계).
㉡ 설득형 리더십 : 능력은 낮으나 의지는 강한 상태로 과업수준과 관계성 수준이 모두 높게 요구된다(R2 단계).
㉢ 참여형 리더십 : 능력은 높은나 의지가 약한 상태로 과업수준은 낮게 요구되고 관계성 수준은 높게 요구된다(R3 단계).
㉣ 위임형 리더십 : 능력과 의지 모두 높은 상태로 과업수준과 관계성 수준이 모두 낮게 요구된다(R4 단계).

20 다음 글에서 설명하는 조직의 구성요소는?

> • 조직 내 자원 배분과 관련된 의사결정의 집중도
> • 직무수행에 있어서 직위 간 권한의 분배 정도

① 복잡성
② 공식화
③ 집권화
④ 전문화

ANSWER 20.③

20 집권화는 조직 내 자원배분에 관련된 의사결정의 집중도 및 직무수행에 관계된 의사결정의 집중도를 포함하는 직위 간 권한의 분배정도이다.
① 복잡성: 조직의 분화정도로, 조직이 하위단위로 세분화되는 과정이나 상태를 말한다.
② 공식화: 조직의 업무가 표준화되어 있는 정도
④ 전문화: 서로 다른 사람에 의해서 수행되는 어떤 과정의 분할이나 일의 부분

간호관리 | 2020. 6. 13. 제2회 서울특별시 시행

1 〈보기〉에서 설명하는 간호관리과정의 기능으로 가장 옳은 것은?

〈보기〉
미래에 대한 비전을 제시하고 직원에게 동기를 부여하며 갈등을 해결한다. 이 과정에 의사소통, 조정, 협력 등의 집단관리 기술이 요구될 수 있다.

① 조직
② 지휘
③ 기획
④ 통제

2 최고관리자의 총괄 감독하에 전문화된 기능에 따른 부서를 구성하고, 권한을 부여받은 전문가 스태프가 부서를 지휘하고 감독하는 조직으로 가장 옳은 것은?

① 라인조직
② 라인-스태프조직
③ 직능조직
④ 매트릭스조직

ANSWER 1.② 2.③

1 ① 조직은 공식 구조를 만들고, 적합한 간호전달체계를 결정하며 업무활동을 배치하는 것이다.
③ 기획은 조직의 목표를 설정하고 이를 효율적으로 달성하기 위한 구체적인 행동방안을 선택하는 과정이다.
④ 통제는 조직 목표 달성을 위한 활동이 계획대로 진행되고 있는지 확인하고 피드백을 통해 교정하는 과정이다.

2 ① 라인조직: 직선식 조직, 각 종업원은 자기가 속한 명령 계통에서 바로 위의 한 사람으로부터 명령을 받을 뿐이며, 다른 명령 계통의 상위자로부터는 지휘·명령을 받지 않는다.
② 라인-스태프조직: 명령 전달과 통제 기능에 대해서는 라인조직의 이점을 이용하고, 관리자의 결점을 보완하기 위해서는 스태프 조직을 도입한 조직 형태이다.
④ 매트릭스조직: 프로젝트 조직과 기능식 조직을 절충한 형태로, 구성원 개인을 원래의 종적 계열과 함께 횡적 또는 프로젝트 팀의 일원으로 임무를 수행하게 하는 조직 형태이다.

3 환자분류체계의 목적으로 가장 옳지 않은 것은?

① 간호수가의 산정을 위한 정보를 제공한다.
② 간호인력의 배치에 활용한다.
③ 병원표준화 실현에 활용한다.
④ 간호사의 승진체계 책정에 활용한다.

4 목표관리법(MBO)에 의한 간호사의 직무수행평가에 대한 설명으로 가장 옳은 것은?

① 직무를 수행하는 간호사 당사자의 자율성을 강조하는 평가방법이다.
② 조직이 정한 목표에 따라 간호사가 자신의 직무업적과 성과를 통제하고 관리하도록 유도한다.
③ 간호사가 수행한 실적이 아닌 자질에 대한 평가가 이루어진다.
④ 직선적이고 권위적인 간호관리자가 선호하는 평가방법이다.

5 질 관리 자료분석도구 중 작은 범주별로 아이디어를 논리적으로 그룹화하기 위한 방법으로, 만족스러운 수준에 도달할 때까지 아이디어를 생각해 내고 평가하는 방법은?

① 런차트
② 파레토 차트
③ 우선순위 매트릭스
④ 유사성 다이아그램

ANSWER 3.④ 4.① 5.④

3 환자분류체계는 상병·시술·기능상태 등을 이용해 외래나 입원환자를 자원소모나 임상적 측면에서 유사그룹으로 분류하는 시스템으로, 적정 간호인력 배치, 환자 간호요구도 측정, 차등화된 간호수가 산정 등의 이점이 있다.

4 목표에 의한 관리(MBO)
㉠ 관리자와 부하구성원들의 자발적인 참여를 통한 합의된 목표이다.
㉡ 기대되는 결과와 각자의 개별목표, 권한, 책임범위를 상·하 협의하여 설정한다.
㉢ 부하구성원 각자의 성과·업적을 측정평가하여 조직 전체 목적의 효과적 달성에 기하려는 것이다.
㉣ 각자의 분담된 업무량, 성과량을 운영지침으로 삼고 목표설정에 참여했던 계선(line)이 직접 직무수행을 한다.

5 유사성 다이아그램 … 유사한 아이디어들끼리 한 그룹으로 묶는 방법, 여러 주제에 관해 브레인스토밍이나 다양한 접근법을 통해 많은 아이디어를 내고 평가하는 방식이다.

6 〈보기〉의 상황에서 간호관리자가 수행해야 할 간호사훈육 진행과정에 대한 설명으로 가장 옳은 것은?

〈보기〉
내과병동 간호관리자는 병동에 배치된 지 1달 된 신규 간호사가 아무런 연락 없이 결근하여 면담을 시행하였다. 그러나 면담 1주일 후 신규 간호사는 사전 연락 없이 낮번 근무 출근을 하지 않았다.

① 면담 후에도 규칙을 위반하였기 때문에 일정 기간 동안 정직시킨다.
② 무단결근 문제뿐만 아니라 평상시 행동에도 문제가 있다는 점을 포함해서 훈육한다.
③ 규칙을 위반하는 행동이 또 다시 발견되었기 때문에 신규 간호사에게 구두로 경고한다.
④ 면담을 했음에도 불구하고 간호사의 행동이 개선되지 않았기 때문에 다른 부서로 이동시킨다.

7 간호조직에서 통제기능의 필요성으로 가장 옳지 않은 것은?

① 권한위임과 분권화의 확대
② 조직 구성원들의 실수 및 오류 발생 가능성
③ 간호인력의 업무수행 능력 개발
④ 외부 평가의 강화

ANSWER 6.③ 7.③

6 직원훈육의 진행과정 … 직원훈육은 다음과 같은 진행단계로 이루어진다.
  ㉠ 면담: 관리자는 간호사와 비공식적인 면담을 통해 공식적인 행동규범을 상기시키고 이를 위반했음을 주지시키며 행동을 개선하도록 충고한다.
  ㉡ 구두견책: 간호사의 규범위반 행동이 재발견되는 경우에 관리자는 간호사에게 구두로 견책을 하고, 이때에는 간호사의 위반행동이 재발될 경우 해고를 포함한 과중한 징계조치를 받을 수 있다는 사실을 확실하게 말해야 한다.
  ㉢ 서면견책: 간호사의 규범위반 행동이 계속 반복될 경우 서면견책을 하게 되는데, 이는 과중한 징계조치와 해고의 가능성을 경고하는 공식적인 문서로서 간호사의 위반 행동과 그러한 행동이 지속될 경우에 적용되는 벌칙에 대한 명확한 진술이 포함되어야 한다.
  ㉣ 정직: 면담과 견책에도 불구하고 간호사의 규범위반 행동이 계속될 경우에는 수일 또는 수주간의 정직 처분을 내린다.
  ㉤ 해고: 면담, 견책, 정직에도 불구하고 간호사의 행동이 개선되지 않을 경우에는 그 간호사는 해고될 것이다.

7 간호조직에서의 통제의 필요성
  ㉠ 조직의 목표와 개인의 목표가 일치하지 않는 경우가 많으므로 간호사들로 하여금 조직의 목표달성에 효과적으로 기여할 수 있도록 공식적인 통제시스템이 필요하다.
  ㉡ 간호사들로 하여금 효과적인 조직형태를 유지하게 하기 위함이다.
  ㉢ 의료수요의 증가, 양질의 의료요구의 증가, 의료비의 상승, 의료조직의 효과와 효율성에 대한 필요성 증대와 같은 다양한 사회적 요인으로 인해 비용효과적인 관리혁신이 요구되어 통제가 더욱 필요하다.

8 특정 시점에서 조직의 재무상태를 보여주는 재무제표를 통해 알 수 있는 정보로 가장 옳은 것은?

① 조직의 당기 순이익 금액을 확인할 수 있다.
② 조직의 손실 내역을 확인할 수 있다.
③ 조직이 유동부채를 상환할 수 있는지를 확인할 수 있다.
④ 현금이 유입된 영업활동을 확인할 수 있다.

9 기획의 원칙에 대한 설명으로 가장 옳은 것은?

① 계층화의 원칙: 구체성이 높은 계획부터 시작하여 추상성이 높은 계획까지 점진적으로 수립한다.
② 균형성의 원칙: 목표와 계획은 이해하기 쉬운 용어를 사용하여 간결하고 명료하게 표현한다.
③ 탄력성의 원칙: 환경의 변화에 따라서 수정할 수 있도록 목표와 계획을 융통성 있게 수립한다.
④ 간결성의 원칙: 목표와 계획이 조화롭게 균형을 유지하도록 수립한다.

ANSWER 8.③ 9.③

8 재무제표의 이해
　㉠ **재무상태표**: 일정 시점에서 그 기업의 재무상태를 표시하는 표이다. 자산항목은 표의 왼쪽에 기록되고, 부채 및 자본항목은 표의 오른쪽에 기록된다. 대차대조표를 보고 기업활동의 결과 그 기업이 어떤 자산을 소유하고 있는지 그에 소요되는 자금이 어떻게 조달되었는가를 알 수 있다. 이때에 자산총계와 부채 및 자본총계의 합계는 일치하여야 한다.
　㉡ **손익계산서**: 손익계산서는 일정 기간 동안 기업의 경영성과를 나타내는 보고서로서 당해 기간에 발생한 모든 수익과 이에 대응되는 비용을 나타내는 재무보고서이다. 손익계산서는 외부인으로 하여금 기업의 수익성을 판단하는 데 유용한 정보를 제공해 준다.
　㉢ **현금흐름표**: 일정 기간 동안에 현금이 어떻게 조달되고 사용되었는가를 보여주는 기본적 재무제표의 하나이다. 일반적으로 대차대조표나 손익계산서보다는 현금흐름에서 얻은 정보가 더 신뢰성이 높아 기업의 이익을 평가하는 데 유용하게 이용될 수 있다.

9 ① **계층화의 원칙**: 기획은 구체화과정을 통해 가장 큰 것에서부터 시작하여 연차적으로 계획을 파생시킨다. 이와 같이 하나의 기본계획으로부터 여러 개의 계획이 파생되는 현상을 계획의 계층화(hierachy of plans)라고 한다. 기본계획의 실효성은 그것을 지원하는 파생계획의 건실성에 의해서 좌우된다.
　② **균형성의 원칙**: 어떤 계획이든 다른 계획과 업무 사이에서 적절한 균형과 조화가 이루어져야 하며 동일한 계획 내에서도 목표, 소요자원, 제반 중요 요소들 간에도 상호균형과 조화가 이루어져야 한다.
　④ **간결성의 원칙**: 기획과정을 통해 세워진 계획은 간결하고 명료하게 표현되어야 한다. 목적이 명료하지 못하면 기획은 복잡하게 되고 낭비의 원인이 되므로 복잡한 전문용어를 피하여 평이하게 작성되어야 한다.

10 카츠(Katz)가 제시한 관리자의 위계에 따라 요구되는 관리 기술(managerial skills)에 대한 설명으로 가장 옳은 것은?

① 일선관리자는 중간관리자에 비해 실무적 기술(technical skill)이 더 요구된다.
② 일선관리자, 중간관리자, 최고관리자는 모두 같은 정도의 개념적 기술(conceptual skill)이 필요하다.
③ 중간관리자는 최고관리자와 일선관리자 사이에서 교량적 역할을 하므로 개념적 기술(conceptual skill)이 가장 많이 요구된다.
④ 최고관리자는 구성원에 대한 효과적인 지도성 발휘와 동기부여를 위해 인간적 기술(interpersonal or human skill)이 다른 관리자보다 더 요구된다.

11 빌딩이나 일정 기간 사용되는 주요 장비 구입 등에 대한 예산으로 가장 옳은 것은?
① 운영예산
② 자본예산
③ 현금예산
④ 인력예산

ANSWER 10.① 11.②

10 간호관리자에게 요구되는 기술(Katz)
㉠ 개념적 기술
  • 조직의 복합성을 이해하는 능력이다.
  • 관리자가 조직을 전체로 파악하고 각각의 부서가 어떻게 연결되고 의존되는지를 이해하는 능력이다.
  • 최고 관리 계층에 가장 많이 필요한 기술이다.
㉡ 인간적 기술
  • 성공적으로 상호작용하고 의사소통 할 수 있는 능력으로 다른 사람들과 함께 일할 수 있는 능력이다.
  • 모든 계층으로 관리자에게 비슷한 비중을 차지한다.
㉢ 실무적 기술
  • 관리자가 특정 분야를 감독하는 데 필요한 지식, 방법, 테크닉 및 장비를 사용하는 능력이다.
  • 관리자에게 반드시 필요한 능력은 아니나 부하직원을 지휘하고, 업무를 조직, 문제를 해결, 직원들과 의사소통하기 위해 필요하다.
  • 일선관리자에게 가장 많이 강조되는 기술로 경험이나 교육 훈련 등을 통해 습득한다.

11 자본지출예산(capital expenditure budget)
• 자본지출예산은 중요 비품이나 거액을 요하는 시설의 구매, 건축쇄신에 지출되는 예산을 말한다(땅, 건물, 비싸고 긴 수명을 가진 중요 시설물의 구입 등).
• 자본적인 품목은 일정한 가격 이상이어야만 하고 일정 기간 이상의 수명을 갖고 있어야 한다.
• 자본적 수요에는 설비, 운반비, 서비스계약 등의 예산이 포함된다.
• 인건비나 공급품 예산과 같은 운영상의 측면도 고려해야 한다.

12 도나베디안(Donabedian)의 간호업무 질 관리 접근방법에서 고려될 수 있는 평가항목을 과정적 측면과 결과적 측면 순서대로 바르게 나열한 것은?

과정적 측면	결과적 측면
① 직무기술서 구비	경력개발프로그램 유무
② 경력개발프로그램 유무	낙상 위험요인 사정 여부
③ 낙상 위험요인 사정 여부	환자의 기능수준
④ 환자의 기능수준	직무기술서 구비

ANSWER 12.③

12 간호의 질 관리 접근방법(도나베디안, 1969)
  ㉠ 구조적 접근
  • 의료 제공자의 자원, 작업 여건이나 환경을 말하며 구조적 접근은 의료를 제공하는데 인적, 물적, 재정적 자원의 측면에서 각각의 항목이 표준에 부응하는지 여부를 평가한다.
  • 구조적 접근 방법 요소
  - 정책, 절차, 직무기술서
  - 조직구조, 교육 및 연구
  - 간호인력 배치, 간호업무량
  - 교육 및 연구
  - 의료제공자의 자원, 작업 여건, 환경
  - 인적, 물적, 재정적 지원
  - 인력, 시설, 장비, 면허 및 자격증 등
  ㉡ 과정적 접근
  • 의료제공자와 환자 간에, 또는 의료서비스 진행과정에 일어나는 행위에 관한 것으로 환자에 대한 태도까지 포함하여 의료의 질 향상을 위한 주제를 선정하고 진료표준을 설정하여 이를 충족하는 지를 조사한다.
  • 과정적 접근방법 요소
  - 간호행위: 의사소통, 간호기술의 숙련성, 간호사의 태도
  - 간호부서와 타 부서와의 상호작용
  - 조직의 관리와 지도성
  - 의료서비스 진행과정에 일어나는 행위
  - 환자에 대한 태도
  - 간호기록, 환자 간호계획, 교육실시
  - 진단과정, 진료과정, 수술과정, 간호과정, 투약과정 등
  ㉢ 결과적 접근
  • 현재 및 과거에 의료서비스를 제공받은 개인, 집단의 실제 및 잠재적 건강상태에서 바람직하거나 그렇지 못한 상태로의 변화를 말하며, 결과는 보편적으로 보건의료체계 및 의료 제공자들의 책임과 연계된 건강수준으로 정의한다.
  • 결과적 접근방법 요소
  - 의료서비스를 제공받은 환자의 건강 상태변화
  - 낙상률, 감염률, 욕창발생률, 재원기간
  - 건강수준, 환자기능 수준
  - 진료결과(이환율, 사망률, 재발률), 간호결과, 고객만족도 등

13 갈등은 둘 이상의 개인, 집단 또는 조직이 상호작용하는 과정에서 발생할 수 있다. 갈등의 원인에 대한 설명으로 가장 옳지 않은 것은?

① 갈등은 둘 이상의 서로 다른 행동 주체가 양립될 수 없는 목표를 동시에 추구할 때 발생할 수 있다.
② 갈등은 의사결정의 과정에서 집단 간에 정보의 교환이나 의사소통이 충분히 이루어지지 않을 때 발생할 수 있다.
③ 갈등은 후배가 상관으로 승진하는 경우, 업무나 기술적인 면에서 앞서가는 부하의 지시를 받게 되는 경우 발생할 수 있다.
④ 작업의 상호의존성이 작을수록 과업수행 과정에서 갈등이 발생할 위험이 커진다.

14 환자의 권리 중 자기결정권과 관련하여 간호사가 상대적으로 가지게 되는 법적의무사항으로 가장 옳은 것은?

① 주의의무
② 확인의무
③ 결과예견의무
④ 설명 및 동의의무

ANSWER 13.④ 14.④

13 갈등의 원인
㉠ 조직수준별 갈등원인
- 개인 내 갈등:개인이 의사결정을 할 때 우선순위를 결정할 수 있는 기준이 애매한 경우 발생하는 갈등이다.
- 개인 간 갈등:두 개인이 동일한 문제에 대해 일치하지 않을 때 발생하는 갈등이다.
- 집단 간의 갈등:조직 내에서 집단 간에 발생하는 갈등이다.
- 조직 간 갈등:조직과 경쟁조직 간의 갈등(노동조합과 조직과의 갈등)이다.

㉡ 상황적 요인별 갈등원인
- 목표의 차이:개인이 여러 가지 목표를 갖고 있을 때 이러한 목표들이 상반되거나 차이가 있을 때 개인 내부에서 그리고 개인 또는 집단 사이에서 갈등이 일어날 수 있다.
- 모호한 업무한계:업무의 한계가 애매하고 불명확할 때 갈등이 발생된다.
- 가치관과 태도, 인지의 차이:개인 또는 집단의 가치관과 태도, 윤리적 책임에 대한 지각, 문제에 대한 인지가 서로 다를 때 문제해결방법이 달라지게 되므로 갈등이 발생된다.
- 자원의 희소:자원이 희소할 때 자원을 서로 확보하기 위해 갈등이 발생된다.
- 의사소통의 장애:의사소통이 잘 이루어지지 않을 때 개인과 집단 간의 이해가 어렵고 협조보다는 분열이 조장되고 따라서 갈등이 일어날 수 있다.

14 설명 및 동의의무
㉠ 의료행위가 위험이 내포된 것이라면 반드시 환자나 그의 대리인의 동의를 얻어야 한다(의료행위를 정당화시키는 적극적 요소). 동의를 얻지 않으면 전단적 의료행위가 되어 불법행위가 된다.
㉡ 설명 및 동의의무를 위반한 의료행위는 민사책임 발생의 결정적 원인이 된다.

15 〈보기〉에서 설명하는 마케팅 믹스전략으로 가장 옳은 것은?

〈보기〉
고객접점은 고객이 조직의 일면과 접촉하면서 간호 서비스의 품질에 관하여 무엇인가 인상을 얻을 수 있는 순간이다. 조직의 일면은 시설, 사람, 물건, 환경에 관한 모두를 의미하며, 고객접점은 마케팅 믹스 전략에 있어 중요하게 고려할 점이다.

① 제품전략　　　　　　　　　② 가격전략
③ 유통전략　　　　　　　　　④ 촉진전략

16 〈보기〉에서 설명하는 집단의사결정방법으로 가장 옳은 것은?

〈보기〉
• 조직구성원들이 대면하여 상호 간의 대화나 토론 없이 각자 서면으로 아이디어를 제출하고 토론 후 표결로 의사결정을 하는 기법이다.
• 새로운 사실의 발견과 아이디어를 얻고자 할 때, 정보의 종합이 필요할 때, 최종 결정을 내릴 때 효과적이다.

① 브레인스토밍　　　　　　　② 명목집단법
③ 델파이법　　　　　　　　　④ 기능적 분담법

ANSWER 15.④　16.②

15 마케팅 믹스의 구성요소(4Ps)
　㉠ 제품(Product) : 서비스나 프로그램 자체의 질과 양이다.
　㉡ 가격(Price) : 서비스를 소비하거나 이용하기 위한 소비자 지불비용이다.
　㉢ 유통경로(Place) : 서비스가 제공되는 장소·서비스 전달체제·서비스를 제공하는 직원의 전문성 및 예의이다.
　㉣ 촉진(Promotion) : 광고 및 홍보·인적 접촉이다.

16　① 브레인스토밍(영감법) : 집단의 리더가 제기한 문제에 대하여 자발적으로 아이디어를 제시하고 유용한 아이디어를 가능한 한 많이 얻어냄으로써 문제의 해결책을 찾으려는 방법으로 문제를 정의하고 새로운 창의적인 대안을 탐색하는 데 효과적으로 사용할 수 있고 동기부여, 독선적 사고의 배제, 적극적이고 진취적인 태도 함양 등의 부수적인 효과를 얻을 수 있다.
　③ 델파이법 : 사안에 대한 전문가들이 설문지를 통해서 각자의 전문적 의견을 제시하고 다른 사람들이 제시한 의견을 반영하여 설문지를 수정한 후 이를 이용하여 다시 의견을 제시하는 일련의 절차를 반복하면서 최종 결정을 내리는 방법으로 지극히 불확실한 미래 현상을 예측할 때 효과적으로 사용할 수 있다.
　④ 기능적 분담법 : 간호인력 별로 특정 업무를 배정하여 그 업무만을 기능적으로 수행하도록 하는 방법이다.

17 〈보기〉와 같은 상황에서 주로 나타나는 의사소통 네트워크의 특성으로 가장 옳은 것은?

> 〈보기〉
> 병원 감염을 예방하고 환자안전을 위하여 창의적인 방안을 모색하기로 하고, 병원 내 모든 부서의 모든 구성원이 자유롭게 의견을 교환하고 아이디어를 제시 하도록 하였다.

① 권한의 집중도가 높다.
② 구성원의 만족도가 높다.
③ 정보전달이 특정 리더에 집중되는 경향이 있다.
④ 구성원 간의 상향적, 하향적 의사소통만 가능하다.

18 직무관리 과정 중 직무설계의 방법에 관한 설명으로 가장 옳지 않은 것은?

① 직무 충실화는 맥클리랜드(McClelland)의 성취동기 이론을 기초로 적극적인 동기유발을 위하여 직무수행자 스스로가 그 직무를 계획하고 통제하는 기법이다.
② 직무 단순화는 과학적 관리의 원리와 산학공학 이론을 기초로 과업을 단순하고 반복적이고 표준적으로 설계하여 한 사람이 담당할 과업의 수를 줄여 직무를 단순화시키는 기법이다.
③ 직무순환은 조직구성원들을 한 직무에서 다른 직무로 체계적으로 순환시킴으로써 다양한 과업을 수행할 수 있도록 하는 기법이다.
④ 직무확대는 과업을 수평적으로 확대하는 기법으로, 수행하는 과업의 수를 증가시켜서 과업의 단순함이 감소함으로써 직무에 대한 만족도를 높이고 결근이나 이직을 감소시키려는 기법이다.

ANSWER 17.② 18.①

17 브레인스토밍(영감법) … 집단의 리더가 제기한 문제에 대하여 자발적으로 아이디어를 제시하고 유용한 아이디어를 가능한 한 많이 얻어냄으로써 문제의 해결책을 찾으려는 방법으로 문제를 정의하고 새로운 창의적인 대안을 탐색하는 데 효과적으로 사용할 수 있고 동기부여, 독선적 사고의 배제, 적극적이고 진취적인 태도 함양 등의 부수적인 효과를 얻을 수 있다.

18 직무충실화 … 직무확대방법의 단점을 보충할 수 있는 방식으로 근로자에게 동기를 부여하고 직무만족과 성과를 높이기 위해서는 단순히 직무의 수를 늘리는 것이 아니라, 직무내용을 더욱 다양하게 하고 자율성과 책임을 더 많이 부여하여 개인적인 성장과 일 자체에서 의미 있는 경험을 할 수 있는 기회를 제공해 주어야 한다는 것이다.

19 블레이크와 모튼(R. Blake and J. Mouton)의 관리격자 리더십이론 중 〈보기〉에 해당하는 리더십 유형으로 가장 옳은 것은?

〈보기〉
인간과 생산성에 관한 관심이 모두 높으며, 구성원들에게 공동목표와 상호의존관계를 강조하고 상호신뢰와 상호존중의 관계 속에서 구성원들의 몰입을 통하여 과업을 달성한다.

① 팀형
② 타협형
③ 과업형
④ 인기형

20 「의료법」에 따라 의료기관 인증의 기준에 포함하여야 할 사항으로 가장 옳지 않은 것은?

① 의료서비스의 제공과정 및 성과
② 의료인과 고객의 만족도
③ 환자의 권리와 안전
④ 의료기관의 의료서비스 질 향상 활동

ANSWER 19.① 20.②

19 관리격자이론 … 블레이크와 모튼(R. Blake & J. Mouton, 1964)이 정립한 이론으로서, 관리자가 목적을 달성하는 데 필요한 요인을 제시하면서 그것은 생산과 인간에 대한 관리자의 관심이 중요하다는 것을 강조하고 있다.
특히 팀형은 생산에 대한 관심과 인간에 대한 관심이 모두 높은 9.9형으로서, 조직의 목표와 인간에 대한 신뢰를 모두 갖춘 사람에 의해 조직의 목표가 달성되며 근로자의 참여를 강조하는 팀 중심적인 지도자다. 팀형이 이 이론에서 가장 이상적인 지도형이라 할 수 있다.

20 인증기준(「의료법」제58조의3 제1항)
㉠ 환자의 권리와 안전
㉡ 의료기관의 의료서비스 질 향상 활동
㉢ 의료서비스의 제공과정 및 성과
㉣ 의료기관의 조직 인력관리 및 운영
㉤ 환자만족도

간호관리 | 2021. 6. 5. 제1회 지방직 시행

1 과학적 관리론과 인간관계론에 대한 설명으로 옳은 것은?

① 과학적 관리론보다 인간관계론이 공식 조직구조를 더 강조한다.
② 과학적 관리론보다 인간관계론이 노동 효율성을 더 강조한다.
③ 과학적 관리론과 인간관계론 모두 조직 외부환경을 강조한다.
④ 과학적 관리론보다 인간관계론이 인간의 심리·사회적 측면을 강조한다.

Answer 1.④

1 과학적 관리론

과학적 관리론	인간관계론
과업의 분업화	사회·심리적 환경이 생산성 향상에 더 많이 영향미침
• 권한의 계층화 • 공식 조직구조 강조	• 개인의 동기유발 • 집단행동에 대한 연구의 기초로 비공식적 조직의 중요성 강조
규칙과 절차의 정형화	사회인을 강조
비개인성	
능력에 기초한 경력개발	직무만족과 생산성관련성

2 조직이 분권화될수록 기대할 수 있는 효과는?

① 구성원의 창의성과 능동성을 높일 수 있다.
② 조직 전체의 통합적 업무 조정이 용이하다.
③ 업무의 중복과 비용 낭비를 줄일 수 있다.
④ 최고관리자의 리더십 발휘가 용이하다.

3 다음에서 설명하는 의료인의 의무는?

> • 환자의 자율성 존중 원칙을 바탕으로 한다.
> • 이 의무를 위반할 경우 전단적 의료(unauthorized medical care)에 해당한다.

① 기록의무
② 설명 및 동의의무
③ 확인의무
④ 비밀유지의무

ANSWER 2.① 3.②

2 ②③④ 계층제의 장점이다.
※ 조직의 분업화의 장·단점

장점	단점
• 조직의 목표달성을 위한 능률적 수단 • 전문화에 의해서 업무를 창의적이고 능률적으로 수행할 수 있고 전문가가 될 수 있다. • 업무를 습득하는데 걸리는 시간과 비용을 단축할 수 있다. • 업무를 단순화시키고 기계화가 가능하다.	• 조직 속에서 근무하는 개인의 업무수행에 대한 흥미를 상실할 수 있다. • 지나친 분업은 조직 내의 각 단위 간의 조정을 어렵게 한다. • 더 많은 비용이 소요될 수 있다. • 지루함, 피로, 스트레스, 생산성 감소, 품질저하, 결근율·이직률 증가

3 전단적 의료 … 의료인이 어떤 위험성이 있는 의료행위를 실시하기 전에 환자로부터 동의를 얻지 않고 의료행위를 시행하는 것으로 불법행위이며 민형사상 책임을 진다.

4 간호서비스의 과정적 측면을 평가하는 지표는?

① 환자 확인 절차 준수율
② 수술 후 합병증 발생률
③ 자가간호 실천율
④ 질병군별 재원일수

5 간호전달체계 유형에 대한 설명으로 옳지 않은 것은?

① 팀간호 방법 : 비전문직 인력을 포함해 팀이 구성되며 팀 내 의사소통이 중요하다.
② 기능적 분담방법 : 총체적 간호가 이루어지지 않아 환자와 간호사의 만족도가 낮다.
③ 일차간호 방법 : 환자 입원부터 퇴원까지 일차간호사가 담당하므로 책임 소재가 분명하다.
④ 사례관리 : 1명의 간호사가 1~2명의 환자를 담당하여 필요한 모든 간호서비스를 제공한다.

ANSWER 4.① 5.④

4 과정적 접근
  ㉠ 의료제공자와 환자 간에, 또는 의료서비스 진행과정에 일어나는 행위에 관한 것으로 환자에 대한 태도까지 포함하여 의료의 질 향상을 위한 주제를 선정하고 진료표준을 설정하여 이를 충족하는 지를 조사한다.
  ㉡ 과정적 접근방법 요소
    • 간호행위 : 의사소통, 간호기술의 숙련성, 간호사의 태도
    • 간호부서와 타 부서와의 상호작용
    • 조직의 관리와 지도성
    • 의료서비스 진행과정에 일어나는 행위
    • 환자에 대한 태도
    • 간호기록, 환자 간호계획, 교육실시
    • 진단과정, 진료과정, 수술과정, 간호과정, 투약과정 등

5 간호전달체계 유형
  ㉠ **전인간호방법/사례방법** : 가장 오래된 간호전달체계로, 간호사가 각자에게 할당된 환자의 요구를 충족시키기 위해 모든 책임을 담당한다.
  ㉡ **기능적 간호방법** : 간호인력 별로 특정 업무를 배정하여 그 업무만을 기능적으로 수행하도록 하는 방법으로, 환자가 필요로 하는 간호를 총체적으로 수행하는 것과는 거리가 멀다.
  ㉢ **팀간호방법** : 보조 인력들이 정규 간호사의 지시 아래 환자간호에 참여하는 것으로, 간호사는 팀 리더로서 팀에 할당된 모든 환자의 상태와 요구를 알아야 하며 간호대상자의 개별적인 간호 계획을 수립한다.
  ㉣ **일차간호방법** : 일차 간호사는 한 명 이상의 환자를 입원 혹은 치료 시작부터 퇴원 혹은 치료를 마칠 때까지 24시간 내내 환자 간호의 책임을 담당한다.
  ㉤ **사례관리방법** : 환자가 최적의 기간 내에 기대하는 결과에 도달할 수 있도록 고안된 건강관리체계로 모든 의료팀원의 노력을 통합하여 환자의 목표를 달성하는 데 초점을 두는 방법이다.

6 페이욜(Fayol)의 행정관리론에서 제시한 관리 원칙만을 모두 고른 것은?

> ㉠ 질서의 원칙
> ㉡ 고용안정의 원칙
> ㉢ 통솔 범위의 원칙
> ㉣ 지휘 통일의 원칙
> ㉤ 조직 이익 우선의 원칙

① ㉠, ㉡, ㉢
② ㉠, ㉢, ㉣
③ ㉠, ㉡, ㉣, ㉤
④ ㉡, ㉢, ㉣, ㉤

ANSWER 6.③

6 페이욜의 행정관리론 관리원칙
- **분업의 원칙** : 전문화는 산출량을 증가시킨다.
- **권한-책임의 원칙** : 명령할 수 있는 권리와 복종하게 만드는 파워를 가진다.
- **규율의 원칙** : 규율은 모든 비즈니스에서 중요하며 규율이 없이는 어떠한 기업도 번영할 수 없다.
- **명령일원화의 원칙** : 어떤 행위에 있어서도 종업원은 오직 한 사람의 상관으로부터 명령을 받아야 한다.
- **지휘일원화의 원칙** : 목표를 갖는 일련의 업무활동은 한 사람의 관리자가 한 가지 계획으로 지휘해야 한다.
- **공동의 이익에 대한 개인의 이익 종속의 원칙** : 종업원이나 개인의 이익이 조직 전체의 이익에 우선하지 않아야 한다.
- **공정한 보수의 원칙** : 보상은 고용주나 종업원 모두에게 공정하고 만족해야만 한다.
- **권한 집중화의 원칙** : 종업원의 역할을 중시하는 것은 분권화이고 종업원의 역할을 중시하지 않는 것은 집권화이다.
- **계층조직의 원칙** : 최고경영자로부터 가장 낮은 층의 종업원에 이르는 모든 계층에는 명령과 보고가 이루어지도록 연결되어 있어야 한다.
- **질서의 원칙** : 사물에는 그것이 있어야 할 장소가 있으므로 사물을 있어야 할 장소에 두어야 하며 사람에게도 있어야 할 자리가 있으므로 있어야 할 자리에 위치시켜야 한다.
- **공정의 원칙** : 경영자들은 종업원을 친절하고 공평하게 대해야 한다.
- **고용안정의 원칙** : 종업원의 이직을 감소시키는 것은 효율적이고 비용을 절감시킨다.
- **창의성의 원칙** : 모든 수준에서 종업원들이 계획하고 수행하는 것을 허용해야 한다.
- **종업원 단결의 원칙** : 팀의 사기를 높이는 것은 조직 내의 조화와 통일을 강화한다.

7 데밍(Deming)의 PDCA 사이클 중 문제해결을 위해 변화 계획을 소규모로 시범 적용하여 검증하는 단계는?

① Plan
② Do
③ Check
④ Act

ANSWER 7.②

7 PDCA cycle
㉠ 계획(Plan)
- 현재 수행하고 있는 업무 향상을 위해 무엇이 잘못되어 있는지 발견
- 문제를 기회로 인식
- 문제 해결을 위한 변화 계획을 세우는 단계
- 문제를 정의하여 현재 상태와 목표 상태와의 차이를 확인하는 단계
- 과정을 연구하고 어떤 변화를 통해서 질을 향상시킬 수 있을지 결정하는 단계

㉡ 시행(Do)
- 변화를 검증하는 단계
- 실험을 하거나 변화를 일으키는 단계
- 일상 업무의 혼란을 최소화하기 위한 소규모의 시범적용단계

㉢ 평가(Check)
- 선별된 변화업무 프로세스를 검토
- 변화수행을 관찰하는 단계
- 결과를 관찰
- 시간의 경과에 따라 제시된 해결책이 가져온 효과를 모니터링

㉣ 개선(Act)
- 변화로부터 최대의 이익을 얻고자 수행하는 단계
- 소규모 시범 적용단계에서 획득한 결과를 기초로 수행과정을 결정하고 일상 업무 활동이 되도록 적용
- 어떤 교훈을 얻었는지 알아보고 필요하면 환경을 변화시켜 실험을 반복함
- 부작용을 관찰, 실행과 확인단계에서 효과가 입증된 변화를 공식화함
- 성공적인 경우 : 확대적용하여 수행
- 비성공적인 경우 : 새로운 계획을 세우는 단계부터 사이클을 단계적으로 다시 수행함

8 다음 표는 동기부여 이론 간 유사한 욕구나 관점을 비교한 것이다. ㈎~㈑에 들어갈 말로 옳은 것은?

욕구단계이론(Maslow)	성취동기이론(McClelland)	XY 이론(McGregor)
자아실현 욕구	㈎	㈐
존경 욕구	㈏	
사회적 욕구	친화 욕구	
안전 욕구		㈑
생리적 욕구		

	㈎	㈏	㈐	㈑
①	권력욕구	성취욕구	X이론	Y이론
②	성취욕구	권력욕구	X이론	Y이론
③	성장욕구	권력욕구	Y이론	X이론
④	성취욕구	권력욕구	Y이론	X이론

9 「한국간호사 윤리강령」상 '전문인으로서의 간호사의 의무' 영역에 해당하는 항목은? [기출변형]

① 간호 대상자 보호
② 건강 환경 구현
③ 안전을 위한 간호
④ 관계 윤리 준수

ANSWER 8.④ 9.③

8 욕구단계이론, ERG이론, 2요인이론, 성취동기이론, X-Y이론의 비교

욕구단계이론Maslow	ERG이론(Aldefer)	동기-위생이론(Herzberg)	성취동기이론(Mcclelland)	X-Y 이론(McGregar)
자아실현욕구	성장	동기요인	성취욕구	Y이론
존경욕구			권력욕구	
소속과 애정욕구	관계		친화욕구	
안전욕구		위생요인		X이론
생리적 욕구	생존			

9 2023년 2월 28일 개정된 한국간호사 윤리강령 중 전문인으로서 간호사의 의무는 간호 표준 준수, 교육과 연구, 정책 참여, 정의와 신뢰의 증진, 안전을 위한 간호, 건강 및 품위 유지이다.

10 직무분석을 위한 정보수집 방법에 대한 설명으로 옳은 것은?

① 관찰법:직무 수행자가 매일 자신의 직무를 관찰하여 기록한다.
② 면접법:직무 수행자에게 설문지를 배포하여 직무 요건을 조사한다.
③ 중요사건법:직무 수행자가 매일 작업일지에 직무 내용을 작성한다.
④ 작업표본방법:직무 분석자가 전체 직무 활동 중 일부 작업을 표본 선정하여 관찰한다.

11 다음 중 의료평가통합정보시스템의 구축 및 운영에 관한 설명으로 옳지 않은 것은? [기출변형]

① 보건복지부장관은 의료평가통합정보시스템의 구축·운영에 관한 업무의 전부 또는 일부를 관계 전문기관 또는 단체에 위탁할 수 있다.
② 의료평가통합정보시스템의 구축·운영, 정보의 제공 및 연계 요청 등에 필요한 사항은 대통령령으로 정한다.
③ 보건복지부장관은 의료기관을 대상으로 실시하는 평가, 인증, 지정 등에 관한 정보를 통합·연계하여 처리·기록 및 관리하는 시스템을 구축·운영할 수 있다.
④ 보건복지부장관은 평가 수행기관, 지방자치단체, 관계 행정기관 및 단체 등 관계 기관의 장에게 의료평가통합정보시스템의 구축·운영에 필요한 자료 또는 정보의 제공 및 연계를 요청할 수 있다.

ANSWER 10.④ 11.②

10 정보수집 방법
　㉠ **질문지법**:현장의 직무수행자 또는 감독자에게 설문지를 배부하여 직무의 내용을 기술하게 하는 방법이다.
　㉡ **관찰법**:분석자가 직무담당자의 업무수행을 관찰하여 자료를 수집하는 방법으로 작업정보를 얻는데 가장 효과적인 방법이다.
　㉢ **면접법**:직무분석을 위한 자료를 직무담당자와의 직접적인 면담을 통해 수집하는 방법이다.
　㉣ **중요사건방법**:성공적인 직무수행에 결정적인 역할을 한 사건이나 사례를 중심으로 분석하는 방법이다.
　㉤ **작업표본방법**:분석자가 특정 기간 동안 작업 중인 직원을 일정한 간격을 두고 짧은 기간 동안 관찰하는 방법이다.
　㉥ **요소분석법**:직무의 공통점들을 중심으로 직무의 군을 찾아내어 직무를 분석하는 방법이다.
　㉦ **자가보고법**(자가일기법):일종의 일기 형식으로 직무의 내용을 기술하여 보고하는 방법이다.
　㉧ **작업기록법**(작업일지법):직무수행자가 매일 작성하는 작업일지나 메모사항을 가지고 해당 직무에 대한 정보를 수집하는 방법이다.

11 ② 의료평가통합정보시스템의 구축·운영, 정보의 제공 및 연계 요청 등에 필요한 사항은 보건복지부령으로 정한다.

12 마케팅 믹스 전략의 예로 옳지 않은 것은?

① 제품·서비스 전략 – 예비 부부를 대상으로 건강검진패키지 개발
② 유통 전략 – 대면으로 이루어지던 미숙아 부모 교육을 비대면으로 전환
③ 촉진 전략 – 간호·간병통합서비스에 대한 지하철 광고
④ 가격 전략 – 가정의 달 5월에 건강검진서비스를 받은 노인에게 사은품 지급 행사

ANSWER 12.④

12 마케팅 믹스 전략
  ㉠ 제품(Product)
   • 새로운 종류와 유형의 간호서비스 개발
   • 암센터, 재활센터, 당일수술센터, 전문화된 상급 간호서비스
  ㉡ 가격(Price)
   • 기존 가격의 조정 : 가치비용의 분석
   • 가격의 차별화
   • 새로운 가격의 개발 : 개별화된 간호서비스
  ㉢ 유통(Place)
   • 물리적 접근성 : 장소의 다양화, 원격진료
   • 정보적 접근성 : 상담, 설명, 조언
   • 시간적 접근성 : 대기시간, 예약, 야간진료
   • 의료전달체계의 개선
  ㉣ 촉진(Promotion)
   • 이미지 제고 및 향상 : 친절함, 책임감, 전문적인 인상
   • 소비자 만족 : 고객접점
   • 홍보 및 광고 : 표적시장, 매체선정
    • 보호자 없는 병동의 운영

13 다음에서 설명하는 권력 유형은?

> A 간호팀장은 공정하고 성실한 업무처리와 상대방을 배려하는 인간관계로 평소에 팀은 물론 간호부 내에서도 간호사들의 존경을 받는다.

① 강압적 권력　　　　　　　　② 합법적 권력
③ 준거적 권력　　　　　　　　④ 전문적 권력

14 다음에서 설명하는 격리 방법이 모두 요구되는 질병은?

> • 의료인은 환자 병실에 들어갈 때 수술용 마스크를 착용한다.
> • 코호트 격리를 한 경우에 병상 간 거리는 1m 이상 유지한다.
> • 환자가 병실 밖으로 이동하는 경우 나가기 전에 손위생을 수행한다.

① 수두　　　　　　　　　　　② 홍역
③ 백일해　　　　　　　　　　④ B형 간염

ANSWER 13.③　14.③

13 권력의 유형

준거적 권력	• 사람이 가지고 있는 특별한 자질에 기반을 둔 권력 • 다른 사람들이 호감과 존경심을 갖고 닮으려고 할 때 생기는 권력
전문적 권력	• 사람이 가지고 있는 전문성, 기술 등에 기반을 둔 권력 • 특정 분야나 상황에 대하여 높은 지식을 가지고 있다고 느낄 때 생기는 권력
정보적 권력	권력행사자가 유용한 정보에 쉽게 접근할 수 있거나 희소가치의 중요성이 있는 정보를 소유하고 있다는 사실에 기반을 둔 권력
연결적 권력	중요한 인물이나 조직 내의 영향력이 있는 사람과 연결될 수 있다고 생각하는 것에 기반을 둔 권력
보상적 권력	• 타인이 원하는 것을 보상해 줄 수 있는 능력에서 기인하는 권력 • 다른 사람에게 가치가 있다고 인정되는 상이나 보답을 할 수 있는 능력
강압적 권력	해고·징계 등과 같은 벌을 줄 수 있는 데 기인한 권력
합법적 권력	• 권력수용자가 권력자의 권력행사를 인정하고 추종해야 할 의무가 있다고 생각하는 것을 바탕으로 하는 권력 • 지위에 기반을 둔 권력

14 ㉠ 공기전파주의: 홍역, 수두, 폐결핵
　　㉡ 비말전파주의: 디프테리아, 백일해, 아데노바이러스, 인플루엔자, 풍진, 이하선염
　　㉢ 접촉전파주의: 다제내성균, VRE, MRSA, C difficile, 로타바이러스

15 다음은 의료법인 재무상태표이다. (개)~(대)에 들어갈 말로 바르게 연결한 것은?

(단위: 천원)

차변		대변	
유동((개))	450,000	유동((내))	150,000
비유동((개))	300,000	비유동((내))	200,000
		((대))	400,000
총계	750,000	총계	750,000

	(개)	(내)	(대)		(개)	(내)	(대)
①	자산	자본	부채	②	자산	부채	자본
③	자본	자산	부채	④	자본	부채	자산

16 터크만(Tuckman)의 팀 발전 과정을 순서대로 바르게 나열한 것은?

① 형성기 − 갈등기 − 규범기 − 성취기 − 해체기
② 형성기 − 성취기 − 규범기 − 갈등기 − 해체기
③ 형성기 − 규범기 − 갈등기 − 성취기 − 해체기
④ 형성기 − 갈등기 − 성취기 − 규범기 − 해체기

ANSWER 15.② 16.①

15 재무상태표(계정식)

차변		대변	
과목	금액	과목	금액
자산		부채	
유동자산	450,000	유동부채	150,000
비유동자산	300,000	비유동부채	200,000
		자본	400,000
자산총계	750,000	부채 및 자본총계	750,000

16 터크만 팀(team) 발전 과정(팀 빌딩단계)
㉠ 팀 구성하기
㉡ 팀 목표 설정 및 활동규칙설정
㉢ 팀원의 역할과 책임규정
㉣ 팀워크(팀활동)의 촉진
㉤ 팀 성과확인과 동기유지

17 다음 상황에서 브룸(Vroom)의 기대이론에 따른 기대감과 수단성의 수준은?

> A 간호사는 질 향상(QI) 팀 리더를 맡게 된다면 최고의 성과를 거둘 자신이 있으나, 이 성과가 본인이 기대하는 승진평가에 영향을 주지 않을 것으로 판단하여 리더 역할 맡는 것을 주저하고 있다.

	기대감	수단성
①	높음	높음
②	높음	낮음
③	낮음	높음
④	낮음	낮음

18 만츠와 심스(Manz & Sims)의 셀프리더십을 훈련하기 위한 인지전략은?

① 자기 스스로 목표를 설정하고 우선순위를 결정하여 실행한다.
② 바람직한 행동을 하도록 업무 환경에 단서(cues)를 배치한다.
③ 어려운 상황을 장애물이 아닌 기회로 인식하는 건설적 사고 습관을 갖는다.
④ 과업을 성공적으로 수행했을 때 자신이 가치있게 여기는 보상을 스스로 제공한다.

ANSWER 17.② 18.③

17 브룸(Vroom)의 기대이론 … 개인적 유의성 또는 사회적 가치들에 기초한 선호도에 의해 인간이 동기부여 된다고 보고 인간이 기본적으로 어떤 행동을 할 경향은 기대감·수단성·유의성에 의해 동기부여가 된다는 이론이다.
 ㉠ 기대감: 일정한 노력을 하면 필요한 성과수준 달성할 수 있으리라 믿는 가능성
 ㉡ 수단성: 일정수준의 성과를 달성하면 보상을 얻을 수 있다는 가능성
 ㉢ 유의성: 노력의 결과로 예상되는 보상에 대해 개인이 느끼는 매력정도
 ㉣ 보상: 일과 조직에 대한 개인의 관점, 일의 성취에 대한 기대
 ㉤ 행동패턴: 행동대안과 기대하는 결과 및 중요성을 비교 평가한 후 가장 확률이 높은 행동대안을 선택

18 ①②④ 행동전략
 ※ 셀프리더십 인지전략 … 자연적 보상을 통한 자기존중과 건설적인 사고패턴의 관리를 말한다.
   ㉠ 스스로의 과업재설계: 자신의 직무에서 자연적 보상 수준을 높이기 위해 자신의 업무내용과 수행방법을 스스로 재설계하는 것
   ㉡ 직무의 상황 재설계: 직무환경을 재설계하거나 직무 시간이나 장소를 변경하여 환경에서 발생하는 자연적 보상을 높이는 것
   ㉢ 건설적 사고: 어려운 상황을 만났을 때 이를 장애물로 보기보다는 기회로 인식하는 긍정적이고 건설적인 사고 습관을 갖는 것

19 환자안전법령상 병상수가 200병상 이상인 병원급 의료기관의 환자안전사고 보고에 대한 설명으로 옳지 않은 것은?

① 의무보고 대상인 환자안전사고가 발생한 경우, 그 의료기관의 장이 보고하여야 한다.
② 진료기록과 다른 의약품이 투여되어 환자에게 경미한 신체적 손상이 발생한 경우, 자율보고할 수 있다.
③ 의무보고 대상인 환자안전사고를 지체없이 보고한 경우, 보건의료 관계 법령에 따른 행정처분을 감경할 수 있다.
④ 다른 부위의 수술로 환자안전사고가 발생한 경우, 심각한 신체적·정신적 손상의 발생 여부와 관계없이 의무보고한다.

20 「개인정보 보호 가이드라인」상 의료기관에서 인터넷이나 전화를 통한 진료·검사 예약 시 개인정보 처리 기준으로 옳지 않은 것은?

① 인터넷으로 수집한 주민등록번호는 암호화하여야 한다.
② 단순예약(시간약속)을 위한 주민등록번호 수집은 원칙적으로 허용되지 않는다.
③ 전화를 통하여 필요한 개인정보를 수집할 때 통화내용은 녹취할 수 없다.
④ 진료 목적일 경우에는 만 14세 미만 아동에게 법정대리인의 동의없이 개인정보를 수집할 수 있다.

ANSWER 19.③ 20.③

19 환자안전사고의 보고〈환자안전법 제14조〉
㉠ 환자안전사고를 발생시켰거나 발생한 사실을 알게 된 또는 발생할 것이 예상된다고 판단한 보건의료인이나 환자 등 보건복지부령으로 정하는 사람은 보건복지부장관에게 그 사실을 보고할 수 있다.
㉡ 보건복지부령으로 정하는 일정 규모 이상의 병원급 의료기관에서 다음 각 호의 어느 하나에 해당하는 환자안전사고가 발생한 경우 그 의료기관의 장은 보건복지부장관에게 그 사실을 지체 없이 보고하여야 한다.
 • 설명하고 동의를 받은 내용과 다른 내용의 수술, 수혈, 전신마취로 환자가 사망하거나 심각한 신체적·정신적 손상을 입은 환자안전사고가 발생한 경우
 • 진료기록과 다른 의약품이 투여되거나 용량 또는 경로가 진료기록과 다르게 투여되어 환자가 사망하거나 심각한 신체적·정신적 손상을 입은 환자안전사고가 발생한 경우
 • 다른 환자나 부위의 수술로 환자안전사고가 발생한 경우
 • 의료기관 내에서 신체적 폭력으로 인해 환자가 사망하거나 심각한 신체적·정신적 손상을 입은 경우
㉢ ㉠에 따른 "자율보고"를 환자안전사고를 발생시킨 사람이 한 경우에는 「의료법」 등 보건의료 관계 법령에 따른 행정처분을 감경하거나 면제할 수 있다.
㉣ 자율보고 및 ㉡에 따른 "의무보고"에 포함되어야 할 사항과 보고의 방법 및 절차 등은 보건복지부령으로 정한다.
※ 환자안전사고를 발생시킨 사람이 자율보고를 한 경우에 「의료법」 등 보건의료 관계 법령에 따른 행정처분을 감경하거나 면제할 수 있다고 규정하고 있으나, 의무보고 수행에 따른 행정처분 감경 및 면제는 해당사항 없음

20 전화를 통하여 필요한 최소한의 개인정보를 수집할 때에는 통화내용을 녹취하고, 녹취할 때에는 녹취사실을 정보주체에게 알려야 하며, 해당 녹취파일에 대하여 안전성 확보조치를 하여야 한다.

간호관리

2021. 6. 5. 제1회 서울특별시 시행

1 〈보기〉에서 설명하는 간호전달체계는?

〈보기〉
- 서비스의 질과 비용효과적인 결과를 증진시키며 개인의 요구를 충족시키고자 도입되었다.
- 매니지드 케어 모델이 대표적이다.
- 표준진료지침(critical pathway) 등의 도구를 활용한다.

① 팀간호
② 모듈간호
③ 일차간호
④ 사례관리

ANSWER 1.④

1 사례관리방법은 환자가 최적의 기간 내에 기대하는 결과에 도달할 수 있도록 고안된 건강관리체계로 모든 의료팀원의 노력을 통합하여 환자의 목표를 달성하는 데 초점을 두는 방법이다.
   ① **팀간호방법**: 보조 인력들이 정규 간호사의 지시 아래 환자간호에 참여하는 것으로, 간호사는 팀 리더로서 팀에 할당된 모든 환자의 상태와 요구를 알아야 하며 간호대상자의 개별적인 간호 계획을 수립한다.
   ② **모듈간호방법**: 팀 간호를 정련하고 향상시키기 위해 개발된 방법으로 2~3명의 간호사가 환자들이 입원하여 퇴원할 때까지 모든 간호를 담당한다. 팀을 작게 유지함으로써 간호계획 수립과 조정활동에 전문직 간호사가 더 많이 관여가 가능하며, 팀원들 간의 의사소통에 소요되는 시간을 줄여 환자의 직접간호에 더 많은 시간을 할애한다.
   ③ **일차간호방법**: 일차 간호사는 한 명 이상의 환자를 입원 혹은 치료 시작부터 퇴원 혹은 치료를 마칠 때까지 24시간 내내 환자 간호의 책임을 담당한다.

2 〈보기〉의 간호조직이 적용한 관리 이론에 대한 설명으로 가장 옳은 것은?

〈보기〉
간호부는 간호업무에 따라 간호사를 배치하는 기능적 간호분담방법을 간호전달체계에 적용하여 업무를 단순화·분업화하여 운영하고 있다.

① 직접 혹은 간접간호활동에 소요되는 시간을 측정하여 간호인력 산정에 적용하는 간호업무량 분석의 기초가 된 이론이다.
② 관리의 기능을 기획, 조직, 지휘, 조정, 통제로 제시하였다.
③ 인간관계에 초점을 맞춘 이론이다.
④ 지나치게 인간적 요소를 강조하여 '조직없는 인간'이라는 비판을 받았다.

3 직장 내 훈련(on-the job training)으로 가장 옳은 것은?

① 대학원 강의를 원내에서 원격교육으로 이수하였다.
② 전문교육기관의 전문강사로부터 CS향상전략 교육을 수강했다.
③ 프리셉터로부터 암환자의 화학약물요법 간호실무기술을 배웠다.
④ 투석환자간호의 최신 경향이라는 8시간의 보수교육을 수강하였다.

ANSWER 2.① 3.③

2 간호업무를 업무에 따라 기능적 분담방법으로 나누어서 단순화, 분업화를 운영하였으므로 이는 과학적 관리론에 해당한다. 과학적 관리론은 분업화에 기초를 두어 효율성에 기초를 둔다.

3 직장 내 교육훈련은 임상에서 프리셉터를 이용한 교육이다. 직장 외 교육훈련은 연수원 교육, 전문위탁 교육, 보수교육이 해당한다.

4 〈보기〉의 간호조직에서 사용한 인적자원 확보 방법으로 가장 옳은 것은?

〈보기〉
지원자를 여러 명씩 그룹으로 나누어 특정 문제에 대해 자유토론하게 하고, 토론 과정에서 지원자들의 현재 행동 및 잠재적 행동을 파악한다.

① 정형적 면접
② 스트레스 면접
③ 패널 면접
④ 집단 면접

5 조직의 집단의사결정에 대한 설명으로 가장 옳은 것은?

① 의사결정에 참여한 구성원들의 의사결정에 대한 수용성이 높다.
② 의사결정에 대한 책임소재가 명확하다.
③ 의사결정에 대한 시간과 비용이 절약된다.
④ 개인의 편견이나 특성이 의사결정에 많은 영향을 준다.

ANSWER 4.④ 5.①

4 집단 면접은 집단별로 특정 문제에 대해 자유토론을 할 수 있는 기회를 부여하고 토론과정에서 개별적으로 적격 여부를 심사 판정하는 유형이다.
　① 정형적 면접: 표준면접. 면접자가 기본적으로 조직의 경영이념, 전략, 지원자의 배경, 지식, 태도 등의 아주 세분되고 상세한 질문문항을 준비하여 질문하는 형태
　② 스트레스 면접: 지원자에게 자극적 질문을 함으로써 감정의 안정성과 인내에 대한 평가를 위해 실시
　③ 패널 면접: 다수의 면접자가 한 명의 지원자를 상대로 질문하는 면접방식

5 집단적 의사결정의 특징
　㉠ 의사결정의 질: 다양한 조직구성원들에 의하여 더 많은 정보와 지식을 활용할 수 있으므로 여러 가지 대안과 접근을 고려할 수 있다.
　㉡ 결정사항의 수용성: 집단구성원들이 의사결정에 참여하는 집단의사결정은 결정된 사항에 대한 구성원들의 이해와 수용가능성을 증대시켜 준다.
　㉢ 의사결정의 정확성: 여러 대안에 대해 충분히 평가할 수 있고 여러 사람들이 참여함으로써 좋은 아이디어에 대해 다양한 관점으로 바라볼 수 있다.

6 〈보기〉에서 설명하는 환자의 권리는?

〈보기〉
- 환자는 진료와 관련된 신체상·건강상의 비밀과 사생활의 비밀을 침해받지 아니한다.
- 의료인과 의료기관은 환자의 동의를 받거나 범죄 수사 등 법률에서 정한 경우 외에는 비밀을 누설·발표하지 못한다.

① 진료받을 권리
② 알권리 및 자기결정권
③ 비밀을 보호받을 권리
④ 상담·조정을 신청할 권리

7 낙상 발생 감소를 위한 지속적 질 관리 활동을 기획하고 있다. 1년 동안 수행해야 하는 활동을 시간에 따라 막대 형태로 나타내어 관리자가 진행 중인 업무나 프로젝트를 시각적으로 쉽게 파악할 수 있도록 도와 주는 기획방법으로 가장 옳은 것은?

① PERT(program evaluation and review technique)
② 간트차트(Gantt chart)
③ 의사결정나무(decision tree)
④ 브레인스토밍(brainstorming)

ANSWER 6.③ 7.②

6 환자의 권리〈의료법 시행규칙 별표1〉
  ㉠ **진료받을 권리**: 환자는 자신의 건강보호와 증진을 위하여 적절한 보건의료서비스를 받을 권리를 갖고, 성별·나이·종교·신분 및 경제적 사정 등을 이유로 건강에 관한 권리를 침해받지 아니하며, 의료인은 정당한 사유 없이 진료를 거부하지 못한다.
  ㉡ **알권리 및 자기결정권**: 환자는 담당 의사·간호사 등으로부터 질병 상태, 치료 방법, 의학적 연구 대상 여부, 장기이식 여부, 부작용 등 예상 결과 및 진료 비용에 관하여 충분한 설명을 듣고 자세히 물어볼 수 있으며, 이에 관한 동의 여부를 결정할 권리를 가진다.
  ㉢ **비밀을 보호받을 권리**: 환자는 진료와 관련된 신체상·건강상의 비밀과 사생활의 비밀을 침해받지 아니하며, 의료인과 의료기관은 환자의 동의를 받거나 범죄 수사 등 법률에서 정한 경우 외에는 비밀을 누설·발표하지 못한다.
  ㉣ **상담·조정을 신청할 권리**: 환자는 의료서비스 관련 분쟁이 발생한 경우, 한국의료분쟁조정중재원 등에 상담 및 조정 신청을 할 수 있다.

7 간트차트 … 프로젝트 일정 관리를 위한 수평막대 형태의 도구로서 각 업무별로 일정의 시작과 끝을 그래픽으로 표시하여 전체 일정을 한 눈에 볼 수 있는 관리방법이다. 수평축은 시간, 수직축은 예정된 활동의 목록, 막대는 계획과 실제 업무의 진행을 비교하여 시각적으로 보여주는 표이다.

8 〈보기〉에 해당하는 대학병원 5년 차 간호사에게 허츠버그의 이론에 따라 동기요인을 충족시킨 것으로 가장 옳은 것은?

〈보기〉
- 대학원 진학을 희망한다.
- 동료애가 부족하다고 생각한다.
- 타 병원보다 급여가 적다.
- 경력 간호사를 위한 복지정책이 미흡하다.

① 대학원 진학의 기회를 제공하고 근무표를 조정해 준다.
② 동료들 간에 친교활동을 위해 동아리 지원비를 책정 한다.
③ 본 병원의 급여 정책을 비교 분석하여 알리고 비전을 제시한다.
④ 경력에 따른 복지혜택의 요구도를 수렴하여 전략을 수립한다.

9 〈보기〉의 간호조직에서 제공한 보상의 종류로 가장 옳은 것은?

〈보기〉
간호조직에서는 직원의 근속연수, 학력, 연령 등을 기준으로 임금을 차별화하는 제도를 도입해서 운영하고 있다.

① 성과급제도
② 직능급제도
③ 연공급제도
④ 직무급제도

ANSWER 8.① 9.③

8 허츠버그 동기부여 증진방안으로는 직무재설계, 개인의 임파워먼트 증진, 다양한 내·외적 보상시스템 개발, 성과 보상의 합치 프로그램 마련, 인사관리제도의 개선, 임금체계 개발 등이 있다.

9 연공급제도는 직원의 근속년수를 기준으로 임금을 지급하는 제도. 연공에 따라 숙련도가 상승한다는 전제를 바탕으로 임금을 결정
① **성과급제도**: 개인이나 집단이 수행한 작업성과나 능률에 대한 평가를 실시하여 그 결과에 따라 지급하는 보수
② **직능급제도**: 직원들이 보유한 직무수행능력을 기준으로 임금을 결정하는 제도. 능력주의 임금관리 실현으로 유능한 인재유지가 가능하며 직원의 성장욕구를 충족시킬 수 있다.
④ **직무급제도**: 해당 조직에 존재하는 직무들을 평가하여 상대적 가치에 따라 임금을 결정하는 제도(그 직무가 조직에서 얼마나 중요한지, 어려운지, 직무를 수행하는 작업환경이 어떠한가 등에 따라 직무의 가치를 산정하게 됨)

10 브루스 터크만(Bruce Tuckman)의 '터크만 모델(Tuckman model)'에서 팀의 형성기에 대한 설명으로 가장 옳은 것은?

① 구성원 간의 갈등과 혼란이 빈번하게 발생하고, 리더의 팀 운영 방식에 대해 불만을 갖는 팀 구성원이 생기기도 한다.
② 팀 구성원 개개인의 역할이 불분명하고, 팀 구성원은 리더에 대한 의존도가 높다.
③ 팀 구성원 사이에서 공동의 목표에 대한 공감대가 형성된다.
④ 팀 내에 문제가 발생해도 스스로 해결할 수 있는 힘이 있다.

11 〈보기〉를 확인하기 위한 질 향상 분석방법으로 가장 옳은 것은?

〈보기〉
병동에서 근무시간대와 낙상 건수는 관계가 있는가?

① 인과 관계도(fishbone diagram)
② 산점도(scatter diagram)
③ 파레토 차트(Pareto chart)
④ 흐름도(flow chart)

ANSWER 10.② 11.②

10 터크만 팀 발전모델 형성기… 팀이 처음 구성되는 단계 팀을 형성한다.
　㉠ 서로 알게 되며 프로젝트에 대해 이해하는 단계이다.
　㉡ 팀 방향성 정립단계이다.
　㉢ 목표를 설정하거나 이해한다.
　㉣ 관계를 형성하는 단계이다.
　㉤ 집단의 목적, 구조, 리더십 등에 대한 불확실성이 높은 단계이다.

11 근무시간대와 낙상건수의 관계를 보는 것으로 이는 산점도에 해당한다.
　※ 산점도… 두 변수들 간의 상관관계를 확인하는 데 사용하는 것으로 X축에 독립변수를, Y축에 종속변수를 두어 각 변수 값이 흩어져 있는 양상을 보고 상관관계를 파악한다.

12 〈보기〉의 사례에서 일반적으로 지켜야 할 감염관리 지침으로 가장 옳은 것은?

> 〈보기〉
> MRSA로 확인된 A 환자가 충수절제술 시행 후 병실로 이동하려 한다. 해당 병동에는 1인실이 없는 상황이다.

① 환자간호 시 반드시 N95 마스크와 장갑을 착용한다.
② A환자가 사용한 물품은 일반의료폐기물과 함께 배출한다.
③ 다인실 병실 중 MRSA 코호트 격리가 가능한 병실로 안내한다.
④ 음압이 유지되는 1인실 격리가 필요하므로 타 병동으로 전동한다.

13 A대학병원 간호부는 5년 이상의 경력 간호사를 대상으로 희망 부서에서 근무하도록 하고 2년 뒤에 다시 원래 부서로 복귀를 희망할 때 가능하도록 하였다. 이러한 직무설계 방법의 장점에 대한 설명으로 가장 옳은 것은?

① 조직의 생산성이 높아진다.
② 다른 기능을 개발할 기회를 제공한다.
③ 간호업무를 기능적으로 분담시킨다.
④ 약간의 훈련과 기술로 과업을 수행할 수 있다.

ANSWER 12.③ 13.②

12 MRSA 접촉주의 감염관리 시 준수사항
  ㉠ 독방이나 코호트 격리, 할 수 없을 경우(격리를 위해 이동 시 상태 악화가 예상될 경우) : 감염관리 전문가에게 의뢰
  ㉡ 환자 침상카드와 환자차트에 접촉주의 표지를 부착, Caution 등록 시행함
  ㉢ 격리시 출입 시 혈액, 체액, 기타 오염된 물품, 손상된 피부, 점막접촉이 예상되는 경우 장갑을 착용함
  ㉣ 환자 처치 전후 손 씻기, 오염된 장갑으로 환자나 기구를 만지지 않는다.
  ㉤ 환자 병실에서 나오기 전에 반드시 손을 씻거나 손 소독제를 사용한다.
  ㉥ 환자 처치시 가운이나 비닐 앞치마 착용하고 처치 후 환자 병실을 떠나기 전에 가운을 벗고 손 씻기를 하고 나온다.
  ㉦ 마스크는 정기적으로 착용할 필요가 없고 호흡기 분비물이 튈 가능성이 있는 경우 착용한다.
  ㉧ 환자 이동을 가능한 한 제한, 이동 시에는 주위 환경을 오염시키지 않도록 주의한다.
  ㉨ 격리실에 의료폐기물함을 두고 의료폐기물을 함께 수거한다.
  ㉩ 린넨이랑 가운은 주변 환경을 오염시키지 않도록 사용 후 오염 세탁물함에 분리수거한다.

13 경력개발 … 개인의 경력목표를 설정하고 이를 달성하기 위해 경력계획을 수립하여 조직의 욕구와 개인의 욕구가 일치될 수 있도록 각 개인의 경력을 개발하는 활동이다.

14 안전한 약품관리방법에 대한 설명으로 가장 옳은 것은?

① A 간호사는 개봉 전 인슐린 주사제에 환자명 바코드를 부착하고 실온에 보관하였다.
② B 간호사는 사용중단된 nifedipine capsule을 비품약으로 분류하여 보관하였다.
③ C 간호사는 근무 시작 전 응급카트 약물의 종류와 개수가 정확한지 매번 확인하였다.
④ D 간호사는 마약장의 열쇠와 잠금장치를 같은 근무번 간호사에게만 알려주어 사용할 수 있게 하였다.

15 「의료법 시행규칙」 제15조(진료기록부 등의 보존)에서 제시하고 있는 의무기록 유형별 보존기간으로 옳지 않은 것은?

① 환자 명부 : 5년
② 수술기록 : 5년
③ 간호기록부 : 5년
④ 진료기록부 : 10년

ANSWER 14.③ 15.②

14 약품관리방법
   ㉠ 인슐린, 백신, 좌약, 혼합액은 냉장고에서 4℃ 정도에 보관한다.
   ㉡ 인슐린 펜타입은 환자의 bin에 보관가능하다.
   ㉢ 차광을 요하는 약품은 차광용 비닐을 씌어 보관한다.
   ㉣ 항생제, 일반주사제, 수액은 실온에서 투약카드나 약품장에 보관한다.
   ㉤ 유효기간을 엄수하고 정기적으로 유효기간을 점검하고 확인한다.
   ㉥ 투약오류를 범하기 쉬운 약품은 보관에 주의한다.
   ㉦ 마약과 향정신성약물은 반드시 마약대장과 함께 이중잠금장치가 된 철제마약장에 보관해야 하며 마약장은 항상 잠겨 있어야 한다.
   ㉧ 마약장은 항상 이중으로 잠그고 열쇠는 간호관리자나 선임간호사가 관리하며 마약 외에 다른 것은 보관하지 않는다.
   ㉨ 마약장의 열쇠는 각 근무조의 담당간호사 간에 직접 인수인계하고 일일 재고관리를 한다.
   ㉩ 마약류 수령은 인편으로 사용 직전에 하며 비품약을 사용한 경우 가능한 한 해당 근무내에 채워 놓는다.

15 「의료법 시행규칙」에 따라 수술기록 보존기간은 10년이다.

16 기획의 계층화 단계 중 〈보기〉에 해당하는 것은?

〈보기〉
조직의 목표를 성취하기 위한 행동의 지침이 되며 구성원들의 활동 범위를 알려준다. 예를 들어 승진대상자의 선정, 승진대상자 선정을 위한 기초자료 분석, 면접 등 간호활동을 위한 범위와 허용 수준을 정하고 그에 따른 행동방침을 정하는 과정이다.

① 목적
② 철학
③ 정책
④ 규칙

17 라인-스태프 조직에 대한 설명으로 가장 옳은 것은?

① 책임과 권한의 한계가 명확하다.
② 조직구조가 단순하여 신규 직원이 조직을 이해하기 쉽다.
③ 환경의 변화에 능동적으로 대처하기 어렵다.
④ 종합적인 의사결정을 위해 전문적인 지식과 경험을 활용할 수 있다.

ANSWER 16.③ 17.④

16 기획의 계층화
  ㉠ 비전: 조직의 바람직한 미래상으로 조직의 성장목표와 사업활동 영역이 명시된 것이다. 조직구성원의 변화노력을 한 방향으로 모으기 위한 것이다.
  ㉡ 목적: 조직의 목적을 명확히 설정하는 것으로 기획의 첫 번째 순서이다. 조기의 사회적 존재 이유로서 조직의 사명을 명시한 것으로 광범위하고 일반적인 진술이다.
  ㉢ 철학: 조직의 목적을 성취하기 위해 조직구성원을 움직이게 하는 신념과 가치체계를 진술한 것이다.
  ㉣ 정책 조직의 철학과 목표로부터 도출되며 조직의 목표를 달성하기 위한 방법을 제시하고 목표를 행동화하기 위한 과정 및 활동범위를 알려주는 포괄적인 지침이다.
  ㉤ 규칙: 조직구성원들이 특별한 상황에서 해야 할 것과 금지해야 할 것을 알려주는 명확한 지침으로 비융통적이다.

17 라인-스태프 조직 … 조직이 대규모화되고 업무내용이 복잡해지면서 관리자의 업무를 지원, 조언해 주는 기능이 설치된 조직이다. 스태프 조직을 통해 전문적인 조언, 조력 기능으로 도움을 받을 수 있다.

18 〈보기〉에 해당하는 환자안전의 개념은?

〈보기〉
A 간호사가 KCl 10mL(20mEq)를 정맥 내 투여해야하는 NPO 환자에게 KCl 20mL(40mEq)를 정맥 내 투여하려고 하였다. 이때 이상하게 여기던 B 간호사가 행위를 사전에 중단시키고 의사처방을 재확인한 뒤 정확한 용량으로 투약하였다.

① 위해사건
② 근접오류
③ 적신호사건
④ 근본원인분석

19 질 관리 접근방법 중 결과적 접근방법으로 가장 옳은 것은?

① 간호절차 마련
② 정책이나 규정 구비
③ 환자에 대한 태도
④ 병원 감염률

ANSWER 18.② 19.④

18 근접오류 … 의료가 발생하여 환자에 대한 위해의 가능성이 있을 수 있지만 회복조치에 의해서 원하지 않는 결과가 예방된 경우, 즉 환자에게 위해를 가져오지 않은 사건이다.

19 결과적 접근방법
  ㉠ 결과적 접근방법의 개념
  • 환자의 건강상태가 간호서비스를 제공받은 이후에 간호중재에 의해 얼마나 변화되었는지에 따른 최종 결과를 평가하는 방법으로 간호의 질을 정확히 측정할 수 있다.
  • 간호서비스를 제공받은 이후의 환자 또는 대상자에게 나타난 건강상태의 변화를 평가하는 방법이다.
  • 건강을 구성하는 제반요소, 즉 신체적 요소 이외의 사회적 요소와 심리적 요소도 전부 고려된다.
  ㉡ 결과적 접근방법의 평가기준
  • 사망, 불편감의 정도, 문제해결, 증상조절 등을 포함하는 건강과 질병수준, 치료계획의 순응유무, 건강유지능력 정도, 생리적·사회적·심리적 기능을 포함하는 기능적 능력, 환자만족, 진료비용, 자가간호 지식 및 기술의 변화, 사고나 합병증 또는 감염과 같은 바람직하지 못한 사건발생 등이 있다.
  • 예를 들면 사망률, 이환율, 만족도, 건강상태, 자가간호 등이 있는데 최근에는 좀 더 민감한 요소로 낙상률, 감염률, 욕창 발생률, 신체억제법의 사용률 등도 포함하고 있다.

20 피들러의 상황적합이론에서 리더십의 유효성을 결정하는 상황 조절 변수에 해당하지 않는 것은?

① 부하의 능력과 의지 정도
② 리더에게 부여된 공식적인 영향력 정도
③ 구성원들이 리더를 신뢰하고 존경하는 정도
④ 과업의 목표가 분명하고 달성 수단이 명백한 정도

ANSWER 20.①

20 상황적합이론의 상황적 매개변수 … 리더와 구성원 간의 관계, 과업구조, 리더의 직위권한이라는 3가지 상황적 매개변수 간의 조합의 리더에 대한 상황의 호의성을 결정한다. 리더가 처한 상황의 호의성이 높을수록 리더십 유효성이 커진다.

간호관리 | 2022. 2. 26. 제1회 서울특별시 시행

1 명령과 권한의 체계가 명확한 공식적인 조직에서 사용되며 일원화된 경로를 통해서 최고관리자의 지시나 명령이 말단 구성원에게까지 전달되어 권한의 집중도가 높고 의사소통의 속도가 비교적 빠른 의사소통 네트워크의 유형은?

① Y형(Y type)
② 원형(Circle Type)
③ 사슬형(Chain Type)
④ 수레바퀴형(Wheel Type)

ANSWER 1.③

1 의사소통 네트워크의 유형
㉠ **수레바퀴형**: 집단 구성원 간에 리더가 존재하는 경우에 나타나는 형태로, 구성원들의 정보전달이 한 사람의 리더에 집중된다.
㉡ **사슬형**: 의사소통이 공식적인 명령계통과 수직적인 경로를 통해서 이루어지는 형태로, 구성원들 간의 커뮤니케이션이 연결되지 않는다.
㉢ **Y형**: 사슬형과 수레바퀴형이 혼합된 유형으로, 수레바퀴형에서처럼 확고한 리더가 존재하지는 않지만 비교적 집단을 대표할 수 있는 인물이 있는 경우에 나타난다.
㉣ **원형**: 구성원 간에 뚜렷한 서열이 없는 경우에 나타나는 형태로, 위원회나 태스크포스의 구성원들 사이에 이루어지는 커뮤니케이션 유형이다.
㉤ **완전연결형**: 리더가 존재하지 않고 구성원 누구나 다른 구성원과 커뮤니케이션을 주도할 수 있는 형태로, 구성원들 간 정보교환이 완전히 이루어져 개방형이라고도 한다.

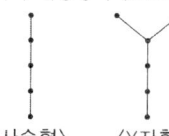
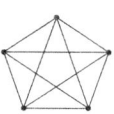

2 「환자안전법」에 따른 중대한 환자안전 사건으로 의무보고의 대상에 해당하지 않는 것은?

① 성인 입원 환자가 낙상으로 손목 골절이 발생하여 입원 기간이 2일 연장되었다.
② 백혈병 치료를 받고 있는 환자에게 정맥주사제인 빈크리스틴을 척수강 내로 투여하였다.
③ 조현병을 진단받은 환자가 같은 병동에 입원해 있던 다른 환자에게 갑작스럽게 달려들어 얼굴 부위를 가격하였다.
④ 수술 시 지혈을 위해 복부 피하조직 및 자궁 부위에 두었던 거즈 패드 2개를 복부 안에 둔 채로 절개 부위를 봉합하였다.

3 개인적 차원과 비교하여, 조직적 차원의 간호사고 예방을 위한 방안으로 가장 옳은 것은?

① 간호실무 표준과 지침을 마련한다.
② 사고의 근본원인보다는 사고발생자에게 집중한다.
③ 간호실무표준을 기초로 최선의 간호를 수행한다.
④ 사소한 내용이라도 환자 및 보호자의 호소를 가볍게 넘기지 않는다.

ANSWER 2.① 3.①

2 환자안전사고의 보고 등〈환자안전법 제14조〉
㉠ 환자안전사고를 발생시켰거나 발생한 사실을 알게 된 또는 발생할 것이 예상된다고 판단한 보건의료인이나 환자 등 보건복지부령으로 정하는 사람은 보건복지부장관에게 그 사실을 보고할 수 있다.
㉡ 보건복지부령으로 정하는 일정 규모 이상의 병원급 의료기관에서 다음의 어느 하나에 해당하는 환자안전사고가 발생한 경우 그 의료기관의 장은 보건복지부장관에게 그 사실을 지체 없이 보고하여야 한다.
 • 「의료법」 제24조의2 제1항에 따라 설명하고 동의를 받은 내용과 다른 내용의 수술, 수혈, 전신마취로 환자가 사망하거나 심각한 신체적·정신적 손상을 입은 환자안전사고가 발생한 경우
 • 진료기록과 다른 의약품이 투여되거나 용량 또는 경로가 진료기록과 다르게 투여되어 환자가 사망하거나 심각한 신체적·정신적 손상을 입은 환자안전사고가 발생한 경우
 • 다른 환자나 부위의 수술로 환자안전사고가 발생한 경우
 • 의료기관 내에서 신체적 폭력으로 인해 환자가 사망하거나 심각한 신체적·정신적 손상을 입은 경우
㉢ ㉠에 따른 보고(이하 "자율보고"라 한다)를 환자안전사고를 발생시킨 사람이 한 경우에는 「의료법」 등 보건의료 관계 법령에 따른 행정처분을 감경하거나 면제할 수 있다.
㉣ 자율보고 및 ㉡에 따른 보고(이하 "의무보고"라 한다)에 포함되어야 할 사항과 보고의 방법 및 절차 등은 보건복지부령으로 정한다.

3 ② 사고의 원인이 될 만한 것들을 고치거나 제거한다.
③ 간호실무의 표준과 지침을 마련하여 간호사는 물론, 모든 병원 직원들이 안전에 대한 관심을 항상 가지고 이에 대한 지식과 기술을 훈련, 습득하는 것이 중요하다.
④ 계속적인 관찰과 감독, 교육을 통해 사고 예방에 만전을 기울인다.

4 관리이론을 시대에 따라 구분했을 때 현대적 조직관리이론에 해당하는 것은?

① 상황이론
② 인간관계론
③ 행태과학론
④ 과학적 관리론

5 직무를 종류와 내용으로 분할하여 조직구성원에게 분담시킴으로써 효과와 효율성을 도모하는 조직화의 원리는?

① 계층제의 원리
② 분업 및 전문화의 원리
③ 명령통일의 원리
④ 통솔범위의 원리

ANSWER 4.① 5.②

4 관리이론을 시대에 따라 구분하면 다음과 같다.

고전기(구조론적)	신고전기(인간론적)	현대기(통합론적)

• 과학적 관리론
• 관리과정론(행정관리론)
• 관료제이론
	• 인간관계론(동기부여이론)
	• 행동과학론(행태과학론)
	  - 리더십이론
	  - 동기이론
		• 관리과학론(계량적관리론)
		• 체계이론
		• 상황이론

5 조직의 원리란 조직편성을 위한 규칙 및 원칙으로써 다음과 같다.

계층제의 원리	권한과 책임에 따라 직무를 등급화
통솔범위의 원리	관리직위별로 효과적으로 관리할 수 있는 사람(통솔범위)을 한계
명령통일의 원리	명령체계의 확립을 요구하는 원칙
분업, 전문화의 원리	전체를 세분화하여 유사한 것으로 분류하여 경제, 사회적 효율증대
조정의 원리	공동목표를 수행할 수 있도록 개별적 노력을 통합하여 조직의 존속을 도모함

6 시간 – 동작 분석 기술을 활용하여 모든 간호활동을 분석하고 각각의 활동에 소요된 간호시간을 측정하여 각 업무에 필요한 간호인력을 산정하는 방법은?

① 서술적 방법
② 관리공학적 방법
③ 산업공학적 방법
④ 원형평가체계 방법

7 〈보기〉에서 설명하는 환자안전 접근법으로 가장 옳은 것은?

〈보기〉
- 가시적, 잠재적 오류의 원인을 후향적으로 조사하는 방법이다.
- 수술 중 환자의 몸에 이물질이 들어간 경우에 적용될 수 있다.
- 원인 – 결과도(Fishbone Diagram)나 PDCA 등이 활용되기도 한다.

① 스위스 치즈 모형
② 하인리히 법칙
③ 오류유형과 영향분석
④ 근본원인분석

ANSWER 6.③ 7.④

6 간호인력 산정방법
  ㉠ 서술적 방법 : 관리자의 경험을 근거로 하여 주관적으로 간호사의 수와 종류 결정
  ㉡ 산업공학적 방법 : 간호업무량 분석을 통하여 간호 인력수를 결정
  ㉢ 관리공학적 방법 : 환자유형에 따른 간호표준을 근거로 간호 인력수를 결정

7 환자안전 접근법 중 근본원인 분석은 후향적 접근으로 오류가 발생할 수 있는 시스템의 잠재적인 취약점과 원인을 변화시키거나 수정하여 재발하지 않도록 하는 것이며, 팀을 구성하여 문제를 정의하고, 문제를 조사하여 근접 원인을 규명한다. 프로세스를 분석하여 현재의 Flow와 이상적인 Flow를 비교하여 차이점을 개선한다.
① 스위스 치즈모형 : 잠재적 오류를 최소화하여 인간의 행동보다는 시스템적인 변화를 추구하는 것이다.
② 하인리히 법칙 : 대형사고가 발생하기 전 작은 사고들이 존재한다는 것이다.
③ 오류유형과 영향분석 : 전향적 접근으로 오류발생 가능성을 예측하여 개선계획을 세우는 것이다.

8 우리나라 의료기관 인증제도에 대한 설명으로 가장 옳은 것은?

① 요양병원은 자율적으로 인증을 신청할 수 있다.
② 인증기준 충족 여부에 따른 상대평가의 성격을 가진다.
③ 병원급 이상의 의료기관을 대상으로 하며 인증유효기간은 3년이다.
④ 전문병원으로 지정을 받고자 하는 병원급 의료기관은 인증을 받아야 한다.

9 〈보기〉에 해당하는 의료의 질 구성요소로 가장 옳은 것은?

〈보기〉
- 건강수준의 향상에 기여한다고 인정된 의료서비스의 수행 정도
- 업무가 인간에게 미치는 영향, 목표의 적절성. 장기적 결과 등으로 산출

① 효율성(Efficiency)
② 가용성(Availability)
③ 접근성(Accessibility)
④ 효과성(Effectiveness)

ANSWER 8.④ 9.④

8 의료기관인증제도 … 의료기관의 의료서비스 인증을 통하여 환자 안전 수준과 의료질 향상을 위해 자발적 및 지속적 노력을 유도하기 위해 만들어진 것으로 국민에게 양질의 의료서비스를 제공하기 위해 만들어졌다. 절대평가이며 4년간 유효한 인증마크를 수여한다. 모든 의료기관이 대상이며 병원급 이상 의료기관은 자율적으로 인증신청이 가능하다. 요양병원은 의무적으로 인증을 받아야 하며, 평가결과에 따라 인증등급을 받고 상급종합병원 및 전문병원 지정 등 행정적, 재정적 지원을 받을 수 있다.

9 의료의 질 구성요소

구분	내용
효과성	• 건강수준향상에 기여한다고 인정되는 의료서비스의 수행정도 • 인간주의적이며 이상적인 가치 등 올바른 산출과 관련된 개념
효율성	의료서비스가 불필요하게 소모되지 않고 활용되었는가에 대한 개념
기술수준	서비스의 기술적인 수준
접근성	시간, 거리 등 의료서비스 비용에 제한받는 정도
가용성	필요한 서비스를 제공할 수 있는 여건의 구비정도
적정성	건강개선과 비용간의 균형
합법성	윤리적원칙과 가치, 규범 등 사회 선호도에 대한 순응
지속성	시간적, 지리적 연결정도와 상관
적합성	대상인구집단 요구에 부합하는 정도
형평성	분배와 공정성을 결정하는 원칙에 대한 개념
이용자만족도	의료서비스에 대한 이용자의 판단

10 A조직에서는 팀 내의 모든 구성원을 동등하게 대해주고 서로 잘 알도록 하여 집단의 결속력을 증진시키는 방법으로 조직변화를 계획하고 있다. 이에 해당하는 조직변화의 전략으로 가장 옳은 것은?

① 학문적 전략
② 동지적 전략
③ 경험적 - 합리적 전략
④ 규범적 - 재교육적 전략

11 전문직 간 협력에 대한 설명으로 가장 옳은 것은?

① 전문직 간 협력관계 유지를 위해서는 전문직에 맞는 교육이나 연수에 참여하여 전문성을 향상시켜야 한다.
② 최근 보건의료기관은 효율적 관리를 위해 전통적 구조인 계층을 강조하여 부서별 업무를 추진하는 추세이다.
③ 전문직 간 협력은 구성원 간의 갈등을 완화하고 직무만족을 향상시키지만 보건의료비용 효과와는 관련이 없다.
④ 조직의 목표 달성을 위하여 모든 부분의 활동을 통합하는 것이다.

ANSWER 10.② 11.①

10 동지적 전략은 모든 구성원들을 동등하게 대하고 서로 잘 알도록 하여 집단의 결속력을 높여 계획적 조직변화를 유도하는 것이다.
① 학문적 전략: 변화를 유도하기 위해 연구결과나 학문적 내용을 활용하는 것이다.
③ 경험적 - 합리적 전략: 인간은 합리적인 사고를 한다는 가정하에 이득을 구체적으로 보여주는 전략이다.
④ 규범적 - 재교육적 전략: 사람들은 자기가 배운 사회규범대로 행동한다는 가정하에 태도와 가치관을 고려하여 실무교육 및 인과관계 교육 등의 전략을 사용하는 것이다.

11 의료서비스가 고도로 세분화 되어가고 전문화 되어가면서 정보를 서로 공유하고 양질의 의료서비스를 제공하기 위해서 의료 전문직 간 협력에 대한 요구가 증가하고 있다. 이에 맞는 교육과 연수의 참여를 통해 전문성을 향상시켜 나가야 한다.
② 최근 보건의료기관은 효율적 관리를 위해 각 부처 시스템 연계가 아닌 의료서비스 질 및 효율성 증대를 위한 보건의료자원 통합관리를 위한 노력을 하고 있다.
③ 전문직 간 협력은 비용효과적인 보건의료체계를 달성하게 하여 보건의료비용 효과 상승과 관련이 있다.
④ 조직의 목표 달성을 위하여 모든 부분의 활동을 통합하는 건 관리와 연관된 개념이다.

12 의료서비스는 일반제품과 달리 형태가 없기 때문에 적절한 마케팅 전략이 필요하다. 의료서비스의 소멸성을 고려한 마케팅 전략으로 가장 옳은 것은?

① 서비스의 표준 설정 및 수행
② 강한 조직 이미지 창출
③ 진료 예약 제도 실시
④ 친절하고 세심한 고객관리

13 전통적 질 관리(QA)와 비교하여 총체적 질 관리(TQM)의 특징으로 가장 옳은 것은?

① 특정범위를 벗어난 결과를 초래한 개인과 특별한 원인을 규명한다.
② 문제의 해결보다는 지속적인 질 향상에 목적을 둔다.
③ 활동범위의 참여자는 의료진으로 제한한다.
④ 환자 진료의 질 향상에 목표를 둔다.

ANSWER 12.③ 13.②

12 간호서비스 마케팅의 특성 중 소멸성은 저장이 불가능하고, 수요 및 공급의 균형이 어려운 문제점이 있으며 이를 위해 의료 마케팅 전략으로 서비스 이용시간에 대한 정보를 제공하고 진료 예약 제도를 운영하도록 한다.

13

구분	질 관리(QA)	총체적 질 관리(TQM)
목표	환자 진료의 질 향상	환자, 고객의 모든 서비스 및 진료 질 향상
목적	• 문제해결 • 특정한 범위를 벗어난 결과를 초래한 개인과 원인 규명	• 지속적인 질 향상 • 일상적인 원인에 더욱 주목
지속적 활동	• 역치/표준 이탈 감시 • 특정 원인에 의한 이탈이 있을 경우 지속	• 지속적인 표준 개선 • 특정되거나 공통된 이탈이 있을 경우 지속

14 마약관리에 대한 설명으로 가장 옳은 것은?

① 향정신성의약품은 팀별로 일반 투약 차에 보관한다.
② 마약장의 열쇠는 수간호사가 보관하고 사용할 때 꺼내준다.
③ 마약처방전에는 정보보호차원에서 대상자의 인적사항만 간단히 기술한다.
④ 투약 중지된 마약 및 잔량도 마약대장에 기록하고 약국에 반납한다.

15 일반병동에 근무하는 일반간호사의 직무분석을 하려고 한다. 시간적 압박이 있는 상황이라 되도록 많은 간호사를 대상으로 빠르게 직무에 관한 정보를 수집하고자 할 때 가장 적절한 방법은?

① 관찰법
② 면접법
③ 질문지법
④ 작업표본방법

16 맥클리랜드(McClelland)의 성취동기이론을 간호실무의 인적자원관리에 적용한 사례로 가장 옳은 것은?

① 성취 욕구에 따른 업무 분담 및 배치
② 좌절 – 퇴행의 요소를 고려한 보상
③ 성과와 보상의 연계
④ 사회적 비교 과정을 고려한 대우

ANSWER 14.④ 15.③ 16.①

14 마약관리는 다른 약품과 별도로 반드시 마약대장과 함께 이중 잠금 장치가 되어 있는 철제 마약장에 보관하며 항상 잠겨있어야 한다. 사용하고 남은 마약은 주사기에 뽑아서 또는 남은 앰플이나 바이알, 경구약 그대로 반납처리 해야 한다.

15 질문지법은 현장의 직무 수행자 또는 감독자에게 설문지를 배부하고 이들로 하여금 직무의 내용을 기술하게 하는 방법으로 빠르게 직무에 관한 정보를 수집할 수 있다.
① 관찰법 : 분석자가 직무 담당자의 업무 수행을 관찰하여 자료를 수집하는 방법이다.
② 면접법 : 직무 분석을 위한 자료를 직무 담당자와 직접적인 면담을 통하여 수집하는 방법으로 가장 많이 이용되는 방법이다.
④ 작업 표본방법 : 분석자가 특정기간동안 작업 중인 직원을 일정 간격을 두고 짧은 기간 동안 관찰하는 방법이다.

16 맥클리랜드의 성취동기이론 … 조직 내 개인의 동기부여와 관련하여 모든 인간은 3가지 기본욕구를 가지고 있음을 제시하였으며, 성취동기 이론의 3가지 욕구는 성취욕과 권력욕, 친교욕구이다. 성취욕구는 인간이 인간다울 수 있는 가장 바람직한 욕구로 성취동기가 높을수록 성취가 가능하여 조직과 자신의 성장에 이르게 된다는 내용이다.

17 직무수행평가를 실시할 때 고려해야 할 사항으로 가장 옳은 것은?

① 구성원의 강점이 아닌 약점을 평가한다.
② 기대되는 수행 표준이나 목표를 평가 과정 중에 생성한다.
③ 1차 평가자는 피평가자와 직접적인 접촉을 하지 않는 사람으로 한다.
④ 적어도 두 사람 이상의 평가자가 한 사람의 피평가자를 평가하도록 한다.

18 거래적 리더십을 보이는 관리자 유형으로 가장 옳은 것은?

① 간호사들이 보다 창의적인 관점을 개발하도록 격려한다.
② 간호사들이 무엇을 해야 그들이 원하는 보상을 받을 수 있는지를 알려준다.
③ 간호사들이 개인적 성장을 할 수 있도록 알맞게 임무를 부여한다.
④ 간호사들에게 자신감을 심어주고 비전을 제시한다.

ANSWER 17.④ 18.②

17 **직무수행평가** … 구성원이 가지고 있는 능력과 근무성적, 자질 및 태도 등을 객관적으로 평가함으로 조직 내에서 구성원의 가치를 평가하는 절차이며 일정 기간에 직원들이 자신의 업무를 얼마나 잘 수행하는지에 대한 정기적, 공식적인 평가를 말한다. 직무수행평가 시 개인평가와 조직 목표를 위한 기준 사이에 적합성이 있어야 하며, 평가 업무 내용은 기대되는 수행 표준이나 목표에 직접 적용되어 사전에 결정되어야 한다. 행위적 기대는 평가자와 피평가자 서로 합의하에 개발되어야 하며, 평가자는 평가과정을 이해하고 절차도 효과적으로 사용해야 한다. 일반적으로 피평가자의 직속상관이 일차 고과자로서의 평가를 담당하고 평가는 약점뿐만 아니라 강점에 대한 부분도 포함되어야 한다.

18 **거래적 리더십** … 보수적이며, 현상을 유지하게 노력한다. 현상과 너무 괴리되지 않는 목표지향성을 보이며 단기적인 전망, 기본적으로 가시적인 보상으로 동기를 부여한다. 부하들에게 즉각적이고 가시적인 보상으로 동기부여를 하며 부하들은 규칙과 관례를 따르기 좋아하는 특성이 있다. 부하들을 위해 문제를 해결하거나 해답을 찾을 수 있는 곳을 알려주며 리더는 보다 높은 산출, 더 많은 매출액, 생산원가의 절감 등 요구되는 결과의 달성을 위해 부하가 해야 할 일이 무엇인지 명확히 하도록 도움으로써 인간의 자아개념과 자존욕구를 배려한다.

19 〈보기〉에서 설명하는 인력개발 프로그램은?

〈보기〉
- 신규간호사가 담당할 구체적인 직무를 효과적으로 수행할 수 있도록 한다.
- 일반적으로 3 ~ 6개월까지 교육기간이 다양하다.
- 교육 내용은 간호표준, 투약 관리, 검사물 관리, 간호과정 적용, 환자교육, 인수인계, 간호기록 등이다.

① 실무교육
② 유도교육
③ 보수교육
④ 직무 오리엔테이션

20 목표관리(MBO)의 장점에 대한 설명으로 가장 옳지 않은 것은?

① 목표설정에 구성원을 참여시킨다.
② 성과에 대한 책임소재를 명확하게 해 준다.
③ 측정 가능한 성과만이 아니라 질적이고 장기적인 업무성과를 강조한다.
④ 구성원이 관리자와 협의하여 업무계획을 설정함으로써 동기부여가 된다.

ANSWER 19.④ 20.③

19 직무 오리엔테이션은 주어진 특정 업무 대한 교육훈련으로, 유도교육 후에 이루어지며 직무 오리엔테이션 후에 평가를 통해 신규 직원의 업무 수행 능력을 확인하고 그에 따라 적정하게 인력을 배치할 수 있다.

20 목표관리(MBO) … 목표에 의한 관리라고도 하며 조직의 상급관리자와 실무관리자가 협력하여 조직의 목표를 설정하고 기대되는 결과의 측면에서 각자의 책임을 규정하여 일정한 기준에 따라 구성원들의 기여도를 측정하고 평가하는 관리과정이다. 장점으로는 목표달성에 대한 구성원들의 몰입과 참여를 증진시켜 토론과 참여, 의사소통을 원활하게 할 수 있다는 것이며 이를 통해 효과적인 자기관리 및 자기통제의 기회를 제공하고 책임소재를 명확하게 한다. 성과평가를 보다 객관적으로 할 수 있으며 모든 단계에서 성과가 향상된다. 단점으로는 측정 가능한 목표를 세우는 것이 어려우며 계량화 할 수 없는 성과는 무시되는 경향이 있다. 최종목표와 중간목표의 갈등 조정에 어려움이 있으며 단기 목표를 지나치게 강조하는 측면이 있다. 또한 부서 간 지나친 경쟁을 유발해 전체 조직성과에 악영향을 미치기도 한다.

간호관리 | 2022. 4. 30. 지방직 8급 간호직 시행

1 간호관리과정 중 기획의 특성으로 옳은 것은?

① 정적인 개념이다.
② 조직목표와 관련되어 있다.
③ 하층관리자에게 더욱 중요한 기능이다.
④ 미래지향이 아닌 현실위주의 관리를 제시한다.

2 다음에서 설명하는 간호서비스의 특성은?

- 생산과 동시에 소비가 이루어진다.
- 소비자는 서비스 제공자와 상호작용한다.
- 소비자가 실질적으로 생산과정에 참여할 수도 있다.

① 무형성
② 이질성
③ 소멸성
④ 비분리성

ANSWER 1.② 2.④

1 기획은 조직의 목적과 목표 달성을 용이하게 한다.
① 동적인 개념이다. 계획이 정적인 개념에 속한다.
③ 최고관리자에서부터 하층관리자까지 참여할 수 있는 과정이다. 전략적 기획은 최고관리자에 의해 수행되며 전술적 기획은 중간 관리자, 운영적 기획은 하층관리자가 주관한다.
④ 미래에 수행하고자 하는 것을 목표로 하기 때문에 미래지향적이다.

2 비분리성은 생산과 소비가 동시에 일어나며 제공자와 소비자의 분리가 어렵다. 서비스 생산에 소비자가 참여하여 직접 판매만 가능하며 대규모 생산에는 어려움이 있다.
① 무형성: 물리적인 재화와 다르게 형태가 없이 서비스로 이루어진다.
③ 이질성: 일정 수준 이상의 표준화가 필요하며 서비스 생성과 인도 과정에서의 가변적인 요소로 인해 발생한다.
④ 소멸성: 저장 및 재판매가 불가능하며 수요에 따른 적절한 공급이 필요하다. 따라서 수요 변동이 심할 경우를 대비해야 한다.

3 협상의 원칙에 대한 설명으로 옳은 것은?

① 항상 승자와 패자가 있다.
② 이익을 극대화하기 위해 경쟁을 촉진한다.
③ 합의점에 도달하도록 양측이 노력해야 한다.
④ 해당 문제보다는 자신의 입장을 확고히 한다.

4 신규 간호사 대상 유도훈련(induction training)의 교육내용으로 적절한 것은?

① 인수인계 방법
② 조직의 이념
③ 업무분담 방법
④ 환자간호 방법

5 일반 병동에서 비품 청구 시 수량의 기준이 되는 것은?

① 간호사 수
② 보조 인력 수
③ 입원 환자 수
④ 병동 침상 수

6 행위별 수가제가 적용되는 간호행위는?

① 냉찜질
② 흡입배농 및 배액처치
③ 활력징후 측정
④ 수술환자 심호흡 교육

ANSWER 3.③ 4.② 5.④ 6.②

3 상호 간의 양보를 통해 합의점에 도달하도록 한다.
① 분배적 협상은 제로섬에 기초하나, 통합적 협상은 공동의 이익을 창출해 내는 협상이다.
② 상호이익을 강조하고, 협력을 촉진한다.
④ 자신의 입장 보다는 이슈에 초점을 맞춰야 한다.

4 유도훈련(induction training) … 신규 간호사에게 진행하는 예비교육 중 하나로, 채용 후 약 3일가량 진행한다. 조직의 목적이나 이념, 구조, 목표, 방침 등 조직의 정보 등을 교육한다.

5 물품 관리 시 비품의 기준량은 침상 수에 따르며 소모품은 환자 수에 따라 정한다.

6 경구투약, 주사, 흡인, 산소 공급, 단순 드레싱, 비위관 영양, 관장, 유치도뇨관 기능 유지, 침상목욕, 좌욕, 회음부 간호 등이 해당된다.
※ 행위별수가제 … 각 의료행위별 상대가치 점수에 기본 가격을 곱하여 수가를 산출하는 방식이다. 현재 우리나라 건강보험제도의 기본 지불제도로 이용되고 있다.

7 간호기록의 원칙으로만 묶인 것은?

① 정확성, 완전성, 적시성
② 적합성, 추상성, 고유성
③ 완전성, 간결성, 주관성
④ 간결성, 투명성, 추상성

8 다음에 해당하는 의료 질의 구성요소는?

> 병동에서 수술 후 제공된 간호서비스가 환자의 요구에 부합되는지를 평가한다.

① 적합성(adequacy)
② 효율성(efficiency)
③ 지속성(continuity)
④ 접근성(accessibility)

9 막스 베버(Max Weber)가 제시한 관료제 이론의 특성이 아닌 것은?

① 분업화
② 권한의 계층화
③ 비공식적 조직 강조
④ 공식적 규칙

ANSWER 7.① 8.① 9.③

7 간호기록의 원칙은 다음과 같다.

구분	내용
정확성	정확하고 올바른 표기
적합성	객관적인 기록
완전성	환자의 상태변화, 징후, 증상, 간호 등 필수 기록
적시성	간호행위 직후에 기록
간결성	간결한 기록

8 ② 효율성(efficiency) : 특정 건강수준을 획득하는 데 소모되는 자원이다.
③ 지속성(continuity) : 의료 서비스의 시간·지리적 연결 정도와의 상관성이다.
④ 접근성(accessibility) : 의료 서비스 비용에 제한을 받는 정도이다.

9 조직 목표 수행을 위해 권위적인 구조를 강조한다.
※ 관료제(Max Weber)
  ㉠ 조직 권한 구조를 카리스마적, 전통적, 합법적 권한으로 분류한다.
  ㉡ 인간적 요인보다 규칙과 능력 중요시한다.
  ㉢ 계층에 따른 분업화, 전문화로 나뉜다.
  ㉣ 계급제도 형태와 그에 따른 권리 및 의무, 공식적인 시스템을 강조한다.

10 민츠버그(Mintzberg)가 제시한 관리자의 역할 중 '정보적 역할'에 해당하는 것은?

① 중요한 결정을 하기 위해 조직의 모든 자원을 할당한다.
② 법적이나 사회적으로 요구되는 상징적이고 일상적인 의무를 수행한다.
③ 외부인에게 조직의 계획, 정책, 활동, 성과 등을 알린다.
④ 조직이 예상치 못한 어려움에 당면했을 때 올바른 행동을 수행한다.

11 다음에서 설명하는 직무설계 방법은?

> 구성원이 직무를 수행하는 과정에서 성취감, 인정감 및 고차원적인 동기 요인들이 발휘되도록 설계하는 방법으로 수직적으로 직무의 깊이를 늘리는 것이다.

① 직무순환
② 직무확대
③ 직무단순화
④ 직무충실화

ANSWER 10.③ 11.④

10 ①④ 의사결정 역할
② 대인관계 역할
※ 민츠버그(Mintzberg) 관리자의 역할
　㉠ 대인관계 역할 : 대표자, 지도자, 연결자
　㉡ 정보관리 역할 : 감독자, 전달자, 대변자
　㉢ 의사결정 역할 : 기업가, 문제해결자, 자원분배자, 협상자

11 ① 직무순환 : 직무를 바꾸며 다양한 과업을 수행하도록 설계하는 것이다.
② 직무확대 : 수평적 직무의 확대와 과업 및 종류 등 직무의 범위를 증가시키는 것이다.
③ 직무단순화 : 과업을 세분화, 단순화, 표준화시켜 과업의 수를 감소시키는 것이다.
※ 직무설계 방법
　㉠ 직무단순화 : 과업을 세분화, 단순화, 표준화시켜 과업의 수를 감소시키는 것
　㉡ 직무순환 : 직무를 바꾸며 다양한 과업을 수행하도록 설계하는 것
　㉢ 직무확대 : 수평적 직무의 확대와 과업 및 종류 등 직무의 범위를 증가시키는 것
　㉣ 직무충실화 : 2요인이론에 기초하여 직무내용과 환경을 설계하여 개인의 동기를 유발하는 것
　㉤ 직무특성 모형 : 개인 간 차이에 의한 다양성에 따른 동기부여를 고려하여 직무를 설계하는 것

12 문제의 적용수준과 범위에 따른 의사결정 유형 중 전략적 의사결정에 해당하는 것은?

① 병원 간호부 목표 설정
② 연휴 기간의 근무 일정표 작성
③ 간호 사정에 따른 간호진단 작성
④ 경력 간호사와 신규 간호사의 야간 근무 배정

13 다음 상황에서 사용한 질 관리 자료 분석 도구는?

• A 간호과장은 최근 B 병동 내 투약사고의 핵심원인을 파악하고자 한다.
• 가장 큰 비중을 차지하는 요인부터 가장 작은 비중을 차지하는 요인 순으로 막대그래프를 만들고, 각 요인의 누적량을 연결한 꺾은선 그래프를 제시하였다.

① 흐름도(flow chart)
② 히스토그램(histogram)
③ 파레토차트(Pareto chart)
④ 원인 – 결과도(cause – effect diagram)

ANSWER 12.① 13.③

12 전략적 의사결정은 최고관리자가 적용한다. 조직의 나아갈 방향을 설정하고 조직의 목적 달성을 위해 구성원들이 능력을 발휘할 수 있도록 자원을 배분한다.

※ 관리적 의사결정 및 운영적 의사결정

구분	내용
관리적 의사결정	중간 관리자가 주관하여 자원조달, 기구관리 등에 대한 결정을 내린다. ㉠ 조직 편성, 인력배치, 권한, 비용조달 등
운영적 의사결정	하층관리자가 주도하여 성과달성에 관련된 의사결정이나 단지전략수행을 위한 의사결정을 내린다.

13 파레토차트(pareto chart)는 왼쪽부터 가장 큰 비중을 차지하는 요인 순으로 나열하고 누적량을 꺾은선 그래프로 나타낸다.
① 흐름도(flow chart) : 업무 과정에 필요한 모든 단계를 도표로 표시한 것을 말한다.
② 히스토그램(histogram) : 자료의 변동과 분포를 막대 형태로 보여준다.
④ 원인 – 결과도(cause – effect diagram) : 물고기 뼈 그림이라고도 하며, 결과에 관련된 요인 분석 및 결과를 도출하는 데 이용된다.

14 간호단위 관리자가 문제해결을 위해 다음 활동에 이어서 우선적으로 수행해야 할 것은?

> 최근 병동 내 물품 관리가 원활하지 않음을 발견하고, 문제에 대한 정보, 경험, 의문점 등을 수집하였다.

① 문제를 인식한다.
② 문제 해결책이 제대로 수행되었는지 평가한다.
③ 수집된 자료를 분석하여 실제 상황에서 가용성이 높은 해결책을 선택한다.
④ 실제 해결책을 수행하고 활동에 영향을 미치는 긍정적, 부정적 요인을 확인한다.

15 환자안전을 위한 표준화된 의사소통 방식 중 SBAR의 단계를 순서대로 바르게 나열한 것은?

① 배경설명 → 사정 · 평가 → 상황설명 → 추천
② 상황설명 → 배경설명 → 추천 → 사정 · 평가
③ 사정 · 평가 → 상황설명 → 배경설명 → 추천
④ 상황설명 → 배경설명 → 사정 · 평가 → 추천

ANSWER 14.③ 15.④

14 2단계 문제의 원인과 결과 분석을 위한 자료 수집 단계로, 문제 인식 다음에 이어 우선적으로 수행되어야 하는 단계이다.
① 1단계 문제인식
② 7단계 결과 평가 단계
④ 6단계 대안 수행 단계
※ 문제해결과정
   ㉠ 1단계 : 문제인식 단계
   ㉡ 2단계 : 자료 수집 단계
   ㉢ 3단계 : 대안제시 단계
   ㉣ 4단계 : 대안평가 단계
   ㉤ 5단계 : 최선책 선택 단계
   ㉥ 6단계 : 대안 수행 단계
   ㉦ 7단계 : 결과 평가 단계

15 상황(situation) → 배경(background) → 평가(assessment) → 요청(recommendation)으로 이루어진다.
※ SBAR단계
   ㉠ S : 본인 밝히기, 환자 정보와 상태 전달
   ㉡ B : V/S, 투약 등 참고 사항
   ㉢ A : 본인 의견 및 결론
   ㉣ R : 오더 및 요청

16 허쉬와 블랜차드(Hersey & Blanchard)의 상황대응 리더십이론을 적용할 때, A 간호사의 간호관리자에게 적합한 리더십 유형은?

> A 간호사는 간호에 대한 지식, 기술이 뛰어나며 동료들로부터 신임도 받고 있다. 하지만 간호관리자와 면담에서 자신의 간호업무 수행에 대한 자신감과 의지가 없다고 호소하고 있다.

① 지시형 리더
② 설득형 리더
③ 참여형 리더
④ 위임형 리더

17 기획의 유형 중 전술적 기획에 대한 설명으로 옳은 것은?

① 전략적 기획을 구체화하는 것이다.
② 조직의 사명과 목적을 결정하는 장기 기획이다.
③ 조직의 나아갈 방향에 대하여 의견을 통합한다.
④ 모든 기획의 기본 틀을 제공하기 위하여 가장 우선적으로 수립된다.

ANSWER 16.③ 17.①

16 허쉬와 블랜차드(Hersey & Blanchard) 상황모형에 기초하여 참여형 리더는 의사결정 과정에서 부서와 의견을 교환하고 조정한다. A 간호사는 능력은 있지만 동기가 부족하므로 참여를 격려하여 동기를 높일 수 있는 참여형 리더십이 적합하다.
① 구체적인 업무 지시를 내리고 과업수행을 감독한다.
② 결정 사항을 설명하며 부하직원이 이해할 수 없는 부분을 이해할 수 있도록 한다.
④ 의사결정 및 책임을 부하직원에게 위임한다.
※ 구성원 성숙도에 따른 리더 유형(Hersey & Blanchard)

구분		내용
M1	능력 부족, 동기 및 자신감 부족	지시형 리더
M2	능력 부족, 동기 및 자신감 성숙	설득형 리더
M3	능력 성숙, 동기 및 자신감 부족	참여형 리더
M4	능력 성숙, 동기 및 자신감 성숙	위임형 리더

17 ① 최고관리자의 전략적 기획을 세분화하고 구체화하는 것이다.
②③④ 전략적 기획에 대한 설명이다.

18 다음에 해당하는 환자안전과 관련된 용어는?

> • 사망, 심각한 신체적·심리적 상해 또는 그러한 결과를 초래할 수 있는 위험성을 포함한 기대하지 않았던 사건
> • 발생 시 강제적(mandatory)으로 보고해야 하는 사건

① 실수
② 근접 오류
③ 잠재적 오류
④ 적신호 사건

19 기획 중 단용 계획(single – use plan)에 해당하는 것은?

① 정책
② 규칙
③ 절차
④ 프로젝트

ANSWER 18.④ 19.④

18 보기는 의료 대상자에게 장기적이고 심각한 위해를 가져온 위해사건으로 강제적 보고의 대상이 된다. 잘못된 수술이나 투약 오류 등으로 인해 심각한 장애 혹은 사망에 이를 수 있는 사건이다.
① 의도치 않게 우발적인 손상을 일으키는 행위이다.
② 의료오류가 발생하여 환자 위해 가능성이 있지만, 예방되어 위해를 가져오지 않는 사건이다.
③ 사고에 대한 근본적인 원인이 조직에 있는 경우 발생하는 오류이다.

19 ④ 단용계획에는 프로그램, 프로젝트가 해당한다.
①②③ 상용계획에 해당한다.
※ 기획의 단계

20 간호사 보수교육에 대한 설명으로 옳은 것은?

① 보수교육은 면대면 교육인 경우에만 인정된다.
② 간호대학원 재학 중에도 보수교육을 받아야 한다.
③ 간호사는 보수교육을 매년 6시간 이상 받아야 한다.
④ 간호사 보수교육의 이수는 의료법령에 명시된 의무이다.

ANSWER 20.④

20 ① 명시되어 있지 않다.
② 해당 연도의 보수교육을 면제할 수 있다.
③ 8시간 이상 받아야 한다.
※ 보수교육〈의료법 시행규칙 제20조〉
  ㉠ 중앙회는 법 제30조 제2항에 따라 다음의 사항이 포함된 보수교육을 매년 실시하여야 한다.
   • 직업윤리에 관한 사항
   • 업무 전문성 향상 및 업무 개선에 관한 사항
   • 의료 관계 법령의 준수에 관한 사항
   • 선진 의료기술 등의 동향 및 추세 등에 관한 사항
   • 그 밖에 보건복지부장관이 의료인의 자질 향상을 위하여 필요하다고 인정하는 사항
  ㉡ 의료인은 ㉠에 따른 보수교육을 연간 8시간 이상 이수하여야 한다.
  ㉢ 보건복지부장관은 ㉠에 따른 보수교육의 내용을 평가할 수 있다.
  ㉣ 각 중앙회장은 ㉠에 따른 보수교육을 다음의 기관으로 하여금 실시하게 할 수 있다.
   • 법 제28조 제5항에 따라 설치된 지부 또는 중앙회의 정관에 따라 설치된 의학·치의학·한의학·간호학 분야별 전문학회 및 전문단체
   • 의과대학·치과대학·한의과대학·의학전문대학원·치의학전문대학원·한의학전문대학원·간호대학 및 그 부속병원
   • 수련병원
   • 「한국보건복지인력개발원법」에 따른 한국보건복지인력개발원
   • 다른 법률에 따른 보수교육 실시기관
  ㉤ 각 중앙회장은 의료인이 ㉣의 다른 법률에 따른 보수교육 실시기관에서 보수교육을 받은 경우 그 교육이수 시간의 전부 또는 일부를 보수교육 이수시간으로 인정할 수 있다.
  ㉥ 다음의 어느 하나에 해당하는 사람에 대하여는 해당 연도의 보수교육을 면제한다.
   • 전공의
   • 의과대학·치과대학·한의과대학·간호대학의 대학원 재학생
   • 영 제8조에 따라 면허증을 발급받은 신규 면허취득자
   • 보건복지부장관이 보수교육을 받을 필요가 없다고 인정하는 사람
  ㉦ 다음의 어느 하나에 해당하는 사람에 대하여는 해당 연도의 보수교육을 유예할 수 있다.
   • 해당 연도에 6개월 이상 환자진료 업무에 종사하지 아니한 사람
   • 보건복지부장관이 보수교육을 받기가 곤란하다고 인정하는 사람
  ㉧ ㉥ 또는 ㉦에 따라 보수교육이 면제 또는 유예되는 사람은 해당 연도의 보수교육 실시 전에 보수교육 면제·유예 신청서에 보수교육 면제 또는 유예 대상자임을 증명할 수 있는 서류를 첨부하여 각 중앙회장에게 제출하여야 한다.
  ㉨ ㉧에 따른 신청을 받은 각 중앙회장은 보수교육 면제 또는 유예 대상자 여부를 확인하고, 보수교육 면제 또는 유예 대상자에게 보수교육 면제·유예 확인서를 교부하여야 한다.

간호관리 | 2022. 6. 18. 제2회 서울특별시 시행

1 A보건소의 보건소장은 보건인력들의 효과적인 인력 배치를 위해 〈보기〉와 같은 인력배치 원칙을 준용하였다. 〈보기〉의 설명에 해당하는 인력배치의 원칙으로 가장 옳은 것은?

〈보기〉
보건소의 목적을 효율적으로 달성하고 보건소 내 구성원들의 능력과 잠재력을 최대한으로 발휘할 수 있도록 구성원들의 능력과 직무의 특성을 동시에 고려하여 적합성을 최대화하도록 노력하였다.

① 균형의 원칙
② 적재적소의 원칙
③ 능력주의 원칙
④ 인재육성의 원칙

ANSWER 1.②

1 적재적소의 원칙은 개인이 가진 능력과 성격 등을 고려하여 최적의 직위에 구성원을 배치하고 능력을 발휘하게 하는 것을 말한다.
   ① 균형의 원칙: 전체와 개인의 조화, 즉 모든 구성원들에 대한 평등한 적재적소 및 직장 전체의 적재적소를 고려하는 것을 말한다.
   ③ 능력주의 원칙: 개인이 가진 능력을 발휘할 수 있도록 영역을 제공하고 만족할 수 있는 보상을 제공한다.
   ④ 인재육성의 원칙: 구성원들을 성장시키기 위한 방법으로, 구성원 당사자의 의욕과 욕망을 고려한다.

2 직무평가(job evaluation) 방법 중 서열법의 장점으로 가장 옳은 것은?

① 직무의 등급을 신속하게 매길 수 있다.
② 직무 간의 차이를 구체적으로 밝혀주고 쉽게 이해할 수 있게 하므로 조직 내의 지위와 급료문제를 쉽게 납득시킬 수 있다.
③ 직무의 상대적 차등을 명확하게 제시할 수 있다.
④ 일단 측정척도를 설정해 놓으면 타 직무를 평가할 때 용이하게 이용될 수 있다.

3 FOCUS 간호기록에 대한 설명으로 가장 옳은 것은?

① 주관적 자료 객관적 자료, 사정, 계획에 대한 사항으로 문제중심기록이다.
② 환자중심의 기록으로 환자의 현재 상태, 앞으로의 목표, 중재결과 등에 초점을 맞추고 있다.
③ 간호과정의 문제, 중재, 평가에 초점을 맞추는 것으로 상례기록과 경과기록으로 구성된다.
④ 시간의 경과에 따라 정보를 서술하는 방법으로 정보 중심 기록과 관계가 있다.

ANSWER 2.① 3.②

2 서열법 … 피평정자를 최고부터 최저까지 상대 서열을 결정하는 방법이다. 두 사람씩 짝을 지어 비교하는 쌍대비교법과 평정요소별로 표준 인물을 선정하여 그 기준으로 평가하는 대인비교법이 있다. 평가가 쉽고 서열에 의해 관대화 및 중심화 경향을 없앨 수 있으나, 규모가 작은 집단에서만 적용이 가능하다.

3 FOCUS 간호기록은 Data, Action, Response로 구성되며 환자의 현재 상태, 목표, 간호중재 결과 등에 초점을 맞춘 환자중심 기록이다.
① SOAP 기록에 대한 설명이다.
③ PIE 기록에 대한 설명이다.
④ 서술 기록에 대한 설명이다.

4 〈보기〉에서 설명하는 진료비 지불제도로 가장 옳은 것은?

> 〈보기〉
> • 가능한 한 많은 서비스를 제공하고 인센티브를 받으려는 것을 피할 수 있다.
> • 전체적인 의료비용의 감소를 유도하고 진료비 심사로 인한 마찰이 감소하게 된다.
> • 의료의 질이 낮아질 수 있다.
> • 질병군 진료 특성을 반영하였다.

① 상대가치수가제
② 행위별수가제
③ 일당수가제
④ 포괄수가제

5 JCI(Joint Commission International)에서 요구하는 환자 안전 목표에 대한 설명으로 가장 옳지 않은 것은?

① 환자를 정확하게 확인하라.
② 정확한 위치, 정확한 시술, 정확한 수술을 제공하라.
③ 자살예방교육을 시행하라.
④ 의사소통의 효과를 향상시켜라.

ANSWER 4.④ 5.③

4 ① 상대가치수가제 : 제공되는 간호 행위의 강도와 소요 시간을 적용하는 방식이다. 직접간호비는 간호활동에 구체적으로 소요된 비용으로 직접간호시간을 측정하여 산정하며 간접간호비는 서비스의 뒷받침이 되는 비용을 말한다.
② 행위별수가제 : 제공한 진료내용과 서비스 양에 따라 항목별 의료비가 책정되는 사후결정방식이다. 의료서비스 양과 질이 확대되나 의료 행위가 병원의 수입과 직결되어 과잉진료의 우려가 있다.
③ 일당수가제 : 입원 혹은 외래방문 1일당 정해진 일정액의 수가를 산정하는 방식이다.

5 JCI(Joint Commission International) … 국제의료기관평가위원회는 미국 의료기관의 의료수준을 평가하기 위한 국제기구이다. 전 세계를 대상으로, 환자의 치료 전 과정을 11개 분야로 평가한다. JCI가 권고하는 환자 안전 원칙은 ▲정확한 환자 확인 ▲정확한 위치, 정확한 시술, 정확한 수술 제공 ▲효과적인 의사소통 ▲고주의 약물의 안전 향상 ▲낙상 위험 감소 ▲병원 감염 위험 감소 등이 있다.

6 조직구조의 구성요인에 대한 설명으로 가장 옳은 것은?

① 단순하며 반복적으로 수행하는 직무일수록 공식화가 어렵다.
② 대규모 조직일수록 집권화 경향이 높다.
③ 직무의 특성이 획일적이고 일상적일 경우 집권화의 경향이 높다.
④ 지리적 분산의 정도가 커질수록 조직의 복잡성은 감소한다.

7 간호관리 기능 중 조정에 대한 설명으로 가장 옳지 않은 것은?

① 조정은 구성원의 자발적 참여가 기반이 된다.
② 업무과정과 산출을 표준화하는 것은 효과적인 조정 방법이다.
③ 조직의 공통목표를 달성하기 위하여 구성원이 해야 할 업무를 체계적으로 분담하는 과정이다.
④ 비공식적 의사소통을 통해 조직구성원 간의 개별적 조정이 이루어진다.

ANSWER 6.③ 7.①

6 ① 단순하고 반복적이고 일상적인 업무일수록 공식화가 높아진다.
② 대규모 조직일수록 분권화 경향이 높다.
④ 지리적 분산이 커질수록 조직구도의 복잡성은 증가한다.

7 ① 상급자가 하급자의 업무에 대해 책임을 지고 행동을 지도 및 감독하는 방식이다.
② 업무과정과 업무결과를 표준화하며, 불가능할 경우 업무자 기술 표준화, 즉 수행자의 표준화된 훈련을 통해 조정한다.
③ 조정은 조직의 공동목표 달성을 위해 구성원들이 행동을 통일하고 질서 있게 배열하는 것을 말한다.
④ 상호조정, 즉 위계적 질서에 있지 않은 구성원 간의 비공식적 의사소통으로 조정이 이루어진다.

8 〈보기〉의 A병원 간호부에서 적용한 관리이론에 대한 설명으로 가장 옳은 것은?

〈보기〉
- 간호부의 생산성 즉, 효율성과 효과성을 극대화하기 위해 간호부 조직의 공식적인 시스템을 강조한다.
- 각 간호단위별 업무표준절차 및 규범을 명확히 설정하여 문서화한다.
- 각 개인의 전문적 능력(직무성과, 승진 시험 등)에 입각하여 간호부 인사제도를 마련한다.
- 간호부의 각 직급별 업무 책임범위, 결재 등의 의사 결정권한 등을 명확하게 규정화한다.

① 행정관리론
② 과학적관리론
③ 관료제이론
④ 인간관계론

9 의료의 질 향상을 위한 방법으로 조직성과에 대한 평가가 필요하다. 성과평가의 방법인 균형성과표 관점에 대한 설명으로 가장 옳은 것은?

① 고객 관점의 성과지표는 의료손익, 환자 1인당 수익, 투자 수익률, 직원 1인당 수익, 수익 증가율 등이다.
② 재무적 관점의 성과지표는 고객만족도 조사, 모니터링 접수, 초진율, 외부 의뢰환자 비율, 일평균 환자 수 등이다.
③ 프로세스 관점의 성과지표는 재원일수, 병상가동률, 예약부도율, 외래 진료대기, 초진 예약대기, 검사 소요 시간 등이다.
④ 학습과 성장 관점의 성과목표는 연구실적, 의료의 질, 효율성, 시간관리 등이다.

ANSWER 8.③ 9.③

8 ① **행정관리론**: 페이욜에 의한 고전적 관리이론으로 광범위하며 관리자의 기능을 기획·조직·조정(통제)·지휘로 구분한다. 조직을 관리하는 관리자의 역할에 중점을 둔다.
② **과학적관리론**: 테일러에 의한 고전적 관리이론으로 상의하달형 의사전달체계를 구축하였으며 전문화·분업화 원리에 따른 기계적 능률성을 강조한다. 인센티브제와 같은 성과에 합당한 보상 제시하며 효율성과 생산성 증대를 목표로 한다.
④ **인간관계론**: 메이요-호손 연구에 의한 신고전적 관리이론으로 인간의 사회·심리적 욕구가 충족되어 동기화되면 생산성이 높아진다는 이론이다. 원활한 의사소통, 근로자의 의사결정 참여 증대에 민주적 리더십의 중요성을 부각한다.

9 조직 내 투입요소를 산출요소로 변환시키며 프로세스 품질과 원가 등을 측정 지표로 삼는다.
① 고객을 기업가치 창출 원천으로 여기며 환자 비율, 시장점유율, 고객만족도 등을 측정 지표로 삼는다.
② 매출이나 수익성 측면에서 측정하며 투자수익률, 경제적 부가가치, 손익 등을 측정 지표로 삼는다.
④ 직원, 시스템, 조직 역량별로 미래 장기적인 성장 및 가치 창조를 위한 능력 개발을 목표로 한다.

10 〈보기〉에서 설명하는 활동방법으로 가장 옳은 것은?

〈보기〉
- 각 집단이 경쟁하며 의사결정 결과를 비교, 평가하는 과정에서 의사결정 능력을 향상시키기 위해 실시하는 방법이다.
- 몇 개의 집단으로 나누어 각 집단에게 동일한 문제를 제공한 후 각 집단별로 문제를 해결하도록 한다.
---

① 감수성훈련　　　　　　　　　　② 비즈니스게임법
③ 인바스켓기법　　　　　　　　　④ 브레인스토밍

11 〈보기〉의 이론에 대한 설명으로 가장 옳은 것은?

〈보기〉
팔로워십은 켈리(Kelly)가 주장한 이론으로 리더와 상호보완적인 차원에서 팔로워가 조직의 목표 달성을 위해 역량을 키워나가고 적극적인 참여를 통해서 주어진 역할에 최선을 다하는 과정으로 볼 수 있다.
---

① 실무형은 리더를 비판하지 않고 리더가 지시하는 일은 잘 수행하지만 그 이상의 모험을 하지 않는 유형이다.
② 수동형은 독립적이고 비판적인 사고를 하지만 적극적으로 역할 수행을 하지 않는 유형이다.
③ 소외형은 독립적이고 비판적인 사고가 미흡하여 리더의 판단에 의존하고 리더의 권위에 순종하지만 열심히 참여하는 유형이다.
④ 순응형은 깊이 생각하지 않고 열심히 참여하지 않는 유형으로 팔로워십의 진정한 의미를 새롭게 배워야 하는 유형이다.

ANSWER 10.② 11.①

10 ① 감수성훈련 : 관리자의 능력개발을 위해 사용되는 방법으로, 외부환경과 차단시킨 상태에서 스스로를 돌아보며 자신의 경험을 공유하고 비판함으로써 타인에 대한 이해와 감수성을 높인다. 전인격적인 통찰 학습으로 태도변화를 유도한다.
③ 인바스켓기법 : 관리자의 의사결정 능력을 향상시키기 위한 모의훈련이다. 실제 상황과 비슷하게 설정한 후 문제해결 능력이나 계획 능력을 향상시킨다. 발생 가능한 여러 문제를 쪽지에 적어 바구니 속에 넣고 그중 하나를 꺼내 조직의 기존 자원을 활용하여 문제를 해결하도록 유도한다.
④ 브레인스토밍 : 자유로운 분위기 속에서 진행되며 아이디어를 모아 합의하고 수정하는 과정을 거친다. 집단의 합의를 중시하며 짧은 시간에 많은 양의 아이디어를 도출할 수 있다. 조직 구성원들의 창의성을 증진하는 데 목적이 있다.

11 ② 수동형은 깊이 생각하지 않고 열심히 참여하지 않는다. 팔로워십의 진정한 의미를 새롭게 배워야 하는 유형이다.
③ 소외형은 독립적이고 비판적인 사고를 하지만 적극적으로 역할수행을 하지 않는다.
④ 순응형은 독립적이고 비판적인 사고가 미흡하여 리더의 판단에 지나치게 의존하려는 경향이 있지만 역할수행에 열심히 참여하는 유형이다.

12 동기부여이론 중 아담스(Adams)의 공정성 이론에 근거하여 자신이 비교대상보다 과소 보상을 받는다고 인식할 때 지각된 불공정성을 감소시키기 위해 취하는 행동으로 가장 옳지 않은 것은?

① 자신의 업무량을 줄인다.
② 비교대상을 바꾼다.
③ 타부서로의 이동을 건의하거나, 결근 및 이직을 고려하면서 그 상황을 벗어나려고 한다.
④ '내가 더 중요하고 가치 있는 일을 했으니까'하고 위안한다.

13 〈보기〉에 제시된 조직에 대한 설명으로 가장 옳은 것은?

〈보기〉
A병원 간호부는 최근 중환자실의 욕창발생률이 증가 하는 것을 개선하기 위한 임시조직을 구성하였다. 해당 조직은 중환자실 소속 간호사 2인, 환자안전팀 소속 직원 1인, 욕창전문간호사 1인을 선발하여 구성되었다. 해당 조직에서는 간호사를 대상으로 욕창교육을 수행하고 자세 변경 수행여부를 감시하고 관리하였다. 이를 통해 A병원 중환자실의 전반적 욕창발생률은 직전 분기 대비 50% 수준으로 감소하였고 이후 해당 조직은 해산하였다.

① 분업과 전문화가 이루어져 조직의 효율적인 관리가 가능한 조직이다.
② 전문적인 지식이나 기술이 있는 구성원을 활용하여 최고관리자를 보좌하는 조직이다.
③ 기능조직과 직계조직의 결합으로 이루어지고, 이원적 권한체계로 인해 팀 목표와 전체 목표 사이에 차이가 발생할 수 있다.
④ 환경변화에 적응성이 높고, 팀의 목표가 명확하고 조직의 기동성과 유연성이 크다.

ANSWER 12.④ 13.④

12 비교대상이 더 열심히 일하거나 많은 일을 해서 더 많은 보상을 받는다고 생각하거나 자신의 업무가 더 중요하므로 다른 사람들보다 보상을 더 많이 받아도 된다고 생각한다.
※ 공정성이론 … 노력의 결과인 보상을 동일조건에 있는 타인과 비교했을 때, 자신이 느끼는 공정성에 따라 행동동기에 영향을 받는다. 공정성을 느끼면 동기부여가 되어 생산성이 향상되지만 불공정성을 느낄 경우 조직이탈이나 동기·생산성 감소 등을 초래한다.

13 프로젝트 조직에 대한 설명이다. 목적이 분명하고 조직에 기동성을 부여하여 업무를 신속하고 정확하게 효과적으로 수행할 수 있다. 환경변화에 민감하게 반응하여 다양한 영역에 활용할 수 있으나 한시적인 조직으로 추진 업무의 일관성을 유지하기 어렵다.
① 라인 조직에 대한 설명이다. 소규모 조직에 적합하며 권한과 책임의 한계가 분명하다. 다만 조직의 경직화로 환경변화에 신속히 적응함에는 어려움이 있다.
② 라인-스탭 조직에 대한 설명이다. 구성원의 전문적인 지식과 경험을 활용하여 최고관리자의 부담을 경감할 수 있다.
③ 매트릭스 조직에 대한 설명이다. 조직의 유연성을 제고한다. 이원적 권한체계로 인해 권력 갈등이 생길 수 있다.

14 예산수립 방법 중 영기준예산제(zero-based budget)의 장점으로 가장 옳은 것은?

① 예산편성에 관한 전문지식이 없어도 가능하므로 구성원의 참여가 활성화될 수 있다.
② 자원을 매우 효율적으로 사용할 수 있어 예산 낭비를 줄일 수 있다.
③ 실행하기 간단하고 신속한 예산편성이 가능하다.
④ 예산수립 과정에서 의사소통이 활발해지고 우선순위를 정할 수 있어 업무량이 줄어든다.

15 간호서비스 마케팅에서 서비스의 특성에 따른 마케팅 전략에 대한 설명으로 가장 옳은 것은?

① 무형성의 마케팅 전략은 무형적 단서를 강조하고 구매 전 의사소통에 관여한다.
② 비분리성의 마케팅 전략은 서비스 제공 시 고객이 개입하고 고객의 선발과 훈련을 강조한다.
③ 소멸성의 마케팅 전략은 수요와 공급 간의 균형과 조화를 유지하고, 비수기의 수요에 대비하는 것이 중요하다.
④ 이질성의 마케팅 전략은 서비스 제공 과정을 포괄적이고 다양화하는 것이 중요하다.

ANSWER 14.② 15.③

14 영기준예산제(zero-based budge) … 전년도 예산을 기준으로 하지 않고 새롭게 예산을 편성하는 방법이다. 우선순위를 고려하여 자원을 효율적으로 사용할 수 있고 구성원들이 예산관리에 참여하여 의사소통이 활발해진다. 그러나 각 부서별로 예산 편성을 위해 이익을 부풀리는 경향이 있으며 해마다 존재 유무에 부담을 느낀다.
  ※ **점진적 예산제도** … 간단하고 신속하게 예산을 수립할 수 있으며 전문 지식이 필요하지 않다. 우선순위가 고려되지 않아 비효율적이다.

15 ① 무형성의 마케팅 전략은 뚜렷한 실체가 없어 서비스를 제공받기 전에는 실체를 파악하기 어렵다. 가격 설정 기준이 모호하다. 고객과의 접촉 빈도를 높이며 브랜드 이미지 구축을 강화해야 한다.
② 비분리성의 마케팅 전략은 생산과 소비가 동시에 발생하는 것으로 서비스 생산 과정에 소비자가 참여한다. 서비스 접점에 대한 관리를 강화해야 한다.
④ 이질성의 마케팅 전략은 서비스의 질과 내용, 과정이 일정하지 않고 통제가 어렵다. 서비스의 표준화 및 개별화가 필요하다.

16 간호의 질관리를 위한 접근방식에 대한 설명으로 가장 옳지 않은 것은?

① 과정적 접근방식의 평가기준으로 환자와의 관계에서 비롯되는 간호제공자의 행위, 태도, 치료적인 상호작용 등이 있다.
② 결과적 접근방식은 환자 주변의 상황 및 환경적인 부분에 대한 정확한 측정이 가능하다.
③ 구조적 접근방식은 물적 자원과 인적자원 확보를 위한 비용이 많이 든다.
④ 과정적 접근방식은 정확한 간호표준이 없는 경우 평가가 어려운 단점이 있다.

17 간호사고는 간호행위 과정에서 환자에게 예상외의 원치 않은 인신상의 불상사가 야기된 경우를 총칭하는 것이다. 조직적 대응 방안에 대한 설명으로 가장 옳지 않은 것은?

① 간호과오는 피할 수 있다는 인식을 가지며, 간호사는 간호과오에 대해서 책임을 지고 간호과오 사례를 공유하여 다시 발생하지 않도록 개선하여야 한다.
② 문제의 원인을 발견하기 위해서 적극적으로 자료를 수집하고 원인을 분석한다.
③ 관리자는 간호사가 병원을 위하여 잘못한 사실을 감추어야 할 책임이 있다는 가정을 주어서는 안된다.
④ 간호사고 시 누가 환자와 보호자에게 사실을 말하고, 추후 치료와 비용부담 등을 결정할 것인지에 대한 규정을 만든다.

ANSWER 16.② 17.①

16 결과적 접근방식은 간호 수행 후 환자 만족도, 사망률, 유병률, 감염률 등 간호 결과를 측정한다. 측정에 시간이 많이 걸리고 적정한 측정 시기를 정하기 어렵다.
 ※ 구조적 접근법 및 과정적 접근법

구조적 접근법	과정적 접근법
• 간호 수행 환경이나 구조, 수단 등을 평가한다. • 의료 제공에 필요한 인적·물적·재정적 자원 측면에서 부합하는지 평가한다. • 과정적, 결과적 접근법과 함께 사용한다.	• 간호사가 환자와 상호작용하는 간호활동을 평가한다. • 직무중심적 경향이 크다.

17 조직적 대응 시 간호실무의 표준과 지침을 마련하고 관련 법적 의무에 대한 교육을 강화한다. 효과적인 사건보고 및 의사소통 체계를 마련한다.

18 〈보기〉에 제시된 병동에서 관리공학적 산정방법에 따른 하루 간호사 수(간호단위 근무 간호사 실수)는?

〈보기〉
- 병상수 = 40개
- 환자수 = 35명
- 간호단위 총 직접간호시간 = 78시간
- 간호단위 총 간접간호시간 = 50시간
- 간호사 1인 하루 평균 근무시간 = 8시간
- 간호사 부담률 = 100%
※ 단, 간호사의 근무시간 내에 수행하는 휴식, 식사시간 등 개인시간은 산정에서 제외함.

① 8명 ② 12명
③ 16명 ④ 20명

ANSWER 18.③

18 간호단위 근무 간호사 실수 = $\dfrac{\text{간호단위 총 업무량(직접간호시간 + 간접간호시간)}}{8\text{시간(하루 평균 근무시간)}}$

$= \dfrac{128}{8}$

$= 16(명)$

19 도나베디안(Donabedian)에 의한 보건의료의 질(quality) 구성요소 중 적정성(optimality)에 대한 설명으로 가장 옳은 것은?

① 건강 개선과 그 건강 개선을 위한 비용 간의 균형. 즉, 비용에 대한 상대적인 보건의료서비스 효과 및 편익
② 보건의료서비스 제공 시 자원이 불필요하게 소모되지 않고 효율적으로 활용되었는지의 정도
③ 보건의료의 분배와 주민에 대한 혜택에서의 공정성을 결정하는 원칙에 대한 순응
④ 보건의료서비스가 기대되는 결과를 나타내는 능력으로 건강수준의 향상에 기여한다고 인정된 보건의료서비스 결과의 산출정도

ANSWER 19.①

19 ② 효율성에 대한 설명이다.
③ 형평성에 대한 설명이다.
④ 효과성에 대한 설명이다.
※ 보건의료의 질 구성요소
  ㉠ 효과성 : 기대되는 의료서비스 결과의 산출 정도로 건강수준의 향상을 의미한다.
  ㉡ 효율성 : 최소한의 자원을 투입하여 최대의 건강수준을 얻을 수 있는 정도로 자원의 불필요한 소모 정도이다.
  ㉢ 기술수준 : 의료서비스의 기술적인 수준이다.
  ㉣ 접근성 : 서비스 이용에 제한을 받는 정도이다.
  ㉤ 가용성 : 서비스 제공 여건의 구비 정도이다.
  ㉥ 적정성 : 건강 개선과 건강 개선을 얻는 비용 간의 균형 정도이다.
  ㉦ 합법성 : 의료서비스가 윤리적 원칙, 가치, 규범 등에 부합하는 정도이다.
  ㉧ 지속성 : 의료서비스 간 시간적·지리적으로 연결되는 정도이다.
  ㉨ 적합성 : 건강 요구에 부합하는 정도이다.
  ㉩ 형평성 : 보건의료의 분배와 주민에 대한 혜택에서의 공정성이다.
  ㉪ 이용자만족도 : 의료서비스에 대한 만족도이다.

20 〈보기〉에서 설명하는 의사결정도구로 가장 옳은 것은?

〈보기〉
정규 직원 채용에 따른 비용과 원내 기존 직원 배치에 따르는 비용을 비교하여, 증가된 업무처리를 위해 정규 임금을 지불하는 정규 직원을 채용하거나 간호단위의 간호사에게 초과근무 수당을 지급하는 방법 중 한 가지를 선택하는 것이다.

① 의사결정격자
② 주경로기법
③ 명목집단기법
④ 의사결정나무

ANSWER 20.④

20 의사결정나무 … 의사결정자가 선택할 수 있는 대안과 결과를 나뭇가지 모양으로 나타낸 양적의사결정도구이다. 단기나 중기 기획, 의사결정에 적절하며 최소 두 개 이상의 대안들로 시작한다. 특정한 문제에 대해 가능한 대안과 결과, 위험 및 정보 요구도 등을 확인할 수 있다.

간호관리 | 2023. 6. 10. 제1회 지방직 시행

1 관리이론 중 행태과학론(behavioral science theory)에 대한 설명으로 옳은 것은?

① 생산성 향상을 위해 직무 수행 활동에 과학적 원리를 적용한다.
② 조직에서의 인간 욕구와 행동 특성을 과학적 방법으로 설명한다.
③ 효과적인 조직관리를 위해 공식적인 권한 체계와 규칙을 강조한다.
④ 이상적인 조직설계에 유용한 보편적 조직운영 원칙과 관리 활동을 제시한다.

2 직무설계 방법 중 직무확대의 장점에 해당하는 것은?

① 직무의 능률성이 높아진다.
② 직무에 대한 자율성이 높아진다.
③ 작업 결과에 대한 책임부담감이 감소한다.
④ 반복적인 업무에서 발생하는 단조로움이 감소한다.

ANSWER 1.② 2.④

1 행태과학론에 대한 설명으로 개별 사회과학만으로는 인간의 행위에 관한 문제를 해결할 수 없다는 인식하에 발전하게 되었다.
① 생산성 향상을 위해 작업에 대한 객관적, 과학적 원리를 적용하는 것은 과학적 관리론이다.
③ 효과성과 효율성을 극대화하기 위해 공식적인 권한 체계와 규칙을 강조한 것은 관료제 이론이다.
④ 생산성에 역점을 두기보다는 조직의 이상적인 설계와 보편적인 원리의 정립에 중점을 두는 이론은 행정관리론이다.

2 다양한 과업을 수행하기 때문에 단조로움이 감소한다.
① 직무 단순화는 과업의 수를 줄이고 직무를 단순화하여 직무의 능률성이 높아진다.
② 직무 자율성이 높아지는 것은 직무충실화의 장점이다.
③ 직무의 범위가 넓어지므로 책임부담감이 감소한다고 보기 어렵다.

3 변혁적 리더십의 특성을 보여주는 행동은?

① 구성원에게 단기적 목표와 전망을 강조한다.
② 구성원에게 어려움이 예상될 때 미리 문제해결방법을 알려준다.
③ 구성원의 직무 성과에 대해 가시적인 보상을 제공한다.
④ 구성원을 개별적으로 배려하고 자아 성장 기회를 제공한다.

4 기본급 유형 중 직무급의 임금 결정요인에 해당하는 것은?

① 직무 수행 능력
② 근속 연수와 학력
③ 직무의 책임성과 난이도
④ 조직에 대한 구성원의 공헌도

ANSWER 3.④ 4.③

3 구성원의 자아실현 같은 높은 수준의 개인적 목표를 동기 부여하는 것은 변혁적 리더십의 특징이다.
① 단기적 전망, 달성 가능한 목표를 강조하는 것은 거래적 리더십의 특징이다.
② 문제해결 방법을 알려주는 것은 거래적 리더십의 특징이다.
③ 가시적인 보상으로 동기부여를 하는 것은 거래적 리더십의 특징이다.
※ 변혁적 리더십의 특성
  ㉠ 현상을 변화시키고자 노력한다.
  ㉡ 현상보다 매우 높은 이상적인 목표를 지향한다.
  ㉢ 장기적 전망을 가지고 구성원들이 장기적 목표를 위해 노력하도록 동기부여를 한다.
  ㉣ 변혁적이고도 새로운 시도에 도전하도록 구성원들을 격려한다.
  ㉤ 구성원들이 자아실현과 높은 수준의 개인적 목표를 동경하도록 동기부여를 한다.
  ㉥ 질문을 하여 구성원들이 스스로 해결책을 찾도록 격려하거나 함께 일한다.
  ㉦ 변혁적 리더들은 구성원들의 의식, 가치관, 조직의 혁신을 추구하며 자유, 평등, 정의, 평화, 인본주의 등의 가치에 호소한다.
  ㉧ 공포, 탐욕, 시기, 증오 등의 감정에 의존하지 않는다.

4 직무급은 직무의 책임성, 난이도에 따라 가치에 맞게 임금을 결정하는 것이다.
① 직무 수행능력에 따라 결정하는 것은 직능급에 대한 설명이다.
② 구성원의 근속 연수 등에 따라 결정하는 것은 연공급에 대한 설명이다.
④ 조직에 대한 구성원의 공헌도 즉 성과에 따라 지급하는 것은 성과급이다.
※ 임금 결정 요인 … 직무급, 직능급, 성과급, 연공급

5 의료법령상 의료관련감염 예방에 대한 설명으로 옳은 것은?

① 모든 병원급 의료기관은 감염관리위원회와 감염관리실을 설치·운영해야 한다.
② 종합병원의 감염관리실에 두는 인력 중 1명 이상은 감염관리실에서 전담 근무해야 한다.
③ 감염관리실에서 근무하는 사람은 매년 32시간 이상의 교육을 이수해야 한다.
④ 감염관리실에서 감염관리 업무를 수행하는 사람은 의사이어야 한다.

6 목표관리(MBO)의 장점만을 모두 고르면?

> ⊙ 목표 달성에 대한 구성원의 참여의식을 높인다.
> ⓒ 구성원의 성과 평가를 보다 객관적으로 할 수 있다.
> ⓒ 구성원이 자신의 직무를 효과적으로 관리·통제하도록 기회를 준다.
> ⓔ 환경 변화가 발생했을 때 목표 변경이 신속하고 용이하다.

① ⊙, ⓒ
② ⓒ, ⓔ
③ ⊙, ⓒ, ⓒ
④ ⓒ, ⓒ, ⓔ

ANSWER 5.② 6.③

5 의료관련감염은 병원감염을 말한다. 종합병원, 150개 이상의 병상을 갖춘 병원, 치과병원 또는 한방병원에 두는 인력 중 1명 이상은 감염관리실에 전담 근무해야 한다.〈의료법 시행규칙 제46조(감염관리실의 운영) 제2항〉
  ① 100개 이상의 병상을 갖춘 병원급 의료기관은 감연관리 위원회와 감염관리실을 설치·운영해야 한다〈의료법 제47조(의료관련 감염 예방) 제1항〉.
  ③ 감염관리실에서 근무하는 사람은 매년 16시간 이상의 교육을 이수해야 한다〈의료법 시행규칙 별표 8의3〉.
  ④ 감염관리실에서 감염관리 업무를 수행하는 사람은 감염관리에 관한 경험 및 지식이 있는 사람으로서 의사, 간호사, 해당 의료기관의 장이 인정하는 사람이어야 한다〈의료법 시행규칙 별표 8의2〉.

6 ⊙ 조직구성원 스스로가 목표 달성을 통해 조직의 경영계획에 기여할 수 있게 하고 동시에 조직 전체에 활력을 준다.
  ⓒ 조직목표 달성을 위한 세부계획에 대한 조직구성원들의 책임과 권한을 분명하게 해주기 때문에 성과 평가에 용이하다.
  ⓒ 구성원 스스로가 목표를 설정하므로 스스로 자신의 직무를 효과적으로 관리, 통제할 기회가 있다.
  ⓔ 환경 변화로 목표가 더 이상 용이하지 않게 된 경우에도 관리자들은 이를 변경하지 않으려고 하는 비신축적 위험성이 있다.

7 다음 설명에 해당하는 면접 방법은?

> 다수의 면접자가 한 명의 지원자를 면접하고, 면접자들 간 의견교환을 통해 지원자의 자질과 특징을 광범위하게 평가한다.

① 집단 면접
② 패널 면접
③ 정형적 면접
④ 스트레스 면접

8 「마약류 관리에 관한 법률」상 마약류취급자가 소지하고 있는 마약류에 대하여 해당 허가관청에 지체 없이 보고하여야 하는 사유만을 모두 고르면?

> ㉠ 분실 또는 도난
> ㉡ 파손
> ㉢ 재해로 인한 상실(喪失)
> ㉣ 변질·부패

① ㉠, ㉡
② ㉡, ㉢
③ ㉠, ㉢, ㉣
④ ㉠, ㉡, ㉢

ANSWER 7.② 8.④

7 다수의 면접자가 한 명의 지원자를 면접하는 것은 패널 면접이라고 한다.
① 피면접자가 2명 이상으로 다수인 면접유형을 말한다.
③ 직무명세서를 참고하여 준비한 질문으로 면접을 하는 유형을 말한다.
④ 피면접자가 당황할만한 질문을 던지고 그에 따른 반응을 확인하고 침착하고 유연한 대처의 면접자를 뽑는 방법이다.

8 재해로 인한 상실, 분실 또는 도난, 변질·부패 또는 파손의 경우 지체 없이 보고하여야 한다.
※ 사고 마약류 처리…마약류취급자 또는 마약류취급승인자는 소지하고 있는 마약류에 대하여 다음의 어느 하나에 해당하는 사유가 발생하면 총리령으로 정하는 바에 따라 해당 허가관청에 지체 없이 그 사유를 보고하여야 한다〈마약류 관리에 관한 법률 제12조 제1항〉.
㉠ 재해로 인한 상실
㉡ 분실 또는 도난
㉢ 변질·부패 또는 파손

9 간호단위 관리자가 산업공학적 방법을 적용해 연간 필요한 간호사 수를 산정할 때, A와 B에 들어갈 말로 바르게 짝 지은 것은?

$$\text{연간 필요한 간호사 수} = \frac{(A \times \text{일 평균 환자 수} \times 7\text{일} \times 52\text{주}) \times \text{간호사 부담률}}{B \times \text{간호사 1인당 연간 근무 주 수}}$$

	A	B
①	환자 1인당 일 평균 간호시간	간호사 1인당 주 근무시간
②	환자 1인당 일 평균 간호시간	간호사 1인당 일 근무시간
③	간호사 1인당 주 근무시간	환자 1인당 일 평균 간호시간
④	간호사 1인당 일 근무시간	환자 1인당 일 평균 간호시간

10 세계보건기구(WHO)에서 제시한 성공적인 환자안전사고 보고시스템의 특징이 아닌 것은?

① 사건 보고자와 해당 기관의 정보를 대중에게 공개해야 한다.
② 위해 사건을 보고받는 기관은 환자안전 권고안을 전파할 능력이 있어야 한다.
③ 환자안전 권고안은 개인 행위의 변화보다 시스템, 프로세스 또는 제품의 변화에 초점을 두어야 한다.
④ 보고시스템은 사건 보고자·기관을 처벌할 권한이 있는 기관으로부터 독립적으로 운영되어야 한다.

ANSWER 9.① 10.①

9 연간 필요한 간호사 수 = 연간 간호단위 총 업무량 ÷ 연간 간호사 근무시간
= {환자 1인당 1일 평균 간호 시간 × 일평균 환자 수 × 7일 ×52주(연간 간호단위 총 업무량)×간호사 부담률}÷{간호사 1인당 주 근무시간 × 간호사 1인당 연간 근무 주수(연간 간호사 근무시간)}

10 세계보건기구에서 제시한 성공적인 환자안전사고 보고시스템의 특징
㉠ 비처벌성
㉡ 적시성
㉢ 독립성
㉣ 기밀성
㉤ 시스템지향성
㉥ 전문적 분석
㉦ 반응성

11 균형성과표(Balanced Score Card, BSC)를 이용하여 병원 경영 성과를 향상시키고자 할 때, '내부 업무프로세스 관점'을 직접적으로 평가하는 지표에 해당하는 것은?

① 재원일수 단축률
② 환자 만족도
③ 간호실무표준 개발 건수
④ 간호사의 직무역량 교육 참여도

12 6시그마 기법에 대한 설명으로 옳지 않은 것은?

① 1 : 29 : 300 법칙에 따른 오류 발생을 의미한다.
② 구성원들 간 직무 수행 결과의 편차를 줄인다.
③ 일명 3시그마 기법보다 더 우수한 수준의 품질을 추구한다.
④ DMAIC(정의-측정-분석-개선-관리)이 대표적인 수행절차이다.

ANSWER 11.③ 12.①

11 ③ 간호실무표준 개발은 내부 프로세스 관점에 해당한다.
① 재원일수 단축은 재무 관점에 해당한다.
② 환자만족도는 고객 관점에 해당한다.
④ 간호사의 직무역량은 구성원의 학습 성장 관점에 해당한다.
※ **균형성가표(BSC)** … 조직의 비전과 전략에서 도출된 성과지표의 조합으로 조직이 나아갈 전략적 방향을 알려주고 변화에 대한 동기를 부여하는 데에 의의가 있는 방법이다.
㉠ 재무적인 관점 : 의업수입의 증가, 경영수지 개선, 고객 이미지 제고로 인한 안정적 수입
㉡ 고객 관점 : 민원 감소, 신규환자 증가, 고객만족 증가와 재방문 환자율 증가로 인한 환자수의 증가
㉢ 내부 프로세스 관점 : 효율성 개선, 시스템 구축, 업무 개선, 다양한 질 개선을 통한 효율적인 내부 프로세스 개발
㉣ 학습과 성장의 관점 : 교육 참여, 논문 발표, 훈련을 통한 새로운 시도와 만족도 증가

12 하인리히 법칙은 대형사고가 발생하기 전에 그와 관련된 수많은 경미한 사고와 징후들이 반드시 존재한다고 밝힌 것으로, 심각한 사고, 사소한 사고, 사고로는 이어지지 않았지만 사고 발생이 가능한 오류의 발생 비율이 1 : 29 : 300으로 나타난다는 법칙이다.
② 구성원들의 일하는 자세, 생각하는 습관, 품질 등을 중요시하는 기업문화의 조성과 지속적인 조직의 모든 활동의 개선으로 구성원들 간 직무 수행 결과의 편차를 줄이고 불량률을 낮춘다.
③ 3시그마 보다 더 우수한 품질을 추구한다.
④ 정의-측정-분석-개선-관리(DMAIC)의 5단계가 대표적 수행절차이다.

13 상황별로 효과적인 토마스-킬만(Thomas-Kilmann)의 갈등 해결전략을 바르게 짝지은 것은?

① 자신에게 사소한 사안인 경우 – 경쟁형
② 자신이 옳다고 확신하는 경우 – 회피형
③ 자신보다 상대방에게 더 중요한 사안인 경우 – 수용형
④ 중요한 사안에 대해 통합적 해결책을 찾고자 할 경우 – 타협형

14 간호관리료에 대한 설명으로 옳은 것은?

① 입원료 수가의 40%를 차지한다.
② 행위별 수가제를 적용받는다.
③ 상급종합병원 일반병동의 간호관리료는 1등급 내지 6등급으로 구분한다.
④ 근무조별 간호사 1명이 담당하는 평균 환자 수를 기준으로 등급을 산정한다.

ANSWER 13.③ 14.③

13 상대방의 사안을 수용해 줄 수용형이 알맞다.
① 자신에게 사소한 사안일 경우에는 상대의 말을 수용해주는 수용형이 비교적 알맞다.
② 자신이 옳다고 확신하는 경우는 자신의 주장을 강력하게 어필할 수 있는 경쟁형이 알맞다.
④ 중요한 사안에 통합적인 해결책을 찾을 경우에는 최고의 이익을 도출하는 협력형이 알맞은 방법이다.
※ 토마스-킬만(Tomas-Kilmann)의 갈등해결전략 5가지 유형
　㉠ **경쟁형** : 독단적인 유형으로 갈등의 승패가 중요하기 때문에 자신의 의견을 강요하는 비협력적 유형이다.
　㉡ **회피형** : 갈등을 회피하려고만 하는 유형으로 자신의 주장도 없고, 해결할 의지도 없다.
　㉢ **협력형** : 타협형과 유사하지만 모두 이익을 보기 위해 적극적으로 노력한다.
　㉣ **타협형** : 서로 조금씩 양보하길 원하는 유형으로 서로 조금씩 손해 보고 조금씩 이득 보길 원한다.
　㉤ **수용형** : 갈등이 싫어서 자기주장 없이 협력적으로 행동하는 유형으로 타인의 의견을 따라간다.

14 ① 입원료는 의학관리료 40%, 병원관리료 35%, 간호관리료 25%로 산정된다.
② 행위별 수가제를 적용받지 않으며 일당 수가로 산정되어 입원료 일부로 책정된다.
④ 간호사 1인당 병상 수를 기준으로 간호관리료 등급을 나누며, 지방 소재 병원급 의료기관과 지역응급의료기관에 한해 간호사 1인당 환자 수로 등급을 나눈다.

15 신포괄수가제에 대한 설명으로 옳은 것은?

① 2020년부터 시범사업을 시작하였다.
② 입원일수에 따라 구분한 환자군별로 요양급여비용 산정방식이 다르다.
③ 의료급여 수급권자는 적용되지 않는다.
④ 백내장 등 7개 질병군만을 대상으로 한다.

16 조직 내 전략적-관리적-운영적 의사결정 중 관리적 의사결정에 대한 설명으로 옳은 것은?

① 최고관리자가 수행한다.
② 정형적이고 구조적이다.
③ 조직의 장기 계획을 수립한다.
④ 부서별 자원 조달 방법을 결정한다.

17 길리스(Gillies)의 간호관리 체계모형에서 구성 요인별 예시가 바르게 짝지어지지 않은 것은?

① 생산자 투입 요소 - 간호사 직무만족도, 간호 생산성
② 소비자 투입 요소 - 환자의 중증도, 간호 요구도
③ 변환 과정 - 의사결정, 간호의 질 관리 활동
④ 산출 요소 - 간호사 이직률, 재원일수

ANSWER 15.② 16.④ 17.①

15 입원일수에 따라 환자군을 정상군, 상단열외군, 하단열외군으로 구분하고 요양급여비용 산정방식이 다르다.
① 2009년에 시범사업을 시작하였다.
③ 의료급여 수급권자 또한 신포괄수가제를 적용받는다.
④ 포괄수가제에 대한 설명이며, 신포괄수가제는 2024년 기준 603개의 질병군을 대상으로 한다.

16 관리적(전술적) 기획은 전략적 기획을 수행하기 위해 자원을 어디에 배정해야 할 것인지 그 수단과 방법에 중점을 둔 방법이다.
① 관리적 기획은 주로 중간 관리자가 수행하며, 최고관리자는 주로 전략적 기획을 수행한다.
② 가장 정형적이고 구조적인 계획은 운영기획이다.
③ 조직의 장기 계획을 수립하는 것은 전략적 기획이며, 관리적 기획은 주로 1년에서 5년 이하의 중기 기획이다.

17 ① 생산자 투입 요소에는 인력, 물자, 시설, 자금, 정보 등이 속한다.
② 소비자 투입 요소에는 환자의 중증도, 간호 요구도가 있다.
③ 변환(전환)과정은 투입을 산출로 바꾸는 과정으로 의사결정, 리더십, 동기부여 등의 관리기능의 지원하에 기획, 조직, 인사, 지휘, 통제라는 전환 과정을 통해 산출로 바뀐다.
④ 간호조직의 목표와 특성에 따라 달라지며 생산성, 만족, 활성화의 3가지 기준이 이에 속한다.

18 「의료법 시행규칙」상 간호·간병통합서비스의 제공 환자에 해당하지 않는 것은?

① 환자에 대한 진료 성격이나 질병 특성상 보호자 등의 간병을 제한할 필요가 있는 입원 환자
② 환자 상태의 중증도와 질병군 특성을 고려하여 종합병원급 진료가 필요하다고 인정되는 입원 환자
③ 환자의 생활 여건이나 경제 상황 등에 비추어 보호자 등의 간병이 현저히 곤란하다고 인정되는 입원 환자
④ 환자에 대한 의료관리상 의사·치과의사 또는 한의사가 간호·간병통합서비스가 필요하다고 인정하는 입원 환자

19 「의료법」상 사람의 생명 또는 신체에 중대한 위해를 발생하게 할 우려가 있는 수술을 하는 경우 환자에게 설명하고 동의를 받아야 하는 사항만을 모두 고르면?

> ㉠ 환자에게 발생하거나 발생 가능한 증상의 진단명
> ㉡ 수술의 필요성, 방법 및 내용
> ㉢ 수술에 따라 전형적으로 발생이 예상되는 후유증 또는 부작용
> ㉣ 수술 전후 환자가 준수하여야 할 사항

① ㉠, ㉣
② ㉠, ㉡, ㉢
③ ㉡, ㉢, ㉣
④ ㉠, ㉡, ㉢, ㉣

ANSWER 18.② 19.④

18 간호·간병통합서비스의 제공 환자 및 제공 기관 … 법 제4조의2 제1항(간호·간병통합서비스 제공 등)에서 "보건복지부령으로 정하는 입원 환자"란 다음 각 호의 어느 하나에 해당하는 입원 환자를 말한다〈의료법 시행규칙 제1조의4 제1항〉.
㉠ 환자에 대한 진료 성격이나 질병 특성상 보호자 등의 간병을 제한할 필요가 있는 입원 환자
㉡ 환자의 생활 여건이나 경제 상황 등에 비추어 보호자 등의 간병이 현저히 곤란하다고 인정되는 입원 환자
㉢ 그 밖에 환자에 대한 의료관리상 의사·치과의사 또는 한의사가 간호·간병통합서비스가 필요하다고 인정하는 입원 환자

19 의료행위에 관한 설명 … 제1항에 따라 환자에게 설명하고 동의를 받아야 하는 사항은 다음 각 호와 같다〈의료법 제24조의2 제2항〉.
㉠ 환자에게 발생하거나 발생 가능한 증상의 진단명
㉡ 수술 등의 필요성, 방법 및 내용
㉢ 환자에게 설명을 하는 의사, 치과의사 또는 한의사 및 수술 등에 참여하는 주된 의사, 치과의사 또는 한의사의 성명
㉣ 수술 등에 따라 전형적으로 발생이 예상되는 후유증 또는 부작용
㉤ 수술 등 전후 환자가 준수하여야 할 사항

20 다음에서 설명하는 것은?

- 대용량 데이터 속에서 쉽게 드러나지 않는 패턴과 지식을 발견하는 과정임
- 조직 경영에 필요한 의사결정을 지원할 수 있는 유용한 정보를 추출할 수 있음

① 메타데이터
② 델파이 기법
③ 데이터 마이닝
④ 클라우드 컴퓨팅

ANSWER 20.③

20 데이터 마이닝은 대용량 데이터 속에서 쉽게 드러나지 않는 패턴과 지식을 발견하고 유용한 정보를 추출하는 방법이다.
① **메타데이터**: 데이터를 설명해주는 데이터로 예를 들어 어떠한 책을 읽기 위해 구입했는데, 그 책의 저자, 편자, 출판사, 출판일 등의 데이터를 얻는 것을 말한다.
② **델파이 기법**: 전문가들이 모여서 결정안을 만드는 방법은 델파이 기법이다.
④ **클라우드 컴퓨팅**: 원격의 컴퓨터를 인터넷 등을 통해 내 컴퓨터가 아닌 다른 컴퓨터 등으로 실시간으로 처리하는 기술을 말한다.

간호관리 | 2023. 6. 10. 제1회 서울특별시 시행

1 페이욜(Fayol)의 행정관리론에서 제시한 14가지 관리원칙 중 〈보기〉에 해당하는 것은?

〈보기〉
최고 관리자에서부터 일선 조직구성원에 이르기까지 권한과 의사소통, 명령 체계가 연계되어야 한다.

① 규율의 원칙
② 질서의 원칙
③ 계층화의 원칙
④ 집권화와 분권화의 원칙

ANSWER 1.③

1 최고 경영자로부터 가장 낮은 층의 조직 구성원에 이르기까지 모든 계층에는 명령과 보고가 이루어지도록 연결되어 있어야 한다.
① 직접적, 간접적으로 여러 가지 협약에 의해 형성된다.
② 사물, 사람이 있어야 할 장소와 자리에 있어야 한다. (적재적소의 원칙)
④ 권한은 상황에 따라 집권화와 분권화가 적정 수준으로 유지되어야 한다.
※ 페이욜(Fayol)의 행정관리론의 14가지 관리원칙 … 분업, 규율, 권한, 명령 통일, 방향의 일관성, 공동의 목적 우선, 합당한 보상, 계층 연쇄, 집권화와 분권화, 질서, 공평, 공용 안전, 창의성, 사기

2 〈보기〉에서 설명하는 카츠(Katz)의 관리 기술로 가장 옳은 것은?

> • 변화하는 보건의료체계의 현실을 받아들인다.
> • 조직의 사명, 비전 등을 포함한 큰 그림을 생각한다.
> • 외부고객 및 내부고객의 요구를 이해한다.
> • 조직의 생산성을 높이고 비용을 낮추기 위한 전략을 세운다.

① 인간적 기술
② 실무적 기술
③ 개념적 기술
④ 윤리적 기술

3 기획의 유형에 대한 설명으로 가장 옳은 것은?

① 전술적 기획은 일시적 기획과 상시적 기획으로 분류 된다.
② 전술적 기획은 1년 미만의 단기 기획으로 구체적인 업무 계획이다.
③ 전략적 기획은 최고 관리자가 수립하는 장기적, 종합적 기획이다.
④ 운영적 기획은 급변하는 환경에 대해 미래의 문제와 기회를 예측할 수 있는 방법이다.

ANSWER 2.③ 3.③

2 〈보기〉의 관리 기술은 조직 전체에 대한 이해가 필요하므로 개념적 기술에 해당한다. 개념적 기술은 주로 최고관리계층에게 요구되는 기술로 조직 전체에 대한 이해를 바탕으로 조직 내에서 개인의 행동을 조직 전체 상황에 적합하도록 진행해 나가는 능력이다.
① 인간적 기술은 효과적인 지도성의 발휘와 동기부여에 대한 이해를 통해 다른 사람들과 함께 일할 수 있는 능력을 말한다.
② 실무적 기술은 전문화된 분야에 대한 고유한 도구, 절차, 기법을 사용할 수 있는 능력을 말한다.
④ 카츠는 관리 기술을 인간적 기술, 실무적 기술, 개념적 기술로 분류하였다.

3 전략적 기획은 조직 전체의 활동 계획을 포괄하는 기획이므로 최고 관리자가 수립하는 장기적, 종합적 기획이다.
① 일시적 기획과 상시적 기획으로 분류되는 것은 운영기획이다.
② 전술적 기획은 1년에서 5년 이하의 중기 기획이다.
④ 급변하는 환경에 대해 미래의 문제와 기회를 예측할 수 있는 방법은 전략적 기획의 특성이다.
※ 기획의 유형
  ㉠ 전략적 기획: 조직 전체의 활동 계획을 포괄하는 장기 기획이며, 최고 관리층이 주관한다. 위험하고 불확실한 환경에서의 기획으로 급변하는 환경에 대해 미래의 문제와 기회를 예측할 수 있는 방법이다.
  ㉡ 전술적 기획: 전략적 기획을 위한 수단이며 1년에서 5년 이하의 계획으로 사업 수준이나 부서별 계획이다. 주로 중간관리층에서 개발 및 수행된다.
  ㉢ 운영적 기획: 1년 단위의 단기 계획으로 예산 결정, 직원 배당, 생산성 기준 확정 등을 말하며 하위관리자와 조직 구성원 각자의 계획을 말한다. 일시적 기획과 상시적 기획으로 분류되며 간호관리자들이 행하는 가장 흔한 기획 유형이다.

4 〈보기〉에서 설명하는 집단 의사결정 기법으로 가장 옳은 것은?

〈보기〉
이 방법은 전문가들의 의견을 모아서 결정안을 만드는 시스템적인 방법으로, 과정이 복잡하고 시간이 많이 걸리는 단점 이 있으나 집단 구성원들이 만나지 않고 외부 전문가들의 도움을 받아 진행할 수 있다.

① 명목집단 기법
② 브레인스토밍
③ 전자회의
④ 델파이 기법

5 우리나라 간호관리료에 대한 설명으로 가장 옳은 것은?

① 환자의 간호요구도나 제공된 간호서비스의 종류와 양에 따라 책정된다.
② 간호관리료 차등제 적용 기준은 상급종합병원 일반 병동의 경우 6등급으로 구분되어 있다.
③ 입원료의 40%로 책정되어 있다.
④ 상급종합병원 일반병동의 경우 4등급은 5등급 입원료에 20%가 가산된다.

ANSWER 4.④ 5.②

4 전문가들이 모여서 결정안을 만드는 방법은 델파이 기법이다.
① 의사결정이 진행되는 동안에 구성원이 모이기는 하지만 대화를 통한 의사소통을 금지하는 방법이다.
② 여러 명이 하나의 문제를 놓고 아이디어를 무작위로 제시하고 그중에서 최선책을 찾아내는 기법이다.
③ 가장 최근의 접근 방법으로 고도의 컴퓨터 기술과 명목집단기법을 혼합시킨 기법이다.
※ **델파이 기법** … 조직의 운영자들이 의사결정을 할 외부 전문가들의 의견을 모아서 결정안을 만드는 방법이다. 지극히 불확실한 미래의 현상을 예측하는 도구로 많이 사용되는 기법으로 복잡하고 시간이 많이 소요된다는 단점이 있다.

5 일반병동 기준으로 입원료 5%를 감액하는 7등급이 있으나 상급종합병원은 6등급으로 구분되어 있다.
① 간호관리료는 환자의 간호요구도나 제공된 간호 서비스의 종류와 양으로 책정되지 않는다. 일당 수가로 산정되어 입원료 일부로 책정된다.
③ 입원료는 의학관리료 40%, 병원관리료 35%, 간호관리료 25%로 산정된다.
④ 상급종합병원 일반병동의 경우 등급별 입원료는 직전 등급의 10% 가산이 기본이며 4등급만 예외로 직전 등급인 5등급의 15%가 가산된다.

6 조직화의 기본 원리 중 〈보기〉에 해당하는 것으로 가장 옳은 것은?

〈보기〉
- 위원회 및 스태프 조직을 활용한다.
- 조직의 목표를 설정하고 목표를 달성하기 위한 계획을 수립한다.
- 조직의 모든 구성원이 따를 수 있는 규정과 절차를 마련한다.
- 수평 부서 간의 업무활동을 구조적, 기능적으로 통합해 나간다.

① 조정의 원리
② 계층제의 원리
③ 명령통일의 원리
④ 통솔범위의 원리

ANSWER 6.①

6 조직의 공동 목표를 달성하기 위하여 세분화된 업무를 조직목표에 비추어 재배치하여 조직의 안전성과 효율성을 도모하는 것이다.
② 최고의 직위에서부터 최하위 직위에 이르기까지 어떤 직위가 어떤 업무를 하느냐 하는 것을 말한다.
③ 조직 내의 각 구성원이 한 사람의 상관에게서 명령을 받으며 이에 대하여 책임을 갖게 된다.
④ 한 사람의 관리자가 효과적으로 직접 감독, 관리할 수 있는 하급자의 수로서 관리의 범위를 말한다.
※ 효과적인 조정 방법
  ㉠ 정보체계의 확립과 계층제
  ㉡ 계획수립과 목표설정
  ㉢ 규정과 절차 마련
  ㉣ 수평적 통합수단의 이용

7 〈보기〉에 제시된 조직구조의 유형에 대한 설명으로 가장 옳은 것은?

> 〈보기〉
> A 병원에 입사한 간호사는 병원 내 동아리 활동에 대한 소개와 함께 소속부서에 상관없이 1개 이상의 동아리에 가입해야함을 안내받았다.

① 조직의 생리를 파악할 수 있다.
② 기관의 목표달성을 위한 공식조직이다.
③ 조직도를 통해 계층, 의사소통 통로를 확인할 수 있다.
④ 구성원에게 구체적인 직무가 할당되는 영구적인 조직이다.

8 해크만과 올드햄(Hackman & Oldham)의 직무특성 모형에서 구성원들을 동기부여할 수 있는 직무특성으로 옳지 않은 것은?

① 과업의 중요성
② 과업의 창의성
③ 자율성
④ 피드백

ANSWER 7.① 8.②

7 ① 비공식 조직은 자생적 조직으로 의사소통을 촉진하며 조직의 생리 파악에 도움을 준다.
② 동아리는 비공식 조직으로 기관의 목표 달성과는 관계가 없다.
③ 공식적인 조직기구표상에는 나타나지 않는 조직이다.
④ 과업과는 관계가 없으며 직무가 할당되지 않는 자생적인 조직이다.
※ 비공식 조직은 자연발생적으로 맺어진 자생적 조직으로 공식조직의 단점을 보완하기 위해 활용된다. 조직 구성원에게 소속감과 만족감을 제공하며 의사소통을 촉진하여 문제해결에 도움을 준다는 장점이 있다. 때로는 사적인 관계를 강조하게 되어 부담을 주거나 부당한 정보나 소문의 유포로 사기가 저하되기도 한다.

8 해크만과 올드햄은 기술의 다양성, 과업의 독자성, 과업의 중요성, 자율성, 피드백 5가지를 구성원들을 동기부여할 수 있는 직무 특성으로 요약하였다.
① 업무가 기업이나 소비자에게 중요하게 인식되는 정도를 말한다.
③ 직무수행을 위해 필요한 조건들을 선택할 수 있는 정도를 말한다.
④ 조직 구성원이 수행한 결과에 관하여 직접적이고 명확하게 정보를 얻을 수 있는 정도를 말한다.
※ **해크만과 올드햄(Hackman&Oldham)의 직무특성모형**
  ㉠ 직무충실화의 문제점을 보완하기 위해 개발한 모형으로 조직 구성원에게 더 많은 책임, 자율, 직무에 대한 통제권을 주기 위해 직무충실화를 주장하였다.
  ㉡ 직무특성모형의 구성요소는 직무의 핵심적 특성, 직원의 중요 심리적 상태(요소), 개인적 결과 및 직무수행의 결과, 조직 구성원의 성장 욕구 강도의 4가지이다.
  ㉢ 개인적 결과 및 직무 수행의 성과는 조직 구성원의 중요 심리적 상태에서 얻어지는 것으로 직무의 핵심적 특성의 차원에서 만들어진다.

9 인적자원관리의 각 과정과 그에 포함되는 활동 내용을 옳게 짝지은 것은?

① 확보관리 – 이직관리
② 개발관리 – 내적보상
③ 보상관리 – 모집, 선발
④ 유지관리 – 인간관계관리

10 인력모집 방법 중 〈보기〉에서 설명하는 유형의 장점으로 가장 옳은 것은?

〈보기〉
〈QI실 간호사 모집〉
원내 간호사 대상으로 적정진료관리실(QI실) 간호사를 모집하오니 관심있는 간호사들은 아래 내용을 참고하여 지원하시기 바랍니다. (담당자 연락처: 원내 ○○○○)
— 지원서 접수 기간: 2023. 6. 1.–15.
— 지원서 접수 사이트: xxx.OOO@xxx

① 인력개발 비용이 절감된다.
② 직원의 사기가 향상된다.
③ 모집범위가 넓어 유능한 인재의 확보가 가능하다.
④ 새로운 정보지식이 제공되고 조직에 활력을 불어 넣을 수 있다.

ANSWER 9.④ 10.②

9 유지관리에는 인간관계 관리, 직원훈육, 결근 및 이직 관리, 노사관계 관리 등이 포함된다.
① 이직 관리는 유지관리에 해당한다.
② 내적보상은 보상관리에 해당한다.
③ 모집, 선발은 확보관리에 해당한다.
※ 인적자원관리 과정
　㉠ 직무관리 : 직무 설계, 분석, 평가
　㉡ 확보관리 : 간호인력의 예측 및 계획, 모집과 선발, 배치
　㉢ 개발관리 : 교육훈련, 인사고과
　㉣ 보상관리 : 임금관리, 복리후생과 내적보상
　㉤ 유지관리 : 인간관계 관리, 직원훈육, 결근 및 이직 관리, 노사관계 관리

10 내부 모집으로 직원의 사기를 높이고 동기 유발이 가능하다.
① 인력개발 비용이 절감되는 것은 경력자 채용이 가능한 외부모집의 장점이다.
③ 원내 간호사를 대상으로 모집하기 때문에 모집 범위가 좁다.
④ 기존 인력을 활용하는 방법이기 때문에 새로운 정보와 지식 제공을 기대하긴 어렵다.

11 〈보기〉에서 제시하고 있는 직무수행평가 유형으로 가장 옳은 것은?

항목	대인관계
기준이하(-1점)	다른 사람과 함께 일하거나 도우려고 하지 않음
불만족(0점)	도움을 요청해야 함
만족(1점)	만족스러운 인간관계를 유지함
매우만족(2점)	원활한 인간관계를 유지하고 적극적으로 매사에 일을 찾아서 시행함

〈보기〉

① 강제배분법
② 목표관리법
③ 체크리스트 평정법
④ 행태중심 평정척도법

12 리더십 이론을 특성이론, 행동이론, 상황이론으로 구분하였을 때, 그 분류가 다른 것은?

① 관리격자이론
② 경로-목표이론
③ 배려-구조주의 리더십
④ 전제형-민주형-자유방임형 리더십

ANSWER 11.④ 12.②

11 피평가자가 직무에서 실제로 실행한 행태를 근거로 평가하는 방법이다.
① 직무수행평가에서 흔히 발생하는 집중화 또는 관대화 경향을 제한하기 위해 등급을 강제배분하는 방법이다.
② 목표설정을 선행한 후 평가자와 피평가자가 함께 평가하는 방법이다.
③ 피평가자의 특성이나 업적에 대한 서술문을 선택, 배열하고 체크하는 방법이다.

12 상황이론에 속하는 경로-목표이론은 리더가 목표달성에 대한 경로를 명확히 하는데 도움을 줌으로써 구성원들의 행위에 영향을 미칠 수 있다는 이론이다.
① 관리격자이론은 행동이론에 속하는 이론으로 생산에 대한 관심과 인간에 대한 관심의 두 영역으로 나누고 격자로 계량화하여 리더의 행동을 5가지 유형으로 분류하였다.
③ 배려-구조주의 리더십은 행동이론에 속하는 이론으로 구조화와 배려라는 이차원으로 요인을 분리하였다.
④ 리더의 행동이 리더의 권한과 구성원의 참여도에 따라 여러 가지 형태로 나타난다고 보고 전제형, 민주형, 자유방임형 세 가지로 구분하였으며 행동이론에 속한다.

※ 리더십 이론
　㉠ **특성이론**: 리더의 능력과 특성은 선천적으로 타고나는 것이다.
　㉡ **행동이론**: 리더는 타고난 특성이 아니라 후천적으로 교육하고 개발이 가능하다. 리더가 여러 상황에서 실제로 하는 행동이 가장 중요하다.
　㉢ **상황이론**: 상황에 따라 리더십 유형의 효과성과 효용성이 달라진다는 관점이다.

13 스키너(Skinner)의 강화이론을 간호실무의 인적자원 관리에 적용하려고 한다. '소거'의 유형을 적용한 사례로 가장 옳은 것은?

① 친절간호사로 선정되어 상품권을 제공하였다.
② 잦은 지각이 개선되어 수간호사가 꾸중을 멈추었다.
③ 동료 간호사와 잦은 문제를 야기시켜 특별수당을 줄였다.
④ 투약오류가 발생되어 벌을 주었다.

14 브루스 터크만(Bruce Tuckman)의 팀 발전단계 중 〈보기〉의 상황에 해당하는 것은?

〈보기〉
E병원은 새로운 인사평가제도를 마련하기 위하여 프로젝트 팀을 구축하였다. 이 프로젝트 팀의 구성원은 각자의 의견과 생활방식의 차이로 혼란을 겪고 있다.

① 규범기
② 형성기
③ 갈등기
④ 성취기

ANSWER 13.③ 14.③

13 강화를 중지하는 것이 소거이다. 특별수당(강화)을 줄이는 것은 소거에 해당한다.
① 상품권을 제공하는 것은 긍정적 강화에 해당한다.
② 꾸중 등 해가 되는 것을 제거해주는 것은 부정적 강화에 해당한다.
④ 벌은 소거에 해당하지 않으며 혼을 내거나 긍정적 강화를 없애는 것을 말한다.
※ 스키너(skinner)의 강화이론
  ㉠ 강화: 긍정적 강화와 부정적 강화가 있으며 동기부여를 위해 보상을 제공한다.
  ㉡ 소거: 강화를 중지하는 방법이다.
  ㉢ 벌: 긍정적 강화를 없애거나 부정적 사건에 대한 표현을 하는 방법이다.

14 새로 만들어진 팀이 적응하기 위한 단계로 팀원 간의 갈등이 발생한다.
① 갈등을 극복하고 팀원 간의 결속력이 생기는 단계이다.
② 팀이 만들어지고 얼마 안 된 시기로 팀원 간의 탐색이 진행되며 갈등을 피하려는 경향이 있다.
④ 모든 팀원이 동기부여 되어 그동안의 지식과 경험과 자발적인 노력으로 더 높은 성취를 이루는 시기이다.
※ 브루스 터크만(Bruce tuckman)의 팀 발달 단계는 총 4단계로 형성기, 갈등기, 규범기, 성취기로 이루어지며 모든 팀이 4단계에 이르는 것은 아니며 단계를 건너뛰거나 순서가 바뀌는 경우도 있다.

15 〈보기〉에 해당하는 질 관리 자료 분석도구는?

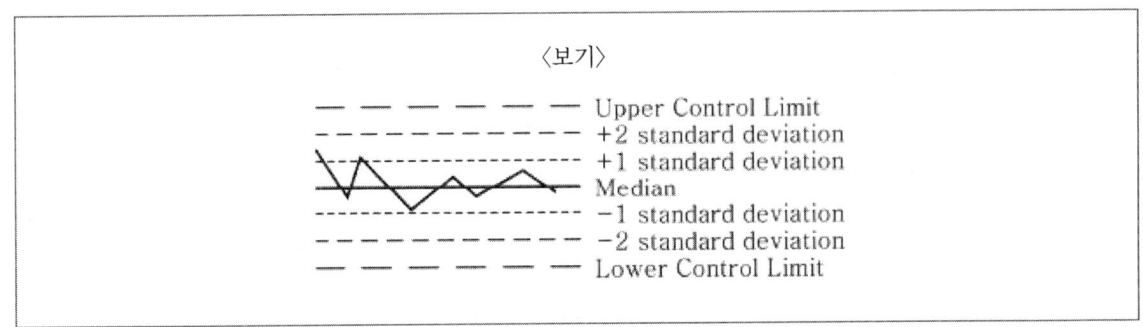

① 관리도(control chart)
② 런차트(run chart)
③ 파레토차트(pareto chart)
④ 원인결과도(cause effect diagram)

16 제임스 리즌(James Reason)의 스위스 치즈 모형(swiss cheese model)에 따르면 〈보기〉에 해당하는 오류로 가장 옳은 것은?

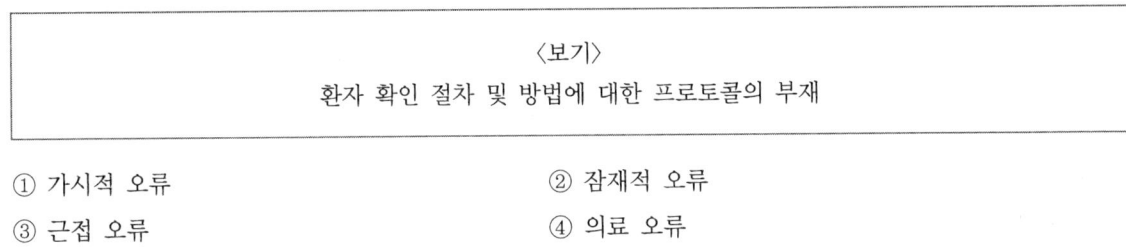

① 가시적 오류
② 잠재적 오류
③ 근접 오류
④ 의료 오류

ANSWER 15.① 16.②

15 런차트 위에 관리한계선을 표시한 도표이다. 도표에 상한선, 하한선이 표시되어 있으므로 관리도이다.
② 관리도 : 일정 기간 동안 시간의 변화에 따른 업무 추이를 확인하기 위한 도표 분석 방법이다.
③ 파레토차트 : 관리력이 일정한 경우에 가급적 효과가 높은 부분에 중점적으로 투입하기 위한 분석 방법이다.
④ 원인결과도 : 일의 결과와 그것에 관련된 요인들을 계통적으로 나타낸 것이며, 물고기뼈 그림이라고도 부른다.

16 프로토콜의 부재는 눈에 보이지 않지만 사고를 발생시킬 수 있는 근본적 오류에 해당한다.
① 가시적 오류 : 사고 발생 당시의 오류로 바로 확인 가능한 눈에 띄는 오류를 뜻한다.
③ 근접 오류 : 의료 오류로 환자에게 위해를 가할 수 있었지만, 예방 등에 의해 발생하지 않은 사건을 말한다.
④ 의료 오류 : 의학적으로 예방 가능한 근접 오류와 위해 사건을 말한다.

17 세계보건기구(WHO)에서 제시한 성공적인 환자안전 보고시스템의 특징에 대한 설명으로 가장 옳지 않은 것은?

① 비처벌성은 보고로 인하여 자신이나 다른 사람이 처벌을 받을지 모른다는 두려움이 없어야 한다는 것이다.
② 적시성은 보고서를 신속하게 분석하여 알아야 할 사람들에게 권고사항을 빠르게 알려야 한다는 것이다.
③ 독립성은 보고시스템이 보고자 또는 기관을 처벌할 권한을 가진 당국으로부터 독립되어야 한다는 것이다.
④ 시스템 지향성은 보고받는 기관이 권고사항을 확산 할 수 있어야 하며, 참여 기관들은 권고사항을 구축할 책임이 있어야 한다는 것이다.

18 고위험 약품 관리에 대한 설명으로 가장 옳은 것은?

① 다른 의약품과 함께 보관하며, 고위험 표시를 한다.
② 고농도전해질 제제 보관장소에 '반드시 희석 후 사용'과 같은 라벨링을 한다.
③ 원칙적으로 사용하고 남은 약은 약국으로 반납한다.
④ 고위험 약물 처방 시에는 환자명, 보호자명, 병명, 주소, 약명, 처방의사 서명이 포함된 고위험 약물 처방전이 반드시 필요하다.

ANSWER 17.④ 18.②

17 보고받는 기관이 권고사항을 확산 가능하며 권고사항을 구축할 책임이 있어야 하는 것은 반응성에 대한 설명이다.
① 비처벌성은 보고로 인해 처벌 받을 수 있다는 두려움이 없어야 한다는 것이다.
② 적시성은 빠른 보고서 분석으로 권고사항을 신속하게 알려야 한다는 것이다.
③ 독립성은 보고시스템이 처벌 당국과 분리되어 독립되어야 한다는 것이다.
※ 세계보건기구에서 제시한 성공적인 환자안전보고 시스템의 특징.
   ㉠ 비처벌성
   ㉡ 적시성
   ㉢ 독립성
   ㉣ 기밀성
   ㉤ 시스템지향성
   ㉥ 전문적 분석
   ㉦ 반응성

18 고농도전해질 제제 보관장소에 '반드시 희석 후 사용'이라는 경고문을 부착한다.
① 다른 의약품과 따로 보관하며 고위험 표시를 한다.
③ 사용하고 남은 고위험 약품은 즉시 폐기한다.
④ 약물 처방전에 주소와 보호자명이 들어가는 경우는 없다.

19 〈보기〉에서 간호사의 법적 의무와 책임에 대한 설명 중 옳은 것을 모두 고른 것은?

〈보기〉
㉠ 간호사는 환자에게 유해한 결과가 발생하지 않도록 예견하고, 예견 가능한 위험을 회피할 수 있는 수단을 강구하여야 할 의무가 있다.
㉡ 간호사가 간호기록을 거짓으로 작성하거나 고의로 사실과 다르게 수정한 경우는 간호사 면허취소 사유에 해당한다.
㉢ 간호사는 면허를 발급받은 해를 기준으로 3년마다 그 실태와 취업상황 등을 신고해야 하며, 신고하지 않는 경우 면허의 효력은 신고할 때까지 정지당할 수 있다.
㉣ 간호학생의 임상실습 수련을 목적으로 예정된 분만 과정에 참관하는 경우에는 설명과 동의 의무가 면제 된다.

① ㉠, ㉢
② ㉡, ㉣
③ ㉠, ㉡, ㉢
④ ㉠, ㉢, ㉣

ANSWER 19.①

19 ㉠ 간호사의 주의 의무에 대한 설명이며 결과 예견 의무와 결과 회피 의무로 구성된다.
㉡ 간호기록을 거짓으로 작성하거나 수정하는 것은 면허 취소 사유에 해당하지 않는다.
㉢ 「간호법」 제17조(실태 및 취업상황 등의 신고) 제1항에 따라 간호사는 대통령령으로 정하는 바에 따라 최초로 면허를 받은 후부터 3년마다 그 실태와 취업상황 등을 보건복지부장관에게 신고하여야 한다. 제40조(면허 또는 자격의 효력정지) 보건복지부장관은 간호사등이 제17조 제1항 또는 같은 조 제4항에 따른 신고를 하지 아니한 때에는 신고할 때까지 면허 또는 자격의 효력을 정지할 수 있다.
㉣ 간호학생의 분만 참관은 설명과 동의 의무가 면제되는 경우가 아니다.
※ 면허 취소와 재교부…보건복지부장관은 의료인이 다음 각 호의 어느 하나에 해당할 경우에는 그 면허를 취소할 수 있다. 다만, ㉠·㉧의 경우에는 면허를 취소하여야 한다〈의료법 제65조 제1항〉.
㉠ 제8조 각 호의 어느 하나에 해당하게 된 경우. 다만, 의료행위 중 「형법」 제268조의 죄를 범하여 제8조 제4호부터 제6호까지의 어느 하나에 해당하게 된 경우에는 그러하지 아니하다.
㉡ 제66조에 따른 자격 정지 처분 기간 중에 의료행위를 하거나 3회 이상 자격 정지 처분을 받은 경우
㉢ 면허를 재교부 받은 사람이 제66조 제1항 각 호의 어느 하나에 해당하는 경우
㉣ 제11조 제1항에 따른 면허 조건을 이행하지 아니한 경우
㉤ 제4조의3 제1항을 위반하여 면허를 대여한 경우
㉥ 제4조 제6항을 위반하여 사람의 생명 또는 신체에 중대한 위해를 발생하게 한 경우
㉦ 제27조 제5항을 위반하여 사람의 생명 또는 신체에 중대한 위해를 발생하게 할 우려가 있는 수술, 수혈, 전신마취를 의료인 아닌 자에게 하게 하거나 의료인에게 면허 사항 외로 하게 한 경우
㉧ 거짓이나 그 밖의 부정한 방법으로 제5조부터 제7조까지에 따른 의료인 면허 발급 요건을 취득하거나 제9조에 따른 국가시험에 합격한 경우
※ 설명 의무가 면제되는 경우
㉠ 환자가 거부할 경우
㉡ 환자에게 부정적 영향을 미칠 수 있는 경우
㉢ 환자가 이미 위험 가능성을 알고 있거나 설명했을 때 환자가 동의할 것임을 입증 가능한 경우
㉣ 응급처치가 필요하거나 위험이 중대할 경우

20 〈보기〉에서 설명하고 있는 마케팅 관리철학은?

〈보기〉
최근에 대두되고 있는 마케팅 관리철학으로, 소비자가 생활하는 생활환경 속에서 삶의 질을 추구하는 데에 관심이 있다. 또한 조직의 이익, 소비자의 욕구충족, 대중의 이익과 복지가 균형을 이루도록 노력한다.

① 생산지향적 마케팅
② 판매지향적 마케팅
③ 고객지향적 마케팅
④ 사회지향적 마케팅

ANSWER 20.④

20 사회적, 윤리적 고려를 통해 마케팅 활동을 실천하며, 조직의 이익, 소비자의 욕구 충족, 대중의 이익과 복지가 균형을 이룰 수 있도록 노력한다.
  ① 생산기능을 중요시하며 생산과 유통 효율 증진에 초점을 맞춘 방법이다.
  ② 판매기능을 중요시하며 제품보다는 광고 같은 홍보를 통한 판매를 위한 노력에 초점을 맞춘 방법이다.
  ③ 고객 만족에 초점을 두고 고객의 필요를 충족시키는 데에 목적을 둔 방법이다.

간호관리 | 2024. 6. 22. 제1회 지방직 시행

1 간호관리과정 중 기획 활동에 해당하는 것은?

① 조직의 사명과 목표를 설정한다.
② 구성원을 동기부여하고 격려한다.
③ 직무 성과를 측정하고 개선한다.
④ 직무 수행을 평가하여 보상한다.

2 조직화를 위한 통솔범위의 원리에 대한 설명으로 옳은 것은?

① 권한과 책임 수준에 따라 구성원 간 위계를 설정한다.
② 상급자와 하급자 간 명령과 보고체계를 일원화한다.
③ 관리자가 지휘하고 감독할 수 있는 구성원의 수를 제한한다.
④ 규정과 절차를 마련하여 부서 간 활동을 통합한다.

ANSWER 1.① 2.③

1 기획 활동은 조직의 사명과 목표를 설정하고 이를 달성하기 위한 전략과 계획을 수립하는 과정으로 기획 과정에서 조직의 방향성을 정하고 이를 바탕으로 구체적인 실행 계획을 정한다.
② 지휘 활동
③ 통제 활동
④ 인사 활동

2 한 명의 관리자가 효과적으로 지휘하고 감독할 수 있는 부하 직원의 수를 제한하여 효율성을 높이기 위한 원리이다.
① 권한과 책임의 원리
② 명령 통일의 원리
④ 조정의 원리

3 분권화보다 집권화가 바람직한 상황은?

① 시장이 넓게 분포되어 있을수록
② 비일상적인 직무가 많을수록
③ 하급자의 능력이 뛰어날수록
④ 부서 간 통합과 조정이 중요할수록

4 직무수행평가 시 극단적인 평점을 피하려는 평가자의 심리적 현상으로 인해 발생하는 오류는?

① 후광 효과　　　　　　② 중심화 경향
③ 시간적 오류　　　　　④ 논리적 오류

5 간호의 질을 평가하는 과정적 측면의 지표는?

① 욕창 및 낙상 발생률
② 환자 대비 간호사 수
③ 간호사 직무기술서의 구비
④ 간호기록 수행 비율

ANSWER　3.④　4.②　5.④

3　부서 간 통합과 조정이 중요한 경우, 중앙에서 일관된 정책과 방향을 설정하는 집권화 조직 전체의 일관성 유지를 돕는다.
① 시장이 넓게 분포되어 있을 때는 지역별로 특화된 결정을 내릴 수 있는 분권화가 더 유리하다.
② 비일상적인 직무가 많으면 하급자가 신속하게 대응할 수 있는 분권화가 효과적이다.
③ 하급자의 능력이 뛰어날 경우, 그들에게 더 많은 권한을 부여할 수 있는 분권화가 적합하다.

4　중심화 경향은 평가자가 극단적인 평점을 피하려고 모든 피평가자에게 중간 정도의 평점을 주는 경향으로 평가자의 심리적 현상으로 인해 발생하는 오류이다.
① 후광 효과 : 평가자가 피평가자의 한 가지 긍정적인 특성에 근거하여 다른 모든 특성도 긍정적으로 평가하는 오류이다.
③ 시간적 오류 : 평가자가 평가 기간 동안의 특정 시점의 사건이나 행동을 지나치게 강조하여 전체 평가에 영향을 미치는 오류이다.
④ 논리적 오류 : 평가자가 두 가지 특성 간의 논리적인 관계를 잘못 이해하여 평가하는 오류이다.

5　간호기록 수행 비율은 과정적 측면의 지표로, 간호사가 수행하는 활동이나 절차의 이행 정도를 평가한다. 간호 제공 과정의 일관성과 정확성 평가에 중요한 지표이다.
① 결과적 측면의 지표
②③ 구조적 측면의 지표

6 투약 전 두 가지 지표를 이용해 환자 확인을 할 때 사용할 수 있는 것만을 모두 고르면?

> ㉠ 병실 호수　　　　　㉡ 환자 이름
> ㉢ 등록 번호　　　　　㉣ 병상 번호

① ㉠, ㉡　　　　② ㉠, ㉣
③ ㉡, ㉢　　　　④ ㉢, ㉣

7 간호단위 물품 중 유동자산에 해당하는 것은?

① 의료기기　　　　② 기계설비
③ 일반 비품　　　　④ 의료용 소모품

8 다음 사례에 해당하는 마케팅 전략은?

> A 병원 간호부는 수년간 독거노인을 돌보는 봉사 활동을 하고 있으며, 최근 이를 알리기 위해 지역 신문에 관련 기사를 게재하였다.

① 제품전략　　　　② 가격전략
③ 유통전략　　　　④ 촉진전략

ANSWER 6.③　7.④　8.④

6　㉡㉢ 투약 전 환자 확인 시에는 환자 이름과 등록 번호와 같이 개인을 명확하게 식별할 수 있는 지표를 사용한다.
　　㉠ 같은 병실에 여러 환자가 있을 수 있으므로 환자 확인 지표로 적합하지 않다.
　　㉣ 병실 내에서도 혼동이 발생할 수 있으므로 적합하지 않다.

7　의료용 소모품은 유동자산이다. 일회성으로 사용되거나 단기간 내에 소모되는 물품으로 주사기, 거즈, 붕대 등이 해당한다.
　　①②③ 고정자산

8　촉진전략은 제품이나 서비스에 대한 인지도를 높이고, 고객의 관심을 유도하며, 판매를 촉진하기 위해 광고, 홍보, 이벤트 등을 활용하는 전략이다. 지역 신문에 관련 기사를 게재하여 봉사 활동을 알리는 것은 촉진전략이다.
　　① **제품전략**: 제품전략은 제품의 특성, 품질, 브랜드 등을 개선하거나 개발한다.
　　② **가격전략**: 가격전략은 제품이나 서비스의 가격을 설정하고 조정한다.
　　③ **유통전략**: 유통전략은 제품이나 서비스를 고객에게 전달하는 경로와 방법을 계획한다.

9 「한국간호사 윤리강령」의 '전문인으로서 간호사의 의무' 영역에 속하는 항목만을 모두 고르면?

> ㉠ 인간의 존엄성 보호　　㉡ 안전을 위한 간호
> ㉢ 정의와 신뢰의 증진　　㉣ 간호 대상자 보호

① ㉠, ㉡
② ㉡, ㉢
③ ㉢, ㉣
④ ㉠, ㉢, ㉣

10 다음 사례에서 간호본부장이 가진 권력의 유형은?

> 간호본부장이 간호학술제 수상자들에게 해외여행 기회를 제공하기로 결정함

① 보상적 권력
② 강압적 권력
③ 준거적 권력
④ 전문적 권력

ANSWER 9.② 10.①

9 ㉡㉢ 「한국간호사 윤리강령」에서 전문인으로서 간호사의 의무에는 간호 표준 준수, 교육과 연구, 정책 참여, 정의와 신뢰의 증진, 안전을 위한 간호, 건강 및 품위 유지가 있다.
㉠ 「한국간호사 윤리강령」 간호사와 간호 대상자
㉣ 「한국간호사 윤리강령」 간호사와 협력자

10 보상적 권력은 특정 행동을 유도하거나 강화하기 위해 보상을 제공하는 능력으로 간호본부장은 간호학술제 수상자들에게 해외여행 기회를 제공함으로써 보상하는 보상적 권력의 유형이다.
② **강압적 권력**: 벌이나 처벌을 통해 행동을 통제하는 능력이다.
③ **준거적 권력**: 타인이 특정 인물의 매력이나 카리스마에 의해 그 인물을 따르고자 하는 경향이다.
④ **전문적 권력**: 특정 분야에서의 지식이나 전문성에 기반한 권력이다.

11 환자안전법령상 보건복지부장관에게 환자안전사고를 보고할 수 있는 사람만을 모두 고르면?

> ㉠ 보건의료기관의 장 　　㉡ 환자안전 전담인력
> ㉢ 보건의료인　　　　　　㉣ 환자 보호자

① ㉠
② ㉡, ㉢
③ ㉠, ㉡, ㉢
④ ㉠, ㉡, ㉢, ㉣

12 개인의사결정과 비교할 때 집단의사결정의 특징이 아닌 것은?

① 구성원의 수용도가 높다.
② 시간과 비용이 많이 소요된다.
③ 의사결정의 책임 소재가 명료하다.
④ 최적안보다 타협안을 선택할 수 있다.

ANSWER 11.④ 12.③

11 환자안전법 시행규칙 제12조(환자안전사고의 보고) 제1항에 따라 환자안전사고를 보고할 수 있는 사람은 보건의료인, 보건의료기관의 장, 전담인력, 환자, 환자 보호자에 해당한다.

12 집단의사결정에서는 여러 사람이 함께 결정하기 때문에 책임 소재가 분명하지 않아서 개인의사결정에 비해 책임 소재가 명료하지 않다.

※ 집단의사결정의 특징
㉠ 여러 구성원의 의견과 아이디어를 반영하여 구성원들이 의사결정에 많이 참여하기 때문에 결과에 대한 수용도가 높다.
㉡ 다양한 배경과 경험을 가진 사람들이 참여하여 풍부한 정보와 다양한 관점을 반영할 수 있다.
㉢ 여러 사람의 의견을 듣고 합의를 도출하는 과정이 필요하기 때문에 개인의사결정에 비해 시간이 더 많이 걸리고 비용이 더 많이 사용된다.
㉣ 책임이 분산되기 때문에, 의사결정 결과에 대한 책임 소재가 명확하지 않다.
㉤ 의견을 조율하는 과정에서 모든 구성원이 완전히 만족하지는 않더라도, 모두가 받아들일 수 있는 타협안을 선택하는 경우가 많다.
㉥ 아이디어를 발전시키고 조율하는 과정에서 더 나은 결정을 도출할 수 있는 시너지 효과를 얻는다.
㉦ 모든 구성원이 동의하려고 하다 보니 비판적 사고가 줄어들고 잘못된 결정을 내릴 위험이 있다.

13 허츠버그(Herzberg)의 동기-위생이론에 대한 설명으로 옳은 것은?

① 동기부여가 이루어지는 인지적 과정을 설명한다.
② 동기 요인은 작업 조건 등 외적 요인을 가리킨다.
③ 위생 요인에 집중할 때 직무성과가 향상된다.
④ 직무 불만족을 줄이려면 위생 요인을 개선해야 한다.

14 다음 사례에서 환자의 의사를 확보하기 위해 적용한 표준은?

> 담당의사와 전문의 1인이 인공호흡기를 착용 중인 A 환자가 현재 임종과정에 있으며 의사능력이 없다고 판단하였다. 또한 연명의료정보처리시스템을 통해 A 환자가 수개월 전 작성한 사전연명의료의향서를 확인하였다. 이를 근거로 '연명의료중단등결정에 대한 환자의사 확인서(사전연명의료의향서)'를 작성하고 A 환자의 연명의료를 중단하였다.

① 대리 판단 표준
② 순수 자율성 표준
③ 합리적 성인 표준
④ 최선의 이익 표준

ANSWER 13.④ 14.②

13 위생 요인은 불만족을 일으키는 급여, 작업 조건, 감독 스타일 등의 외적 요인을 개선하면 직무 불만족을 줄일 수 있다.
① 직무 만족과 불만족의 원인을 구분하는 이론이다.
② 동기 요인은 주로 성취, 인정, 일 자체, 책임, 발전과 같은 내적 요인이다.
③ 위생 요인은 불만족을 예방하지만 위생 요인을 개선한다고 해서 직무 성과가 향상되지는 않는다.

14 순수 자율성 표준은 환자가 사전에 자신의 의사를 명확히 표현한 경우, 그 의사에 따라 결정을 내리는 표준으로 A 환자가 작성한 사전연명의료의향서를 근거로 환자의 의사를 존중하여 연명의료를 중단한 것은 순수 자율성 표준에 해당한다.
① 대리 판단 표준: 환자가 의사 표현을 할 수 없을 때 환자의 의사를 대리인이 대신 판단하는 표준이다.
③ 합리적 성인 표준: 환자의 상황에서 합리적인 성인이 내릴 법한 결정을 대신 내리는 것이다.
④ 최선의 이익 표준: 환자의 최선의 이익을 위해 결정을 내리는 표준으로, 환자가 의사를 명확히 표현하지 않았을 때 주로 사용된다.

15 리즌(Reason)의 '스위스 치즈 모형'에 대한 설명으로 옳지 않은 것은?

① 안전사고가 발생하지 않도록 여러 단계에 방어벽을 마련해야 한다.
② 안전사고는 개별적 요인이 아니라 복합적 요인으로 인해 발생한다.
③ 안전사고를 예방하려면 개인행동보다 조직 시스템을 바꾸어야 한다.
④ 안전사고를 유발하는 근본적인 원인을 '가시적 오류'라고 한다.

16 의료기관의 총체적 질 관리(TQM)에 대한 설명으로 옳지 않은 것은?

① 임상 부서뿐만 아니라 비임상 부서도 참여하여야 한다.
② 질이 낮은 의료서비스에 초점을 둔 문제해결 활동이다.
③ 통계 자료와 분석 도구를 이용하여 질 관리의 단서를 찾는다.
④ 직무 수행의 결과뿐만 아니라 그 과정을 향상시키고자 노력한다.

17 병원의 자본예산 항목만을 모두 고르면?

| ㉠ 병원의 전기수도료 | ㉡ MRI 장비 구입비 |
| ㉢ 중환자실의 환자 침대 구입비 | ㉣ 병원 확장을 위한 토지 구입비 |

① ㉠, ㉢
② ㉡, ㉣
③ ㉡, ㉢, ㉣
④ ㉠, ㉡, ㉢, ㉣

ANSWER 15.④ 16.② 17.③

15 안전사고를 유발하는 근본적인 원인은 잠재적 오류(latent errors)이다. 가시적 오류(active errors)는 실제 사고를 일으키는 표면적인 실수이다.

16 TQM은 단순히 질이 낮은 서비스에 초점을 맞추는 것이 아니라, 전반적인 서비스의 질을 향상시키기 위해 지속적으로 개선하는 것을 목표한다.
① TQM는 임상 부서, 비임상 부서 모두가 참여한다.
③ TQM은 데이터 기반의 접근 방식을 사용하여 문제를 식별하고 단서를 찾는다.
④ TQM은 결과뿐만 아니라 과정의 개선으로 지속적인 품질 향상을 추구한다.

17 ㉡㉢㉣ 자본예산은 장기적인 투자 항목, 고정 자산, 대규모 설비 구입 등에 사용되는 예산을 의미한다.
㉠ 운영비

18 의료기관평가인증원의 급성기병원 인증기준은 네 개 영역으로 구성된다. 아래 내용이 속한 영역은?

> - 정확한 환자 확인
> - 수술·시술의 정확한 수행
> - 손위생 수행
> - 의료진 간 정확한 의사소통
> - 낙상 예방활동

① 기본가치체계
② 환자진료체계
③ 조직관리체계
④ 성과관리체계

19 간호단위의 약품 관리 방법으로 옳지 않은 것은?

① 혼동하기 쉬운 유사 발음 약품을 서로 다른 장소에 보관하였다.
② 약품 보관 냉장고의 온도를 섭씨 2～8도로 유지하였다.
③ 환자에게 사용하지 않은 혼합 조제 항암제를 재사용하도록 반납약 처리하였다.
④ 응급 상황에서 비품약 사용 시 처방을 받아 다시 채워 놓았다.

20 고전적 관리이론만을 모두 고르면?

> ㉠ 테일러(Taylor)의 과학적 관리론
> ㉡ 베버(Weber)의 관료제론
> ㉢ 페이욜(Fayol)의 일반관리론
> ㉣ 버틀란피(Bertalanffy)의 시스템 이론

① ㉠, ㉡
② ㉡, ㉣
③ ㉠, ㉡, ㉢
④ ㉠, ㉢, ㉣

ANSWER 18.① 19.③ 20.③

18 기본가치체계는 환자안전 보장활동이다.
② **환자진료체계**: 진료전달체계와 평가, 환자진료, 의약품 관리, 수술 및 마취진정관리, 환자권리 존중 및 보호이다.
③ **조직관리체계**: 질 향상 및 환자안전 활동, 감염관리, 경영 및 조직운영, 인적자원관리, 시설 및 환경관리, 의료정보 및 의무기록 관리이다.
④ **성과관리체계**: 성과관리이다.

19 혼합 조제 항암제를 재사용하는 것은 감염 및 안전 문제를 야기할 수 있기 때문에 위험하다. 항암제는 반드시 폐기한다.

20 ㉣ 버틀란피의 시스템 이론: 조직을 상호 의존적인 시스템으로 보는 이론으로 현대적 관리이론이다.
㉠ 테일러의 과학적 관리론: 작업의 효율성을 높이기 위해 과학적인 방법을 적용하는 관리 이론으로 고전적 관리이론이다.
㉡ 베버의 관료제론: 조직을 관리하기 위한 체계적인 구조와 절차를 강조하는 이론으로 고전적 관리이론이다.
㉢ 페이욜의 일반관리론: 경영의 보편적인 원칙을 제시한 이론으로 고전적 관리이론이다.

간호관리 | 2025. 6. 21. 제1회 지방직 시행

1 다음에서 설명하는 서비스의 특성은?

> 서비스는 제공하는 사람에 따라 서비스의 질이 달라질 수 있으므로 표준화 작업이 필요하다.

① 소멸성
② 무형성
③ 이질성
④ 비분리성

2 간호기록 작성에 대한 설명으로 옳은 것은?

① 간호처치를 수행하기 전에 기록한다.
② 공인되지 않은 약어를 사용하여 기록한다.
③ 다른 간호사가 수행한 것을 대신 기록하지 않는다.
④ 환자의 주관적 호소를 제외하고 객관적 사실만 기록한다.

ANSWER 1.③ 2.③

1 서비스의 특성
　㉠ 소멸성(perishability) : 보관과 저장이 불가능하다.
　㉡ 무형성(intangibility) : 형태가 없어 보거나 만질 수 없지만 오감으로 지각하게 할 수는 있다.
　㉢ 이질성(heterogeneity) : 제공자와 이용자 사이의 환경과 조건에 따라 질이 달라질 수 있다.
　㉣ 비분리성(inseparability) : 생산과 구매, 소비가 동시에 일어난다.

2 ① 간호처치를 수행한 후에 기록한다.
　② 공인된 약어를 사용하여 기록한다.
　④ 환자의 주관적 호소가 사실로 느껴지지 않더라도 기록을 남겨둘 필요가 있으므로 무조건 제외하지 않는다.

3 다음에서 설명하는 환자안전 접근방법은?

> 환자 안전사고의 가시적 오류와 잠재적 오류를 규명하기 위해 사고 발생 후 후향적으로 조사한다.

① 균형성과표(BSC)
② 6시그마(6sigma)
③ 근본원인분석(RCA)
④ 오류유형과 영향분석(FMEA)

4 직무수행평가 시 피평가자의 우수한 요소에 영향을 받아 다른 요소도 높게 평가하는 오류는?

① 혼 효과(horn effect)
② 후광 효과(halo effect)
③ 근접 착오(recency error)
④ 중심화 경향(central tendency)

ANSWER 3.③ 4.②

3 근본원인분석(Root Cause Analysis) … 발생한 사건의 가장 근본적인 원인을 파악하여 재발 방지를 목표로 하는 분석 기법으로, 단순 원인 규명에 그치지 않고 지속적인 시스템 개선을 통해 안전한 진료환경 조성을 목표로 한다.
  ※ RCA와 FMEA의 차이

구분	RCA	FMEA
목적	발생한 문제의 원인 분석 및 해결	고장 발생을 미리 예방
시점	사고 발생 후 원인 분석	설계 및 개발 단계에서 사전 분석
접근 방식	왜 발생했는지를 분석	무엇이 잘못될 수 있었는가를 예상
분석 대상	발생한 문제의 근본 원인	예상되는 잠재적 결함 및 영향
비용 및 시간	신속한 분석	비교적 많은 비용과 시간이 소요

4 후광 효과 … 피평가자의 우수한 요소에 영향을 받아 다른 요소도 높게 평가하는 오류
  ① 혼 효과 : 후광 효과와 반대로 피평가자의 특정한 부정적 인상에 기초하여 다른 요소도 부정적으로 평가하는 오류
  ③ 근접 착오 : 시간적으로 근접한 실적이나 능력을 중심으로 평정하는 데서 발생하는 오류
  ④ 중심화 경향 : 가장 무난한 중간 점수로 평정하여 척도상 중간에 절대다수가 집중되는 경향

5 다음에 해당하는 동기부여 이론은?

> • 자신이 받은 보상이 비교 대상보다 과다하다고 지각하여 더 많은 업무를 맡으려고 한다.
> • 자신이 받은 보상이 비교 대상보다 과소하다고 지각하여 추가적인 보상 기회를 찾는다.

① 브룸(Vroom)의 기대이론
② 아담스(Adams)의 공정성이론
③ 로크(Locke)의 목표설정이론
④ 맥클리랜드(McClelland)의 성취동기이론

ANSWER 5.②

5 **아담스의 공정성이론** … 조직 내의 개인과 조직 간의 교환관계에 있어서 공정성 문제와 공정성이 훼손되었을 때 나타나는 개인의 행동유형을 제시하였다. 구성원 개인은 직무에 대하여 자신이 조직으로부터 받은 보상을 비교함으로써 공정성을 지각하며, 자신의 보상을 동료와 비교하여 공정성을 판단하는데 이때 불공정성을 지각하게 되면 이를 감소시키기 위한 방향으로 모티베이션이 작용하여 균형을 찾는다고 보았다.

※ 동기부여 이론
　㉠ 과정이론: 정보처리나 인식 혹은 직무환경 요인과 상황 등 인식변수(cognitive variables)가 동기 유발에 '어떻게, 그리고 왜' 영향을 미치는지에 많은 관심을 둔다.
　　• 브룸의 기대이론
　　• 포터 및 롤러의 업적만족이론
　　• 조고풀로스 등의 통로-목표이론
　　• 애트킨슨의 기대이론
　　• 아담스의 공정성이론
　㉡ 내용이론: 무엇이 개인의 행동을 유지 혹은 활성화시키는가, 혹은 환경 속의 무슨 요인이 사람의 행동을 움직이게 하는가에 관한 이론을 말한다.
　　• 매슬로우의 욕구단계이론
　　• 앨더퍼의 ERG이론
　　• 허즈버그의 2요인이론
　　• 맥클리랜드의 성취동기이론

6 다음을 포함하는 인적자원관리 활동은?

> • 간호인력 산정
> • 인력 모집 및 선발
> • 인력 배치

① 직무관리　　　　　　　　② 확보관리
③ 개발관리　　　　　　　　④ 유지관리

7 관리이론 중 인간관계론에 대한 내용으로 옳은 것은?

① 행동과 의사결정에 대한 규칙과 절차를 문서화한다.
② 구성원의 생산성에 비례하여 보수를 지급한다.
③ 자원은 변환과정을 통해 제품 및 서비스로 산출된다.
④ 구성원에 대한 관리자의 관심이 생산성을 높인다.

ANSWER　6.②　7.④

6　② **확보관리**: 간호인력 산정, 인력 모집 및 선발, 인력 배치
　　① **직무관리**: 직무설계, 분석, 평가
　　③ **개발관리**: 인력 개발, 승진, 경력 개발, 직무수행 평가
　　④ **유지관리**: 보상 관리, 직원 훈육, 결근 및 이직 관리, 노사 협상

7　**인간관계론** … 인간을 기계적으로만 취급할 것이 아니라 조직구성원들의 사회적·심리적 욕구와 조직 내 비공식집단 등을 중시하며, 조직의 목표와 조직구성원들의 목표 간의 균형 유지를 지향하는 민주적·참여적 관리 방식을 처방하는 조직이론을 말한다.
　　① 관료제이론
　　② 과학적 관리론
　　③ 체계이론

8 생명의료윤리 원칙에 대한 개념 설명으로 옳지 않은 것은?

① 자율성 존중의 원칙 - 환자가 자신의 생각에 따라 선택하고 행동할 권리를 존중한다.
② 악행금지의 원칙 - 의도적으로 해를 입히는 것과 해를 입히는 위험을 초래하는 것을 금한다.
③ 선행의 원칙 - 해악을 제거하고 적극적으로 선을 실행한다.
④ 정의의 원칙 - 환자에게 성실하게 간호를 제공하겠다는 약속을 이행한다.

9 간호단위 환경관리에 대한 설명으로 옳은 것은?

① 입원실은 300럭스(lux) 이상의 조도를 유지한다.
② 다인실에는 사생활 보호를 위해 커튼이나 칸막이를 설치한다.
③ 격리실은 전실을 두어 이중문을 설치하고 항상 양압을 유지한다.
④ 간호사실은 원활한 업무를 위해 70데시벨(decibel) 정도가 적절하다.

10 다음 중 집단의사결정에 비해 개인의사결정이 효과적인 경우만을 모두 고르면?

┌─────────────────────────────────────┐
│ ㉠ 신속한 의사결정을 해야 하는 경우 │
│ ㉡ 의사결정의 수용성이 중요한 경우 │
│ ㉢ 다양한 지식을 활용해야 하는 경우 │
│ ㉣ 의사결정의 명료한 책임소재가 필요한 경우 │
└─────────────────────────────────────┘

① ㉠, ㉢   ② ㉠, ㉣
③ ㉡, ㉢   ④ ㉡, ㉣

ANSWER 8.④ 9.② 10.②

8 ④ '환자에게 성실하게 간호를 제공하겠다는 약속을 이행한다.'는 성실의 원칙이다. 정의의 원칙은 '제한된 의료 자원을 공정하게 분배한다.'는 원칙으로 우선순위 결정이나 자원 배분에서 공평성을 고려해야 한다.

9 ① 입원실은 100럭스(lux) 이상의 조도를 유지한다.
③ 격리실은 전실을 두어 이중문을 설치하고 항상 음압을 유지한다.
④ 간호사실은 원활한 업무를 위해 40데시벨 이하로 유지되어야 하고 병실은 30데시벨 정도가 적절하다.

10 ㉠㉣ 개인의사결정은 신속함과 책임소재의 명확성이라는 장점이 있다.
㉡㉢ 집단의사결정이 효과적인 경우이다.

11 카츠(Katz)의 관리기술에 대한 설명으로 옳은 것은?

① 인간적 기술은 구성원의 업무 수행과 관련된 지식·방법·장비 등을 사용하는 능력이다.
② 실무적 기술은 상위 관리계층으로 올라갈수록 요구도가 높아진다.
③ 개념적 기술은 조직을 전체로 보고 구성원의 활동을 조직 목표와 연결하여 이해하는 능력이다.
④ 실무적 기술은 구성원과 함께 일할 수 있는 인간관계 능력이다.

12 다음 중 인력 충원을 위한 내부 모집의 장점은?

① 인력 충원 비용이 절감된다.
② 기관에 대한 홍보 효과가 있다.
③ 조직 내 과도한 경쟁을 예방한다.
④ 유능한 전문가의 영입 가능성이 높아진다.

ANSWER 11.③ 12.①

11 ① 실무적 기술은 구성원의 업무 수행과 관련된 지식·방법·장비 등을 사용하는 능력이다.
② 개념적 기술은 상위 관리계층으로 올라갈수록 요구도가 높아진다.
④ 인간적 기술은 구성원과 함께 일할 수 있는 인간관계 능력이다.
※ 카츠의 경영자 기술
  ㉠ 실무적 기술 : 기업의 핵심기술과 관련된 지식과 자신의 직무와 관련된 지식 → 일선 관리자에게 강조됨
  ㉡ 인간적 기술 : 인간에 대한 관리, 동기 부여, 리더십 등 → 중간 관리자에게 강조됨
  ㉢ 개념적 기술 : 문제에 대한 통찰력과 새로운 대안을 제시하는 능력을 → 최고 경영자에게 강조됨

12 ②③④ 외부 모집의 장점이다.

13 재무상태표(대차대조표)에 대한 설명으로 옳은 것은?

① 기업 재무구조의 건전성을 알 수 있다.
② 기본 요소는 수익, 비용, 당기순이익 등이다.
③ 일정 기간 기업활동을 통해 얻어진 손익을 나타낸다.
④ 현금의 유입과 유출을 영업·투자·재무 활동으로 표시한다.

14 다음 사례에 나타난 의사소통 네트워크 유형은?

> - 간호부는 '환자경험평가'에 대비하여 각 병동 파트장이 참여하는 팀을 구성하였다.
> - 팀원 모두가 자유롭게 정보를 교환하고 의사소통하고 있다.

① Y형
② 사슬형
③ 수레바퀴형
④ 완전연결형

ANSWER 13.① 14.④

13 ② 기본 요소는 수익, 비용, 당기순이익 등이다. → 손익계산서
③ 일정 기간 기업활동을 통해 얻어진 손익을 나타낸다. → 손익계산서
④ 현금의 유입과 유출을 영업·투자·재무 활동으로 표시한다. → 현금흐름표
※ 재무제표
  ㉠ **재무상태표(대차대조표)** : 특정 시점의 기업이 소유하고 있는 경제적 자원(자산), 그 경제적 자원에 대한 의무(부채) 및 소유주 지분(자본)의 잔액을 보고한다.
  ㉡ **손익계산서** : 그 회계기간에 속하는 모든 수익과 이에 대응하는 모든 비용을 적정하게 표시하여 손익을 나타내는 회계문서를 말한다.
  ㉢ **현금흐름표** : 영업활동, 투자활동, 재무활동별로 기업의 일정기간 동안의 현금성 자산의 변동에 관한 정보를 제공하는 재무제표를 말한다.

14 지문은 완전연결형에 대한 설명이다.
① Y형 : 확고한 중심이 존재하지 않지만, 대다수의 구성원을 대표하는 리더가 존재하는 유형
② 사슬형 : 공식적, 수직적인 명령계통으로 위-아래로만 이루어지는 형태
③ 수레바퀴형 : 정보가 특정 리더에 집중되는 형태로, 집단 내 강력한 리더가 있을 때 나타나는 유형

15 간호단위 물품관리에 대한 설명으로 옳은 것은?

① 멸균물품은 선입선출이 가능하도록 정리한다.
② 재고관리 시 품목별 수량 확인을 생략한다.
③ 리넨의 1일 정수량은 사용량의 3배 이상으로 한다.
④ 유효기간이 경과하지 않았어도 사용하지 않는 물품은 폐기한다.

16 다음 중 환자 안전사고의 예방 및 감소 방안에 해당하는 것만을 모두 고르면?

> ㉠ 사건보고 및 의사소통체계를 마련한다.
> ㉡ 간호실무표준을 기초로 최선의 간호를 수행한다.
> ㉢ 기관의 정책, 규정, 지침 등을 정기적으로 숙지한다.

① ㉠, ㉡
② ㉠, ㉢
③ ㉡, ㉢
④ ㉠, ㉡, ㉢

17 영기준 예산제(zero-based budgeting)에 대한 설명으로 옳지 않은 것은?

① 전년도 예산에 근거하지 않고 새롭게 예산을 책정한다.
② 비용과 성과를 연계함으로써 예산 낭비를 줄일 수 있다.
③ 물가상승률 등 전년 대비 증감률을 반영하여 예산을 책정한다.
④ 기존 사업의 타당성을 재평가하므로 시간이 걸리고 복잡하다.

ANSWER 15.① 16.④ 17.③

15 ② 재고관리 시 품목별 수량 확인을 반드시 해야 한다.
③ 리넨의 1일 정수량은 사용량의 1.5배 이상으로 한다.
④ 유효기간이 경과한 물품은 폐기한다.

16 보기 모두 환자 안전사고의 예방 및 감소 방안에 해당한다.

17 영기준 예산(ZBB)은 전년도 예산을 기준으로 점증적으로 예산을 편성하는 기존 방식과 달리, 모든 사업을 원점(0)에서 재검토해 우선순위에 따라 예산을 배분하는 제도이다. 따라서 물가상승률 등 전년 대비 증감률은 반영되지 않는다.

18 의료법령상 간호·간병통합서비스를 제공할 수 있는 의료기관이 아닌 것은?

① 치과병원
② 한방병원
③ 요양병원
④ 종합병원

19 다음에서 설명하는 데밍(Deming)의 PDCA 단계는?

> 문제를 규명하고 개선 가능 분야를 검토한 후 해결 방안을 모색하고 선택한다.

① Plan(계획)
② Do(실행)
③ Check(검증)
④ Act(개선)

ANSWER 18.③ 19.①

18 보건복지부령으로 정하는 병원급 의료기관은 간호·간병통합서비스를 제공할 수 있도록 노력하여야 한다〈「의료법」 제4조의2 (간호·간병통합서비스 제공 등) 제2항〉.
법 제4조의2 제2항에서 "보건복지부령으로 정하는 병원급 의료기관"이란 병원, 치과병원, 한방병원 및 종합병원을 말한다〈「의료법 시행규칙」 제1조의4(간호·간병통합서비스의 제공 환자 및 제공 기관) 제2항〉.

19 데밍(Deming)의 PDCA 단계 … 다음의 단계를 통해 지속적인 품질 향상을 목표로 하는 품질관리 방법론이다.

Plan(계획)	• 개선의 필요성 및 목표 • 개서 방법 및 절차 • 필요한 리소스 • 기대되는 효과
Do(실행)	• 계획의 충실한 이행 • 적절한 리소스의 활용 • 부작용의 발생 가능성에 대한 대비
Check(검증)	• 목표 달성 여부 • 개선의 효과 • 부작용의 발생 여부
Act(개선)	• 목표 달성 여부와 효과에 따른 개선 계획의 수정 및 보완 • 새로운 개선 기회의 발굴

20 피들러(Fiedler)의 상황적합성 이론에 근거할 때, 다음 설명에서 상황 호의성과 효과적인 리더를 바르게 연결한 것은?

> • 간호관리자와 구성원 간의 관계는 좋다.
> • 간호업무의 구조화 정도가 높다.
> • 간호관리자의 직위 권한이 약하다.

	상황 호의성	효과적인 리더
①	비호의적 상황	과업지향적 리더
②	비호의적 상황	관계지향적 리더
③	호의적 상황	과업지향적 리더
④	호의적 상황	관계지향적 리더

ANSWER 20.③

20 피들러의 상황적합성 이론 … 상황에 따라 리더십이 다르게 적용되어야 한다는 상황 중심 리더십 이론이다. 과업 지향적 리더십과 관계 지향적으로 구분하는데, 과업 지향적 리더십은 업무 목표 달성, 성과, 효율성, 구조화된 업무 프로세스 등을 중요하게 생각하며 관계 지향적 리더십은 구성원과의 좋은 관계 유지, 신뢰, 협력 등을 중요시 한다. 리더십 상황을 호의적·비호의적 상황에 따라 세 가지 변수로 분석했는데, 구성원들이 리더를 신뢰하고 존중하는 정도인 리더-구성원 관계(좋을수록 호의적)와 과업의 목표, 절차, 평가 기준 등이 명확하게 정의되어 있는 과업 구조화(구조화된 과업일수록 호의적), 리더 지시하고 통제하며 보상 또는 처벌할 수 있는 공식적인 권한의 정도인 직위 권력(권력이 강할수록 호의적)이 있다.
• 간호관리자와 구성원 간의 관계는 좋다. → 호의적
• 간호업무의 구조화 정도가 높다. → 호의적
• 간호관리자의 직위 권한이 약하다. → 비호의적
이므로, 호의적 상황에 해당하며 과업지향적 리더가 가장 효과적이다.

02 지역사회 간호

지역사회간호 | 2018. 5. 19. 제1회 지방직 시행

1 질병군별 포괄수가제에 대한 설명으로 옳지 않은 것은?

① 진료의 표준화를 유도할 수 있다.
② 과잉진료 및 진료비 억제의 효과가 있다.
③ 진료비 청구를 위한 행정 사무가 간편하다.
④ 의료인의 자율성을 보장하여 양질의 서비스 제공이 가능하다.

2 취약가족 간호대상자 중 가족 구조의 변화로 발생한 것이 아닌 것은?

① 만성질환자 가족
② 한부모 가족
③ 별거 가족
④ 이혼 가족

ANSWER 1.④ 2.①

1 질병군별 포괄수가제는 의료의 질적 서비스 저하 우려, 의료원가 보상 미흡, 복잡한 중증환자에 대한 포괄수가 적용 무리, 조기 퇴원 문제, 많은 진료건수로 건강보험공단 재정에 부정적인 영향 등의 문제점이 제기된다.
※ **질병군별 포괄수가제** … 질병군별 중증도에 따라 이미 정해진 정액의 진료비를 의료행위 항목별로 따지지 않고 포괄하여 계산하는 치료비 결정방식이다.

2 만성질환자 가족은 기능적 취약 가족이다.
※ **취약가족의 종류**
㉠ **구조적 취약**: 한부모 가족, 이혼 가족, 별거 가족, 독거노인 가족 등
㉡ **기능적 취약**: 저소득 가족, 실직자 가족, 만성 및 말기 질환자 가족 등
㉢ **상호작용 취약**: 학대 부모 가족, 비행 청소년 가족, 알코올·약물 중독 가족 등
㉣ **발달단계 취약**: 미숙아 가족 등

3 다음 ㉠에 해당하는 지역사회 유형은? [기출변형]

> 「지역보건법 시행령」 제8조(보건소의 추가 설치)
> ① 법 제10조 제1항 단서에 따라 보건소를 추가로 설치할 수 있는 경우는 다음 각 호의 어느 하나에 해당하는 경우로 한다.
>   1. 해당 시·군·구의 인구가 (㉠)을 초과하는 경우
>   2. 해당 시·군·구의 「보건의료기본법」에 따른 보건의료기관 현황 등 보건의료 여건과 아동·여성·노인·장애인 등 보건의료 취약계층의 보건의료 수요 등을 고려하여 보건소를 추가로 설치할 필요가 있다고 인정되는 경우

① 50만 명
② 40만 명
③ 30만 명
④ 10만 명

ANSWER 3.③

3 보건소의 추가 설치 … 법 제10조 제1항 단서에 따라 보건소를 추가로 설치할 수 있는 경우는 다음 각 호의 어느 하나에 해당하는 경우로 한다〈지역보건법 시행령 제8조 제1항〉.
㉠ 해당 시·군·구의 인구가 30만 명을 초과하는 경우
㉡ 해당 시·군·구의 「보건의료기본법」에 따른 보건의료기관 현황 등 보건의료 여건과 아동·여성·노인·장애인 등 보건의료 취약계층의 보건의료 수요 등을 고려하여 보건소를 추가로 설치할 필요가 있다고 인정되는 경우

※ 지역사회 유형
  ㉠ 구조적 지역사회
   • 집합체: 사람이 모인 이유와 관계없이 '집합' 그 자체
   • 대면 공동체: 가장 기본이 되는 공동체로 지역사회의 기본적인 집단
   • 생태학적 공동체: 지리적 특성, 기후, 자연환경 등 동일한 생태학적 문제를 공휴하는 집단
   • 지정학적 공동체: 지리적, 법적인 경계로 구분된 지역사회
   • 조직: 일정한 환경 아래 특정한 목표를 추구하며 일정한 구조를 가진 사회단위
   • 문제해결 공동체: 문제를 정의할 수 있고, 문제를 공유하며, 해결할 수 있는 범위 내에 있는 구역
  ㉡ 기능적 지역사회
   • 요구 공동체: 주민들의 일반적인 공통문제 및 요구에 기초를 두고 있는 공동체
   • 자원 공동체: 어떤 문제를 해결하기 위한 자원의 활용범위로 모인 집단
  ㉢ 감정적 지역사회
   • 소속 공동체: 동지애와 같은 정서적 감정으로 결속된 감성적 지역사회
   • 특수흥미 공동체: 특수 분야에 서로 같은 관심과 목적을 가지고 관계를 맺는 공동체

4 보건교육방법의 토의 유형 중 심포지엄(symposium)에 대한 설명으로 옳은 것은?

① 일명 '팝콘회의'라고 하며, 기발한 아이디어를 자유롭게 제시하도록 하는 방법이다.
② 참가자 전원이 상호 대등한 관계 속에서 정해진 주제에 대해 자유롭게 의견을 교환하는 방법이다.
③ 전체를 여러 개의 분단으로 나누어 토의시키고 다시 전체 회의에서 종합하는 방법이다.
④ 동일한 주제에 대해 전문가들이 다양한 의견을 발표한 후 사회자가 청중을 공개토론 형식으로 참여시키는 방법이다.

5 여름휴가차 바닷가에 온 40대 여성이 오징어와 조개류 등을 생식하고 다음 날 복통, 설사와 미열을 호소하며 병원을 방문하여 진료를 받았다. 이 경우 의심되는 식중독의 특징은?

① 7 ~ 8월에 주로 발생하며, 원인균은 포도상구균이다.
② 화농성질환을 가진 조리사의 식품 조리과정에서 발생한다.
③ 감염형 식중독으로 가열해서 먹을 경우 예방이 가능하다.
④ 독소형 식중독으로 신경마비성 증상이 나타나 치명률이 높다.

ANSWER 4.④ 5.③

4 ① 브레인스토밍에 대한 설명이다.
② 원탁토의에 대한 설명이다.
③ 버즈토의에 대한 설명이다.

5 오징어와 조개류 등은 표피나 아가미, 내장 등을 충분히 세척·가열하지 않고 섭취할 경우 장염비브리오균에 감염될 수 있다.

6 건강행위에 영향을 미치는 요인을 개인의 특성과 경험, 행위와 관련된 인지와 감정으로 설명하였으며, 사회인지이론과 건강신념모델에 기초하여 개발된 이론은?

① 계획된 행위이론
② 건강증진모형
③ 범이론 모형
④ PRECEDE-PROCEED 모형

ANSWER 6.②

6 Pender의 건강증진모형

7 리벨과 클라크(Leavell & Clark)는 질병의 자연사에 따른 예방적 수준을 제시하였다. 질병의 자연사 중 초기병변단계(불현성감염기)에 해당하는 예방적 조치는?

① 보건교육
② 조기진단
③ 예방접종
④ 재활훈련

8 대량 환자가 발생한 재난현장에서 중증도 분류표(triage tag)의 4가지 색상에 대한 분류로 옳은 것은?

① 황색 – 경추를 제외한 척추 손상
② 녹색 – 대량 출혈로 매우 낮은 혈압
③ 적색 – 30분 이상 심장과 호흡의 정지
④ 흑색 – 경증 열상 혹은 타박상

ANSWER 7.② 8.①

7 질병의 자연사와 예방단계(Leavell & Clark)

질병의 과정	예비적 조치	예방차원
비병원성기(무병기)	건강증진, 환경위생, 영양개선	1차적 예방
초기병원성기(전병기)	특수예방, 예방접종	1차적 예방
불현성감염기(증병기)	조기진단, 조기치료	2차적 예방
발현성질환기(진병기)	악화방지를 위한 치료	2차적 예방
회복기(정병기)	재활훈련, 사회복귀	3차적 예방

8 재난현장 중증도 분류(triage tag)
㉠ 흑색 : 사망자
㉡ 적색 : 긴급환자(긴급이송을 하지 않으면 생명이 위험한 사람)
㉢ 황색 : 응급환자(조금 늦어도 생명에 지장이 없는 사람)
㉣ 녹색 : 비응급환자

9 다음 그림은 A초등학교 100명의 학생 중 B형 간염 항원 양성자 15명의 발생분포이다. 4월의 B형 간염 발생률(%)은? (단, 소수점 둘째 자리에서 반올림 함)

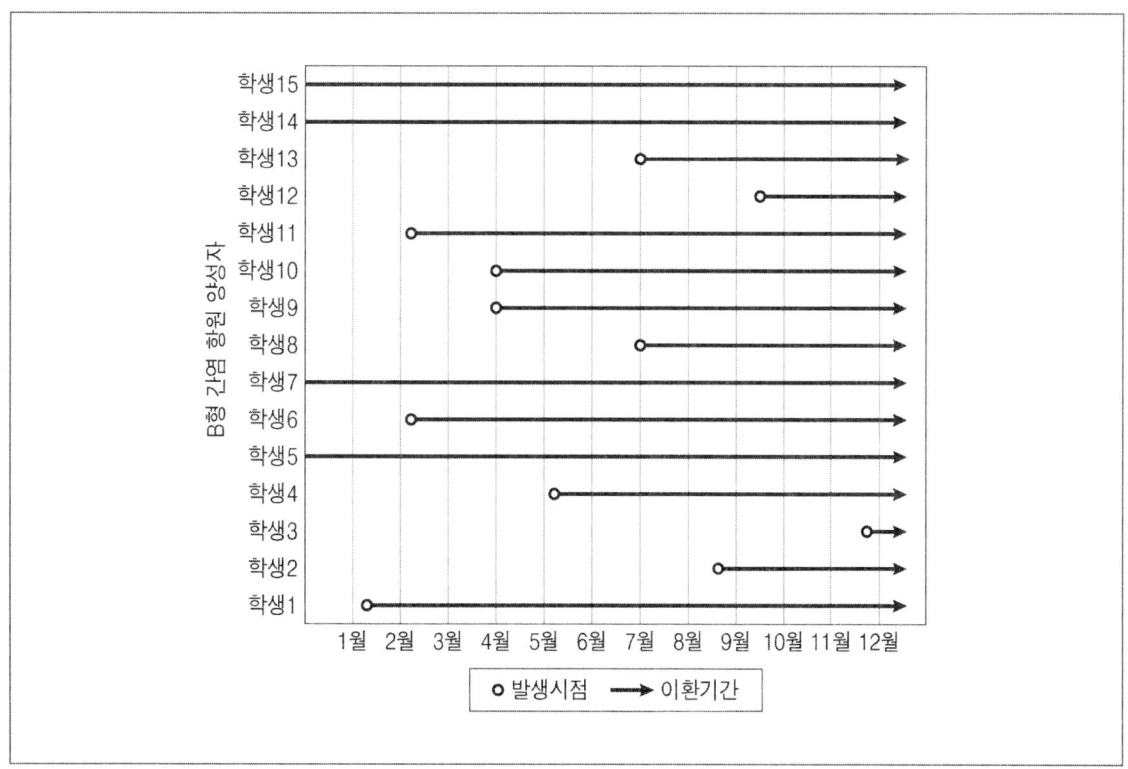

① 2.0
② 9.0
③ 2.2
④ 9.7

ANSWER 9.③

9 발생률 = $\frac{신환환수}{중앙인구수 - 면역력인구수\ 또는\ 기존환자수} \times 100 = \frac{2}{100-7} \times 100 ≒ 2.15$(소수점 둘째 자리에서 반올림) → 2.2

10 보건사업의 우선순위 결정기준 중 BPRS 계산 후 사업의 실현가능성 여부를 판단하는 기준으로 사용되는 것은?

① Bryant
② PATCH
③ MAPP
④ PEARL

11 지역주민의 건강증진을 위하여 '지역보건의료계획'을 수립하고 시행하도록 한 근거가 되는 법은?

① 「보건소법」
② 「지역보건법」
③ 「국민건강보험법」
④ 「국민건강증진법」

12 지역 주민의 건강문제를 파악하기 위한 2차 자료 수집 방법은?

① 독거노인을 대상으로 실시한 면담
② 지역 주민의 보건사업 요구도 조사
③ 지역 주민의 행사에 참여하여 관찰
④ 통계청에서 제공한 생정통계 활용

ANSWER 10.④ 11.② 12.④

10 BPRS 계산 후 실현 가능성 여부를 판단하는 기준으로 FEARL을 주로 사용한다. PEARL 값은 0 또는 1로, 각 항목의 점수를 모두 곱하여 평가 항목 중 하나라도 불가의 판정을 받으면 사업은 시작될 수 없다.
  ㉠ P(propriety, 적절성): 해당 기관의 업무범위에 해당하는가?
  ㉡ E(economic feasibility, 경제적 타당성): 문제를 해결하는 것이 경제적으로 의미가 있는가?
  ㉢ A(acceptability, 수용성): 지역사회나 대상자들이 사업을 수용할 것인가?
  ㉣ R(resources, 자원의 이용 가능성): 사업에 이용할 재원이나 자원이 있는가?
  ㉤ L(legality, 적법성): 법에 저촉되는 내용은 없는가?

11 지역보건의료계획의 수립 등〈지역보건법 제7조 제1항〉… 시·도지사 또는 시장·군수·구청장은 지역주민의 건강 증진을 위하여 다음의 사항이 포함된 지역보건의료계획을 4년마다 수립하여야 한다.
  ㉠ 보건의료 수요의 측정
  ㉡ 지역보건의료서비스에 관한 장기·단기 공급대책
  ㉢ 인력·조직·재정 등 보건의료자원의 조달 및 관리
  ㉣ 지역보건의료서비스의 제공을 위한 전달체계 구성 방안
  ㉤ 지역보건의료에 관련된 통계의 수집 및 정리

12 1차 자료는 연구자가 자신의 연구목적에 따라 원하는 자료를 직접 수집한 자료인 반면 2차 자료는 다른 연구자나 문헌 등의 자료를 활용하여 가공한 자료이다.

13 72세 할머니가 치매를 진단받은 남편의 간호요령에 대해 알고 싶다고 말하였다. 이에 해당하는 브래드쇼(Bradshaw)의 교육 요구는?

① 규범적 요구
② 내면적 요구
③ 외향적 요구
④ 상대적 요구

14 「지역보건법」상 보건소의 기능 및 업무에 해당하지 않는 것은?

① 보건의료 관련기관 · 단체, 학교, 직장 등과의 협력체계 구축
② 국민건강증진 · 구강건강 · 영양관리사업 및 보건교육
③ 정신건강증진 및 생명존중에 관한 사항
④ 기후변화에 따른 국민건강영향평가

ANSWER 13.③ 14.④

13 브래드쇼의 요구 유형

요구 유형	내용
규범적 요구	• 보건의료전문가에 의해 정의되는 요구 • 교육대상자의 주관적 느낌이나 생각과 차이가 있을 수 있다.
내면적 요구	• 대상자 스스로가 느끼는 요구 • 전문가 판단에 따른 규범적 요구와 차이가 있을 수 있다.
외향적 요구	자신의 건강문제에 대해 다른 사람에게 호소하거나 행동으로 나타내는 경우
상대적 요구	목표인구와 타 집단을 비교하거나, 전체 집단의 평균과 비교하였을 때 평균보다 높거나 낮음으로써 확인된 문제

14 보건소의 기능 및 업무〈지역보건법 제11조 제1항〉
㉠ 건강 친화적인 지역사회 여건의 조성
㉡ 지역보건의료정책의 기획, 조사 · 연구 및 평가
㉢ 보건의료인 및 「보건의료기본법」 제3조 제4호에 따른 보건의료기관 등에 대한 지도 · 관리 · 육성과 국민보건 향상을 위한 지도 · 관리
㉣ 보건의료 관련기관 · 단체, 학교, 직장 등과의 협력체계 구축
㉤ 지역주민의 건강증진 및 질병예방 · 관리를 위한 다음 각 목의 지역보건의료서비스의 제공
 • 국민건강증진 · 구강건강 · 영양관리사업 및 보건교육
 • 감염병의 예방 및 관리
 • 모성과 영유아의 건강유지 · 증진
 • 여성 · 노인 · 장애인 등 보건의료 취약계층의 건강유지 · 증진
 • 정신건강증진 및 생명존중에 관한 사항
 • 지역주민에 대한 진료, 건강검진 및 만성질환 등의 질병관리에 관한 사항
 • 가정 및 사회복지시설 등을 방문하여 행하는 보건의료 및 건강관리사업
 • 난임의 예방 및 관리

15 다음과 같은 지역사회간호의 시대적 흐름과 관련한 설명으로 옳은 것은?

> (가) 1900년 이전 : 방문간호시대
> (나) 1900년 ~ 1960년 : 보건간호시대
> (다) 1960년 이후 : 지역사회간호시대

① (가) - 한국에서 로선복(Rosenberger)이 태화여자관에 보건사업부를 설치하여 모자보건사업을 실시하였다.
② (나) - 라론드(Lalonde) 보고서의 영향을 받아 건강생활실천을 유도하는 건강증진사업이 활성화되었다.
③ (나) - 릴리안 왈드(Lillian Wald)가 가난하고 병든 사람들을 간호하기 위하여 뉴욕 헨리가에 구제사업소를 설립하였다.
④ (다) - 미국에서 메디케어(Medicare)와 메디케이드(Medicaid)의 도입 이후 가정간호가 활성화되었다.

16 지역사회간호과정을 적용하여 비만여성 운동프로그램을 실시한 경우, 계획단계에서 이루어진 내용으로 옳은 것은?

① 비만여성 운동프로그램 참여율에 대한 목표를 설정하였다.
② 여성의 운동부족과 비만문제를 최우선 순위로 설정하였다.
③ 여성의 비만이 건강에 미치는 영향을 조사하였다.
④ 여성의 비만 유병률을 다른 지역과 비교하였다.

ANSWER 15.④ 16.①

15 ④ 1965년 → (다)
① 1923년 → (나)
② 1974년 → (다)
③ 1893년 → (가)

16 사정 → 진단 → 계획 → 수행 → 평가 중 계획단계에서 실시하는 내용은 ①이다.
②③④ 사정단계
※ 지역사회 간호과정

사정	진단	계획	수행	평가
• 자료수집 • 자료요약	• 자료분석 • 간호진단 • 간호사업의 기준과 지침 확인 • 우선순위 결정	• 목적과 목표 설정 • 간호방법과 수단선택 • 수행계획 • 평가계획	• 필요한 지식과 기술 선정 • 의뢰 • 수행의 장애 요인 인식 • 계획된 활동 수행(조정, 감시, 감독)	• 평가실행 • 평가범주 • 평가절차

17 다음에 해당하는 지역사회 간호사정의 자료 분석 단계는?

> • 부족하거나 더 필요한 자료가 없는지 파악한다.
> • 다른 지역의 자료나 과거의 통계자료 등을 비교한다.

① 분류
② 요약
③ 확인
④ 결론

18 우리나라 의료보장제도에 대한 설명으로 옳은 것은?

① 1977년 전국민 의료보험이 실시되었다.
② 국민건강보험 가입은 국민의 자발적 의사에 따라 선택한다.
③ 사회보험 방식의 국민건강보험과 공공부조 방식의 의료급여 제도를 운영하고 있다.
④ 국민건강보험 적용대상자는 직장가입자, 지역가입자와 피부양자, 의료급여 수급권자이다.

ANSWER 17.③ 18.③

17 자료 분석 단계

단계	내용
분류	서로 연관성 있는 것끼리 분류
요약	분류된 자료를 근거로 지역사회의 특성을 요약
비교·확인	수집된 자료에 대한 재확인, 과거와의 비교, 다른 지역과의 비교
결론	수집된 자료의 의미 파악, 지역사회의 건강요구 및 구체적 문제 결론

18 ① 전국민 의료보험이 실시된 것은 1989년이다.
② 국민건강보험은 강제가입이 원칙이다.
④ 의료급여 수급권자는 공공부조에 해당한다.

19 방문간호사가 K 씨 가족을 방문하여 가족간호사정을 실시하였다. 다음의 사정도구에 대한 설명으로 옳은 것은?

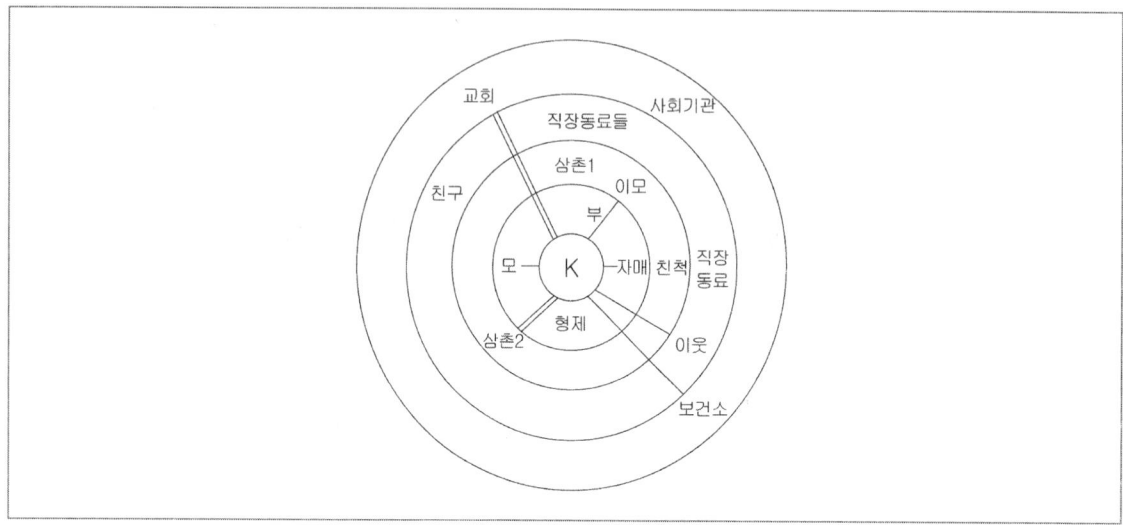

① K 씨와 가족 내·외부 간의 지지 정도를 확인할 수 있다.
② K 씨의 가족과 외부체계 간의 자원 흐름을 파악할 수 있다.
③ K 씨의 가족구성원 간의 상호관계와 친밀도를 도식화한 것이다.
④ K 씨의 가족구성원의 구조를 한눈에 볼 수 있도록 도식화한 것이다.

ANSWER 19.①

19 제시된 사정도구는 사회지지도로, 가장 취약한 가족구성원을 중심으로 부모·형제, 친구와 직장동료, 기관 등 외부와의 상호작용을 그린 것이다.
② 외부체계도
③ 가족밀착도
④ 가족구조도

20 다음의 인구 현황 표에 따라 산출한 지표에 대한 설명으로 옳은 것은?

구분(세)	인구 수(명)
0~14	200
15~49	300
50~64	200
65~74	200
75 이상	100
계	1,000

① 노령화 지수는 30으로 유년인구 100명에 대해 노년인구가 30명임을 뜻한다.
② 노인인구 구성 비율은 20%로 총인구 100명에 대해 노인인구가 20명임을 뜻한다.
③ 노년부양비는 60으로 생산가능인구 100명이 노년인구 60명을 부양한다는 뜻이다.
④ 유년부양비는 20으로 생산가능인구 100명이 유년인구 20명을 부양한다는 뜻이다.

ANSWER 20.③

20 노년부양비 $= \dfrac{65세\ 이상\ 인구수}{15~64세\ 인구수} \times 100 = \dfrac{300}{500} \times 100 = 60$으로 생산가능인구 100명이 노년인구 60명을 부양한다는 뜻이다.

① 노령화 지수 $= \dfrac{65세\ 이상\ 인구수}{0~14세\ 인구수} \times 100 = \dfrac{300}{200} \times 100 = 150$으로 유년인구 100명에 대해 노년인구가 150명임을 뜻한다.

② 노인인구 구성 비율 $= \dfrac{65세\ 이상\ 인구수}{전체\ 인구} \times 100 = \dfrac{300}{1,000} \times 100 = 30\%$로 총인구 100명에 대해 노인인구가 30명임을 뜻한다. → 초고령 사회

④ 유년부양비 $= \dfrac{0~14세\ 인구수}{15~64세\ 인구수} \times 100 = \dfrac{200}{500} \times 100 = 40$으로 생산가능인구 100명이 유년인구 40명을 부양한다는 뜻이다.

2019. 2. 23. 제1회 서울특별시 시행 - 지역사회간호

1 우리나라 보건의료제도에 대한 설명으로 가장 옳지 않은 것은?

① 민간보건의료조직이 다수를 차지한다.
② 환자가 자유롭게 의료제공자를 선택할 수 있다.
③ 국민의료비가 지속적으로 증가하고 있다.
④ 예방중심의 포괄적인 서비스가 제공되고 있다.

2 「후천성면역결핍증 예방법」상 후천성면역결핍증으로 사망한 사체를 검안한 의사 또는 의료기관은 이 사실을 누구에게 신고하여야 하는가?

① 보건소장
② 시·도지사
③ 질병관리청장
④ 보건복지부장관

ANSWER 1.④ 2.①

1 우리나라 보건의료제도는 예방보다 치료중심의 서비스가 제공되고 있다.

2 감염인을 진단하거나 감염인의 사체를 검안한 의사 또는 의료기관은 보건복지부령으로 정하는 바에 따라 24시간 이내에 진단·검안 사실을 관할 보건소장에게 신고하고, 감염인과 그 배우자(사실혼 관계에 있는 사람을 포함한다) 및 성 접촉자에게 후천성면역결핍증의 전파 방지에 필요한 사항을 알리고 이를 준수하도록 지도하여야 한다. 이 경우 가능하면 감염인의 의사(意思)를 참고하여야 한다〈후천성면역결핍증 예방법 제5조(의사 또는 의료기관 등의 신고) 제1항〉.

3 우리나라 노인장기요양보험에 관한 설명으로 가장 옳은 것은?

① 국민건강보험 재정에 구속되어 있어서 재정의 효율성을 제고할 수 있다.
② 「국민건강보험법」에 의하여 설립된 기존의 국민건강보험공단을 관리운영기관으로 하고 있다.
③ 재원은 수급대상자의 본인부담금 없이 장기요양 보험료와 국가 및 지방자치단체 부담으로 운영된다.
④ 수급 대상자는 65세 이상의 노인 또는 65세 미만의 자로서 치매, 뇌혈관성질환, 파킨슨병 등 노인성 질병을 가진 자 중 6개월 이상 병원에 입원하고 있는 노인이다.

4 지난 1년간 한 마을에 고혈압 환자가 신규로 40명이 발생하였다. 마을 주민 중 이전에 고혈압을 진단받은 환자는 200명이다. 마을 전체 주민이 1,000명이라면 지난 1년간 고혈압 발생률은?

① 4%
② 5%
③ 20%
④ 24%

ANSWER 3.② 4.②

3 ① 국민건강보험 재정에 구속되지 않아 장기요양급여 운영에 있어 재정의 효율성을 제고할 수 있다.
③ 노인장기요양보험법 제40조에서 본인부담금을 규정하고 있다.
④ 장기요양인정을 신청할 수 있는 자는 노인 등(65세 이상의 노인 또는 65세 미만의 자로서 치매·뇌혈관성질환 등 대통령령으로 정하는 노인성 질병을 가진 자)으로서, 장기요양보험가입자 또는 그 피부양자이거나 「의료급여법」에 따른 수급권자의 자격을 갖추어야 한다. 등급판정위원회는 신청인이 해당 신청자격요건을 충족하고 <u>6개월 이상 동안 혼자서 일상생활을 수행하기 어렵다</u>고 인정하는 경우 심신상태 및 장기요양이 필요한 정도 등 대통령령으로 정하는 등급판정기준에 따라 수급자로 판정한다.

4 발생률 = $\dfrac{\text{새로 발생한 인구수}}{\text{건강한 인구수}} \times 100 = \dfrac{40}{1,000-200} \times 100 = 5\%$

5 B구의 보건문제에 대해 BPRS 우선순위 결정방법에 따라 우선순위를 선정하려고 한다. 1순위로 고려될 수 있는 보건문제는?

보건문제	평가항목		
	문제의 크기	문제의 심각도	사업의 추정효과
높은 비만율	4	3	2
높은 흡연율	3	7	2
높은 암 사망률	2	8	1
높은 고혈압 유병률	3	6	5

① 높은 비만율
② 높은 흡연율
③ 높은 암 사망률
④ 높은 고혈압 유병률

ANSWER 5.④

5 BPRS(Basic Priority Rating System)는 보건사업의 우선순위 결정에서 가장 널리 활용되고 있는 방법으로, 건강문제의 크기, 문제의 심각도, 사업의 추정효과가 우선순위 결정의 기준이 된다.

> BPR = (문제의 크기 + 2 × 문제의 심각도) × 사업의 추정효과

- 높은 비만율 = (4 + 2 × 3) × 2 = 20 → 3순위
- 높은 흡연율 = (3 + 2 × 7) × 2 = 34 → 2순위
- 높은 암 사망률 = (2 + 2 × 8) × 1 = 18 → 4순위
- 높은 고혈압 유병률 = (3 + 2 × 6) × 5 = 75 → 1순위

6 Duvall의 가족발달이론에서 첫 아이의 연령이 6~13세인 가족의 발달과업으로 가장 옳은 것은?

① 부부관계를 재확립한다.
② 세대 간의 충돌에 대처한다.
③ 가족 내 규칙과 규범을 확립한다.
④ 서로의 친척에 대한 이해와 관계를 수립한다.

ANSWER 6.③

6 Duvall의 가족발달이론

단계		발달과업
제1단계	결혼한 부부 (부부 확립기, 무자녀)	• 가정의 토대 확립하기 • 공유된 재정적 체재 확립하기 • 누가, 언제, 무엇을 할 것인가에 대해 상호적으로 수용 • 가능한 유형 확립하기 • 미래의 부모역할에 대해 준비하기 • 의사소통 유형 및 인간관계의 확대에 대해 준비
제2단계	아이를 기르는 가정 (첫아이 출산~30개월)	• 가사의 책임분담 재조정 및 의사소통의 효율화 • 영아를 포함하는 생활유형에 적응하기 • 경제적 비용 충족시키기
제3단계	학령 전 아동이 있는 가정 (첫아이 2.5세~6세)	• 확대되는 가족이 요구하는 공간과 설비를 갖추는 데 필요한 비용 충당하기 • 가족구성원들 사이의 의사소통유형에 적응하기 • 변화하는 가족의 욕구충족에 대한 책임에 적응하기
제4단계	학동기 아동이 있는 가정 (첫아이 6세~13세)	• 아동의 활동을 충족시키고 부모의 사생활 보장하기 • 재정적 지급능력 유지하기 • 결혼생활을 유지하기 위해 노력하기 • 아동의 변화하는 발달적 요구에 효과적으로 대응하기
제5단계	10대 아이가 있는 가정 (첫아이 13세~20세)	• 가족구성원들의 다양한 요구에 대비하기 • 가족의 금전문제에 대처하기 • 모든 가족구성원들이 책임 공유하기 • 성인들의 부부관계에 초점 맞추기 • 청소년과 성인 사이의 의사소통 중재하기
제6단계	자녀를 결혼시키는 가정 (첫아이가 독립부터 마지막아이 독립까지)	• 가정의 물리적 설비와 자원 재배치하기 • 자녀가 가정을 떠날 때 책임 재할당하기 • 부부관계의 재정립 • 자녀의 결혼을 통하여 새로운 가족구성원을 받아들임으로써 가족범위 확대시키기
제7단계	중년 부모기 (부부만이 남은 가족~은퇴기까지)	• 텅 빈 보금자리에 적응하기 • 부부 사이의 관계를 계속해서 재조정하기 • 조부모로서의 생활에 적응하기 • 은퇴 및 신체적 노화에 적응하기
제8단계	가족의 노화기 (은퇴 후~사망)	• 배우자의 죽음에 적응하기 • 타인, 특히 자녀에 대한 의존에 대처하기 • 경제적 문제에서의 변화에 적응하기 • 임박한 죽음에 적응하기

7 보건소의 방문건강관리사업 사례관리를 받기로 동의한 대상자의 건강위험요인을 파악하였다. 다음 중 정기 관리군으로 고려될 대상자는?

① 허약노인 판정점수가 6점인 75세 여성
② 당화혈색소 6.5%이면서 흡연 중인 77세 남성
③ 수축기압 145mmHg이면서 비만인 67세 여성
④ 뇌졸중 등록자로 신체활동을 미실천하는 72세 남성

ANSWER 7.④

7 방문건강관리사업 대상자군 분류 및 군별 세부 기준
  ㉠ **집중관리군** : 건강위험요인 및 건강문제가 있고 증상조절이 안 되는 경우(3개월 이내 8회 이상 건강관리 서비스 실시)
   • 수축기압 140mmHg 이상 또는 이완기압 90mmHg 이상
   • 수축기압 140mmHg 이상 또는 이완기압 90mmHg 이상이고, 흡연·고위험 음주·비만·신체활동 미실천 중 2개 이상의 건강행태 개선이 필요
   • 당화혈색소 7.0% 이상 또는 공복혈당 126mg/dℓ 이상 또는 식후혈당 200mg/dℓ 이상
   • 당화혈색소 7.0% 이상 또는 공복혈당 126mg/dℓ 이상 또는 식후혈당 200mg/dℓ 이상이고, 흡연·고위험 음주·비만·신체활동 미실천 중 2개 이상의 건강행태 개선이 필요
   • 관절염, 뇌졸중, 암 등록자로 흡연·고위험 음주·비만·신체활동 미실천 중 2개 이상의 건강 행태 개선이 필요
   • 임부 또는 분만 8주 이내 산부, 출생 4주 이내 신생아, 영유아, 다문화가족
   • 만 65세 이상 노인 중 판정점수가 4~12점
   • 북한이탈주민으로 감염성 질환이 1개 이상 이거나, 흡연·고위험 음주·비만·신체활동 미실천 중 2개 이상의 건강행태 개선이 필요
     ※ 암 대상자로 암 치료 종료 후 5년이 경과되지 아니한 경우
  ㉡ **정기관리군** : 건강위험요인 및 건강문제가 있고 증상이 있으나 조절이 되는 경우(3개월마다 1회 이상 건강관리 서비스 실시)
   • 수축기압이 120~139mmHg 또는 이완기압이 80~89mmHg
   • 수축기압이 120~139mmHg 또는 이완기압이 80~89mmHg이고, 흡연·고위험 음주·비만·신체활동 미실천 중 1개 이상의 건강행태 개선이 필요
   • 공복혈당이 100~125mg/dℓ 또는 식후혈당이 140~199mg/dℓ
   • 공복혈당이 100~125mg/dℓ 또는 식후혈당이 140~199mg/dℓ이고 흡연·고위험 음주·비만·신체활동·미실천 중 1개 이상의 건강행태 개선이 필요
   • 북한이탈주민으로 흡연·고위험 음주·비만·신체활동 미실천 중 1개 이상의 건강행태 개선이 필요
     ※ 암 대상자로 암 치료 종료 후 5년이 경과되지 아니한 경우
  ㉢ **자기역량지원군** : 건강위험요인 및 건강문제가 있으나 증상이 없는 경우(6개월마다 1회 이상 건강관리 서비스 실시)
   • 수축기압이 120mmHg 미만이고, 이완기압이 80mmHg 미만
   • 수축기압이 120mmHg 미만이고, 이완기압이 80mmHg 미만이고 흡연·고위험 음주·비만·신체활동 미실천 중 1개 이상의 건강행태 개선이 필요
   • 당화혈색소가 7.0% 미만 또는 공복혈당 100mg/dℓ 미만 또는 식후혈당 140mg/dℓ 미만
   • 당화혈색소가 7.0% 미만 또는 공복혈당 100 mg/dℓ 미만 또는 식후혈당 140mg/dℓ 미만이고, 흡연·고위험 음주·비만·신체활동 미실천 중 1개 이상의 건강행태 개선이 필요
   • 질환은 없으나 흡연·고위험 음주·비만·신체활동 미실천 중 1개 이상의 건강행태 개선이 필요
     ※ 기타 집중관리군과 정기관리군에 해당되지 않는 경우

8 상수의 정수 과정으로 가장 옳은 것은?

① 폭기 – 침전 – 여과 – 소독
② 여과 – 침사 – 소독 – 침전
③ 여과 – 침전 – 침사 – 소독
④ 침전 – 폭기 – 여과 – 소독

9 국가암검진 사업에 포함되는 암 종류별 대상자와 검진 주기에 대한 설명으로 가장 옳은 것은?

① 위암 : 50세 이상 남녀, 2년
② 대장암 : 50세 이상 남녀, 1년
③ 유방암 : 40세 이상 여성, 1년
④ 간암 : 50세 이상의 남녀 중 간암발생 고위험군, 6개월

ANSWER 8.④ 9.②

8 상수의 정수 과정은 침전→폭기→여과→소독의 4과정을 거친다.
  ㉠ 침전
    • 보통침전 : 유속을 늦추고 12시간 체류시켜, 색도, 탁도, 세균수 감소
    • 약품침전 : 응집제를 넣어 침전
  ㉡ 폭기 : CO_2, CH_4, H_2S, NH_4 등과 O_2를 교환
  ㉢ 여과
    • 완속여과 : 영국식, 보통침전을 사용
    • 급속여과 : 미국식, 약품침전을 이용
  ㉣ 소독 : 염소소독, 오존소독

9 국가암검진 프로그램

암종	검진대상	검진주기	검진방법
위암	40세 이상 남녀	2년	기본검사 : 위내시경검사 (단, 위내시경검사를 실시하기 어려운 경우 위장조영검사를 선택적으로 시행)
간암	40세 이상 남녀 간암발생 고위험군 (간경변증이나 B형 간염 바이러스 항원 또는 C형 간염바이러스 항체 양성으로 확인된 자)	6개월	간초음파검사 + 혈청알파태아단백검사
대장암	50세 이상 남녀	1년	분변잠혈반응검사(FOBT) : 이상소견 시 대장내시경검사 (단, 대장내시경을 실시하기 어려운 경우 대장이중조영검사 선택적 시행)
유방암	40세 이상 여성	2년	유방촬영술
자궁경부암	20세 이상 여성	2년	자궁경부세포검사(Pap smear)
폐암	54세 이상 74세 이하의 남녀 중 폐암 발생 고위험군	2년	저선량흉부CT

10 보건소 방문간호사가 최근 당뇨를 진단받은 세대주의 가정을 방문하여 〈보기〉와 같은 자료를 수집하였다. 이를 활용하여 가족밀착도를 작성하고자 할 때, 가장 옳은 것은?

〈보기〉
가족구성원 : 세대주(남편) : 55세, 회사원, 당뇨
　　　　　　배우자(아내) : 50세, 가정주부
　　　　　　아들 : 26세, 학생, 알레르기성 비염
　　　　　　딸 : 24세, 학생
취약점을 가지고 있는 구성원 : 세대주
가족밀착도 : 남편 – 아내 : 서로 친밀한 관계
　　　　　　아버지 – 아들 : 친밀감이 약한 관계
　　　　　　아버지 – 딸 : 매우 밀착된 관계
　　　　　　어머니 – 아들 : 갈등이 심한 관계
　　　　　　어머니 – 딸 : 서로 친밀한 관계
　　　　　　아들 – 딸 : 갈등이 있는 관계

① 세대주는 ○로 표시하였다.
② 세대주를 중심에 배치하였다.
③ 기호 안에 가족 내 위치와 나이를 기록하였다.
④ 아버지와 아들과의 관계는 점선으로 표시하였다.

ANSWER 10.③

10 주어진 〈보기〉를 바탕으로 가족밀착도를 작성하면 다음과 같다.

① 세대주는 남편으로 □로 표시한다.
② 가족밀착도는 누구 하나를 중심으로 하기보다는 가족 구성원을 동등하게 분산하여 배치한다.
④ 아버지와 아들의 관계는 친밀감이 약한 관계로 실선 한 줄로 표시한다.

11 가족이 경험할 수 있는 문제와 각 단계에서 있을 수 있는 문제상황에 대한 효율적인 결정을 하기 위하여 정보를 알고 평가하는 데 도움을 주며, 이에 대처할 수 있는 능력을 키워주는 것으로, 가족들이 문제에 부딪혔을 때 쉽게 적응 할 수 있도록 하는 간호수행 방법은?

① 조정
② 계약
③ 의뢰
④ 예측적 안내

ANSWER 11.④

11 문제는 예측적 안내에 대한 설명이다. 예측적 안내의 핵심은 가족들이 경험할 수 있는 문제들을 예측하여 대처할 수 있는 능력을 키우는 것에 있다.
※ 간호수행 … 수립된 간호계획을 실시하는 것으로 가족 지지, 교육 및 상담, 간호활동 수행 등이 있다.
  ㉠ 예측적 안내 : 가족들이 경험할 수 있는 문제들을 예측하여 대처할 수 있는 능력을 키움
  ㉡ 가족 건강상담 : 자신의 문제인식, 해결방안을 찾음
  ㉢ 가족 건강교육(보건교육) : 시범, 사례연구, 가족 집단회, 역할극
  ㉣ 직접 간호 제공 : 전문지식에 근거한 간호 행위 제공
  ㉤ 의뢰 : 복합적 문제 발생 시, 여러 전문인력의 도움 필요 시
  ㉥ 가족의 자원 강화 : 경제적, 물리적, 인적 자원의 재배치 및 지지 강화
  ㉦ 스트레스 관리

12 「재난 및 안전관리 기본법」상 〈보기〉에서 제시된 업무는 재난관리 중 어느 단계에 해당하는가?

〈보기〉
- 재난관리자원의 비축 및 관리
- 재난안전통신망의 구축 및 운영
- 재난현장 긴급통신수단의 마련
- 재난분야 위기관리 매뉴얼 작성 및 운용
- 안전기준의 등록 및 심의

① 재난예방단계 ② 재난대비단계
③ 재난대응단계 ④ 재난복구단계

ANSWER 12.②

12 「재난 및 안전관리 기본법」 제5장 재난의 대비에는 다음의 내용이 규정되어 있다.
  ㉠ 재난관리자원의 관리(제34조)
  ㉡ 재난현장 긴급통신수단의 마련(제34조의2)
  ㉢ 국가재난관리기준의 제정·운용 등(제34조의3)
  ㉣ 기능별 재난대응 활동계획의 작성·활용(제34조의4)
  ㉤ 재난분야 위기관리 매뉴얼 작성·운용(제34조의5)
  ㉥ 다중이용시설 등의 위기상황 매뉴얼 작성·관리 및 훈련(제34조의6)
  ㉦ 안전기준의 등록 및 심의 등(제34조의7)
  ㉧ 재난안전통신망의 구축·운영(제34조의8)
  ㉨ 재난대비훈련 기본계획 수립(제34조의9)
  ㉩ 재난대비훈련 실시(제35조)

13 제시된 시나리오를 활용하여 학습에 대한 동기유발, 학습자의 자발적 참여와 자율성, 능동적 태도 및 문제 해결능력이 강화되어 새로운 상황에 대한 효과적인 대처가 가능하도록 교육하는 데 근거가 되는 교육방법과 교육이론을 옳게 짝지은 것은?

① 역할극 – 행동주의 학습이론
② 분단토의 – 인지주의 학습이론
③ 강의 – 인본주의 학습이론
④ 문제중심학습법 – 구성주의 학습이론

14 〈보기〉는 어떠한 역학적 연구방법에 대한 설명이다. 이 연구방법에 해당하는 것은?

> 〈보기〉
> 심뇌혈관질환의 유병을 예방하고자 비만한 대상자를 두 개의 집단으로 할당한 후 한쪽 집단에만 체중 관리를 시키고 나머지는 그대로 둔 이후에 두 집단 간의 심뇌혈관 질환의 유병을 비교하였다.

① 코호트 연구
② 단면적 연구
③ 환자 – 대조군 연구
④ 실험 연구

ANSWER 13.④ 14.④

13 문제중심학습(PBL, Problem-Based Learning) … 문제를 활용하여 학습자 중심으로 학습을 진행하는 교육방법으로 구성주의적 교육관과 자기주도적 학습이라는 원칙 하에서 새롭게 등장한 교육방법이다.

14 실험이란 통제된 상황에서 한 가지 또는 그 이상의 변인을 조작하여 이에 따라 변화되는 현상을 객관적으로 관찰하는 것을 말한다. 실험 연구는 어떤 현상의 확인 내지는 존재를 증명하고, 두 이론적 변인 간의 인과관계를 확립하는 것을 주목적으로 한다. 〈보기〉에서는 심뇌혈관질환과 비만의 인과관계를 확인하기 위하여 실험군과 대조군을 비교하고 있다.
※ 실험 연구의 특징
　㉠ 변인들 간의 인과관계를 규명할 수 있는 가장 강력한 연구방법
　㉡ 양적연구 중 가장 숙련된 기술과 전문적 경험을 요구하는 연구
　㉢ 실험조건의 계획적인 조작과 통제의 정도가 실험의 성패를 좌우

15 제5차 국민건강증진종합계획(HP2030)의 중점과제와 대표지표가 옳게 연결되지 않은 것은? [기출변형]

① 자살예방 – 자살 사망률(인구 10만 명당)
② 노인 – 노인 치매 유병률
③ 신체활동 – 성인 유산소 신체활동 실천율
④ 구강건강 – 영구치(12세) 우식 경험률

ANSWER 15.②

15 제5차 국민건강증진종합계획(HP2030) 중점과제별 대표지표

중점과제	대표지표
금연	성인 현재흡연율
절주	성인 고위험음주율
영양	식품 안전성 확보 가구분율
신체활동	성인 유산소 신체활동 실천율
구강건강	영구치(12세) 우식 경험률
자살예방	자살 사망률(인구 10만 명당)
치매	치매안심센터의 치매환자 등록·관리율
중독	알코올 사용장애 정신건강 서비스 이용률
지역사회 정신건강	정신건강 서비스 이용률
암	성인 암 발생률(인구 10만 명당)
심뇌혈관질환	성인 고혈압 유병률, 성인 당뇨병 유병률, 급성 심근경색증 환자의 발병 후 3시간 미만 응급실 도착 비율
비만	성인 비만 유병률
손상	손상사망률(인구 10만 명당)
감염병 예방 및 관리	신고 결핵 신환자율(인구 10만 명당)
감염병 위기 대비 대응	MMR 완전접종률
기후변화성 질환	기후보건영향평가 평가체계 구축 및 운영
영유아	영아사망률(출생아 1천 명당)
아동·청소년	고등학생 현재흡연율
여성	모성사망비(출생아 10만 명당)
노인	노인의 주관적 건강인지율
장애인	성인 장애인 건강검진 수검률
근로자	연간 평균 노동시간
군인	군 장병 흡연율
건강정보 이해력 제고	성인 적절한 건강정보이해능력 수준

16 Betty Neuman의 건강관리체계이론의 구성요소 중 '유연방어선'에 대한 설명으로 가장 옳은 것은?

① 대상체계가 스트레스원에 의해 기본구조가 침투되는 것을 보호하는 내적요인들이다.
② 개인의 일상적인 대처유형, 삶의 유형, 발달단계와 같은 행위적 요인과 변수들의 복합물이다.
③ 저항선 바깥에 존재하며, 대상자의 안녕상태 혹은 스트레스원에 대해 정상범위로 반응하는 상태를 말한다.
④ 외적변화에 방어할 잠재력을 가지고 환경과 상호작용 하며, 외부자극으로부터 대상체계를 일차로 보호하는 쿠션과 같은 기능을 한다.

ANSWER 16.④

16 유연방어선은 기본구조를 둘러싼 선 중 가장 바깥에 위치하는 것으로, 외적 변화에 방어할 잠재력을 가지고 환경과 상호작용하여 수시로 변화하는 역동적 구조이다. 유연방어선은 외부자극으로부터 대상 체계를 일차로 보호하는 쿠션 같은 기능을 한다. 즉, 외부 자극이나 변화에 신속하게 축소되거나 확장되는 등 대처함으로써 스트레스원이 정상방어선을 침범하지 못하도록 완충적 역할을 한다.
  ※ Betty Neuman의 건강관리체계이론
    ㉠ 일차예방 : 스트레스의 원인 제거·약화, 유연방어선 및 정상방어선 강화
    ㉡ 이차예방 : 저항선 강화, 나타나는 반응에 대한 조기발견 및 정확한 처치
    ㉢ 삼차예방 : 기본구조 손상 시 기본구조의 재구성을 돕는 활동

17 「지역보건법」상 보건소의 기능 및 업무를 〈보기〉에서 모두 고른 것은?

〈보기〉
㉠ 건강 친화적인 지역사회 여건의 조성
㉡ 지역보건의료정책의 기획, 조사·연구 및 평가
㉢ 국민보건 향상을 위한 지도·관리
㉣ 보건의료 관련기관·단체, 학교, 직장 등과의 협력 체계 구축

① ㉠, ㉡
② ㉢, ㉣
③ ㉠, ㉡, ㉢
④ ㉠, ㉡, ㉢, ㉣

ANSWER 17.④

17 보건소의 기능 및 업무〈지역보건법 제11조 제1항〉
㉠ 건강 친화적인 지역사회 여건의 조성
㉡ 지역보건의료정책의 기획, 조사·연구 및 평가
㉢ 보건의료인 및 「보건의료기본법」 제3조 제4호에 따른 보건의료기관 등에 대한 지도·관리·육성과 국민보건 향상을 위한 지도·관리
㉣ 보건의료 관련기관·단체, 학교, 직장 등과의 협력체계 구축
㉤ 지역주민의 건강증진 및 질병예방·관리를 위한 다음의 지역보건의료서비스의 제공
 • 국민건강증진·구강건강·영양관리사업 및 보건교육
 • 감염병의 예방 및 관리
 • 모성과 영유아의 건강유지·증진
 • 여성·노인·장애인 등 보건의료 취약계층의 건강유지·증진
 • 정신건강증진 및 생명존중에 관한 사항
 • 지역주민에 대한 진료, 건강검진 및 만성질환 등의 질병관리에 관한 사항
 • 가정 및 사회복지시설 등을 방문하여 행하는 보건의료 및 건강관리사업
 • 난임의 예방 및 관리

18 「지역보건법」의 내용으로 가장 옳지 않은 것은?

① 보건소는 매년 지역 주민을 대상으로 지역사회 건강 실태조사를 실시한다.
② 보건소장은 관할 보건지소, 건강생활지원센터, 보건 진료소의 직원 및 업무에 대하여 지도·감독한다.
③ 지역보건의료기관의 전문인력의 자질향상을 위한 기본교육훈련 기간은 1주이다.
④ 보건복지부장관은 지역보건의료기관의 기능을 수행하는 데 필요한 각종 자료 및 정보의 효율적 처리와 기록·관리 업무의 전자화를 위하여 지역보건의료정보시스템을 구축·운영할 수 있다.

19 지역사회간호사의 역할 중 지역사회의 포괄적인 보건 사업을 이끌어 개인, 가족, 지역사회가 건강을 위해 적합한 의사결정을 내리도록 도와주는 역할에 해당 하는 것은?

① 변화촉진자
② 지도자
③ 교육자
④ 옹호자

ANSWER 18.③ 19.①

18 교육훈련의 대상 및 기간 … 법 제16조 제3항에 따른 교육훈련 과정별 교육훈련의 대상 및 기간은 다음 각 호의 구분에 따른다 〈지역보건법 시행령 제19조〉.
  ㉠ 기본교육훈련 : 해당 직급의 공무원으로서 필요한 능력과 자질을 배양할 수 있도록 신규로 임용되는 전문인력을 대상으로 하는 3주 이상의 교육훈련
  ㉡ 직무 분야별 전문교육훈련 : 보건소에서 현재 담당하고 있거나 담당할 직무 분야에 필요한 전문적인 지식과 기술을 습득할 수 있도록 재직 중인 전문인력을 대상으로 하는 1주 이상의 교육훈련

19 간호사의 역할
  ㉠ 돌봄제공자 : 대상자의 존엄성을 지키면서 대상자를 신체·심리적으로 돕는다.
  ㉡ 의사소통자 : 대상자, 가족, 기타 건강전문인들, 지역사회인들과 의사소통한다.
  ㉢ 교육자 : 대상자가 건강을 회복하거나 유지하는 데 필요한 건강관리를 학습하도록 돕는다.
  ㉣ 옹호자 : 대상자의 요구와 바람을 표현해 주고 대상자의 권리를 행사하도록 보호한다.
  ㉤ 상담자 : 지적·정서적·심리적 지지를 제공한다.
  ㉥ 변화촉진자 : 대상자의 행동 변화가 필요하다고 판단될 때 의도한 방향으로 변화를 유도하는 것이다.
  ㉦ 지도자 : 특별한 목적을 달성하기 위해 공동으로 작업하는 타인에게 영향을 미치는 것이다.
  ㉧ 관리자 : 질적 간호를 제공하기 위해 다른 건강요원들과 지도·감독하며 간호수행 현장을 관리한다.

20 다음과 같은 연령별 내국인 인구를 가진 지역사회의 인구구조에 대한 설명으로 가장 옳은 것은?

연령(세)	인원(명)
0~14	200
15~24	200
25~34	150
35~44	200
45~54	250
55~64	200
65~74	150
75세 이상	150
계	1,500

① 고령사회이다.
② 노년부양비는 50.0%이다.
③ 노령화지수는 150.0%이다.
④ 유년부양비는 50.0%이다.

ANSWER 20.③

20 노령화지수 $= \dfrac{\text{고령}(65\text{세 이상}) \text{ 인구}}{\text{유소년}(14\text{세 이하}) \text{ 인구}} \times 100 = \dfrac{300}{200} \times 100 = 150\%$

① 유엔은 고령인구 비율이 7%를 넘으면 고령화사회, 14%를 넘으면 고령사회, 20% 이상이면 초고령사회로 분류한다. 해당 지역사회는 고령인구가 전체인구의 $\dfrac{300}{1,500} \times 100 = 20\%$로 초고령사회이다.

② 노년부양비 $= \dfrac{\text{고령}(65\text{세 이상}) \text{ 인구}}{\text{생산가능인구}(15\sim64\text{세})} \times 100 = \dfrac{300}{1,000} \times 100 = 30\%$

④ 유년부양비 $= \dfrac{\text{유년층}(0\sim14\text{세}) \text{ 인구}}{\text{생산가능인구}(15\sim64\text{세})} \times 100 = \dfrac{200}{1,000} \times 100 = 20\%$

지역사회간호 | 2019. 6. 15. 제1회 지방직 시행

1 우리나라 제5차 국민건강증진종합계획(Health Plan 2030)의 총괄목표는? [기출변형]

① 안전한 보건환경과 건강생활 실천
② 건강수명 연장과 건강형평성 제고
③ 예방중심 상병관리와 만성퇴행성질환 감소
④ 생애주기별 건강관리와 의료보장성 강화

2 「농어촌 등 보건의료를 위한 특별조치법 시행령」상 보건진료 전담공무원 의료행위의 범위는? [기출변형]

① 급성질환자의 요양지도 및 관리
② 고위험 고령 임산부의 제왕절개
③ 질병·부상상태를 판별하기 위한 진찰·검사
④ 거동이 불편한 지역주민에 대한 응급수술

ANSWER 1.② 2.③

1 제5차 HP2030의 목표는 4차와 마찬가지로 '건강수명연장과 건강형평성 제고'로 선정하였다. 이번 계획에는 2030년까지 건강수명을 73.3세로 연장하며, 건강수명 격차를 7.6세 이하로 낮추는 것을 목표로 정했다.

2 보건진료 전담공무원의 의료행위의 범위〈농어촌 등 보건의료를 위한 특별조치법 시행령 제14조(보건진료 전담공무원의 업무) 제1항〉
㉠ 질병·부상상태를 판별하기 위한 진찰·검사
㉡ 환자의 이송
㉢ 외상 등 흔히 볼 수 있는 환자의 치료 및 응급 조치가 필요한 환자에 대한 응급처치
㉣ 질병·부상의 악화 방지를 위한 처치
㉤ 만성병 환자의 요양지도 및 관리
㉥ 정상분만 시의 분만 도움
㉦ 예방접종
㉧ ㉠부터 ㉦까지의 의료행위에 따르는 의약품의 투여

3 PRECEDE-PROCEED 모형에서 강화요인(reinforcing factors)은?

① 개인의 기술 및 자원
② 대상자의 지식, 태도, 신념
③ 보건의료 및 지역사회 자원의 이용 가능성
④ 보건의료 제공자의 반응이나 사회적 지지

4 사망 관련 통계지표에 대한 설명으로 옳은 것은?

① 비례사망지수는 특정 연도 전체 사망자 중 특정 원인으로 인한 사망자 비율을 산출하는 지표이다.
② α-index는 특정 연도의 신생아 사망수를 영아 사망수로 나눈 값으로 신생아 건강관리사업의 기초자료로 유용하다.
③ 치명률은 어떤 질병이 생명에 영향을 주는 위험도를 보여주는 지표로 일정 기간 동안 특정 질병에 이환된 자 중 그 질병에 의해 사망한 자를 비율로 나타낸 것이다.
④ 모성사망비는 해당 연도에 사망한 총 여성 수 중 같은 해 임신·분만·산욕 합병증으로 사망한 모성수 비율을 산출하는 지표이다.

ANSWER 3.④ 4.③

3 PRECEDE-PROCEED Model
  ㉠ **성향요인**(predisposing factors) : 행위를 초래하거나 행위의 근거가 되는 요인으로 보건교육 계획에 유용한 요인(지식, 태도, 신념, 가치, 자기효능 등)이다.
  ㉡ **촉진요인**(enabling factors) : 개인이나 집단으로 하여금 행위를 하도록 촉진하는 것(접근성, 개인의 기술, 보건의료나 지역사회자원의 이용가능성)이다.
  ㉢ **강화요인**(reinforcing factors) : 행위가 계속되거나 중단하게 하는 요인(보상, 벌칙 등)이다.

4 ① 비례사망지수(PMI, Proportional Mortality indicator)는 연간 총 사망수에 대한 50세 이상의 사망자수를 퍼센트(%)로 표시한 지수이다.
② α-index는 생후 1년 미만의 사망 수(영아사망 수)를 생후 28일 미만의 사망 수(신생아사망 수)로 나눈 값이다. α-index의 값이 1에 가까울수록 유아사망의 원인이 선천적인 것이므로 그 지역의 보건의료수준이 높은 것을 의미한다. 값이 클수록 신생아기 이후의 영아사망이 크기 때문에 영아 사망에 대한 예방 대책이 필요하다.
④ 모성사망비는 해당 연도의 출생아 수에 대하여 동일 연도 임신기간 동안 사망한 여성 전체수를 나타낸 값이다. 모성사망률은 해당 연도의 가임기 여성 수에 대하여 동일 연도 임신기간 동안 사망한 여성 전체수를 나타낸 값이다.

5 뢰머(Roemer)의 matrix형 분류에서 다음 글이 설명하는 보건의료체계는?

> 민간의료 시장이 매우 강력하고 크며 정부 개입은 미미하다. 보건의료비 지출의 절반 이상을 환자 본인이 부담하며, 보건의료는 개인의 책임이 된다.

① 복지지향형 보건의료체계
② 포괄적보장형 보건의료체계
③ 자유기업형 보건의료체계
④ 사회주의계획형 보건의료체계

ANSWER 5.③

5 뢰머의 보건의료체계 유형별 특징
㉠ **자유기업형**: 미국, 의료보험 실시 전의 우리나라
  • 정부의 개입을 최소화하고 수요·공급 및 가격을 시장에 의존한다.
  • 보건의료비에 대해 개인 책임을 강조하는 입장으로 민간보험 시장이 발달하였으며, 시장의 이윤추구를 통해 효율성을 제고한다.
  • 의료의 남용 문제가 발생할 수 있다.
㉡ **복지국가형**: 프랑스, 독일, 스웨덴, 스칸디나비아 등
  • 사회보험이나 조세를 통해 보건의료서비스의 보편적 수혜를 기본 요건으로 한다.
  • 민간에 의해 보건의료서비스를 제공하지만 자유기업형과 다르게 질과 비용 등의 측면에서 정부가 개입·통제할 수 있다.
  • 보건의료서비스의 형평성이 보장되지만, 보건의료비 상승의 문제가 발생할 수 있다.
㉢ **저개발국가형**: 아시아, 아프리카 등 저개발국
  • 전문인력 및 보건의료시설이 부족하여 전통의료나 민간의료에 의존한다.
  • 국민의 대다수인 빈곤층의 경우 공적부조 차원에서 보건의료서비스가 이루어진다.
㉣ **개발도상국형**: 남미, 아시아 일부 지역
  • 자유기업형 + 복지국가형의 혼합형태 또는 사회주의국형을 보인다.
  • 경제개발의 성공으로 국민들의 소득이 증가하여 보건의료서비스에 대한 관심이 증가했다.
  • 경제개발 논리에 밀려 보건의료의 우선순위가 낮고, 사회보험이 근로자 중심의 형태를 보인다.
㉤ **사회주의국형**: 구 소련, 북한, 쿠바 등
  • 국가가 모든 책임을 지는 사회주의 국가로 보건의료 역시 국유화하여 국가가 관장한다.
  • 형평성이 보장되지만 보건의료서비스 수준과 생산성이 떨어진다.
  • 넓은 의미에서 볼 때 뉴질랜드, 영국도 이 유형으로 볼 수 있다.

6 다음 글에서 업무수행 적합여부 판정구분에 해당하는 것은?

> 분진이 심한 사업장에서 근무 중인 근로자가 건강진단결과 폐질환 유소견자로 발견되어 업무수행 적합여부를 평가한 결과 '다'로 판정되었다.

① 건강관리상 현재의 조건하에서 작업이 가능한 경우
② 일정한 조건(환경개선, 보호구착용, 건강진단주기의 단축 등)하에서 현재의 작업이 가능한 경우
③ 건강장해의 악화 또는 영구적인 장해의 발생이 우려되어 현재의 작업을 해서는 안되는 경우
④ 건강장해가 우려되어 한시적으로 현재의 작업을 할 수 없는 경우(건강상 또는 근로조건상의 문제가 해결된 후 작업복귀 가능)

7 다음 글에 해당하는 타당성은?

> - 보건소 건강증진업무 담당자는 관내 흡연청소년을 대상으로 금연프로그램을 기획하고, 목표달성을 위한 각종 방법을 찾아낸 후에 사업의 실현성을 위하여 다음의 타당성을 고려하기로 하였다.
> - 대상 청소년들이 보건소가 기획한 금연프로그램에 거부감 없이 참여하고, 금연전략을 긍정적으로 수용할 것인지를 확인하였다.

① 법률적 타당성 ② 기술적 타당성
③ 사회적 타당성 ④ 경제적 타당성

ANSWER 6.④ 7.③

6 업무수행 적합여부 판정구분

구분	판정
가	건강관리상 현재의 조건하에서 작업이 가능한 경우
나	일정한 조건(환경개선, 보호구착용, 건강진단주기의 단축 등) 하에서 현재의 작업이 가능한 경우
다	건강장해가 우려되어 한시적으로 현재의 작업을 할 수 없는 경우(건강상 또는 근로조건상의 문제가 해결된 후 작업복귀 가능)
라	건강장해의 악화 또는 영구적인 장해의 발생이 우려되어 현재의 작업을 해서는 안 되는 경우

7 전략의 대상이 되는 흡연청소년들이 거부감 없이 참여하고 긍정적으로 수용할 것인지에 대해 확인하는 것이므로, 선량한 풍속 및 기타 사회질서에 위반함 없이 사회적으로 타당한지 점검하는 것과 연결된다.

8 다음 글에 해당하는 오렘(Orem)의 간호체계는?

> - 가정전문간호사는 오렘(Orem)의 이론을 적용하여 수술 후 조기 퇴원한 노인 대상자에게 간호를 제공하려고 한다.
> - 노인 대상자는 일반적인 자가간호요구는 충족할 수 있으나 건강이탈시의 자가간호요구를 충족하기 위한 도움이 필요한 상태이다.

① 전체적 보상체계
② 부분적 보상체계
③ 교육적 체계
④ 지지적 체계

ANSWER 8.②

8 오렘의 간호체계 … 자가간호요구를 충족시키고 자가간호 역량을 조절하여 결손을 극복하도록 돕는 간호상황에서 환자를 이해 처방하고 설계하고 직접간호를 제공하는 체계적인 간호활동
  ㉠ 전체적 보상체계 : 환자의 모든 욕구를 충족시켜줘야 하는 경우 환자가 자가간호를 수행하는데 있어 아무런 활동적 역할을 수행하지 못하는 상황
  ㉡ 부분적 보상체계 : 개인 자신이 일반적인 자가간호요구는 충족시킬 수 있으나 건강이탈 요구를 충족시키기 위해서는 도움이 필요
  ㉢ 교육지지적 보상체계 : 환자가 자가간호를 수행할 수 있으나 지식이나 기술 획득을 위한 도움을 필요로 하는 경우

9 PATCH(Planned Approach To Community Health) 모형에서 우선순위를 설정하는 평가 기준은?

① 경제성, 자원 이용 가능성
② 건강문제의 중요성, 변화 가능성
③ 문제해결 가능성, 주민의 관심도
④ 건강문제의 심각도, 사업의 추정효과

10 우리나라의 일차보건의료에 대한 설명으로 옳지 않은 것은?

① 「지역보건법」 제정으로 일차보건의료 시행에 대한 제도적 근거를 마련하였다.
② 보건복지부장관이 실시하는 24주 이상의 직무교육을 받은 간호사는 보건진료 전담공무원직을 수행할 수 있다.
③ 읍·면 지역 보건지소에 배치된 공중보건의사는 보건의료 취약지역에서 일차보건의료 사업을 제공하였다.
④ 정부는 한국보건개발연구원을 설립하여 일차보건의료 시범사업을 실시한 후 사업의 정착을 위한 방안들을 정책화하였다.

ANSWER 9.② 10.①

9 PATCH(Planned Approach To Community Health) … 1980년대 미국 CDC(질병관리본부)에서 건강증진 및 질병예방 프로그램의 계획 및 수행을 위해 개발한 것으로 지역사회 단위의 건강문제 우선순위 확인, 건강문제 목표설정, 특정 인구집단의 보건요구도 측정에 활용한다. 우선순위를 설정하는 평가 기준은 건강문제의 중요성과 변화 가능성이다.

10 1980년 「농어촌 보건의료를 위한 특별조치법」 제정으로 일차보건의료가 최초로 법제화 되면서, 농어촌 등 벽지에 보건진료소를 설치해 보건진료원을 배치하는 것과 보건소, 보건지소에 공중보건의를 배치할 수 있는 기틀을 마련하였다.]
※ 1978년 알마아타 선언으로 알려진 일차보건의료는 국가보건의료의 필수 부분이며 사회 개발이 추구해야 할 으뜸가는 목적인 건강의 향상을 달성하고 사회정의를 실현하는 중요한 전략적 방법으로 알려져 있다.

11 다음 글에서 청소년의 약물남용 예방교육에 적용된 보건교육 방법은?

> 청소년들이 실제 상황 속의 약물남용자를 직접 연기함으로써 약물남용 상황을 분석하여 해결방안을 모색하고, 교육자는 청소년의 가치관이나 태도변화가 일어날 수 있도록 하였다.

① 시범
② 역할극
③ 심포지엄
④ 브레인스토밍

12 다음은 1년간의 K사업장 현황이다. 강도율(severity rate)은?

> - 근로자수 : 1,000명
> - 재해건수 : 20건
> - 재해자수 : 20명
> - 근로시간수 : 2,000,000시간
> - 손실작업일수 : 1,000일

① 0.5
② 1
③ 10
④ 20

ANSWER 11.② 12.①

11 역할극은 학습자가 실제 상황 속 인물로 등장하여 그 상황을 분석하고 해결방안을 모색한다.

12 강도율은 재해발생률을 표시하는 방법 중 하나로, 재해규모의 정도를 표시한다. 1,000 노동시간당의 노동손실일수를 나타낸 것으로, '총근로손실일수 ÷ 총근로시간수 × 1,000'으로 산출한다. 따라서 K사업장의 강도율은 1,000 ÷ 2,000,000 × 1,000 = 0.5이다.

13 다음 글에서 설명하는 SWOT 분석의 요소는?

> 보건소에서 SWOT 분석을 실시한 결과 해외여행 증가로 인한 신종감염병 유입과 기후 온난화에 따른 건강문제 증가가 도출되었다.

① S(Strength)
② W(Weakness)
③ O(Opportunity)
④ T(Threat)

14 다음 글에서 설명하는 평가 유형은?

> 사업의 단위 목표량 결과에 대해서 사업을 수행하는 데 투입된 인적 자원, 물적 자원 등 투입된 비용이 어느 정도인가를 산출하는 것이다.

① 투입된 노력에 대한 평가
② 목표달성 정도에 대한 평가
③ 사업의 적합성 평가
④ 사업의 효율성 평가

ANSWER 13.④ 14.④

13 SWOT 분석 … 내부 환경과 외부 환경을 분석하여 강점(strength), 약점(weakness), 기회(opportunity), 위협(threat) 요인을 규정하고 이를 토대로 경영 전략을 수립하는 기법
  ㉠ SO전략(강점-기회 전략) : 강점을 살려 기회를 포착
  ㉡ ST전략(강점-위협 전략) : 강점을 살려 위협을 회피
  ㉢ WO전략(약점-기회 전략) : 약점을 보완하여 기회를 포착
  ㉣ WT전략(약점-위협 전략) : 약점을 보완하여 위협을 회피

14 투입된 비용 대비 효과를 따지는 것은 효율성과 관련된 것이다.

15 다음 사례에 적용한 간호진단 분류체계는?

> - 임신 36주된 미혼모 K 씨(29세)는 첫 번째 임신 때 임신성 당뇨가 있어 분만이 어려웠던 경험이 있었다. 현재 두 번째 임신으로 병원에 다니고 싶으나 경제적인 여건이 좋지 않아 산전 관리를 받은 적이 없다.
> - 문제분류체계
>   - 영역 : 생리적 영역
>   - 문제 : 임신
>   - 수정인자 : 개인의 실제적 문제(산전관리 없음, 임신성 당뇨의 경험 있음)
>   - 증상/징후 : 임신 합병증에 대한 두려움, 산전 운동/식이의 어려움

① 오마하(OMAHA) 분류체계
② 가정간호(HHCCS) 분류체계
③ 국제간호실무(ICNP) 분류체계
④ 북미간호진단협회(NANDA) 간호진단 분류체계

ANSWER 15.①

15 오마하 문제분류체계 … 지역사회 보건사업소에서 간호대상자의 문제를 체계적으로 분류하기 위하여 1975년부터 오마하 방문간호사협회와 미국 국립보건원에서 개발하였다.
  ㉠ 1단계 : 간호실무영역을 환경, 심리사회, 생리, 건강관련행위의 4영역으로 구분
  ㉡ 2단계 : 44개의 간호진단으로 구분
  ㉢ 3단계 : 2개의 수정인자 세트로 구성(개인·가족/건강증진·잠재적 건강문제·실제적 건강문제)
  ㉣ 4단계 : 보건의료제공자에 의하여 관찰된 객관적 증상과 대상자나 보호자에 의해 보고된 주관적 증후로 구성

16 다음 사례에서 설명하는 고온장해와 보건관리자의 처치를 옳게 짝 지은 것은?

> 40세의 건설업 근로자 A 씨는 38℃의 덥고 습한 환경에서 장시간 일하던 중 심한 어지러움증을 호소하면서 쓰러졌다. 발한은 거의 없고 피부가 건조하였으며 심부체온은 41.5℃였다.

① 열경련 - 말초혈관의 혈액 저류가 원인이므로 염분이 없는 수분을 충분하게 공급한다.
② 열피로 - 고온에 의한 만성 체력소모가 원인이므로 따뜻한 커피를 마시지 않도록 한다.
③ 열쇠약 - 지나친 발한에 의한 염분소실이 원인이므로 시원한 곳에 눕히고 충분한 수분을 공급한다.
④ 열사병 - 체온조절중추의 장애가 원인이므로 체온을 낮추기 위해 옷을 벗기고 찬물로 몸을 닦는다.

17 노인장기요양보험법령상 다음 사례에 적용할 수 있는 설명으로 옳은 것은?

> 파킨슨병을 진단받고 1년 이상 혼자서 일상생활을 수행할 수 없는 60세의 의료급여수급권자인 어머니를 가정에서 부양하는 가족이 있다.

① 어머니는 65세가 되지 않았기 때문에 노인 장기요양 인정 신청을 할 수 없다.
② 의사의 소견서가 있다면 등급판정 절차 없이도 장기요양서비스를 받을 수 있다.
③ 의료급여수급권자의 재가급여에 대한 본인일부부담금은 장기요양급여비용의 100분의 20이다.
④ 장기요양보험가입자의 자격관리와 노인성질환예방사업에 관한 업무는 국민건강보험공단에서 관장한다.

ANSWER 16.④ 17.④

16 열사병(Heat Stroke) … 고온, 다습한 환경에 노출될 때 갑자기 발생해 심각한 체온조절장애를 일으킨다. 중추신경계통의 장해, 전신의 땀이 배출되지 않음으로 인해 체온상승(직장온도 40도 이상) 등을 일으키며, 생명을 잃기도 한다. 태양광선에 의한 열사병은 일사병이라고도 하며 우발적이거나 예기치 않게 혹심한 고온 조건에 노출될 경우 잘 발생한다. 열사병은 체온조절중추의 장애가 원인이므로 체온을 낮추기 위해 옷을 벗기고 찬물로 몸을 닦는다.

17 ① 어머니는 65세 미만이지만 파킨슨병을 앓고 있으므로 노인 장기요양 인정 신청을 할 수 있다.
② 의사의 소견서가 있어도 등급판정 절차 없이는 장기요양서비스를 받을 수 없다. 공단은 장기요양인정 신청의 조사가 완료된 때 조사결과서, 신청서, 의사소견서, 그 밖에 심의에 필요한 자료를 등급판정위원회에 제출하여야 한다.
③ 의료급여수급권자의 재가급여에 대한 본인부담금은 장기요양급여비용의 100분의 15이다. 시설급여에 대한 본인부담금이 장기요양급여비용의 100분의 20이다.

18 「감염병의 예방 및 관리에 관한 법령」상 감염병에 대한 설명으로 옳은 것은? [기출변형]

① 탄저는 국내 유입이 우려되는 해외 유행 감염병으로 제4급 감염병이다.
② 간흡충증은 유행여부를 조사하기 위하여 표본감시 활동이 필요한 제4급 감염병이다.
③ 말라리아는 생물테러감염병 또는 치명률이 높거나 집단 발생의 우려가 커서 발생 또는 유행 즉시 신고하여야 하고, 음압격리와 같은 높은 수준의 격리가 필요한 1급 감염병이다.
④ 제3급감염병이란 전파가능성을 고려하여 발생 또는 유행 시 24시간 이내에 신고하여야 하고, 격리가 필요한 다음의 감염병을 말한다.

19 모기가 매개하는 감염병이 아닌 것은?

① 황열
② 발진열
③ 뎅기열
④ 일본뇌염

20 체계이론에 근거한 가족에 대한 설명으로 옳은 것은?

① 가족구성원은 사회적 상호작용을 통해 상징에 대한 의미를 해석하고 행동한다.
② 가족은 내·외부 환경과 지속적으로 교류하고, 변화와 안정 간의 균형을 통해 성장한다.
③ 가족은 처음 형성되고 성장하여 쇠퇴할 때까지 가족생활주기의 단계별 발달과업을 가진다.
④ 가족기능은 가족구성원과 사회의 요구를 충족하는 것으로 애정·사회화·재생산·경제·건강관리 기능이 있다.

ANSWER 18.② 19.② 20.②

18 ① 탄저는 생물테러감염병 또는 치명률이 높거나 집단 발생의 우려가 커서 발생 또는 유행 즉시 신고하여야 하고, 음압격리와 같은 높은 수준의 격리가 필요한 제1급 감염병이다.
③ 말라리아는 그 발생을 계속 감시할 필요가 있어 발생 또는 유행 시 24시간 이내에 신고하여야 하는 감염병인 3급 감염병에 해당한다.
④ 제3급감염병이란 그 발생을 계속 감시할 필요가 있어 발생 또는 유행 시 24시간 이내에 신고하여야 하는 감염병을 말한다. 다만, 갑작스러운 국내 유입 또는 유행이 예견되어 긴급한 예방·관리가 필요하여 질병관리청장이 보건복지부장관과 협의하여 지정하는 감염병을 포함한다. 전파가능성을 고려하여 발생 또는 유행 시 24시간 이내에 신고하여야 하고, 격리가 필요한 감염병은 제2급 감염병이다.

19 발진열 … 리켓치아(Rickettsia typhi) 감염에 의한 급성 발열성 질환으로, 매개충의 병원소는 설치류나 야생동물이며 쥐벼룩을 매개로 주로 전파된다.

20 체계이론 … 가족을 구성원 개개인들의 특성을 합한 것 이상의 실체를 지닌 집합체로 가정한다. 따라서 가족은 내·외부 환경과 지속적으로 교류하고, 변화와 안정 간의 균형을 통해 성장한다고 본다.

지역사회간호 | 2019. 6. 15. 제2회 서울특별시 시행

1 지역사회간호사업 수행단계에서 계획대로 사업이 진행되고 있는지를 확인하기 위한 활동으로, 업무수행을 관찰하거나 기록을 검사하여 문제를 파악하고 문제의 원인을 찾는 활동에 해당하는 것은?

① 조정
② 의뢰
③ 감시
④ 감독

2 제2급 감염병에 속하지는 않으나, 국가예방접종에 포함된 감염병으로 옳게 짝지어진 것은? [기출변형]

① 폐렴구균 - 결핵
② 결핵 - A형 간염
③ 일본뇌염 - 인플루엔자
④ B형 헤모필루스 인플루엔자 - A형 간염

ANSWER 1.③ 2.③

1 업무수행을 관찰하거나 기록을 검사하여 문제를 파악하고 문제의 원인을 찾는 활동은 감시활동으로 사업이 진행되고 있는지를 확인하기 위해서 필요하다.
※ 지역사회 간호과정

사정	진단	계획	수행	평가
• 자료수집 • 자료요약	• 자료분석 • 간호진단 • 간호사업의 기준과 지침 확인 • 우선순위 결정	• 목적과 목표 설정 • 간호방법과 수단선택 • 수행계획 • 평가계획	• 필요한 지식과 기술 선정 • 의뢰 • 수행의 장애 요인 인식 • 계획된 활동 수행(조정, 감시, 감독)	• 평가실행 • 평가범주 • 평가절차

2 국가예방접종 대상 감염병은 디프테리아, 폴리오, 백일해, 홍역, 파상풍, 결핵, B형간염, 유행성이하선염, 풍진, 수두, 일본뇌염, b형헤모필루스인플루엔자, 폐렴구균, 인플루엔자, A형간염, 사람유두종바이러스 감염증, 그룹 A형 로타바이러스 감염증 등이다. 이중 "제2급 감염병"은 결핵, 수두, 홍역, 콜레라, 장티푸스, 파라티푸스, 세균성이질, 장출혈성대장균감염증, A형간염, 백일해, 유행성이하선염, 풍진, 폴리오, 수막구균 감염증, b형 헤모필루스인플루엔자, 폐렴구균 감염증, 한센병, 성홍열, 반코마이신내성황색포도알균(VRSA) 감염증, 카바페넴내성장내세균속균종(CRE) 감염증, E형간염이 해당된다.

3 「먹는물관리법」과 「먹는물 수질기준 및 검사 등에 관한 규칙」에 따른 수돗물의 수질 기준으로 가장 옳지 않은 것은?

① 납은 수돗물 1L당 0.01mg을 넘지 아니할 것
② 비소는 수돗물 1L당 0.01mg을 넘지 아니할 것
③ 수은은 수돗물 1L당 0.01mg을 넘지 아니할 것
④ 암모니아성 질소는 수돗물 1L당 0.5mg을 넘지 아니할 것

4 「재난 및 안전관리 기본법」에 따른 사회재난에 해당하지 않는 것은?

① 소행성 등 자연우주물체의 추락으로 인해 발생한 재해
② 「감염병의 예방 및 관리에 관한 법률」에 따른 감염병으로 인한 피해
③ 「미세먼지 저감 및 관리에 관한 특별법」에 따른 미세먼지로 인한 피해
④ 「가축전염병 예방법」에 따른 가축전염병의 확산으로 인한 피해

ANSWER 3.③ 4.①

3 건강상 유해영향 무기물질에 관한 기준〈먹는물 수질기준 및 검사 등에 관한 규칙 별표1 참조〉
  ㉠ 납은 0.01mg/L를 넘지 아니할 것
  ㉡ 불소는 1.5mg/L(샘물·먹는샘물 및 염지하수·먹는염지하수의 경우에는 2.0mg/L)를 넘지 아니할 것
  ㉢ 비소는 0.01mg/L(샘물·염지하수의 경우에는 0.05mg/L)를 넘지 아니할 것
  ㉣ 셀레늄은 0.01mg/L(염지하수의 경우에는 0.05mg/L)를 넘지 아니할 것
  ㉤ 수은은 0.001mg/L를 넘지 아니할 것
  ㉥ 시안은 0.01mg/L를 넘지 아니할 것
  ㉦ 크롬은 0.05mg/L를 넘지 아니할 것
  ㉧ 암모니아성 질소는 0.5mg/L를 넘지 아니할 것
  ㉨ 질산성 질소는 10mg/L를 넘지 아니할 것
  ㉩ 카드뮴은 0.005mg/L를 넘지 아니할 것
  ㉪ 붕소는 1.0mg/L를 넘지 아니할 것(염지하수의 경우에는 적용하지 아니한다)
  ㉫ 브롬산염은 0.01mg/L를 넘지 아니할 것(수돗물, 먹는샘물, 염지하수·먹는염지하수, 먹는해양심층수 및 오존으로 살균·소독 또는 세척 등을 하여 음용수로 이용하는 지하수만 적용한다)
  ㉬ 스트론튬은 4mg/L를 넘지 아니할 것(먹는염지하수 및 먹는해양심층수의 경우에만 적용한다)
  ㉭ 우라늄은 30μg/L를 넘지 않을 것[수돗물(지하수를 원수로 사용하는 수돗물을 말한다), 샘물, 먹는샘물, 먹는염지하수 및 먹는물공동시설의 물의 경우에만 적용한다)]

4 사회재난 … 화재·붕괴·폭발·교통사고(항공사고 및 해상사고를 포함한다)·화생방사고·환경오염사고·다중운집인파사고 등으로 인하여 발생하는 대통령령으로 정하는 규모 이상의 피해와 국가핵심기반의 마비, 「감염병의 예방 및 관리에 관한 법률」에 따른 감염병 또는 「가축전염병예방법」에 따른 가축전염병의 확산, 「미세먼지 저감 및 관리에 관한 특별법」에 따른 미세먼지, 「우주개발 진흥법」에 따른 인공우주물체의 추락·충돌 등으로 인한 피해

5 부모와 32개월 남아 및 18개월 여아로 이루어진 가족은 Duvall의 가족생활 주기 8단계 중 어디에 해당되며, 이 단계의 발달과업은 무엇인가?

① 양육기 - 임신과 자녀 양육 문제에 대한 배우자 간의 동의
② 학령전기 - 가정의 전통과 관습의 전승
③ 양육기 - 자녀들의 경쟁 및 불균형된 자녀와의 관계에 대처
④ 학령전기 - 자녀들의 사회화 교육 및 영양관리

ANSWER 5.④

5 Duvall의 가족발달이론

단계		발달과업
제1단계	결혼한 부부 (부부 확립기, 무자녀)	• 가정의 토대 확립하기 • 공유된 재정적 체재 확립하기 • 누가, 언제, 무엇을 할 것인가에 대해 상호적으로 수용 • 가능한 유형 확립하기 • 미래의 부모역할에 대해 준비하기 • 의사소통 유형 및 인간관계의 확대에 대해 준비
제2단계	아이를 기르는 가정 (첫아이 출산~30개월)	• 가사의 책임분담 재조정 및 의사소통의 효율화 • 영아를 포함하는 생활유형에 적응하기 • 경제적 비용 충족시키기
제3단계	학령 전 아동이 있는 가정 (첫아이 2.5세~6세)	• 확대되는 가족이 요구하는 공간과 설비를 갖추는 데 필요한 비용 충당하기 • 가족구성원들 사이의 의사소통유형에 적응하기 • 변화하는 가족의 욕구충족에 대한 책임에 적응하기
제4단계	학동기 아동이 있는 가정 (첫아이 6세~13세)	• 아동의 활동을 충족시키고 부모의 사생활 보장하기 • 재정적 지급능력 유지하기 • 결혼생활을 유지하기 위해 노력하기 • 아동의 변화하는 발달적 요구에 효과적으로 대응하기
제5단계	10대 아이가 있는 가정 (첫아이 13세~20세)	• 가족구성원들의 다양한 요구에 대비하기 • 가족의 금전문제에 대처하기 • 모든 가족구성원들이 책임 공유하기 • 성인들의 부부관계에 초점 맞추기 • 청소년과 성인 사이의 의사소통 중재하기
제6단계	자녀를 결혼시키는 가정 (첫아이가 독립부터 마지막아이 독립까지)	• 가정의 물리적 설비와 자원 재배치하기 • 자녀가 가정을 떠날 때 책임 재할당하기 • 부부관계의 재정립 • 자녀의 결혼을 통하여 새로운 가족구성원을 받아들임으로써 가족범위 확대시키기
제7단계	중년 부모기 (부부만이 남은 가족~은퇴기까지)	• 텅 빈 보금자리에 적응하기 • 부부 사이의 관계를 계속해서 재조정하기 • 조부모로서의 생활에 적응하기 • 은퇴 및 신체적 노화에 적응하기
제8단계	가족의 노화기 (은퇴 후~사망)	• 배우자의 죽음에 적응하기 • 타인, 특히 자녀에 대한 의존에 대처하기 • 경제적 문제에서의 변화에 적응하기 • 임박한 죽음에 적응하기

6 우리나라 사회보장제도에 대한 설명으로 가장 옳은 것은?

① 산재보험은 소득보장과 함께 의료보장을 해주는 사회보험이다.
② 의료급여는 저소득층의 의료보장을 위한 사회보험에 해당한다.
③ 건강보험은 공공부조로 공공적 특성을 가지며 강제성을 띤다.
④ 노인장기요양보험은 공공부조로 재원조달은 국고지원으로 이루어진다.

7 Bloom은 학습목표 영역을 세 가지로 분류하였다. 다음 중 다른 종류의 학습목표 영역에 해당하는 것은?

① 대상자들은 담배 속 화학물질인 타르와 니코틴이 건강에 미치는 영향을 비교하여 설명할 수 있다.
② 대상자들은 흡연이 건강에 미치는 해로운 영향을 5가지 말할 수 있다.
③ 대상자들은 흡연이 자신이나 가족들에게 매우 해로우므로 금연을 하는 것이 긍정적인 행위라고 말한다.
④ 대상자들은 자신이 직접 세운 금연 계획의 실천 가능성이 얼마나 되는지 평가할 수 있다.

ANSWER 6.① 7.③

6 ② 의료급여는 저소득층의 의료보장을 위한 공공부조에 해당한다.
③ 건강보험은 사회보험으로 공공적 특성을 가지며 강제성을 띤다.
④ 노인장기요양보험은 사회보험으로 재원조달은 장기요양보험료와 국가 및 지방자치단체 부담금, 그리고 수급자가 부담하는 본인부담금으로 이루어진다.

7 ①②④ 인지적 영역
③ 정의적 영역
※ 블룸의 학습목표 분류
㉠ 인지적 영역: 주로 안다는 일과 관계되는 기초적인 정신적·지적 과정
㉡ 정의적 영역: 흥미나 태도에 관련되는 과정
㉢ 심리·운동 영역: 신체적 행위를 통한 신체적 능력과 기능을 발달시키는 것과 연관된 영역

8 어떤 사업장에서 근로자 건강진단을 실시하여 다음과 같은 결과가 나왔다. 이에 대한 설명으로 가장 옳은 것은?

건강관리구분		단위(명)
A		2000
C	C_1	200
	C_2	300
D	D_1	20
	D_2	150
계		2670

① 일반 질병으로 진전될 우려가 있어 추적관찰이 필요한 근로자는 300명이다.
② 직업성 질병의 소견을 보여 사후관리가 필요한 근로자는 200명이다.
③ 일반 질병의 소견을 보여 사후관리가 필요한 근로자는 20명이다.
④ 직업성 질병의 소견을 보여 사후관리가 필요한 근로자는 150명이다.

ANSWER 8.①

8 건강관리구분 판정

건강관리구분			기준
A		정상자	건강관리상 사후관리가 불필요
C	C_1	직업성 질병 요관찰자	직업성 질병으로 진전될 우려가 있어 추적조사 등 관찰이 필요
	C_2	일반 질병 요관찰자	일반 질병으로 진전될 우려가 있어 추적관찰이 필요
D	D_1	직업성 질병 유소견자	직업성 질병의 소견이 있어 사후관리가 필요
	D_2	일반 질병 유소견자	일반 질병의 소견이 있어 사후관리가 필요

9 관할지역에서 탄저로 죽은 소가 발견되었다는 신고를 받은 읍장이 취해야 할 행동으로 가장 옳은 것은?

① 즉시 보건소장에게 신고
② 즉시 시장·군수·구청장에게 신고
③ 즉시 보건소장에게 통보
④ 즉시 질병관리청장에게 통보

10 지역사회간호사업의 평가계획에 대한 설명으로 가장 옳은 것은?

① 평가의 객관성을 최대한 유지하기 위해 사업의 내부 최고책임자를 포함한다.
② 평가자, 시기, 범주, 도구의 구체적인 계획은 사업평가시에 작성한다.
③ 평가도구의 타당성은 평가하고자 하는 내용을 올바르게 평가하는 것을 의미한다.
④ 평가계획은 사업 시작전 단계, 사업 수행 단계, 사업 종결 단계에서 수시로 가능하다.

ANSWER 9.④ 10.③

9 인수공통감염병의 통보 … 「가축전염병예방법」제11조 제1항 제2호에 따라 신고를 받은 국립가축방역기관장, 신고대상 가축의 소재지를 관할하는 시장·군수·구청장 또는 시·도 가축방역기관의 장은 같은 법에 따른 가축전염병 중 다음 각 호의 어느 하나에 해당하는 감염병의 경우에는 즉시 질병관리청장에게 통보하여야 한다〈감염병의 예방 및 관리에 관한 법률 제14조 제1항〉.
   ㉠ 탄저
   ㉡ 고병원성조류인플루엔자
   ㉢ 광견병
   ㉣ 그 밖에 대통령령으로 정하는 인수공통감염병

10 ① 평가의 객관성을 최대한 유지하기 위해 사업의 외부 최고책임자를 포함한다.
   ② 평가자, 시기, 범주, 도구의 구체적인 계획은 사업계획 시에 작성한다.
   ④ 평가계획은 사업 시작 전 단계에서 수립한다.

11 임신 22주인 산모 A 씨는 톡소플라즈마증으로 진단 받았다. A씨가 취할 수 있는 행위로 가장 옳은 것은?

① 법적으로 인공임신중절수술 허용기간이 지나 임신을 유지하여야 한다.
② 인공임신중절수술 허용기간은 지났지만 톡소플라즈마증은 태아에 미치는 위험이 높기 때문에 본인과 배우자 동의하에 인공임신중절수술을 할 수 있다.
③ 인공임신중절수술을 할 수 있는 기간이지만 톡소플라즈마증은 태아에 미치는 위험이 낮기 때문에 임신을 유지하여야 한다.
④ 인공임신중절수술을 할 수 있는 기간이고 톡소플라즈마증은 태아에 미치는 위험이 높기 때문에 본인과 배우자 동의하에 인공임신중절수술을 할 수 있다.

12 〈보기〉의 (   )안에 들어갈 말은?

〈보기〉
모성사망 측정을 위해 개발된 지표 중 가장 많이 사용되는 지표인 모성사망비는 해당 연도 (   ) 10만 명당 해당 연도 임신, 분만, 산욕으로 인한 모성사망의 수로 산출한다.

① 여성　　　　　　　　② 출생아
③ 사망 여성　　　　　　④ 가임기 여성

ANSWER 11.④ 12.②

11 톡소플라즈마증 … 충의 일종인 톡소포자충(Toxoplasma gondii)의 감염에 의해 일어나며, 여성이 임신 중에 감염될 경우 유산과 불임을 포함하여 태아에 이상을 유발할 수 있는 인수공통 전염병이다. 임신 22주는 인공임신중절수술을 할 수 있는 기간이므로 톡소플라즈마증 진단을 받았다면 인공임신중절수술을 할 수 있다.

12 모성사망비 … 해당 연도의 출생아 수에 대하여 동일 연도 임신기간 동안 사망한 여성 전체수를 나타낸 값이다. 모성사망률은 해당 연도의 가임기 여성 수에 대하여 동일 연도 임신기간 동안 사망한 여성 전체수를 나타낸 값이다.

13 세계보건기구(WHO)에서 제시한 일차보건의료의 특성에 대한 설명으로 가장 옳지 않은 것은?

① 지역사회의 적극적 참여를 통해 이루어져야 한다.
② 지역사회의 지불능력에 맞는 보건의료수가로 제공되어야 한다.
③ 지리적, 경제적, 사회적으로 지역주민이 이용하는 데 차별이 있어서는 안 된다.
④ 자원이 한정되어 있으므로 효과가 가장 높은 사업을 선별하여 제공해야 한다.

14 〈보기〉에서 설명하고 있는 학습이론은?

〈보기〉
학습이란 외적인 환경을 적절히 조성하여 학습자의 행동을 변화시키는 것으로 학습자에게 목표된 반응이 나타날 때, 즉각적인 피드백과 적절한 강화를 사용하도록 한다. 또한, 학습목표의 성취를 위하여 필요한 학습과제를 하위에서 상위로 단계별로 제시하고 반복연습의 기회를 제공한다.

① 구성주의 학습이론
② 인본주의 학습이론
③ 인지주의 학습이론
④ 행동주의 학습이론

ANSWER 13.④ 14.④

13 세계보건기구(WHO)에서 제시한 일차보건의료의 필수요소(4A)
　㉠ 접근성(Accessible) : 지리적, 경제적, 사회적으로 지역주민이 이용하는 데 차별이 있어서는 안 된다.
　㉡ 주민참여(Available) : 지역사회의 적극적 참여를 통해 이루어져야 한다.
　㉢ 수용가능성(Acceptable) : 주민이 쉽게 받아들일 수 있는 방법으로 제공해야 한다.
　㉣ 지불부담능력(Affordable) : 지역사회의 지불능력에 맞는 보건의료수가로 제공되어야 한다.

14 행동주의 학습이론 … 학습을 경험이나 관찰의 결과로 유기체에게서 일어나는 비교적 영속적인 행동의 변화 또는 행동잠재력의 변화로 정의 내린다. 학습자는 환경의 자극에 대해 수동적으로 반응하는 존재로, 즉각적인 피드백과 적절한 강화가 요구되며 반복학습을 강조한다.

15 규칙적 운동 미실천과 고혈압 발생과의 관련성을 알아보기 위하여 코호트 연구를 실시하여 다음과 같은 자료를 얻었다. 운동 미실천과 고혈압 발생에 대한 상대위험비는?

〈단위 : 명〉

	고혈압 발생	고 혈압 없음	계
규칙적 운동 미실천	100	400	500
규칙적 운동 실천	500	2500	3000
계	600	2900	3500

① 1.15
② 1.20
③ 1.25
④ 1.30

16 우리나라의 제5차 국민건강증진종합계획(Health Plan 2030)의 총괄목표에 해당하는 것은? [기출변형]

① 삶의 질 향상, 건강수명 연장
② 건강형평성 제고, 사회물리적 환경조성
③ 삶의 질 향상, 사회물리적 환경조성
④ 건강수명 연장, 건강형평성 제고

ANSWER 15.② 16.④

15 상대위험비(relative risk) … 특정 위험요인에 노출된 사람들의 발생률과 그렇지 않은 집단 간의 발생률을 비교하는 것으로, 의심되는 요인에 폭로된 집단에서의 특정 질병 발생률을 의심되는 요인에 폭로되지 않은 집단에서의 특정 질병 발생률로 나눈 값이다. 따라서 〈보기〉에 따른 운동 미실천과 고혈압 발생에 대한 상대위험비는

$\dfrac{\frac{100}{500}}{\frac{500}{3,000}} = \dfrac{300,000}{250,000} = 1.2$ 이다.

16 제5차 HP2030의 목표는 4차와 마찬가지로 '건강수명연장과 건강형평성 제고'로 선정하였다. 이번 계획에는 2030년까지 건강수명을 73.3세로 연장하며, 건강수명 격차를 7.6세 이하로 낮추는 것을 목표로 정했다.

17 지역사회 통합건강증진사업의 특징은?

① 사업 산출량 지표를 개발하여 모든 지역에 적용함으로써 객관적으로 지역 간 비교가 가능하다.
② 기존 건강증진사업이 분절되어 운영되었던 것에 비해 사업을 통합하여 지역특성 및 주민수요 중심으로 서비스를 제공한다.
③ 모든 지역에서 동일한 사업을 수행할 수 있도록 중앙에서 표준화된 사업계획이 제공된다.
④ 사업별로 재원을 구체적으로 배분하여 일정 정해진 사업을 지역에서 수행하도록 하여 중앙정부의 목표에 집중하도록 한다.

18 〈보기〉에서 우리나라 공공보건사업의 발전 순서를 바르게 나열한 것은?

〈보기〉
㉠ 보건소 기반 전국 방문건강관리사업 시행
㉡ 우리나라 전 국민을 위한 의료보험 실행
㉢ 국민건강증진법 제정으로 바람직한 건강행태 고취를 위한 토대 마련
㉣ 농어촌 보건의료를 위한 특별조치법 제정으로 일차 보건의료서비스 제공

① ㉠ → ㉡ → ㉢ → ㉣
② ㉣ → ㉡ → ㉢ → ㉠
③ ㉡ → ㉢ → ㉠ → ㉣
④ ㉣ → ㉡ → ㉠ → ㉢

ANSWER 17.② 18.②

17 지역사회 통합건강증진사업 … 지자체가 지역사회 주민을 대상으로 실시하는 건강생활실천 및 만성질환 예방, 취약계층 건강관리를 목적으로 하는 사업을 통합하여 지역특성 및 주민 수요에 맞게 기획·추진하는 사업을 말한다. 기존 전국을 대상으로 획일적으로 실시하는 국가 주도형 사업방식에서 지역여건에 맞는 사업을 추진할 수 있도록 지자체 주도방식으로 개선하였다.

※ 기존 국고보조사업과 지역사회 통합건강증진사업 비교

기존 국고보조사업	지역사회 통합건강증진사업
• 사업내용 및 방법 지정 지침	• 사업범위 및 원칙 중심 지침
• 중앙집중식·하향식	• 지방분권식·상향식
• 지역여건에 무방한 사업	• 지역여건을 고려한 사업
• 산출중심의 사업 평가	• 과정, 성과중심의 평가
• 분절적 사업수행으로 비효율	• 보건소 내외 사업 통합·연계 활성화

18 ㉣ 농어촌 보건의료를 위한 특별조치법 제정 : 1980년
㉡ 전 국민 의료보험 실행 : 1989년
㉢ 국민건강증진법 제정 : 1995년
㉠ 전국 방문건강관리사업 시행 : 2007년

19 〈보기〉에서 설명하는 실내오염 물질은?

〈보기〉
- 지각의 암석 중에 들어있는 우라늄이 방사성 붕괴 과정을 거친 후 생성되는 무색, 무취, 무미의 기체임
- 토양과 인접한 단독주택이나 바닥과 벽 등에 균열이 많은 오래된 건축물에 많이 존재함
- 전체 인체노출 경로 중 95%는 실내 공기를 호흡할 때 노출되는 것임
- 지속적으로 노출되면 폐암을 유발함

① 라돈
② 오존
③ 폼알데하이드
④ 트리클로로에틸렌

20 만성질환 환자를 둔 가족의 역할갈등을 해결하기 위하여, 가족구성원 간의 상호작용, 친밀감 정도 및 단절관계를 가장 잘 파악할 수 있는 사정도구는?

① 가족구조도
② 가족밀착도
③ 외부체계도
④ 사회지지도

ANSWER 19.① 20.②

19 라돈(radon, Rn)은 방사선을 내는 원자번호 86번의 원소이다. 색, 냄새, 맛이 없는 기체로 공기보다 약 8배 무겁다. 라돈은 지각을 구성하는 암석이나 토양 중에 천연적으로 존재하는 우라늄(238U)과 토륨(232Th)의 방사성 붕괴에 의해서 만들어진 라듐(226Ra)이 붕괴했을 때에 생성된다. 폐암의 원인 중 하나이다.

20 가족사정도구

구분	특징
가족구조도	3대 이상의 가족구성원 정보 파악
가족밀착도	현재 동거하고 있는 가족구성원들 간의 밀착관계와 상호관계 이해
외부체계도	다양한 외부체계와 가족구성원과의 관계를 나타냄
사회지지도	가족의 내외적 상호작용을 나타냄. 취약구성원을 중심으로 가족과 외부체계와의 관계를 파악할 수 있음
가족연대기	가족의 역사 중 가장 중요한 사건들을 순서대로 기술함. 건강 관련 사건 파악

지역사회간호 | 2020. 6. 13. 제1회 지방직 시행

1 다음 글에 해당하는 우리나라 지방보건행정 조직은?

- 지역보건법령에 근거하여 설치함
- 보건소가 없는 읍·면·동마다 1개씩 설치할 수 있음
- 진료 서비스는 없으나 지역주민의 만성질환 예방 및 건강한 생활습관 형성을 지원함

① 보건지소
② 보건진료소
③ 정신건강복지센터
④ 건강생활지원센터

2 베티 뉴만(Betty Neuman)의 건강관리체계이론에 대한 설명으로 옳은 것은?

① 역할 기대는 스트레스원 중 외적 요인에 해당한다.
② 저항선은 유연방어선보다 바깥에 위치하면서 대상 체계를 보호한다.
③ 유연방어선을 강화시키는 활동은 일차예방에 해당한다.
④ 정상방어선은 기본구조 내부에 위치하면서 대상 체계를 보호한다.

ANSWER 1.④ 2.③

1 지방자치단체는 보건소의 업무 중에서 특별히 지역주민의 만성질환 예방 및 건강한 생활습관 형성을 지원하는 건강생활지원센터를 대통령령으로 정하는 기준에 따라 해당 지방자치단체의 조례로 설치할 수 있다〈지역보건법 제14조(건강생활지원센터의 설치)〉.
   ※ 법 제14조에 따른 건강생활지원센터는 읍·면·동(보건소가 설치된 읍·면·동은 제외한다)마다 1개씩 설치할 수 있다〈지역보건법 시행령 제11조(건강생활지원센터의 설치)〉.

2 베티 뉴만의 건강관리체계이론
   ㉠ 일차예방 : 스트레스의 원인 제거·약화, 유연방어선 및 정상방어선 강화
   ㉡ 이차예방 : 저항선 강화, 나타나는 반응에 대한 조기발견 및 정확한 처치
   ㉢ 삼차예방 : 기본구조 손상 시 기본구조의 재구성을 돕는 활동

3 보건소 절주 프로그램의 과정 평가지표는?

① 프로그램 참여율
② 금주 실천율
③ 프로그램 예산의 적정성
④ 음주 관련 질환에 대한 지식 수준의 변화

4 다음 글에 해당하는 범이론적 모형(Transtheoretical model)의 건강행위 변화단계는?

> 저는 담배를 10년간 피웠더니 폐도 좀 안 좋아진 것 같고 조금만 활동을 해도 너무 힘이 들어요. 요즘 아내와 임신에 관해 얘기하고 있어서 담배를 끊기는 해야 할 것 같은데, 스트레스가 너무 많아서 어떻게 해야 할지 모르겠어요. 그래도 태어날 아기를 생각해서 앞으로 6개월 안에는 금연을 시도해볼까 해요.

① 계획 전 단계(precontemplation stage)
② 계획 단계(contemplation stage)
③ 준비 단계(preparation stage)
④ 행동 단계(action stage)

ANSWER 3.① 4.②

3 참여율 파악은 과정 평가에 해당한다.

4 범이론적 모형의 변화 6단계
 ㉠ 무관심 단계(계획 전 단계) : 6개월 이내에 행동 변화의 의지가 없는 단계이다. 자신의 문제를 인지하지 못하거나 과소평가, 회피가 나타난다.
 ㉡ 관심단계(계획단계) : 문제를 인식하고 6개월 이내에 문제를 해결하고자 하는 의도는 있고 구체적인 계획은 없다.
 ㉢ 준비단계 : 행위 변화 의도와 행동을 결합시킨 단계로 구체적인 실행계획이 잡혀 있는 단계이다. 1개월 내에 건강행동을 하겠다는 의도가 있다.
 ㉣ 실행(행동)단계 : 행동 시작 후 6개월 이내로 행동 변화가 실행되는 단계이다.
 ㉤ 유지단계 : 실행단계에서 시작한 행위 변화를 최소한 6개월 이상 지속하여 생활의 일부분으로 정착하는 단계이다.
 ㉥ 종결단계 : 재발의 위험이 없는 단계로 종결단계 없이 유지단계로 끝나는 경우가 많다.

5 교육부의 「학교 감염병 예방·위기대응 매뉴얼(2024)」에 따르면, 평상시 학교에서 감염병 유증상자를 처음 발견하여 감염병 여부를 확인하는 시점까지의 단계는? [기출변형]

① 예방 단계
② 대응 제1단계
③ 대응 제2단계
④ 대응 제3단계

6 가족 이론에 대한 설명으로 옳지 않은 것은?

① 구조-기능이론: 가족 기능을 위한 적절한 가족 구조를 갖춤으로써 상위체계인 사회로의 통합을 추구한다.
② 가족발달이론: 가족생활주기별 과업 수행 정도를 분석함으로써 가족 문제를 파악할 수 있다.
③ 가족체계이론: 가족 구성원을 개별적으로 분석함으로써 가족 체계 전체를 이해할 수 있다.
④ 상징적 상호작용이론: 가족 구성원 간 상호작용이 개인 정체성에 영향을 주므로 내적 가족 역동이 중요하다.

ANSWER 5.② 6.③

5 대응단계의 기간 및 후속조치

단계	상황	시작 시점	종료 시점	후속 조치
대응 제1단계	감염병 유증상자 존재	유증상자 발견	의료기관 진료 결과 감염병 (의심)환자 발생을 확인	→ 대응 제2단계
			감염병이 아닌 것으로 확인	→ 예방단계
대응 제2단계	의료기관으로부터 확인 받은 감염병 (의심)환자 존재	의료기관 진료 결과 감염병 (의심)환자 발생 확인	추가 (의심)환자 발생 확인을 통해 유행의심 기준을 충족	→ 대응 제3단계
			기존 (의심)환자가 완치되고 추가 (의심)환자가 미발생	→ 예방단계
대응 제3단계	감염병 (의심)환자 2명 이상 존재	추가 (의심)환자 발생 확인을 통해 유행의심 기준 충족	기존의 모든 (의심)환자가 완치되고 추가 (의심)환자가 미발생	→ 복구단계

6 가족체계이론…가족은 구성원 개개인들의 특성을 합한 것 이상의 실체를 지닌 집합체이다.

7 MATCH(Multi-level Approach to Community Health) 모형의 단계별 활동으로 옳지 않은 것은?

① 목적 설정 단계 - 행동요인 및 환경요인과 관련된 목적을 설정한다.
② 중재 계획 단계 - 중재의 대상과 접근 방법을 결정한다.
③ 프로그램 개발 단계 - 사업의 우선순위가 높은 인구집단을 선정한다.
④ 평가 단계 - 사업의 과정, 영향, 결과에 대해 평가한다.

ANSWER 7.③

7 MATCH(Multiple Approach to Community Health) 모형 … '목적/목표설정 → 중재 계획 → 프로그램 개발 → 실행 → 평가'의 5단계
㉠ 목적/목표설정
  • 건강상태 목적(목표) 선정
  • 선순위 목적(목표) 선정
  • 건강 행위요인과 관련된 목적(목표) 선정
  • 환경요인과 관련된 목적(목표) 선정
㉡ 중재 계획
  • **중재 목표 파악**: 파악중재활동의 목표가 되는 중재대상 결정
  • **중재 목표 선정**: 1단계에서 파악된 건강행동 요인, 환경적 요인, 중재 대상을 조합하여 목표 선정
  • 중재 목표를 이루기 위한 매개변인(지식, 태도, 기술 등) 파악
  • **중재 접근방법 선정**: 중재 목표의 수준에 맞게 중재 활동의 종류를 선택
㉢ **프로그램 개발**: 각 프로그램의 내용적인 구성요소 등 프로그램 개발과 관련된 내용을 상세하게 기술하는 단계
㉣ 실행
  • 변화 채택을 위한 계획안을 작성하고 자원활동 준비
  • 변화를 위한 요구, 준비 정도, 환경적인 지지조건 등에 대한 사안 개발
  • 중재가 효과적이라는 증거 수집
  • 중재를 통한 변화를 지지하여 줄 수 있는 사회적 지도자나 기관 단체를 파악
  • 사회적인 의사 결정권이 있는 사람들과 협조 관계 유지
  • 프로그램 수행자들을 모집, 업무 훈련, 수행 업무 모니터 및 지지할 수 있는 시스템 개발
㉤ 평가
  • **과정평가**: 중재기획과 과정에 대한 유용성, 실제 수행에 대한 정도와 질, 프로그램 수행 후 즉시 나타난 교육적인 효과 등
  • **영향평가**: 보건프로그램의 단기적인 결과로 지식, 태도, 기술을 포함한 중간 효과와 행동 변화 또는 환경적인 변화를 포함
  • **결과평가**: 장기적인 보건프로그램 효과 측정

8 부양비에 대한 설명으로 옳은 것은?

① 유년부양비는 생산인구에 대한 0~14세 유년인구의 백분비이다.
② 노년부양비 15%는 전체 인구 100명당 15명의 노인을 부양하고 있음을 의미한다.
③ 부양비는 경제활동인구에 대한 비경제활동인구의 백분비이다.
④ 비생산인구수가 동일할 때 생산인구수가 증가할수록 부양비가 증가한다.

9 다음 글에서 설명하는 학습이론은?

- 보상이나 처벌이 행동의 지속이나 소멸에 영향을 줌
- 개인 고유의 내적 신념과 가치를 무시하는 경향이 있음
- 즉각적인 회환은 학습 향상에 효과적임

① 인지주의
② 행동주의
③ 인본주의
④ 구성주의

ANSWER 8.① 9.②

8 ② 노년부양비 15%는 생산인구 100명당 15명의 노인을 부양하고 있음을 의미한다.
③ 부양비는 생산인구에 대한 비생산인구의 백분비이다.
④ 비생산인구수가 동일할 때 생산인구수가 증가할수록 부양비는 감소한다.

9 행동주의 학습이론 … 학습을 경험이나 관찰의 결과로 유기체에게서 일어나는 비교적 영속적인 행동의 변화 또는 행동잠재력의 변화로 정의 내린다. 학습자는 환경의 자극에 대해 수동적으로 반응하는 존재로, 즉각적인 피드백과 적절한 강화가 요구되며 반복학습을 강조한다.

10 지역사회간호사의 역할에 대한 설명으로 옳지 않은 것은?

① 조정자(coordinator) - 대상자의 행동이 바람직한 방향으로 변화되도록 유도하는 역할

② 의뢰자(refer agent) - 문제해결을 위해 대상자를 적절한 지역사회 자원이나 기관에 연결해주는 역할

③ 사례관리자(case manager) - 대상자의 욕구를 충족시키고 자원을 비용-효과적으로 사용하도록 유도하는 역할

④ 사례발굴자(case finder) - 지역사회 인구 집단 중 서비스가 필요한 개인 및 특정 질환 이환자를 발견하는 역할

11 김씨 가계도(genogram)에 대한 설명으로 옳지 않은 것은?

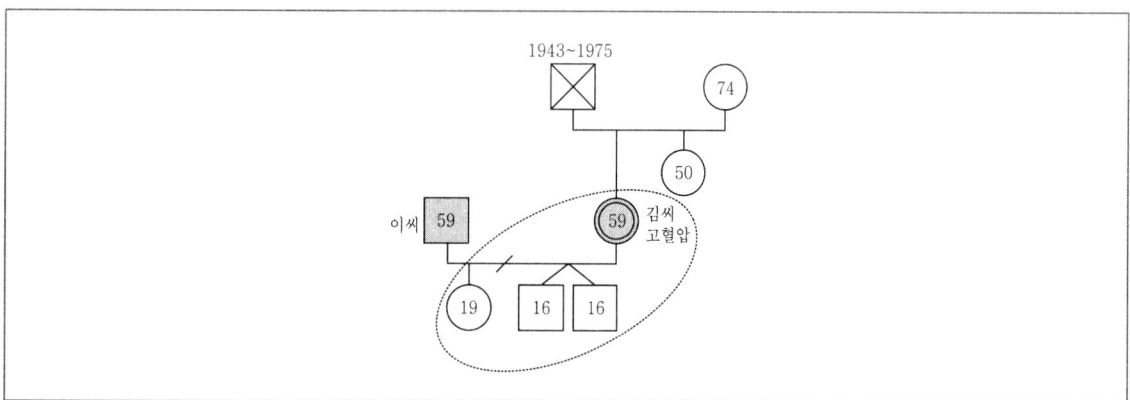

① 김씨는 남편과 이혼한 상태이다.
② 김씨의 아버지는 사망한 상태이다.
③ 김씨의 자녀는 2남 1녀이다.
④ 김씨의 두 아들은 쌍둥이이다.

ANSWER 10.① 11.①

10 조정자(coordinator) … 조정이란 가능한 최대의 유효한 방법으로 대상자의 요구를 충족시키는 최선의 서비스를 조직하고 통합하는 과정을 말한다. 사례관리자와는 다르게 조정자는 다른 건강관리 전문가가 수행한 간호를 계획하지 않는다.

11 김씨는 남편과 별거 상태이다.

12 Petak의 재난관리 과정 중 완화·예방단계에 해당하는 활동은?

① 생필품 공급
② 부상자의 중증도 분류
③ 위험지도 작성
④ 이재민의 거주지 지원

13 듀발(Duvall)의 가족생활주기 중 진수기 가족이 성취해야 하는 발달과업은?

① 가족계획
② 은퇴와 노화에 대한 적응
③ 자녀의 사회화와 학업 성취 격려
④ 자녀의 출가에 따른 부모 역할 적응

ANSWER 12.③ 13.④

12 Petak의 재난관리 과정 4단계
  ㉠ 1단계 : 재해의 완화와 예방
  • 재난관리책임기관의 장의 재난 예방조치
  • 국가기반시설의 지정 및 관리
  • 개발규제나 건축기준, 안전기준 등 법규의 마련
  • 위험성 분석 및 위험 지도 작성 등
  ㉡ 2단계 : 재해의 대비와 계획
  ㉢ 3단계 : 재해의 대응
  ㉣ 4단계 : 재해 복구

13 듀발의 가족생활주기 8단계 중 진수기 가족 단계
  ㉠ 첫 자녀 결혼부터 막내 결혼까지 자녀들이 집을 떠나는 단계
  ㉡ 부부관계의 재조정
  ㉢ 늙어가는 부모들의 부양과 지지
  ㉣ 자녀들의 출가에 따른 부모의 역할 적응
  ㉤ 성인이 된 자녀와 자녀의 배우자와의 관계 확립, 재배열

14 지역별 비례사망률에 대한 설명으로 옳지 않은 것은?

(단위 : 명)

지역	당해 연도 특정 원인별 사망자수		당해 연도 총사망자수	당해 연도 총인구수
	결핵	폐암		
A	8	16	400	10,000
B	5	10	500	8,000
C	15	18	1,000	15,000

① 폐암의 비례사망률은 A 지역이 가장 높다.
② 폐암의 비례사망률은 A 지역이 B 지역보다 2배 높다.
③ 결핵의 비례사망률은 A 지역이 가장 높다.
④ 결핵의 비례사망률은 A 지역이 C 지역보다 2배 높다.

15 지역사회 간호사업의 평가에 대한 설명으로 옳지 않은 것은?

① 평가 계획은 사업 수행 단계 전에 수립하여야 한다.
② 평가의 계획 단계부터 주요 이해당사자를 배제한다.
③ 평가 결과는 차기 간호사업 기획에 활용한다.
④ 사업의 목표 달성 정도를 파악하기 위해 효과성 평가를 실시한다.

ANSWER 14.④ 15.②

14 A 지역 결핵의 비례사망률 $\frac{8}{400} \times 100 = 2\%$

C 지역 결핵의 비례사망률 $\frac{15}{1000} \times 100 = 1.5\%$

결핵의 비례사망률은 A 지역이 C 지역보다 약 1.3배 높다.

15 지역사회 간호사업 평가절차는 평가대상 및 기준설정 → 평가자료 수집 → 설정된 목표와 현재 상태 비교 → 목표 도달 정도의 판단과 분석 → 재계획으로 이루어진다.

16 면허 또는 자격증 관련 실태와 취업상황을 보건복지부장관에게 신고하여야 하는 의료인력만을 모두 고르면?

| ⊙ 간호사 | ⓒ 한의사 |
| ⓒ 간호조무사 | ⓔ 임상병리사 |

① ⊙, ⓒ
② ⓒ, ⓔ
③ ⊙, ⓒ, ⓒ
④ ⊙, ⓒ, ⓒ, ⓔ

17 BPRS(Basic Priority Rating System)를 적용할 때, 우선순위가 가장 높은 건강 문제는?

건강 문제	평가항목		
	건강 문제의 크기 (0~10)	건강 문제의 심각도 (0~10)	사업의 추정 효과 (0~10)
①	5	5	7
②	5	6	6
③	6	5	5
④	7	5	5

ANSWER 16.④ 17.①

16 ⊙ 간호사: 간호사란 간호학을 전공하는 대학이나 전문대학에서 간호교육을 이수하고 국시원에서 시행하는 간호사 시험에 합격하고 보건복지부장관이 발급하는 면허를 받은 자를 말한다.
ⓒ 한의사: 한의사란 응시자격을 갖춘 자가 국시원에서 시행하는 한의사 시험에 합격한 후, 보건복지부장관의 면허를 받은 자를 말한다.
ⓒ 간호조무사: 간호조무사란 고등학교 이상 학력자가 1,520시간의 간호조무사 교육을 이수하고 보건의료인국가시험원에서 시행하는 간호조무사 국가시험에 합격한 후 보건복지부장관의 자격인정을 받은 자를 말한다.
ⓔ 임상병리사: 임상병리사란 임상병리사 면허에 상응하는 보건의료에 관한 학문을 전공하는 대학·산업대학 또는 전문대학을 졸업한 자가 국시원에서 시행하는 임상병리사 시험에 합격한 후, 보건복지부장관의 면허를 발급받은 자를 말한다.

17 BPRS 방식은 (A+2B)×C 공식에 따라 점수를 계산하여 우선순위를 결정한다.
A 문제의 크기(건강문제를 가진 인구 비율, 만성질환 유병률, 급성질환 발병률 등)
B 문제의 심각도(긴급성, 중증도, 경제적 손실, 타인에게 미치는 영향 등)
C 사업의 추정효과(사업의 최대효과와 최소효과 추정 등)
⊙ 사용자의 주관적 판단에 의거하여 우선순위를 결정하기도 한다.
ⓒ 경제적 손실은 문제의 심각도와 관련된다.
ⓒ 건강문제를 가진 인구 비율은 문제의 크기와 관련된다.

18 다음 ㉠, ㉡에 들어갈 용어로 옳게 짝 지은 것은?

(㉠) – 감염병 일차 환자(primary case)에 노출된 감수성자 중 해당 질병의 잠복기 동안에 발병한 사람의 비율
(㉡) – 병원체가 현성 감염을 일으키는 능력으로, 감염된 사람 중 현성 감염자의 비율

	㉠	㉡
①	평균 발생률	병원력
②	평균 발생률	감염력
③	이차 발병률	병원력
④	이차 발병률	감염력

ANSWER 18.③

18 ㉠ **이차발생률**: 집단의 감수성이 있는 사람들 중에서 해당 병원체의 최장잠복기내에 발병하는 환자의 비율
㉡ **병원력**
  • 병원체가 감염된 숙주에서 질병을 일으키는 힘
  • 감염된 모든 사람들에 대한 환자 수, 현성증상을 발현하게 하는 정도

19 다음 글에서 설명하는 「산업재해보상보험법」상 보험급여는?

> 업무상 사유로 부상을 당하거나 질병에 걸린 근로자에게 요양으로 취업하지 못한 기간에 대하여 지급하되, 1일당 지급액은 평균임금의 100분의 70에 상당하는 금액으로 한다. 다만, 취업하지 못한 기간이 3일 이내이면 지급하지 아니한다.

① 요양급여 ② 장해급여
③ 간병급여 ④ 휴업급여

20 Smilkstein이 개발한 가족기능 평가도구(Family APGAR)의 평가영역이 아닌 것은?

① 가족의 적응 능력(adaptation)
② 가족 간의 성숙도(growth)
③ 가족 간의 애정 정도(affection)
④ 가족이 가진 자원의 크기(resource)

ANSWER 19.④ 20.④

19 ① 요양급여는 근로자가 업무상의 사유로 부상을 당하거나 질병에 걸린 경우에 그 근로자에게 지급한다. 하지만 그 부상 또는 질병이 3일 이내의 요양으로 치유될 수 있으면 요양급여를 지급하지 아니한다〈산업재해보상보험법 제40조(요양급여) 제1항 및 제3항〉.
② 근로자가 업무상의 사유로 부상을 당하거나 질병에 걸려 치유된 후 신체 등에 장해가 있는 경우에 그 근로자에게 지급한다. 장해등급에 따라 장해보상연금 또는 장해보상일시금으로 하되, 그 장해등급의 기준은 대통령령으로 정한다〈산업재해보상보험법 제57조(장해급여) 제1항 및 제2항〉.
③ 요양급여를 받은 사람 중 치유 후 의학적으로 상시 또는 수시로 간병이 필요하여 실제로 간병을 받는 사람에게 지급한다〈산업재해보상보험법 제61조(간병급여) 제1항〉.

20 가족기능 영역 5가지 평가항목
㉠ 가족의 적응능력(Adaptation) : 가족위기 때 문제 해결을 위한 내·외적 가족자원 활용 능력의 정도
㉡ 가족 간의 동료의식 정도(Partnership) : 가족 구성원끼리 동반자 관계에서 의사결정을 하고 서로 지지하는 정도
㉢ 가족 간의 성숙도(Growth) : 가족 구성원 간의 상호지지와 지도를 통한 신체적·정서적 충만감을 달성하는 정도
㉣ 가족 간의 애정 정도(Affection) : 가족 구성원 간의 돌봄과 애정적 관계
㉤ 문제해결(Resolve) : 가족 구성원들이 다른 구성원의 신체적·정서적 지지를 위해 서로 시간을 내어주는 정도

지역사회간호 | 2020. 6. 13. 제2회 서울특별시 시행

1 〈보기〉에 나타난 지역사회간호사의 역할로 가장 옳은 것은?

〈보기〉
코로나19(COVID-19) 사태에서 사회적 약자들이 방치되는 것을 방지하기 위해 지역사회의 차상위계층, 기초생활수급자, 독거노인, 신체장애인에 전화를 걸어 호흡기 등의 건강상태와 정신건강 상태를 확인하였다.

① 상담자
② 사례관리자
③ 교육자
④ 변화촉진자

2 A간호사는 지역 보건소에 처음 발령을 받고 주민센터 동장님을 만나 지역사회 건강 문제에 대한 의견을 물어보았다. 이때의 자료수집 방법으로 가장 옳은 것은?

① 정보원 면담
② 설문지 조사
③ 차창 밖 조사
④ 참여관찰

ANSWER 1.② 2.①

1 사례관리자 … 지역사회에 거주하고 있는 고위험군을 발굴하여 대상자의 문제를 사정, 계획, 수행, 평가하고 지역사회 내의 다양한 보건의료서비스로 연계시켜 준다.

2 정보원 면담 … 지역사회의 공식·비공식 지역지도자의 면담을 통해 자료를 수집하는 방법이다.

3 간호사는 금연 교육 프로그램을 기획하고 학습목표를 기술하였다. 블룸(Bloom)의 인지적 학습 목표에 따를 때, 가장 높은 수준에 해당하는 것은?

① 대상자는 심장질환과 니코틴의 작용을 관련지어 말할 수 있다.
② 대상자들은 자신들이 계획한 금연계획을 실천가능성에 따라 평가한다.
③ 대상자들은 흡연으로 인한 증상과 자신에게서 나타나는 증상을 비교한다.
④ 대상자들은 금연방법을 참고하여 자신의 금연계획을 작성한다.

4 「학교보건법」에 근거한 학교의 장의 업무로 가장 옳지 않은 것은?

① 학생 건강검사 결과 질병에 감염된 학생에 대하여 질병의 치료에 필요한 조치를 하여야 한다.
② 학생 정신건강 상태를 검사한 결과 필요하면 해당 학생에 대해 의료기관을 연계하여야 한다.
③ 안전사고를 예방하기 위하여 학생에 대한 안전교육 및 그 밖에 필요한 조치를 하여야 한다.
④ 학생이 새로 입학한 날로부터 180일 이내에 시장·군수 또는 구청장에게 예방접종증명서를 발급받아 예방접종을 모두 받았는지를 검사한 후 이를 교육정보시스템에 기록하여야 한다.

ANSWER 3.② 4.④

3 Bloom이 제시한 인지적 영역 학습목표의 수준을 낮은 수준부터 높은 수준으로 나열하면 지식→이해→적용→분석→종합→평가이다.

4 초등학교와 중학교의 장은 학생이 새로 입학한 날로부터 90일 이내에 시장·군수 또는 구청장에게 예방접종증명서를 발급받아 예방접종을 모두 받았는지를 검사한 후 이를 교육정보시스템에 기록하여야 한다〈학교보건법 제10조 제1항〉.

5 〈보기〉는 보건소에서 실시하는 방문건강관리사업의 일부이다. 이에 해당하는 사례관리의 단계로 가장 옳은 것은?

〈보기〉
- 전문 인력의 판단과 팀 구성에 따라 건강관리서비스 내용 조정
- 서신발송, 전화, 방문, 내소, 자원연계 실시

① 요구사정
② 목표설정 및 계획수립
③ 대상자 선정 및 등록
④ 개입 및 실행

6 작업환경 관리의 기본원리 중 대치에 해당하는 것은?

① 교대근무를 실시하도록 한다.
② 페인트를 분무하던 것을 전기이용 흡착식 분무로 한다.
③ 개인용 위생보호구를 착용하도록 한다.
④ 인화물질이 든 탱크 사이에 도랑을 파서 제방을 만든다.

ANSWER 5.④ 6.②

5 사례관리의 과정
 ㉠ **사정단계**: 다학제 팀이 함께 사정하여 문제를 확인한다.
 ㉡ **계획단계**: 확인된 문제의 해결을 위한 구체적인 개입 계획과 평가계획을 세운다.
 ㉢ **수행단계**: 문제의 우선순위에 따라 실제 대상자에게 필요한 다양한 자원을 활용한다. 지역사회 자원을 이용한 새로운 사회적 지지망을 구축한다.
 ㉣ **평가단계**: 대상자에게 제공된 서비스, 대상자의 변화 등을 고려하여 사례관리의 효과성과 효율성을 분석하고 피드백을 제공한다.

6 작업환경 관리의 기본원리
 ㉠ **대치**: 변경의 의미로써 공정변경, 시설변경, 물질변경 등이 있다.
 ㉡ **격리**: 작업장과 유해인자 사이에 물체, 거리, 시간 등을 격리하는 원리이다.
 ㉢ **환기**: 오염된 공기를 작업장으로부터 제거하고 신선한 공기로 치환하는 원리이다.
 ㉣ **교육 및 훈련**: 관리자, 기술자, 감독자, 작업자를 교육·훈련하여 관리하는 원리이다.
 ㉤ 작업환경의 정비

7 〈보기〉에서 설명하는 의료비 지불제도로 가장 옳은 것은?

〈보기〉
- 진단, 치료, 투약과 개별행위의 서비스를 총합하여 의료행위를 한 만큼 보상하는 방식이다.
- 서비스 행위에 대한 보상을 일단 점수로 받고, 그 점수들을 일정비율에 의해서 금액으로 환산하여 의료비 총액을 계산하는 방법인 점수제의 형태로 많이 사용된다.
- 종류로는 시장기능에 의해 수가가 결정되는 관행수가제와 정부와 보험조합의 생산원가를 기준으로 계산한 후 의료수가를 공권력에 의해 강제 집행하는 제도수가제가 있다.
- 장점으로 의료인의 자율성 보장, 양질의 서비스 제공을 들 수 있다.

① 인두제 ② 봉급제
③ 행위별수가제 ④ 총액예산제(총괄계약제)

8 UN에서 발표한 새천년개발목표(Millennium Development Goals, MDGs)에 해당하지 않는 것은?

① 절대빈곤 및 기아 퇴치
② 모든 사람의 건강한 삶을 보장하고 웰빙을 증진
③ 보편적 초등교육 실현
④ 지속가능한 환경의 확보

ANSWER 7.③ 8.②

7 ① **인두제**: 등록환자수 또는 실이용자수를 기준으로 일정액을 보상받는 방식이다.
② **봉급제**: 서비스의 양이나 제공받는 사람의 수에 상관없이 일정 기간에 따라 보상받는 방식이다.
④ **총액예산제(총괄계약제)**: 지불자 측(보험자)과 진료자 측이 사전에 일정 기간 동안의 진료보수 총액에 대한 계약을 체결하고, 계약된 총액범위 내에서 의료서비스를 이용하는 제도이다.

8 UN의 새천년 개발목표
㉠ 절대빈곤 및 기아퇴치
㉡ 보편적 초등교육 실현
㉢ 양성평등 및 여성능력의 고양
㉣ 유아사망률 감소
㉤ 모성보건 증진
㉥ AIDS 등의 질병 퇴치
㉦ 지속가능한 환경 확보
㉧ 개발을 위한 글로벌 파트너십 구축

9 〈보기〉와 같은 인구 구조를 가진 지역사회의 2020년 6월 13일 현재 인구 구조를 나타내는 지표 값으로 가장 옳은 것은?

〈보기〉

〈단위 : 명〉

연령(세)	남	여	계
0-14	700	900	1600
15-64	1600	1600	3200
65 이상	700	700	1400
계	3000	3200	6200

- 2020년 6월 13일 현재

① 유년부양비는 (1600/6200)×100이다.
② 노년부양비는 (1400/1600)×100이다.
③ 2차 성비는 (3200/3000)×100이다.
④ 3차 성비는 (3000/3200)×100이다.

ANSWER 9.④

9 3차 성비는 현재 인구의 성비이다. 성비 = $\frac{남자수}{여자수} \times 100$

① 유년부양비 = $\frac{0 \sim 14세 인구수}{15 \sim 64세 인구수} \times 100$

② 노년부양비 = $\frac{65세 이상 인구수}{15 \sim 64세 인구수} \times 100$

③ 2차 성비는 출생 시의 성비이다.

10 〈보기〉에서 설명하는 가족건강사정도구로 가장 옳은 것은?

〈보기〉
가족 중 가장 취약한 구성원을 중심으로 부모형제관계, 친척관계, 친구와 직장동료 등 이웃관계, 그 외 지역사회와의 관계를 그려봄으로써 취약 가족구성원의 가족 하위체계뿐만 아니라 가족 외부체계와의 상호작용을 파악할 수 있다.

① 외부체계도
② 사회지지도
③ 가족밀착도
④ 가계도

11 〈보기〉에서 설명하는 지구온난화 및 기후변화 대비 협약으로 가장 옳은 것은?

〈보기〉
2015년에 채택되었으며 지구 평균온도 상승폭을 산업화 이전 대비 2℃ 이상 상승하지 않도록 합의

① 몬트리올 의정서
② 바젤협약
③ 파리협약
④ 비엔나협약

ANSWER 10.② 11.③

10 ① 외부체계도: 가족과 외부와의 다양한 상호작용을 한눈에 파악할 수 있도록 한 것이다.
   ③ 가족밀착도: 가족을 이해함에 있어 가족의 구조뿐만 아니라 구조를 구성하고 있는 관계의 본질을 파악한다.
   ④ 가계도: 가족구조도로 가족 전체의 구성과 구조를 한눈에 볼 수 있도록 고안된 그림(도식화)으로 3세대 이상에 걸친 가족 구성원에 관한 정보와 그들 간의 관계를 도표로 기록하는 방법이다.

11 ① 몬트리올 의정서: 오존층 파괴물질인 염화불화탄소(CFCs)의 생산과 사용을 규제하려는 목적에서 제정한 협약이다.
   ② 바젤협약: 유해폐기물의 국가 간 교역통제협약이다.
   ④ 비엔나협약: 오존층 보호를 위한 국제협약이다.

12 〈보기〉에서 설명하는 작업환경에서의 건강장애로 가장 옳은 것은?

〈보기〉
옥외 작업환경에서 격심한 육체노동을 지속하는 경우 일어나는 현상이다. 중추성 체온조절 기능장애로서, 체온 방출 장애가 나타나 체내에 열이 축적되고 뇌막혈관의 충혈과 뇌 내 온도 상승에 의해 발생한다. 땀을 흘리지 못하여 체온이 41~43℃까지 급격히 상승하여 혼수상태에 이를 수 있으며, 피부 건조가 나타나게 된다.

① 열피로(heat exhaustion)
② 열경련(heat cramp)
③ 열사병(heat stroke)
④ 열실신(heat syncope)

13 〈보기〉에 제시된 우리나라 지역사회간호 관련 역사를 시간순으로 바르게 나열한 것은?

〈보기〉
(가) 「산업안전보건법」의 제정으로 보건담당자인 간호사가 상시근로자 300명 이상인 사업장에 배치되었다.
(나) 「노인장기요양보험법」의 제정으로 노인장기요양사업이 활성화되었다.
(다) 「국민건강증진법」이 제정되어 지역사회 간호사의 역할이 더욱 확대되는 계기가 되었다.
(라) 「의료법」의 개정으로 전문간호사 영역이 신설되어 가정, 보건, 노인, 산업 등의 지역사회 실무가 강화되었고, 이후 13개 분야로 확대되었다.

① (가)-(나)-(다)-(라)
② (가)-(다)-(라)-(나)
③ (나)-(다)-(라)-(가)
④ (다)-(가)-(라)-(나)

ANSWER 12.③ 13.②

12 열사병(heat stroke) … 고온, 다습한 환경에 노출될 때 갑자기 발생해 심각한 체온조절장애를 일으킨다. 중추신경계통의 장해, 전신의 땀이 배출되지 않음으로 인해 체온상승(직장온도 40도 이상) 등을 일으키며, 생명을 잃기도 한다. 태양광선에 의한 열사병은 일사병이라고도 하며 우발적이거나 예기치 않게 혹심한 고온 조건에 노출될 경우 잘 발생한다. 열사병은 체온조절중추의 장애가 원인이므로 체온을 낮추기 위해 옷을 벗기고 찬물로 몸을 닦는다.

13 (가) 1981년
(다) 1995년
(라) 2003년
(나) 2007년

14 지역사회 간호과정에서 목표 설정 시 고려해야 할 사항으로 가장 옳지 않은 것은?

① 추상성
② 관련성
③ 성취가능성
④ 측정가능성

15 SWOT 분석의 전략을 옳게 짝지은 것은?

① SO 전략-다각화 전략
② WO 전략-공격적 전략
③ ST 전략-국면전환 전략
④ WT 전략-방어적 전략

ANSWER 14.① 15.④

14 목표설정기준
  ㉠ 구체성 : 목표는 구체적으로 기술하여야 한다.
  ㉡ 측정가능성 : 목표는 측정 가능하여야 한다.
  ㉢ 적극성&성취가능성 : 목표는 진취적이면서 성취 가능한 현실적인 것이어야 하나, 별다른 노력 없이도 달성되는 소극적인 목표는 안 된다.
  ㉣ 연관성 : 사업목적 및 문제해결과 직접 관련성이 있어야 한다. 즉, 해당 건강문제와 인과관계가 있어야 한다.
  ㉤ 기한 : 목표달성의 기한을 밝혀야 한다.

15 ① SO 전략-공격적 전략
  ② WO 전략-국면전환 전략
  ③ ST 전략-다각화 전략

16 〈보기〉에서 설명하는 학습이론으로 가장 옳은 것은?

〈보기〉
학습이란 개인이 이해력을 얻고 새로운 통찰력 혹은 더 발달된 인지구조를 얻는 적극적인 과정이다. 이러한 학습은 동화와 조절을 통해 이루어진다. 동화란 이전에 알고 있던 아이디어나 개념에 새로운 아이디어를 관련시켜 통합하는 것이다. 학습자는 자신의 인지구조와 일치하는 사건을 경험할 때는 끊임없이 동화되며 학습하지만 새로운 지식이나 사건이 이미 갖고 있는 인지구조와 매우 달라서 동화만으로 적응이 어려울 때는 조절을 통해 학습하고 적응한다.

① 구성주의 학습이론
② 인본주의 학습이론
③ 인지주의 학습이론
④ 행동주의 학습이론

17 1952년 영국 런던에서 대기오염으로 대규모의 사상자를 발생시킨 주된 원인물질은?

① SO_2(아황산가스)
② CO_2(이산화탄소)
③ O_3(오존)
④ NO_2(이산화질소)

18 고혈압에 대한 2차 예방 활동으로 가장 옳은 것은?

① 금연
② 체중조절
③ 직장 복귀
④ 고혈압 검진

ANSWER 16.③ 17.① 18.④

16 인지주의 학습이론 … 학습이란 학습자가 기억 속에서 학습사태에서 일어나는 여러 가지 사상에 관한 정보를 보존하고 조직하는 인지구조를 형성함으로써 일어나는 현상이다.

17 1952년에 영국 런던에서 1만 2천 명이 사망하는 대기오염 사건이 있었다. '그레이트 스모그'로 알려진 런던 스모그 대기오염 사건이다. 주된 원인물질은 아황산가스였다.

18 2차 예방 … 질병의 조기발견 및 조기치료를 목표로 질병의 전구기 · 잠복기의 증상 등의 사정과 병원을 중심으로 하는 환자간호를 제공

19 흡연과 뇌졸중 발생의 관계를 알아보기 위해 환자-대조군 연구를 실시하여 〈보기〉와 같은 결과를 얻었다. 흡연과 뇌졸중 발생 간의 교차비(odds ratio)는?

〈보기〉

〈단위: 명〉

		뇌졸중		계
		유	무	
흡연	유	30	70	100
	무	10	90	100
계		40	160	200

① $(30 \times 70)/(10 \times 90)$
② $(30 \times 10)/(70 \times 90)$
③ $(30 \times 100)/(10 \times 100)$
④ $(30 \times 90)/(70 \times 10)$

20 보건사업 평가유형과 그에 대한 설명을 옳게 짝지은 것은?

① 내부평가 - 평가결과에 대한 신뢰성 문제가 제기될 수 있다.
② 외부평가 - 보건사업의 고유한 특수성을 잘 반영하여 평가할 수 있다.
③ 질적평가 - 수량화된 자료를 이용한 통계적 분석을 주로 한다.
④ 양적평가 - 평가기준의 신뢰성과 객관성을 보장받기 어렵다.

ANSWER 19.④ 20.①

19 교차비 … 질병이 있는 경우 위험인자 유무의 비와 질병이 없는 경우 위험인자 유무의 비의 비를 말한다. 환자-대조군 연구에서 주로 사용하며, 통계분석에서 수학적인 장점이 있다.

20 내부평가 … 보건사업에 관련된 인사가 내부적으로 보건사업을 평가하는 것이다. 내부평가는 형성평가에 적합하며 평가자가 사업의 내용을 속속들이 알고 있기 때문에 외부평가에 비해 정확할 수는 있으나, 이해관계가 얽혀 있어 객관적이고 공정한 태도로 평가하기 어려운 경우가 많으며, 처음에 의도하지는 않았지만 결과적으로 나타난 효과들을 간과하기 쉽다는 단점이 있다.

지역사회간호 | 2021. 6. 5. 제1회 지방직 시행

1 A 지역의 노년부양비(%)는?

연령(세)	A 지역 주민 수(명)
0~14	100
15~64	320
65 이상	80

① 16
② 20
③ 25
④ 30

2 고혈압관리프로그램을 평가할 경우 평가도구의 신뢰도를 확보하기 위한 질문은?

① 혈압계를 동일인에게 반복 사용할 때 일정한 값을 갖는가
② 설문항목이 응답하기에 수월한가
③ 혈압계 구입비용이 경제적인가
④ 설문지는 고혈압관리 목표를 제대로 측정하고 있는가

ANSWER 1.③ 2.①

1 노년부양비 = 65세 이상 인구수 / 15~64세 인구 수 × 100
2 신뢰도 … 평가도구가 믿을 만한가? 즉 측정하고자 하는 내용을 정확하게, 오차 없이 측정할 수 있는가를 말한다.

3 다음에 해당하는 근로자의 건강관리구분은?

> 직업성 질병으로 진전될 우려가 있어 추적검사 등 관찰이 필요한 근로자

① C_1　　　　　　　　　　② C_2
③ D_1　　　　　　　　　　④ D_2

4 다음에 해당하는 근로자 건강진단은?

> • 근로자는 법적 유해인자에 노출된 작업을 하고 있다.
> • 근로자는 직업성 천식 증상을 호소하였다.
> • 이에 사업주는 건강진단 실시를 계획하고 있다.

① 수시건강진단　　　　　　② 일반건강진단
③ 임시건강진단　　　　　　④ 배치전건강진단

ANSWER 3.① 4.①

3 근로자 건강관리구분

건강관리구분		의미
A	건강인(정상)	건강관리상 사후관리가 필요없는 자
C_1	직업병 요관찰자	직업성 질병으로 진전될 우려가 있어 추적검사 등 관찰이 필요한 자
C_2	일반질병 요관찰자	일반질병으로 진전될 우려가 있어 추적관찰이 필요한자
D_1	직업병 유소견자	직업성 질병의 소견을 보여 사후관리가 필요한 자
D_2	일반질병 유소견자	일반질병의 소견을 보여 사후관리가 필요한 자
R	제2차 건강진단 대상자	일반건강진단에서의 질환의심자
U	판정 불가	퇴직 등의 사유로 건강관리구분을 판정할 수 없는 근로자

4 수시건강진단 … 급성으로 발병하거나 정기적 건강진단으로는 발견하기 어려운 직업성 질환을 조기진단하기 위해 시행함
　㉠ 대상자 : 특수 건강진단 대상업무로 인하여 유해인자에 의한 직업성 천식, 직업성 피부염, 그 밖에 건강장애를 의심하게 하는 증상을 보이거나 의학적 소견이 있는 근로자
　㉡ 실시 항목
　　• 특수 건강진단 대상 유행인자 : 특수 건강진단 항목에 준함
　　• 직업성 천식, 직업성 피부질환

5 지역사회에서 활동하고 있는 인력과 법적근거를 바르게 연결한 것은?

① 보건진료 전담공무원 － 「지역보건법」
② 보건관리자 － 「의료급여법」
③ 보건교육사 － 「국민건강증진법」
④ 가정전문간호사 － 「노인복지법」

6 다음에서 설명하는 개념은?

> 감수성이 있는 집단에서 감염성이 있는 한 명의 환자가 감염가능기간 동안 직접 감염시키는 평균 인원 수

① 발생률
② 집단면역
③ 유병률
④ 기본감염재생산수

7 우리나라 사회보험이 아닌 것은?

① 노인장기요양보험
② 의료급여
③ 국민연금
④ 산업재해보상보험

ANSWER 5.③ 6.④ 7.②

5 ① 보건진료 전담공무원 : 농어촌 보건의료를 위한 특별조치법
② 보건관리자 : 산업안전보건법
④ 가정전문간호사 : 의료법

6 ① 발생률 : 질병에 걸릴 확률 혹은 위험도를 직접 추정 가능하게 하는 측정
② 집단면역 : 지역사회 혹은 집단에 병원체가 침입하여 전파하는 것에 대한 집단의 저항성을 나타내는 지표
③ 유병률 : 어떤 시점 혹은 일정기간 동안에 특정 시점 혹은 기간의 인구 중 존재하는 환자의 비율
④ 기본감염재생산수 : 한 인구집단 내에서 특정 개인으로부터 다른 개인으로 질병이 확대되어 나가는 잠재력

7 사회보험의 종류

소득보장	의료보장	노인요양
산재보험 연금보험 고용보험 상병수당	건강보험 산재보험	노인장기요양보험

8 다음 (개)에 들어갈 장기요양서비스는?

> • 장기요양등급을 인정받은 A 노인은 치매를 앓고 있으며 종일 신체활동 및 가사활동의 지지가 필요하다.
> • A 노인을 부양하고 있는 아들부부가 3일간 집을 비워야 하는 상황이다.
> • 이 기간 동안 A 노인을 돌볼 다른 가족이 없어 아들 부부는 ┌─(개)─┐를(을) 이용하고자 한다.

① 방문요양
② 주·야간보호
③ 단기보호
④ 방문간호

9 지역사회간호활동 중 2차 예방에 대한 설명으로 옳은 것은?

① 보건교사가 여성 청소년의 자궁경부암 예방접종률을 높이기 위해 가정통신문 발송
② 보건소 간호사가 결핵환자에게 규칙적인 결핵약 복용 지도
③ 방문건강관리 전담공무원이 재가 뇌졸중 환자의 재활을 위해 운동요법 교육
④ 보건소 간호사가 지역주민을 대상으로 흡연이 신체에 미치는 영향에 대해 교육

ANSWER 8.③ 9.②

8 노인장기요양보험법
① **방문요양**: 장기요양요원이 수급자의 가정 등을 방문하여 신체활동 및 가사활동 등을 지원하는 장기요양 급여
② **주·야간보호**: 하루 중 일정한 시간동안 장기요양기관에 보호하여 신체활동 지원 및 심신기능의 유지 향상을 위한 교육, 훈련 등을 제공하는 장기요양급여
③ **단기보호**: 일정기간 동안 장기요양기관에 보호하여 신체활동 지원 및 심신기능의 유지 향상을 위한 교육, 훈련 등을 제공하는 장기요양급여
④ **방문간호**: 수급자의 가정 등을 방문하여 간호, 진료의 보조, 요양에 관한 상담 또는 구강위생 등을 제공하는 장기요양급여

9 지역사회 간호활동
㉠ **1차 예방**: 건강유지 및 증진, 질병예방을 목표로 하는 환경위생 및 보존, 식수보존, 주거환경, 식품관리, 예방접종, 영양개선 등의 활동
㉡ **2차 예방**: 질병의 조기발견 및 조기치료를 목표로 질병의 전구기·잠복기의 증상 등의 사정과 병원을 중심으로 하는 환자간호를 제공
㉢ **3차 예방**: 기능의 극대화, 재활을 목표로 하는 치료를 통한 기능회복 및 장애의 최소화를 위한 활동

10 다음에 해당하는 역학적 연구방법은?

> • 초등학교에서 식중독 증상을 보이는 학생군과 식중독 증상을 보이지 않는 학생군을 나누어 선정한다.
> • 식중독 유발 의심요인을 조사하고, 식중독 유발 의심요인과 식중독 발생과의 관계를 교차비(odds ratio)를 산출하여 파악한다.

① 코호트 연구
② 실험역학 연구
③ 기술역학 연구
④ 환자-대조군 연구

11 다음은 오마하(Omaha) 문제분류체계의 수준에 따른 사례이다. ㈎에 들어갈 용어는?

영역	문제	㈎	증상/징후
생리적	전염성 상태	지역사회, 실제적	감염 발열 양성의 감별검사

① 초점
② 판단
③ 구성요소
④ 수정인자

ANSWER 10.④ 11.④

10 ① 코호트 연구: 같은 특성을 지닌 집단을 말하는 것으로, 건강한 사람을 대상으로 조사하고자 하는 여러 특성을 지닌 소집단으로 나누어 시간이 경과함에 따라 달라지는 각 집단에서의 질병발생률을 비교·관찰하는 방법
② 실험역학 연구: 일반적으로 역학적 연구에서의 마지막 단계의 연구로써, 질병의 원인이나 건강증진, 질병예방 등에 관여하는 요인을 인위적으로 변동시켜보고 이로 인한 영향을 분석하는 방법
③ 기술역학 연구: 건강 수준, 질병양상에 대해 있는 그대로의 상황을 관찰·기록한다. 발생한 사건을 단순하게 세어서 관찰집단 전체에서의 비율로 계산하여 사건이 발생한 대상자의 인적 속성·시간적 속성·자연적 속성별 빈도와 비율에 따라 분류하며, 각 변수별로 나타나는 분포의 차이가 유의한 것인지 통계적 검증방법을 이용
④ 환자-대조군 연구: 연구하고자 하는 이환된 집단과 질병이 없는 군을 선정하여 질병발생과 관련이 있다고 의심되는 요인들과 질병발생과의 원인관계를 규명하는 연구방법

11 오마하 문제분류체계
① 1단계: 영역분류(4영역)
② 2단계: 문제(42개)
③ 3단계: 수정인자
④ 4단계: 증상/징후(378개)

12 다음에 해당하는 학습이론은?

> 채소를 먹으면 어머니에게 보상을 받았던 학습경험을 통해 편식을 하는 아동이 자발적으로 채소를 먹게 되었다.

① 구성주의 학습이론
② 인지주의 학습이론
③ 인본주의 학습이론
④ 행동주의 학습이론

ANSWER 12.④

12 행동주의 학습이론이란 학습은 환경에서 일어나는 행위변화가 관찰되는 상황에서 새로운 건강습관이 결정될 때 이루어진다. 주위 사람들의 어떤 행동이나 그 결과에 대해 격려나 보상 및 처벌을 주느냐에 따라 행동의 지속이나 소멸이 나타난다.
  ① 구성주의 학습이론: 자신의 개인적인 경험에 근거해서 독특하고 개인적인 해석을 내리는 능동적이며 개인적인 과정을 의미하는 학습이론. 지식이란 인간이 처한 상황의 맥락 안에서 사전 경험에 의해 개개인의 마음에 재구성하는 것이라고 주장한다.
  ② 인지주의 학습이론: 학습이란 학습자가 기억 속에서 학습사태에서 일어나는 여러 가지 사상에 관한 정보를 보존하고 조직하는 인지구조를 형성함으로써 일어나는 현상이다. 학습은 본질적으로 내적인 사고과정의 변화이기에 개인이 환경으로부터 받은 자극이나 정보를 어떻게 지각하고 해석하고 저장하는가에 관심을 둔다.
  ③ 인본주의 학습이론: 심리학에 근본을 두고 있으며 학습은 개인이 주위 환경과의 능동적인 상호작용을 통하여 자아성장과 자아실현을 이루는 과정이다. 학습자가 자발적인 사람이기 때문에 교육자의 역할은 학습자의 요청에 반응하는 것이며 교사는 촉진자, 조력자, 격려자가 되어야 한다.

13 재난관리를 위해 대피소 운영, 비상의료지원, 중증도 분류가 이루어지는 단계는?

① 예방단계
② 대비단계
③ 대응단계
④ 복구단계

14 교육중심 비만예방관리사업 시 보건사업평가 유형에 따른 내용으로 옳은 것은?

① 구조평가 : 투입된 인력의 종류와 수, 교육 횟수, 교육실의 넓이
② 과정평가 : 교육 내용의 질, 교육 일정 준수, 사업 참여율
③ 적합성평가 : 사업 만족도, 목표 달성도, 교육 인력의 전문성
④ 결과평가 : 비만율 변화 정도, 사업 예산 규모, 사업 요구도의 크기

ANSWER 13.③ 14.②

13 Petak의 4단계 재난과정

예방 및 완화단계	• 어떠한 위험이 있는지를 살펴보고 위험이 발견되었을 때 어떻게 할 것인가를 결정하는 것이다. • 위험지도의 작성이나 위험 요인을 줄여 재난발생의 가능성을 낮추는 프로그램을 수행하는 단계
대비단계	• 재난발생 가능성이 높은 경우 비상시에 대비한 계획을 수립하거나 재난사태 발생에 대한 대응능력을 유지하는 과정이다. • 즉 비상시 효과적인 대응을 하기위해 취해지는 준비활동이다.
대응단계	• 재난발생 직전 도중 직후에 인명을 구조하고 재난피해를 최소화하여 복구효과를 증진시키기 위한 단계로 가장 중요한 과정이다. • 재해에 의해 나타나는 문제에 대한 즉각적인 조치를 하는 시기이다.
복구단계	• 재해의 모든 측면이 회복되는 단계 • 영향을 받은 지역은 물리적, 환경적, 경제적, 사회적 안정이 어느 정도 성취되는 시기이다.

14 Donabedian 3가지 평가범주

투입평가(구조평가)	장소, 기구, 도구, 물품, 인력, 예산
진행평가(과정평가)	• 대상자의 적절성 • 프로그램 참여율 • 교재의 적절성
결과평가	• 효과(지식변화, 행위변화, 사업목표 달성) • 효율 : 사업으로 인해 변화된 결과 • 대상자 및 간호사의 만족도

15 다음에서 설명하는 지역사회 간호활동은?

> • 목표를 향하여 계획대로 진행되고 있는지 관련 기록을 감사한다.
> • 도구소독법, 물품의 비축, 상병자 간호, 보건교육 등 업무가 원활하게 수행되는지 관찰한다.
> • 지역사회 주민들과의 대화를 통해 주민의 요구와 사업이 부합되는지 파악한다.

① 조 ② 옹호
③ 감독 ④ 사례관리

16 가족사정도구에 대한 설명으로 옳은 것은?

① 가계도 : 3대 이상에 걸친 가족구성원에 관한 정보와 이들의 관계를 도표로 기록하는 방법으로 복잡한 가족 형태를 한눈에 볼 수 있다.
② 가족밀착도 : 가족과 이웃, 외부 기관 등과의 상호관계와 밀착 정도를 도식화한 것이다.
③ 사회지지도 : 가족 중 부부를 중심으로 부모, 형제, 친척, 친구, 직장 동료와 이웃 및 지역사회의 지지 정도와 상호작용을 파악할 수 있다.
④ 가족생활사건 : 가족의 역사 중에서 가족에게 영향을 주었다고 생각되는 중요한 사건들을 순서대로 열거하고, 가족에게 미친 영향을 파악하는 것이다.

ANSWER 15.③ 16.①

15 지역사회 간호사의 관리자(감독) 역할…가족의 간호를 감독하며 업무량을 관리하고 건강관리실, 보건실을 운영하거나 지역사회 보건계획을 수립하고 있다.

16 가족사정도구
㉠ 가족구조도(가계도) : 3세대 이상에 걸친 가족구성원에 관한 정보와 그들 간의 관계를 도표로 기록하여 복잡한 가족유형의 형태를 한눈에 볼 수 있도록 한 도구로 가계도를 그리는 방법
㉡ 가족밀착도 : 현재 동거하고 있는 가족구성원들 간의 밀착관계와 상호관계를 이해하는 데 도움
㉢ 외부체계도 : 가족관계와 외부체계와의 관계를 그림으로 나타내는 도구로 가족의 에너지 유출과 유입을 관찰할 수 있고 가족구성원들에게 영향을 미치는 스트레스원을 찾는 데 도움을 준다.
㉣ 가족연대기 : 가족의 역사 중에서 개인에게 영향을 주었다고 생각되는 중요한 사건을 순서대로 열거한 것으로 개인의 질환과 중요한 사건의 관련성을 추구하려 할 때 사용한다.
㉤ 가족생활 사건 : 가족이 최근에 경험한 일상사건의 수를 표준화한 가족생활 사건도구를 사용하여 가족에게 일어나는 문제가 스트레스와 관련된 문제인지, 특정한 스트레스에 잘못된 대처로 인하여 더욱 악화되고 있는지의 여부를 확인하는데 사용된다.

17 위암 조기발견을 위한 위내시경 검사의 특이도에 대한 설명으로 옳은 것은?

① 위암이 없는 검사자 중 위내시경 검사에서 음성으로 나온 사람의 비율
② 위암이 있는 검사자 중 위내시경 검사에서 양성으로 나온 사람의 비율
③ 위내시경 검사에서 음성인 사람 중 위암이 없는 사람의 비율
④ 위내시경 검사에서 양성인 사람 중 위암이 있는 사람의 비율

18 다음에서 설명하는 보건사업기획 모형은?

> • 보건사업전략이 생태학적인 여러 차원에 단계적으로 영향을 주도록 고안되었다.
> • 질병이나 사고에 대한 위험요인과 예방방법이 알려져 있고 우선순위가 정해져 있을 때 적합한 방법이다.

① PATCH (planned approach to community health)
② MATCH (multi-level approach to community health)
③ MAPP (mobilizing for action through planning and partnerships)
④ NIBP (needs/impact-based planning)

ANSWER 17.① 18.②

17 특이도 … 질병에 걸리지 않은 사람이 음성으로 나올 확률이다. 특이도 = 검사음성자 수 / 총 비환자 수

18 MATCH 모형 … 지역사회보건사업 전략을 생태학적인 여러 차원에서 단계적으로 영향을 주도록 고안된 모형으로 개인의 행동과 환경에 영향을 주는 요인들을 개인에서부터 조직, 지역사회, 국가 등의 여러 수준으로 나누어 지역사회보건사업을 기획한다.

19 다음에 해당하는 오렘(Orem) 이론의 자가간호요구는?

> 당뇨로 진단받아 투약 중인 대상자가 식후 혈당이 420 mg/dl였고, 합병증 예방 및 식이조절에 대하여 궁금해 하고 있다.

① 생리적 자가간호요구
② 건강이탈 자가간호요구
③ 발달적 자가간호요구
④ 일반적 자가간호요구

20 행위별수가제에 대한 설명으로 옳은 것은?

① 진료비 청구 절차가 간소하다.
② 치료보다 예방적 서비스 제공을 유도한다.
③ 양질의 의료 행위를 촉진한다.
④ 의료비 억제효과가 크다.

ANSWER 19.② 20.③

19 오렘의 자가간호요구
㉠ 일반적 자가간호요구 : 인간의 기본적인 욕구를 충족시키는 행동으로 공기, 물, 음식섭취, 배설, 활동과 휴식, 고립과 사회적 사회작용, 생명과 위험으로부터의 예방, 정상적인 삶 등의 자가간호요구
㉡ 발달적 자가간호요구 : 인간의 발달과정과 생의 주기의 다양한 단계동안 생기는 임신, 미숙아 출생, 가족 사망 등과 같이 성장발달과 관련된 상황에서 필요로 하는 자가간호 요구를 의미한다.
㉢ 건강이탈시 자가간호요구 : 질병이나 상해 등으로 개인의 자가간호 능력이 영구적, 일시적으로 손상되었을 때 인간은 자가간호 제공자에게 환자로 위치가 바뀌는 데 이때 필요한 의학적 치료를 가지고 참여하는 것

20 행위별수가제 … 의사의 진료행위마다 일정한 값을 정하여 진료비를 결정하는 것으로 가장 흔한 방식
㉠ 장점 : 의사의 재량권이 커지고 양질의 서비스를 충분히 제공할 수 있다.
㉡ 단점
  • 과잉진료, 의료남용의 우려
  • 의료비 상승우려
  • 행정적으로 복잡함
  • 의료인, 보험자 간의 마찰요인
  • 보건의료 수준과 자원이 지역적, 사회 계층적으로 불균등 분포

지역사회간호 | 2021. 6. 5. 제1회 서울특별시 시행

1 UN의 지속가능개발목표(Sustainable Development Goals : SDGs)에 대한 설명으로 가장 옳은 것은?

① 2000년 유엔 새천년 정상회의에서 제시된 목표이다.
② 제시된 의제(agenda)는 개도국에만 해당되어 보편성이 부족하다.
③ 경제·사회 문제에 국한되어 환경이나 사회 발전에 대한 변혁성이 부족하다.
④ 정부와 시민사회, 민간기업 등 모든 이해관계자들이 참여하는 파트너십을 강조한다.

2 우리나라 노인장기요양보험제도에 대한 설명으로 가장 옳은 것은?

① 노인장기요양보험사업의 보험자는 보건복지부이다.
② 치매진단을 받은 45세 장기요양보험 가입자는 요양인정 신청을 할 수 없다.
③ 장기요양급여는 시설급여와 현금급여를 우선적으로 제공하여야 한다.
④ 국민건강보험공단은 장기요양보험료와 건강보험료를 각각의 독립회계로 관리하여야 한다.

ANSWER 1.④ 2.④

1 UN 지속가능개발목표
㉠ 2015년 UN 총회에서 UN의 후속 의제로 2030년까지 추진해야 할 지속가능발전목표로 17개 목표를 발표하였다.
㉡ 구성 : 17개 목표 + 169개 세부목표
㉢ 보편성 : 개도국 중심이나 선진국도 대상
㉣ 변혁성 : 경제성장, 기후변화 등 경제, 사회, 환경, 통합고려
㉤ 포용성 : 정부, 시민사회, 민간기업 등 모든 이해관계자 참여

2 노인장기요양보험
㉠ 대상자 : 65세 이상의 노인 또는 65세 미만의 자로서 치매, 뇌혈관성 질환 등 대통령령으로 정하는 노인성 질병을 가진자
㉡ 장기요양급여는 재가급여를 우선적으로 제공한다.
㉢ 공단은 장기요양보험료와 건강보험료를 구분하여 고지하여야 한다.
㉣ 보험자는 국민건강보험공단이다.

3 진료비 지불제도에 대한 설명으로 가장 옳지 않은 것은?

① 포괄수가제는 경영과 진료의 효율화를 가져오고, 과잉진료와 의료서비스 오남용을 억제한다.
② 행위별수가제는 환자에게 양질의 고급 의료서비스 제공이 가능하고, 신의료기술 및 신약개발 등에 기여한다.
③ 인두제는 과잉진료 및 과잉청구가 발생하고, 결과적으로 국민의료비가 증가한다.
④ 봉급제는 서비스의 양이나 제공받는 사람의 수에 관계없이 일정한 기간에 따라 보상받는 방식으로 진료의 질적 수준 저하가 초래된다.

4 보건사업의 우선순위 결정방법 중 PATCH(Planned Approach To Community Health)에서 사용된 평가기준으로 옳은 것은?

① 문제의 수용성, 적법성
② 문제의 해결가능성, 심각도
③ 문제의 크기, 사업의 추정효과
④ 문제의 중요성, 변화 가능성

ANSWER 3.③ 4.④

3 ③의 내용은 행위별수가제에 대한 설명이다.
※ 인두제 … 의사에게 등록된 환자 또는 사람 수에 따라서 진료비가 지불되는 방법

장점	• 진료의 계속성이 증대되어 비용이 상대적으로 저렴하며 예방에 치중하게 된다. • 행정적 업무절차가 간편하다.
단점	• 환자의 선택권이 제한 • 서비스 양을 최소화하는 경향이 있다. • 환자의 후송, 의뢰가 증가한다.

4 PATCH(Planned Approach To Community Health) … 1980년대 미국 CDC(질병관리본부)에서 건강증진 및 질병예방 프로그램의 계획 및 수행을 위해 개발한 것으로 지역사회 단위의 건강문제 우선순위 확인, 건강문제 목표설정, 특정 인구집단의 보건요구도 측정에 활용한다. 우선순위를 설정하는 평가 기준은 건강문제의 중요성과 변화 가능성이다.

5 〈보기〉에 해당하는 법률은?

〈보기〉
이 법은 보건소 등 지역보건의료기관의 설치·운영에 관한 사항과 보건의료 관련기관·단체와의 연계·협력을 통하여 지역보건의료기관의 기능을 효과적으로 수행하는 데 필요한 사항을 규정함으로써 지역보건의료정책을 효율적으로 추진하여 지역주민의 건강 증진에 이바지함을 목적으로 한다.

① 「보건의료기본법」
② 「지역보건법」
③ 「의료법」
④ 「농어촌 등 보건의료를 위한 특별조치법」

6 우리나라의 가정간호사업에 대한 설명으로 가장 옳지 않은 것은?

① 「지역보건법」을 근거로 전문간호사에 의해 제공된다.
② 국민건강보험을 재원으로 민간 및 국공립 의료기관이 운영한다.
③ 입원대체서비스로 환자와 가족의 편의성을 고려하고 의료비 부담을 경감시키기 위함이다.
④ 산모 및 신생아, 수술 후 조기퇴원환자, 뇌혈관질환 등 만성질환자, 주치의가 의뢰한 환자 등을 대상으로 한다.

ANSWER 5.② 6.①

5 지역보건법 … 보건소 설치·운영에 관한 규정과 목적에 대한 내용이 해당된다.
6 가정간호사업은 의료법을 근거로 전문간호사에 의해 제공된다.

7 뉴만(Neuman B.)의 건강관리체계이론에서 〈보기〉가 설명하는 개념으로 가장 옳은 것은?

〈보기〉
- 신체의 면역체계를 예로 들 수 있음
- 기본구조를 둘러싸고 있는 몇 개의 점선원
- 효과적으로 작동하면 대상체계는 유지되나 비효과적으로 작동하면 사망할 수 있음
- 대상자가 스트레스원에 저항하여 기본구조를 지킬 수 있도록 돕는 자원이나 내적요인

① 저항선
② 정상방어선
③ 유연방어선
④ 에너지 자원

8 알마아타 선언에서 제시한 일차보건의료 서비스의 내용으로 가장 옳은 것은?

① 공공주택 공급사업
② 백혈병 치료제 공급사업
③ 심뇌혈관질환 관리사업
④ 지역사회 건강문제 예방교육

ANSWER 7.① 8.④

7 뉴만의 건강관리체계이론

기본구조	• 인간이 생존하기 위한 필수적인 구조 • 모든 개체가 공통적으로 가지고 있는 요소 • 정상체온의 범위, 유전인자의 구조, 신체기관의 구조
저항선	• 기본구조를 보호하는 최후의 요인 • 신체의 면역체계 • 스트레스원에 의하여 무너지게 되면 기본구조가 손상받게 된다. • 생명이나 존재에 위협을 받게 된다. • 저항선 파괴 시 증상이 발현된다.
정상방어선	• 한 대상체계가 오랫동안 유지해 온 평형상태로서 어떤 외적인 자극이나 스트레스원에 대해 나타나는 정상적 반응의 범위를 말한다. • 개인이 가지고 있는 지식, 태도, 문제해결능력, 대처능력, 발달단계와 같은 행위적 요소와 신체상태, 유전적 요인 등 변수들의 복합물이라 할 수 있다.
유연방어선	• 환경과 상호작용하여 시시각각으로 변하는 역동적 구조 • 외부자극이나 변화에 대하여 신속하게 축소되거나 확장되는 것 • 대처함으로써 스트레스원이 유연방어선을 거쳐 정상방어선까지 침범하지 못하도록 완충역할을 한다.

8 알마아타 선언 일차보건의료 서비스 내용은 일차 보건의료이므로 예방교육이 해당된다.

9 사회생태학적 모형에서 제시하는 건강결정요인 중, 〈보기〉에 해당하는 것은?

〈보기〉
개인이 소속된 학교나 직장에서의 구성원의 행동을 제약하거나 조장하는 규칙이나 규제

① 개인 요인(Intrapersonal factors)
② 개인 간 요인(Interpersonal factors)
③ 조직 요인(Institutional factors)
④ 지역사회 요인(Community factors)

10 지역사회 간호문제를 파악하기 위한 자료수집 방법 중 직접법에 해당하는 것은?

① 인구센서스 자료를 통해 지역의 인구증가율 정도를 파악하였다.
② 공공기관의 보고서를 통해 지역의 복지기관의 유형과 수를 파악하였다.
③ 지역의 행사, 의식에 참여하여 주민들의 규범이나 권력구조를 파악하였다.
④ 지역 내 의료기관 통계자료를 통해 병원 입원 및 외래환자의 상병 유형을 파악하였다.

ANSWER 9.③ 10.③

9 사회생태학적 모형

개인적 차원전략	개인의 지식, 믿음, 태도, 기질을 변화시키기 위해 교육, 상담, 유인제공 등의 전략 사용
개인 간 수준의 전략	가족, 친구, 직장동료, 이웃 등 개인에게 영향을 미칠 수 있는 사람들을 함께 관리함 멘토활용, 동료활용, 자조집단 활용
조직차원의 전략	개별 학교나 직장과 같은 조직에 대한 접근은 조직개발이론과 조직관계 이론에 근거를 두고 수행함
지역차원의 전략	건강박람회, 걷기대회, 홍보, 사회마케팅, 환경개선, 규범 개선

10 2차 자료(간접정보 수집)수집 방법 … 공공기관의 보고서, 통계자료, 회의록, 조사자료, 건강기록 등이 해당된다.

11 〈보기〉는 특정 연도의 A, B 국가의 연령대별 사망현황이다. 이에 대한 해석으로 가장 옳은 것은?

〈보기〉

〈단위 : 명〉

연령(세)	A 국가	B 국가
0~9	30	30
10~19	40	50
20~29	120	100
30~39	200	150
40~49	150	120
50~59	300	300
60세 이상	360	450
총 사망자 수	1,200	1,200

① A 국가의 비례사망지수는 0.625이다.
② B 국가의 건강수준은 A 국가보다 높다.
③ A 국가와 B 국가의 비례사망지수는 모두 0.5 미만이다.
④ 비례사망지수가 낮을수록 건강수준이 높은 것을 의미한다.

12 감염성 질환에서 해당 병원체의 감염력 및 전염력을 측정하는 데 가장 유용한 지표는?
① 발생률
② 유병률
③ 일차발병률
④ 이차발병률

ANSWER 11.② 12.④

11 비례사망지수 … 연간 총 사망수에 대한 50세 이상의 사망자수를 퍼센트(%)로 표시한 지수. 즉 비례사망지수가 낮다는 것은 일찍 사망하는 사람이 많다는 것을 의미하기 때문에 결국 건강수준이 낮다는 것을 의미한다.
   ㉠ A 국가 비례사망지수 : 660/1200 × 1000 = 550
   ㉡ B 국가 비례사망지수 : 750/1200 × 1000 = 625
   즉 건강수준은 B국가가 A국가 보다 높다는 것을 의미한다.

12 2차발병률 … 발단 환자를 가진 가구의 감수성이 있는 가구원 중에서 이 병원체의 최장 잠복기간 내에 환자와 접촉하여 질병으로 진전된 환자의 비율

13 〈보기〉에서 설명하는 계획된 행위이론의 구성개념으로 가장 옳은 것은?

> 〈보기〉
> 최근 당뇨 진단을 받은 환자에게 의사가 당뇨식이를 실천할 것을 권유하였고, 환자는 의사의 권고를 수용하고 따르려 한다.

① 태도
② 행위신념
③ 주관적 규범
④ 지각된 행위통제

14 산업재해 통계지표로 옳은 것은?

① 강도율=(손실노동일수/연근로시간수)×1,000
② 도수율=(재해건수/상시근로자수)×1,000
③ 건수율=(재해건수/연근로시간수)×1,000,000
④ 평균작업손실일수=작업손실일수/연근로시간수

ANSWER 13.③ 14.①

13 계획된 행위이론 … 개인의 의지와 행동에 영향을 주는 개인이 통제할 수 없는 요인들을 설명하려고 합리적 행위이론에 행동통제 인식을 추가했다. 개인의 특정 행동은 그 행동을 하겠다는 의도에 의해 결정되며 의도에 영향을 미치는 핵심요인은 행동에 대한 태도, 주관적 근거, 행동 통제 인식이다.

14

도수율	재해건수 / 연 근로시간 수 × 1,000,000
강도율	손실작업일수 / 연 근로시간 수 × 1,000
건수율	재해건수 / 평균 실근로자 수 × 1,000
평균작업손실일수	작업손실 일수 / 재해건수 × 1,000

15 국제간호협의회(International Council of Nurses: ICN)에서 제시한 간호사의 재난간호역량 중 〈보기〉에 있는 영역을 포함하는 것은?

> 〈보기〉
> 지역사회 관리, 개인과 가족 관리, 심리적 관리, 취약인구집단 관리

① 예방 역량
② 대비 역량
③ 대응 역량
④ 복구/재활 역량

ANSWER 15.③

15 재난관리단계별 간호활동

재난관리단계	간호실무
예방/완화단계	위기 감지 및 원인 제거활동
대비/준비 단계	• 비상훈련, 자원비출 • 안전문화의식 고취, 대피소 지정 • 전문요원의 양성 • 재난대책위원회 참여, 재난신고체계 확립 • 병원 재난계획 준비 및 지속적인 훈련
대응단계	• 현장 진료소 설치 운영 • 중증도 분류 • 현장진료소에서의 응급처치 • 병원의 재난대응 • 급성스트레스반응 관리 • 감염관리
복구단계	• 요구도 사정 • 이재민에 대한 집단구호 • 구호요원의 소진 예방 • 심리적 지지

16 흡연과 폐암과의 인과관계를 추정하기 위해 코호트 연구를 실시하여 〈보기〉와 같은 결과를 얻었다. 흡연으로 인한 폐암의 상대위험비(relative risk)는?

〈보기〉

〈단위 : 명〉

흡연 여부	폐암발생 여부 계		계
	O	X	
O	100	900	1,000
X	10	990	1,000
계	110	1,890	2,000

① (100/10)/(900/990)

② (100/1,000)/(10/1,000)

③ (100/900)/(10/990)

④ (100/110)/(900/1,890)

ANSWER 16.②

16 상대위험비(비교위험도)
 ㉠ 특정 위험요인에 노출된 사람들의 발생률과 노출되지 않은 사람들의 발생률을 비교하는 것을 말한다.
 ㉡ 상대위험비가 클수록 노출되었던 원인이 병인으로 작용할 가능성도 커지며, 상대위험비가 1에 가까울수록 의심되는 위험요인과 질병과의 연관성은 적어진다.
 ㉢ 상대위험비 = $\dfrac{\text{비노출군에서의 질병 발생률}}{\text{위험요인에 노출된군에서의 질병 발생률}}$

17 제5차 국민건강증진종합계획(Health Plan 2030)에 해당하는 내용을 〈보기〉에서 모두 고른 것은?

〈보기〉
㉠ 적용대상을 [온 국민]에서 [모든 사람]으로 확대하였다.
㉡ 총괄목표는 건강수명연장과 건강형평성 제고이다.
㉢ 정신건강관리가 새로운 분과(사업영역)로 설정되어 자살예방, 치매, 중독, 지역사회 정신건강 등의 중점과제가 포함되었다.
㉣ 국가와 지역사회의 정책수립에서 주요 건강요인인 경제적 수준 향상을 사업의 기본원칙으로 한다.

① ㉠, ㉡
② ㉡, ㉢
③ ㉠, ㉡, ㉢
④ ㉡, ㉢, ㉣

ANSWER 17.③

17 국민건강증진종합계획(Health plan 2030) 기본틀
㉠ 모든 사람이 평생건강을 누리는 사회
㉡ 모든 사람 : 성, 계층, 지역 간 건강형평성 확보, 적용대상을 모든 사람으로 확대
㉢ 평생 건강을 누리는 사회 : 출생부터 노년까지 전 생애주기에 걸친 건강권 보장, 정부를 포함한 사회 전체를 포괄함
㉣ 주제 : 건강수명 연장, 건강형평성 제고
㉤ 원칙
 • 국가와 지역사회의 모든 정책 수립에 건강을 우선적으로 반영한다.
 • 보편적인 건강수준의 향상과 건강형평성 제고를 함께 추진한다.
 • 모든 생애과정과 생활터에 적용한다.
 • 건강친화적인 환경을 구축한다.
 • 누구나 참여하여 함께 만들고 누릴 수 있도록 한다.
 • 관련된 모든 부문이 연계하고 협력한다.
㉥ 6개 영역
 • 건강생활 실천
 • 정신건강 관리
 • 비감염성질환 예방관리
 • 감염 및 환경성질환 예방관리
 • 인구집단별 건강관리
 • 건강친화적 환경구축

18 지역사회 주민을 대상으로 고혈압관리사업을 하고 있다. 평가를 위해서 '대상자의 프로그램 만족도'를 평가하였다면, 이에 해당하는 것은?

① 구조평가
② 과정평가
③ 결과평가
④ 산출평가

ANSWER 18.②

18 Donabedian 3가지 평가범주

투입평가(구조평가)	장소, 기구, 도구, 물품, 인력, 예산
진행평가(과정평가)	• 대상자의 적절성 • 프로그램 만족도 • 프로그램 참여율 • 교재의 적절성
결과평가(영향평가)	• 효과(지식변화, 행위변화, 사업목표 달성) • 효율 : 사업으로 인해 변화된 결과 • 대상자 및 간호사의 만족도

19 「학교건강검사규칙」상 건강검진의 내용으로 가장 옳지 않은 것은?

① 척추는 척추옆굽음증(척추측만증)을 검사한다.
② 고등학교 1학년 여학생은 혈액검사 중 혈색소검사를 한다.
③ 시력측정은 안경 등으로 시력을 교정한 경우에는 교정시력을 검사한다.
④ 초등학교 4학년과 중학교 1학년 및 고등학교 1학년 학생 중 비만인 학생은 허리둘레와 혈압을 검사한다.

ANSWER 19.④

19 건강검진 항목 및 방법

검진항목		검진방법
척추		척추옆굽음증(척추측만증 검사)
눈	시력측정	- 공인시력표에 의한 검사 - 오른쪽과 왼쪽의 눈을 각각 구별하여 검사 - 안경 등으로 시력을 교정한 경우에는 교정시력을 검사
	안질환	결막염, 눈썹찔림증, 사시 등 검사
귀	청력	- 청력계 등에 의한 검사 - 오른쪽과 왼쪽의 귀를 각각 구별하여 검사
	귓병	중이염, 바깥귀길염(외이도염) 등 검사
콧병		코곁굴염(부비동염), 비염 등 검사
목병		편도선비대·목부위림프절비대·갑상샘비대 등 검사
피부병		아토피성피부염, 전염성피부염 등 검사
구강	치아상태	충치, 충치발생위험치아, 결손치아(영구치로 한정) 검사
	구강상태	치주질환(잇몸병)·구내염 및 연조직질환, 부정교합, 구강위생상태 등 검사
병리검사 등	소변	요컵 또는 시험관 등을 이용하여 신선한 요를 채취하며, 시험지를 사용하여 측정(요단백·요잠혈 검사)
	혈액	1회용 주사기나 진공시험관으로 채혈하여 다음의 검사 - 혈당(식전에 측정), 총콜레스테롤, 고밀도지단백(HDL) 콜레스테롤, 중성지방, 저밀도지단백(LDL) 콜레스테롤 및 간 세포 효소(AST-ALT)[1] - 혈색소[2]
	결핵[3]	흉부 X-선 촬영 및 판독
	혈압	혈압계에 의한 수축기 및 이완기 혈압
허리둘레[1]		줄자를 이용하여 측정
그 밖의 사항		위 항목 외에 담당의사가 필요하다고 판단하여 추가하는 항목(검진비용이 추가되지 않는 경우로 한정)

※ 특정항목 검사 대상
  1) 초등학교 4학년, 중학교 1학년, 고등학교 1학년 학생 중 비만인 학생
  2) 고등학교 1학년 여학생
  3) 중학교 1학년, 고등학교 1학년 학생

20 예방접종을 통해 집단의 면역수준이 높아져 주변 사람들이 감염병에 걸릴 가능성이 감소하는 현상을 설명하는 보건의료서비스의 사회경제적 특성으로 가장 옳은 것은?

① 외부효과
② 의사유인 수요
③ 수요와 치료의 확실성
④ 노동집약적 대인서비스

ANSWER 20.①

20 보건의료서비스의 사회경제적 특성
   ㉠ 생활필수품으로서의 보건의료
   ㉡ 비영리성
   ㉢ 소비자 무지(정보의 비대칭성)
   ㉣ 질병(의료수요)의 불확실성, 불규칙성
   ㉤ 치료 및 산출의 불확실성
   ㉥ 수요와 공급의 시간적 불일치
   ㉦ 경쟁제한(공급의 독점성 및 비탄력성)
   ㉧ 공공재적 성격
   ㉨ 외부효과 : 각 개인의 자의적 행동이 타인에게 파급되는 좋은 혹은 나쁜 효과로서의 결과를 말한다(예 : 예방접종, 치료를 통한 감염성 질환에 면역이 되는 경우).
   ㉩ 우량재(가치재)
   ㉪ 소비적 요소와 투자적 요소의 혼재
   ㉫ 노동집약적인 인적 서비스
   ㉬ 공동생산물로서의 보건의료와 교육

지역사회간호 | 2022. 2. 26. 제1회 서울특별시 시행

1 방문간호사가 노인과 그 가족을 대상으로 월 2회씩 총 6회차 허약예방교육을 매회 30분씩 계획하고 있다. 학습목표를 설정할 때, 심리운동영역에 해당하는 것은?

① 허약의 기본특성에 대해서 열거할 수 있다.
② 단백질 섭취의 중요성을 3가지 이상 설명할 수 있다.
③ 단백질이 풍부한 요리방법을 정확하게 시범보일 수 있다.
④ 허약노인에 대한 차별행동을 대상자 스스로 삼갈 수 있다.

ANSWER 1.③

1 ①② 인지 영역
④ 정의 영역
※ Bloom의 학습 목표 분류
  ㉠ 인지 영역: 지식의 증가와 그 정보를 이용하는 능력의 증가를 보이는 것을 말한다.
  ㉡ 정의 영역(정서학습): 느낌이나 정서의 내면화가 이루어지면서 대상자의 성격과 가치체계가 통합되는 것을 의미한다.
  ㉢ 심리운동영역(심동적 학습): 지식이 늘어남에 따라 신체적 반응을 나타내는 것으로 신경 및 근육의 조정을 필요로 하는 기술을 발휘하는 것을 말한다.

2 〈보기〉에서 (가)와 (나)에 해당하는 내용을 옳게 짝지은 것은?

〈보기〉
(가)은/는 가족 내 가장 취약한 가구원을 중심으로 가족 내부뿐 아니라 외부와의 상호작용을 확인할 수 있는 도구이다. 이를 작성하려면 가족 구성원과 외부체계가 포함되는 다섯 개의 원을 이용하는데 두 번째 원에는 (나)을/를 표시한다.

	(가)	(나)
①	사회지지도	동거가족
②	외부체계도	직계가족
③	외부체계도	동거가족
④	사회지지도	직계가족

3 모자보건지표 중 한 명의 여성이 가임기간(15 ~ 49세) 동안 낳을 것으로 예상되는 평균 출생아 수에 해당하는 것은?

① 총재생산율
② 순재생산율
③ 합계출산율
④ 일반출산율

ANSWER 2.① 3.③

2 사회지지도 … 가족 중 가장 취약한 구성원을 중심으로 가족 내 부모, 형제, 친척 및 친구, 직장동료와 이웃 등의 지역사회의 지지 정도와 상호작용을 파악할 수 있는 도구이다. 작성 시 가족을 면담하여 우선적 간호중재가 제공되어야하는 취약한 가족구성원을 선정하고 다섯 개의 원을 그린 후 가장 안쪽에는 선정된 가족구성원을 그리고, 두 번째 원에는 동거가족, 세 번째 원에는 친척, 네 번째 원에는 이웃과 친구 또는 직장동료, 다섯 번째 원에는 선정된 가족 구성원과 관련 있는 지역사회 자원을 그린다. 관계가 친밀할 경우 두 개의 선으로 지지선을 그리고, 물질적 지지와 정서적 지지는 서로 다른 색깔로 구분하며, 지지의 방향은 화살표를 활용하여 작성할 수 있다.

3 합계출산율은 가임여성(19 ~ 45세) 1명이 평생 동안 낳을 것으로 예상되는 출생아수를 나타낸 지표로서 연령별 출산율의 총합이며, 출산력의 수준을 나타내는 대표적 지표이다.
① **총재생산율**: 한 세대의 가임여성과 다음세대의 가임여성을 직접 비교함으로 인구성장의 잠재적 개념을 측정하는 개념이다.
② **순재생산율**: 어느 세대의 어머니가 된 여자의 수에 대한 다음세대에 어머니가 될 여자의 수의 비율에 각각 임신할 수 있는 동안 사망으로 감소되는 것을 반영한 비율이다.
④ **일반출산율**: 특정 1년간의 총출생아수를 해당 연도의 15 ~ 49세(가임기간) 여자 연앙인구로 나눈 수치이다.

4 의료기관에서 시행되는 가정간호사업과 보건소 방문건강관리사업, 노인장기요양보험제도에 의한 방문간호사업에 대한 설명으로 가장 옳지 않은 것은?

① 보건소 방문건강관리사업은 「지역보건법」을 법적근거로 한다.
② 장기요양등급 판정 결과 5등급인 자는 보건소 방문건강관리사업의 대상자이다.
③ 간호사가 노인장기요양보험에서 제공하는 방문간호를 실시하였을 때 수가산정 기준은 1회 방문당 급여 제공시간에 따라 정해진다.
④ 의료기관 가정간호사업의 서비스 제공자는 가정전문간호사이다.

5 〈보기〉에서 설명하는 지역사회 기능으로 가장 옳은 것은?

〈보기〉
- 사회를 구성하는 조직원 간에 관련된 기능으로, 지역사회가 유지되기 위하여 사회의 구성원 사이에 서로가 믿음과 신뢰를 바탕으로 상호 존중한다.
- 구성원 상호 간 결속력과 사명감이 필요하며 주민 공동의 문제해결을 위하여 공동으로 노력하는 활동이 포함된다.

① 경제적 기능
② 사회화 기능
③ 사회통제 기능
④ 사회통합 기능

ANSWER 4.② 5.④

4 보건소 방문건강관리사업의 대상자는 건강관리서비스 이용이 어려운 사회, 문화, 경제적 건강취약계층 및 65세 이상 독거노인, 75세 이상 노인부부 가구 중심이며 모든 서비스는 기초생활수급자 및 차상위계층을 우선적으로 제공하며 노인장기요양등급판정자는 제외한다.
  ※ 노인장기요양보험제도 … 2008년 7월 1일부터 시행되기 시작하였으며, 노인 본인이나 돌보는 가족들의 소득수준과 상관없이 65세 이상의 노인 또는 64세 이하라도 치매, 중풍, 파킨슨병 등 노인성 질병으로 6개월 이상 기간 동안 혼자서 일상생활을 수행하기 어려운 사람은 누구나 급여대상이 된다. 장기요양인정 신청은 건강보험가입자(피부양자포함)인 경우 자동적으로 장기요양보험 대상이 되므로 별도의 가입절차는 필요하지 않다. 수급자가 받을 수 있는 급여의 종류로는 재가급여(방문간호, 방문요양, 방문목욕, 주·야간 보호, 단기보호, 기타 재가급여)와 시설급여, 특별현금급여가 있다.

5 ① 경제적 기능:필요한 재화나 서비스를 생산·분배·소비하는 과정과 관련된 기능이다.
② 사회화 기능:사회가 향유하는 지식과 사회적 가치 등을 지역사회 구성원들에게 전달하는 기능이다.
③ 사회통제 기능:지역사회가 구성원들에게 사회 규범에 순응하도록 하는 기능이다.
  ※ 지역사회의 기능 … 사회화 기능, 사회통제의 기능, 경제적 기능, 사회통합 또는 참여의 기능, 상부상조의 기능, 건강한 지역사회 기능으로 구분할 수 있다. 이중 사회통합 또는 참여의 기능은 지역사회 유지를 위해 지역사회의 결속력과 사기를 높이고 주민의 공동문제를 해결하기 위해 공동 노력하는 활동들이 포함된다.

6 서울특별시 D구는 PRECEDE – PROCEED 모형에 근거하여 성인인구집단의 비만예방을 위한 건강증진 사업을 계획하고자 한다. 교육 및 생태학적 사정단계에서 교육 전략 구성을 위해 건강행위에 영향을 주는 요인 중 가능요인(Enabling Factors)으로 활용할 수 있는 지표로 가장 옳은 것은?

① 비만 유발요인에 대한 지식정도
② 신체활동을 격려해주는 가족의 지지
③ 과일과 채소 섭취를 증가시킬 수 있는 자신감
④ 집에서 가까운 지불가능한 운동센터의 개수

7 지역사회간호사가 방문간호 대상자에게 오렘(Orem)의 자가간호이론을 적용하고자 할 때 〈보기〉에서 대상자의 간호요구는?

〈보기〉
김 씨(71세, 여성)는 독거노인으로 6개월 전 고혈압 진단을 받아 혈압약을 처방받았다. 현재 혈압이 180/100mmHg, 체질량지수(BMI)가 25이며, 가끔씩 두통과 어지러움을 호소하고 있으나, 증상이 있을 때만 약을 복용하고 있으며, 식이요법이나 운동 등을 실천하지 않고 있다.

① 일반적 자가간호요구
② 발달적 자가간호요구
③ 보상체계적 자가간호요구
④ 건강이탈 자가간호요구

ANSWER 6.④ 7.④

6 Green의 PRECEDE –PROCEED모형 … 대상자 중심이 아니라 지역사회 전체를 대상으로 건강 및 건강행위, 사회적 생태학적 여러 측면들이 중요한 요소임을 강조하고 있다. 이중 3단계 교육적, 생태학적 사정 단계에서는 보건교육 내용을 설정하기 위한 단계인데 이때 성향(소인)요인과 촉진(가능)요인, 강화요인을 살펴본다. 가능요인이란 건강행위 수행을 가능하게 도와주는 요인으로서 보건의료 및 지역사회 자원의 이용가능성과 접근성, 시간적 여유, 개인의 기술과 개인 및 지역사회의 자원이 포함된다. 활용할 수 있는 지표로는 자원에서는 보건의료시설과 인력, 학교, 비용, 거리, 이용 가능한 교통수단과 사용가능한 시간이 있으며, 기술에서는 신체운동, 휴식요법, 의료기기 사용 등이 있다.

7 건강이탈 자가간호요구는 질병이나 상해 시 요구되는 것으로 자아상의 정립, 일상생활 과정의 변화, 건강이탈로 인한 치료에 대처하거나 새로운 생활의 적응과 관련되어 나타나는 요구이다.
① 일반적 자가간호요구: 인간의 기본적인 욕구를 충족시키는 행동이다.
② 발달적 자가간호요구: 인간의 발달과정과 생의 주기의 다양한 단계(임신, 출생, 가족사망 등)에서 특정하게 필요로 하는 자가간호요구이다.
③ 보상체계적 자가간호요구: 간호사가 전적으로 환자를 위해 모든 것을 도와주는 전체적 보상체계와 부분적으로 자가간호를 시행해주는 부분적 보상체계가 있다.
※ 오렘(Orem)의 자가간호 이론 … 대상자인 인간을 생물학적, 사회적, 상징적으로 기능하는 하나의 통합된 개체로서 자기간호라는 행동 형태를 계속적인 자기유지와 자기조절을 수행하는 자가간호 요구를 지닌 자가간호 행위자로 보았다.

8 치명률이 높거나 집단 발생의 우려가 커서 발생 또는 유행 즉시 신고하여야 하고, 음압격리와 같은 높은 수준의 격리가 필요한 감염병에 해당하지 않는 것은?

① 두창
② 탄저
③ 유행성이하선염
④ 중증급성호흡기증후군(SARS)

9 세균성 식중독은 감염형과 독소형으로 분류된다. 감염형 식중독의 특징에 대한 설명으로 가장 옳은 것은?

① 잠복기가 비교적 길다
② 균이 사멸해도 발생할 수 있다.
③ 식품을 가열처리해도 예방효과가 낮다.
④ 세균이 증가할 때 발생하는 체외독소에 의해 발생한다.

ANSWER 8.③ 9.①

8 **제1급감염병**…생물테러감염병 또는 치명률이 높거나 집단 발생의 우려가 커서 발생 또는 유행 즉시 신고하여야 하고, 음압격리와 같은 높은 수준의 격리가 필요한 감염병으로서 두창, 탄저, 중증급성호흡기증후군(SARS), 에볼라바이러스병, 디프테리아, 신종인플루엔자 등이 있다.
유행성 이하선염은 제2급감염병으로 전파가능성을 고려하여 발생 또는 유행 시 24시간 이내에 신고하여야 하고, 격리가 필요한 감염병으로 결핵, 수두, 홍역, 콜레라, 장티푸스, 파라티푸스, 세균성이질, 유행성이하선염, 풍진 등이 포함된다.
①②④ 제1급감염병

9 ① 잠복기는 평균 16시간 이상이다.
②③ 75℃로 가열 후 바로 섭취할 수 있으며 저온 저장으로 미생물 생육을 억제할 수 있다.
④ 식품과 섭취한 미생물이 체내에서 증식되어 발생한다.
※ **독소형 식중독**…세균의 독소로 오염된 음식물을 섭취할 경우 잠복기가 1~6시간이며, 세균을 섭취한 후 체내에서 독소가 만들어지는 경우는 8~16시간이다. 독소형 식중독의 원인균은 황색포도상구균, 바실루스세레우스균, 웰치균 등이고 감염형 식중독의 원인균은 병원성 대장균, 장염비브리오균, 살모넬라균, 시겔라균 등이 있다.

10 서울특별시 A구에서 노인인구를 위한 2022년도 신체활동증진사업 계획을 수립하고자 한다. 투입 – 산출모형에 따른 사업의 목표설정에서 산출목표에 해당하는 것은?

① A구 보건소 노인운동교실의 연간 참가인원을 1,200명으로 한다.
② A구 노인인구의 걷기실천율이 52%에서 60%로 증가한다.
③ A구 보건소 노인운동교실 공간설치로 예산 7,500천 원을 편성한다.
④ A구 노인인구의 중간강도 신체활동실천율이 43%에서 48%로 증가한다.

11 MAPP(Mobilizing for Action Planning and Partnership)모형을 활용하여 지역사회보건사업을 기획할 때 2단계에 해당하는 것은?

① 목표와 전략을 수립한다.
② 전략적 이슈를 확인한다.
③ 비전을 설정한다.
④ 지역사회 건강상태를 사정한다.

ANSWER 10.① 11.③

10 투입 – 산출모형에 따른 목표 분류
㉠ 투입 목표: 인력, 시설, 예산, 정보 등
㉡ 산출 목표: 이용건수, 사업건수, 교육건수 등
㉣ 결과 목표: 지식, 태도, 행동 변화, 수명 연장, 사망률 저하, 삶의 질 향상 등

11 ① 5단계
② 4단계
④ 3단계
※ MAPP모형의 단계

구분	내용
1단계	기획 성공을 위한 조직화 및 협력 체계 개발
2단계	비전 설정
3단계	• 지역사회 건강수준 사정 • 지역사회 핵심 주제 및 장점 사정 • 지역사회보건체계 사정 • 변화의 역량 사정
4단계	전략적 이슈 사정
5단계	목표와 전략 설정
6단계	순환적 수행

12 앤더슨(Anderson)이 제시하는 보건정책과정 중 정책당국이 심각성을 인정하여 해결해야 하는 정책문제를 선정하는 단계에 해당하는 것은?

① 정책의제 형성
② 정책결정
③ 정책집행
④ 정책평가

13 재난 관련 위험을 예방하고 위험 및 관련 재해로 인한 악영향을 최소화하기 위한 재난 단계의 활동에 해당하는 것은?

① 임시대피소 마련
② 중증도 분류 진료소 설치
③ 심리적 지지 프로그램
④ 안전점검 및 안전교육

ANSWER 12.① 13.④

12 Anderson의 보건정책과정

구분		내용
1단계	문제정의와 정책의제 형성	정책문제를 선정
2단계	정책 형성	실현가능한 대안들을 발전
3단계	정책 채택	권위있는 기관이 의결하거나 합법성을 부여
4단계	정책 집행	정부의 행정기구가 결정된 정책을 실행에 옮기는 단계
5단계	정책 평가	효과적이었는가에 대한 판단 및 성공이나 실패 원인을 파악하는 단계

13 재난과 관련된 위험을 예방하고, 위험 및 관련 재해로 인한 영향을 최소화하기 위한 재난 단계의 활동은 예방 및 완화 단계에 해당된다.
① 대비 및 준비 단계
② 대응 단계
③ 복구단계
※ 재난의 단계별 간호실무

단계	내용
예방 및 완화	위기 감지 및 원인 제거 활동
대비 및 준비	• 비상훈련 및 자원 비축 • 전문 요원 양성 • 안전문화 의식 고취 및 대피소 지정 • 재난대책위원회 참여 및 재난신고체계 확립 • 병원 재난계획 준비 및 지속적인 훈련
대응	• 진료소 설치 및 운영 • 중등도 분류 • 응급처치 급성스트레스 반응 및 감염 관리
복구	• 요구도 사정 • 심리적지지 • 이재민 집단 구호

14 검사방법의 타당도 지표에 대한 설명으로 가장 옳은 것은?

① 민감도는 해당 질병이 있는 사람의 검사 결과가 양성으로 나타나는 경우를 말한다.
② 특이도는 해당 질병이 없는 사람의 검사 결과가 양성으로 나타나는 경우를 말한다.
③ 위양성률은 질병이 없는 사람의 검사 결과가 음성으로 나타나는 경우를 말한다.
④ 위음성률은 질병이 있는 사람의 검사 결과가 양성으로 나타나는 경우를 말한다.

15 일차보건의료의 접근에 대하여 세계보건기구(WHO)가 제시한 필수요소(4A)로 가장 옳지 않은 것은?

① 수용 가능한 방법
② 최상의 의료서비스 제도
③ 지역주민의 참여
④ 쉽게 이용할 수 있는 높은 접근성

ANSWER 14.① 15.②

14 ② 특이도: 질병에 걸리지 않은 사람이 음성으로 나올 확률을 의미한다.
③ 위양성률: 질병이 없는 사람이 양성으로 나올 확률을 의미한다.
④ 위음성률: 질병이 있는 사람이 음성으로 나올 확률을 의미한다.
※ 타당도(정확도) … 검사법이 진단하고자 하는 질병의 유무를 얼마나 정확하게 측정하는가를 의미한다.

15 ① Acceptable
③ Active
④ Accessible
※ 세계보건기구(WHO)가 제시한 일차보건의료의 접근법 필수요소(4A)
  ㉠ Accessible: 접근 용이성
  ㉡ Acceptable: 수용가능성
  ㉢ Active: 적극적인 주민참여
  ㉣ Affordable: 지불부담능력

16 산업장 간호사가 작업장에서 보호구 착용을 하지 않고 유기용제에 노출되어 의식을 잃고 쓰러진 근로자를 발견하였을 때 적절한 응급처치로 가장 옳지 않은 것은?

① 유기용제가 묻은 옷을 벗긴다.
② 따뜻한 물이나 음료를 제공한다.
③ 근로자를 작업장 밖으로 옮긴다.
④ 호흡이 멎었을 때는 인공호흡을 실시한다.

17 상수도의 정수과정 중 완속여과법과 급속여과법에 대한 설명으로 가장 옳은 것은?

① 완속여과법은 보통침전법 후 사용되는 방법이다.
② 급속여과법은 사면대치의 청소방법을 사용한다.
③ 완속여과법은 여과 면적이 좁을 때 적당한 방법이다.
④ 급속여과법은 건설비는 많이 드나 경상비는 적게 든다.

ANSWER 16.② 17.①

16 유기용제 노출에 의해 의식을 잃고 쓰러진 경우에는 물이나 음료제공을 금지한다.
　※ 그 외 유기용제 노출에 의한 응급처치
　　㉠ 유해물질이 있는 작업 장소로부터 환자를 옮겨 맑은 공기를 마실 수 있도록 한다.
　　㉡ 호흡이 멈추지 않도록 지속적인 인공호흡을 한다.
　　㉢ 의식장해가 있을 때에는 산소흡입을 시켜야하며, 이를 위해서는 급성중독을 일으킬 수 있는 밀폐작업장의 경우 응급용 산소공급 장치를 비치하는 것이 좋다.
　　㉣ 용제가 묻은 의복을 벗긴다.
　　㉤ 환자에게 체온 유지를 위해 담요를 덮는 등 보온과 안정에 유의한다.
　　㉥ 의식이 있는 환자에게는 따뜻한 물이나 커피를 마시게 한다.

17 물의 정수과정은 침전 - 폭기 - 여과 - 소독의 과정을 거친다. 이중 여과에서 완속여과법(보통침전법)과 급속여과법(약품 침전법)을 거치게 된다.
　※ 완속여과법과 급속여과법
　　㉠ 완속여과법(보통침전법) : 유속을 늦추고 색도 및 탁도, 세균수를 감소시킨다.
　　㉡ 급속여과법(약품침전법) : 황산알미늄을 가하여 응집하여 고속침전을 하는 방법이다.

18 질병발생의 역학적 인과관계가 있다고 확정 짓는 조건으로 가장 옳은 것은?

① 요인에 대한 결과가 다른 집단에서는 다른 경향을 나타낸다.
② 어떤 요인이 특정 질병에만 관련을 보인다.
③ 원인적 요인이 우연히 일어날 수 있는 확률이 높다.
④ 질병요인의 노출을 제거했을 때 질병발생 위험이 증가한다.

19 제5차 국민건강증진종합계획(Health Plan 2030)에 제시된 인구집단별 건강관리의 대상과 대표지표를 옳게 짝지은 것은?

① 영유아 : 손상 사망률
② 근로자 : 연간 평균 노동시간
③ 노인 : 치매환자 등록률
④ 여성 : 비만 유병률

ANSWER 18.② 19.②

18 ① 다른 집단에서도 일정한 결과가 관찰된다.
③ 요인 노출과 질병 발생과의 시간적 선후관계가 있다
④ 노출감소나 소멸은 질병위험을 감소한다.
※ 원인적 연관성의 확정조건
　㉠ 요인 노출과 질병발생과의 시간적 선후관계가 있다.
　㉡ **연관의 강도** : 비교위험도 또는 교차비로 측정 가능하다.
　㉢ **용량 반응관계** : 노출량이 증가할수록 질병위험도 증가한다.
　㉣ **결과의 반복성** : 다른 연구와 다른 집단에서도 일정한 결과가 관찰된다.
　㉤ **기존 지식과의 일치도**
　㉥ **생물학적 개연성** : 동물실험으로 증명된다.
　㉦ **노출중단** : 노출감소나 소멸은 질병위험을 감소시킨다.
　㉧ **연관성의 특이성** : 한 요인이 특정질병에만 연관성을 보이는 경우이다.

19 제5차 국민건강증진종합계획(HP2030) 인구집단별 건강관리 대상과 대표지표

대상	대표지표
영유아	영아사망률(출생아 1천 명 당)
아동·청소년	고등학교 남학생/여학생 현재흡연율
여성	모성사망비(출생아 10만 명 당)
노인	노인 남성/여성의 주관적 건강인지율
장애인	성인 장애인 건강검진 수검률
근로자	연간 평균 노동시간
군인	군 장병 흡연율

20 「학교보건법 시행령」에서 명시한 보건교사의 직무를 〈보기〉에서 모두 고른 것은?

〈보기〉
㉠ 각종 질병의 예방처치 및 보건지도
㉡ 건강진단결과 발견된 질병자의 요양지도 및 관리
㉢ 응급을 요하는 자에 대한 응급처치
㉣ 학생과 교직원의 건강진단과 건강평가

① ㉠㉡
② ㉢㉣
③ ㉠㉡㉢
④ ㉠㉡㉢㉣

ANSWER 20.③

20 학교에 두는 보건교사의 직무〈학교보건법 시행령 제23조 제4항 제3호〉
㉠ 학교보건계획의 수립
㉡ 학교 환경위생의 유지·관리 및 개선에 관한 사항
㉢ 학생과 교직원에 대한 건강진단의 준비와 실시에 관한 협조
㉣ 각종 질병의 예방처치 및 보건지도
㉤ 학생과 교직원의 건강관찰과 학교의사의 건강상담, 건강평가 등의 실시에 관한 협조
㉥ 신체가 허약한 학생에 대한 보건지도
㉦ 보건지도를 위한 학생가정 방문
㉧ 교사의 보건교육 협조와 필요시의 보건교육
㉨ 보건실의 시설·설비 및 약품 등의 관리
㉩ 보건교육자료의 수집·관리
㉪ 학생건강기록부의 관리
㉫ 다음의 의료행위(간호사 면허를 가진 사람만 해당한다)
 • 외상 등 흔히 볼 수 있는 환자의 치료
 • 응급을 요하는 자에 대한 응급처치
 • 부상과 질병의 악화를 방지하기 위한 처치
 • 건강진단결과 발견된 질병자의 요양지도 및 관리
 • 위의 의료행위에 따르는 의약품 투여
㉬ 그 밖에 학교의 보건관리

지역사회간호

2022. 4. 30. 지방직 8급 간호직 시행

1 학습내용을 조직하는 일반적인 원리로 옳은 것은?

① 어려운 것에서 쉬운 것으로
② 구체적인 것에서 추상적인 것으로
③ 거리가 먼 것에서 직접적인 것으로
④ 모르는 것에서 알고 있는 것으로

ANSWER 1.②

1 ① 쉬운 것에서 어려운 것으로
　③ 가까운 것에서 먼 것으로
　④ 아는 것에서 모르는 것으로
　※ 보건교육 계획 시 학습내용 조직법
　　㉠ 아는 것에서 모르는 것으로
　　㉡ 구체적인 것에서 추상적인 것으로
　　㉢ 쉬운 것에서 어려운 것으로
　　㉣ 전체적인 것에서 세부적인 것으로
　　㉤ 단순한 것에서 복잡한 것으로
　　㉥ 가까운 것에서 먼 것으로

2 세계보건기구(WHO)의 가족생활주기(family life cycle)에서 첫 자녀 독립부터 막내 자녀 독립까지의 시기에 해당하는 발달 단계는?

① 형성기(formation)
② 해체기(dissolution)
③ 축소기(contraction)
④ 확대완료기(completed extension)

3 모성사망비의 분모로 옳은 것은?

① 당해 연도의 중앙 인구
② 당해 연도의 출생아 수
③ 당해 연도의 모성 사망 수
④ 당해 연도의 15~49세 가임기 여성 수

ANSWER 2.③ 3.②

2 WHO는 첫 자녀의 독립부터 모든 자녀의 독립을 축소기라고 정의한다.
① 결혼부터 첫 자녀 출생까지를 일컫는다.
② 배우자가 사망한 후 혼자 남는 시기를 일컫는다.
④ 모든 차녀의 출생부터 첫 자녀의 독립까지를 일컫는다.
※ WHO와 듀발(Duvall)의 가족생활주기

WHO	듀발(Duvall)
• 형성기: 결혼부터 첫 자녀 출생까지	• 신혼기: 결혼부터 첫 자녀 출생까지
• 확대기: 첫 자녀 출생부터 막내 자녀 출생까지	• 양육기: 첫 자녀 출생부터 30개월까지
• 확대완료기: 모든 자녀 출생 완료부터 첫 자녀의 독립까지	• 학령전기: 첫 자녀 30개월부터 6세까지
• 축소기: 첫 자녀 독립부터 모든 자녀 독립까지	• 학령기: 첫 자녀 6세부터 13세까지
• 해체기: 배우자가 사망한 후 혼자 남는 시기	• 청소년기: 첫 자녀 13세부터 20세까지
	• 진수기: 첫 자녀의 독립부터 모든 자녀 독립까지
	• 중년기: 모든 자녀 독립부터 부부의 은퇴까지
	• 노년기: 부부의 은퇴 후 사망

3 모성사망은 임신 또는 관련으로 인해 임신 중 또는 분만 후 42일(6주) 이내에 사망한 것으로 모성건강지표로 쓰인다. 모성사망비는 당해 연도 출생아 10만 명당 임신, 분만, 산욕으로 인한 모성사망의 수로 산출하며, 출생아수를 분모로 한다.

$$\text{모성사망비} = \frac{\text{당해 연도 임신·분만·산욕으로 인한 모성 사망 수}}{\text{당해 연도 출생아 수}} \times 100,000$$

4 다음에서 설명하는 가족사정도구는?

> • 가족구성원 전체를 둘러싼 외부환경과 가족구성원 사이의 상호작용을 명료하게 파악할 수 있다.
> • 가족에게 유용하거나 스트레스·갈등이 있는 외부체계를 파악할 수 있다.

① 가계도
② 생태도
③ 가족밀착도
④ 사회지지도

5 제5차 국민건강증진종합계획(health plan 2030)에서 '건강생활실천' 분과의 중점과제가 아닌 것은?

① 비만
② 영양
③ 절주
④ 구강건강

ANSWER 4.② 5.①

4 생태도(외부체계도)는 외부환경과 가족구성원 간의 다양한 상호작용을 한눈에 파악할 수 있으며 가족에게 유용한 체계나 스트레스 및 갈등이 발생하는 외부체계를 파악할 수 있다. 교류의 정도, 스트레스 등을 나타낸다.
  ① 가계도 : 가족 구성원의 전체 구조를 한눈에 볼 수 있다. 부부를 중심으로 가족구성원의 관계를 기록한다. 일반적으로 이혼이나 별거, 사망 등을 기입하며 동거가족은 점선으로 표기한다.
  ③ 가족밀착도 : 동거 중인 가족구성원 간의 상호관계 및 밀착관계를 도식화한 것이다. 전체적인 상호작용을 쉽게 파악할 수 있으며 점선이 아닌 실선으로 표기한다.
  ④ 사회지지도 : 가족구성원 중 가장 취약한 구성원을 중심으로 친구, 이웃, 직장동료 등 지역사회 관계를 나타낸다. 가족 하위체계와 외부환경과의 상호작용을 파악할 수 있다.

5 비감염성질환 예방관리의 중점과제로, 비만을 포함하여 암, 심뇌혈관질환, 손상 등이 있다.
  ※ 건강생활실천분야의 중점과제 … 금연, 절주, 신체활동, 영양, 구강건강

6 다음에서 설명하는 로이(Roy) 적응이론의 자극 유형은?

> • 현재 상태에 영향을 미치는 개인의 신념, 태도, 성격, 과거 경험 등과 같은 특성을 의미한다.
> • 인간 행동에 간접적으로 영향을 미치는 요인이며, 대부분 측정이 어렵다.

① 초점자극
② 연관자극
③ 잔여자극
④ 조절자극

ANSWER 6.③

6 ① 주변인과의 갈등 등 변화가 요구되는 즉각적이면서도 직접적인 사건을 말한다.
② 근심걱정, 불안 등 현재 상태에서 영향을 주며 측정될 수 있는 자극으로, 초점자극에 의해 유발된다.
④ 호르몬 반응 등 생리적인 양상과 관련되어 무의식적으로 나타나는 기전을 조절자극이 아닌 조절기전이라고 한다.
※ 로이(Roy)의 적응이론 과정

7 다음에 해당하는 자료는?

> - 유해 화학물질을 제조·수입하려는 자가 해당 물질에 대한 유해성 평가결과를 근거로 작성한 자료
> - 화학제품에 대한 정보, 구성 성분의 명칭 및 함유량, 유해성·위험성, 취급 및 저장 방법 등에 관한 자료

① 물질안전보건자료
② 노출평가분석자료
③ 산업재해평가자료
④ 작업환경측정자료

8 동일한 유해인자에 노출된 근로자들에게 유사한 질병의 증상이 발생하여 고용노동부장관의 명령으로 실시하는 건강진단은?

① 임시건강진단
② 일반건강진단
③ 특수건강진단
④ 배치전건강진단

ANSWER 7.① 8.①

7　**물질안전보건자료(MSDS)** … 화학물질 또는 이를 포함한 혼합물을 제조 및 수입하려는 자가 해당 물질에 대한 유해성 평가결과를 근거로 작성한 자료이다. 대상 물질을 양도 혹은 제공하는 자는 양도 혹은 제공받는 자에게 물질안전보건자료를 제공해야 한다. 물질안전보건자료는 제품명, 화학물질의 명칭 및 함유량, 안전 및 보건상의 취급주의사항, 건강 및 환경에 대한 유해성·물리적 위험성, 물리·화학적 특성 등 고용노동부령으로 정하는 사항으로 구성되어야 한다.

8　임시건강진단은 당해 근로자 본인 또는 동료 근로자들의 건강보호를 강구하기 위하여 실시한다. 동일 부서에 근무하는 근로자나 동일 유해인자에 노출되는 근로자에게 유사한 증상이 발생하는 경우, 집단발병이 우려되는 경우에 유해인자에 의한 중독, 질병의 이환 여부, 원인 등을 파악하기 위해서 고용노동부장관의 명령으로 사업주가 실시한다.
② **일반건강진단**: 일정한 주기로 모든 근로자에게 실시하는 건강진단이다.
③ **특수건강진단**: 유기용제 등 화학물질 취급자, 소음 및 광물성분진·목재분진 취급자, 석면분지 및 면분진을 포함한 그 외 취급자를 대상으로 직업성 질환을 조기에 발견하여 관리 또는 치료를 위해 실시한다.
④ **배치전건강진단**: 특수건강진단을 받아야 하는 대상이거나 법정 유해인자에 노출될 수 있는 부서로 배치될 시 실시하는 진단이다.

9 다음 제정 목적을 갖는 법률은?

> 보건의료에 관한 국민의 권리·의무와 국가 및 지방자치단체의 책임을 정하고 보건의료의 수요와 공급에 관한 기본적인 사항을 규정함으로써 보건의료의 발전과 국민의 보건 및 복지의 증진에 이바지함

① 「보건의료기본법」
② 「지역보건법」
③ 「공공보건의료에 관한 법률」
④ 「농어촌 등 보건의료를 위한 특별조치법」

10 다음에서 설명하는 사회인지이론의 구성개념은?

> • 행동을 성공적으로 수행할 수 있다는 신념을 말한다.
> • 수행경험, 대리경험, 언어적인 설득을 통해 높일 수 있다.

① 자기조절
② 결과기대
③ 대리강화
④ 자기효능감

ANSWER 9.① 10.④

9 ② 보건소 등 지역보건의료기관의 설치·운영에 관한 사항과 보건의료 관련 기관·단체와의 연계·협력을 통하여 지역보건의료기관의 기능을 효과적으로 수행하는 데 필요한 사항을 규정함으로써 지역보건의료정책을 효율적으로 추진하여 지역주민의 건강 증진에 이바지함을 목적으로 한다〈지역보건법 제1조(목적)〉.
③ 공공보건의료의 기본적인 사항을 정하여 국민에게 양질의 공공보건의료를 효과적으로 제공함으로써 국민보건의 향상에 이바지함을 목적으로 한다〈공공보건의료에 관한 법률 제1조(목적)〉.
④ 농어촌 등 보건의료 취약지역의 주민 등에게 보건의료를 효율적으로 제공함으로써 국민이 고르게 의료혜택을 받게 하고 국민의 보건을 향상시키는 데에 이바지함을 목적으로 한다〈농어촌 등 보건의료를 위한 특별조치법 제1조(목적)〉.

10 자기효능감은 주어진 행동을 성공적으로 할 수 있다는 개인의 신념으로 행위변화 시 우선적으로 필요한 구성이다. 수행경험, 대리경험, 언어적 설득, 생리적 상태에 대한 인식 등에 영향을 받는다.
① 자기조절: 자신을 관찰하고 목표 행동을 분명히 한다. 행동의 기준을 정하고 그 기준에 따라 행동을 통제한다.
② 결과기대: 어떠한 행동이 특정 행동을 야기할 것이라는 기대이다.
③ 대리강화: 관찰학습, 자기규제행동 등이 환경의 영향하에서 이루어지는 것을 말한다.

11 지역보건법령상 지역보건의료계획에 대한 설명으로 옳은 것은?

① 시·도와 시·군·구에서 5년마다 계획을 수립한다.
② 보건복지부장관은 계획 시행에 필요한 경우에 보건의료 관련기관에 인력·기술 및 재정을 지원한다.
③ 보건복지부에서 심의를 받은 뒤 지방자치단체 의회에 보고하고 재심의를 받는다.
④ 시·도지사가 수립하는 계획은 의료기관 병상의 수요·공급에 관한 사항을 포함하여야 한다.

ANSWER 11.④

11 ① 시·도지사 또는 시장·군수·구청장은 지역주민의 건강 증진을 위하여 지역보건의료계획을 4년마다 수립하여야 한다〈지역보건법 제7조(지역보건의료계획의 수립 등) 제1항〉.
② 시·도지사 또는 시장·군수·구청장은 지역보건의료계획을 시행하는 데에 필요하다고 인정하는 경우에는 보건의료 관련기관·단체 등에 인력·기술 및 재정 지원을 할 수 있다〈지역보건법 제8조(지역보건의료계획의 시행) 제2항〉.
③ 특별자치시장·특별자치도지사 및 제3항에 따라 관할 시·군·구의 지역보건의료계획을 받은 시·도지사는 해당 위원회의 심의를 거쳐 시·도(특별자치시·특별자치도를 포함한다. 이하 이 조에서 같다)의 지역보건의료계획을 수립한 후 해당 시·도의회에 보고하고 보건복지부장관에게 제출하여야 한다〈지역보건법 제7조(지역보건의료계획의 수립 등) 제4항〉.
※ **지역보건의료계획 세부 내용**〈지역보건법 시행령 제4조 제1항〉
   ㉠ 지역보건의료계획의 달성 목표
   ㉡ 지역현황과 전망
   ㉢ 지역보건의료기관과 보건의료 관련기관·단체 간의 기능 분담 및 발전 방향
   ㉣ 보건소의 기능 및 업무의 추진계획과 추진현황
   ㉤ 지역보건의료기관의 인력·시설 등 자원 확충 및 정비 계획
   ㉥ 취약계층의 건강관리 및 지역주민의 건강 상태 격차 해소를 위한 추진계획
   ㉦ 지역보건의료와 사회복지사업 사이의 연계성 확보 계획
   ㉧ 의료기관의 병상(病床)의 수요·공급
   ㉨ 정신질환 등의 치료를 위한 전문치료시설의 수요·공급
   ㉩ 특별자치시·특별자치도·시·군·구 지역보건의료기관의 설치·운영 지원
   ㉪ 시·군·구 지역보건의료기관 인력의 교육훈련
   ㉫ 지역보건의료기관과 보건의료 관련기관·단체 간의 협력·연계
   ㉬ 그 밖에 시·도지사 및 특별자치시장·특별자치도지사가 지역보건의료계획을 수립함에 있어서 필요하다고 인정하는 사항

12 지역사회 건강사정을 위해 보건소 간호사가 마을 부녀회장을 심층 면담했을 때, 이에 해당하는 자료수집 방법과 자료의 특성을 옳게 짝 지은 것은?

	자료수집 방법	자료 특성
①	직접법	양적 자료
②	직접법	질적 자료
③	간접법	양적 자료
④	간접법	질적 자료

13 다음 내용에 근거하여 SWOT 분석 시 보건소 간호사가 세워야 할 전략은?

- 보건소 의료 인력의 지식수준과 기술적 역량이 높다.
- 지역사회에 신종감염병이 갑자기 급속도로 확산되고 있다.

① 약점 – 기회(WO) 전략
② 약점 – 위협(WT) 전략
③ 강점 – 기회(SO) 전략
④ 강점 – 위협(ST) 전략

ANSWER 12.② 13.④

12 지역사회의 공식 혹은 비공식 지역 지도자와의 면담을 통해 자료를 수집하는 방법을 직접법이라고 하며, 통계자료가 아닌 면담을 통해 문자, 영상, 음성 등으로 기록된 자료로 질적 자료가 된다.

13 강점-위협(ST) 전략은 다각화 전략으로 위협을 최소화하고 내부 강점을 사용하는 전략이다. 따라서 보건소 의료 인력의 높은 지식수준과 기술적 역량으로 지역사회에 급속도로 확산되고 있는 신종감염병에 대응하는 전략은 강점-위협(ST)이다.
① 약점-기회(WO) 전략 : 약점을 최소화하기 위해 외부의 기회를 활용하는 전략이다.
② 약점-위협(WT) 전략 : 외부의 위협을 피하고 내부 약점을 최소화하는 전략이다.
③ 강점-기회(SO) 전략 : 내부의 강점으로 외부의 기회를 극대화하는 전략이다.

14 Holmes와 Rahe의 '생의 변화 질문지(life change questionnaire)'를 이용한 가족사정방법에 대한 설명으로 옳은 것은?

① 가족과 가족구성원에게 발생했던 주요 사건을 시간 흐름에 따라 순서대로 기술한다.
② 최근 1년 동안 가족이 경험한 사건들을 생의 사건단위로 합산하여 질병 발생 가능성을 예측한다.
③ 가족이 문제를 해결하는 자가관리능력과 가족기능수준을 파악할 수 있다.
④ 가족의 발달 단계, 구조요인, 기능요인, 대처요인 등에 대한 면담 결과를 기록한다.

15 금연 사업에서 사회생태학적 모형(social ecological model)에 따른 수준별 중재의 예로 옳지 않은 것은?

① 개인 수준 – 금연 멘토링 시행
② 조직 수준 – 금연 사업장 운영
③ 지역사회 수준 – 금연 캠페인 시행
④ 정책 수준 – 담뱃세 인상

16 감염성 질병의 예방과 관리를 위해 숙주의 감수성을 감소시키는 방법은?

① 예방접종 실시
② 병원소의 검역 실시
③ 환경위생 관리 강화
④ 감염병의 격리 기간 연장

ANSWER 14.② 15.① 16.①

14 ① 가족연대기
③ 가족기능평가도구
④ 가족구조도
　※ 생의 변화 질문지 … 가족 구성원들이 경험하는 표준화된 사건 목록에 점수를 부여하여 질병을 앓을 위험이 있는 구성원을 파악하기 위한 도구이다. 홀름(Holmes), 라에(Rahe), 마쓰다(Masuda) 등에 의해 개발되었으며 경험한 사건의 변화 척도로 스트레스를 측정할 수 있다. 경험한 사건 단위가 높을수록 질병에 대한 감수성이 높다.

15 개인 수준에서는 개인에게 영향을 줄 수 있는 변수 즉, 지식, 민감도, 태도, 신념, 연령, 자존감 등이 해당된다.
　※ 사회생태학적 모델
　　㉠ 개인 수준: 개인에게 영향을 주는 변수(지식, 민감도, 태도, 신념, 연령, 자존감 등)
　　㉡ 개인 간 수준: 동질감을 가질 수 있고 지지해주는 가족, 친구 등(공식 혹은 비공식적 사회관계망)
　　㉢ 조직 수준: 조직 구성원의 행동에 영향을 미치는 조직 내 문화, 환경 등
　　㉣ 지역사회 수준: 규범 및 지역사회 환경 등
　　㉤ 정책 수준: 개인의 건강에 영향을 주는 정책 등

16 예방 및 관리를 위해 숙주의 감수성을 감소시키는 방법으로는 건강증진을 위한 예방접종, 식이관리, 보건교육, 예방적 치료, 개인위생 등이 실시되어야 한다.

17 다음에서 건강형평성 수준을 판단하기 위해 활용할 수 있는 지표만을 모두 고르면?

> ㉠ 지역별 암 발생률
> ㉡ 소득수준별 건강수명
> ㉢ 직업유형별 심뇌혈관 유병률
> ㉣ 교육수준별 유산소운동 실천율

① ㉠㉢
② ㉠㉡㉣
③ ㉡㉢㉣
④ ㉠㉡㉢㉣

ANSWER 17.④

17 보기는 제5차 국민건강증진종합계획(HP2030)에 대한 내용이다. HP2030은 보편적인 건강수준의 향상과 건강형평성을 제고하기 위한 정책으로, 세부사업 및 성과지표 선정 시 성별 분리지표를 설정하고 소득, 지역 등 사회적 결정요인에 따른 격차 감소를 고려한다.

구분	내용	구분	내용
금연	• 성인남성 현재흡연율(연령표준화) • 성인여성 현재흡연율(연령표준화)	감염병 위기 대비대응	MMR 완전접종률
금주	• 성인남성 고위험음주율(연령표준화) • 성인여성 고위험음주율(연령표준화)	기후 변화성 질환	기후보건영향평가 평가체계 구축 및 운영
영양	식품 안정성 확보 가구분율	영유아	영아사망률(출생아 1천 명당)
신체활동	• 성인남성 유산소 신체활동실천율(연령표준화) • 성인여성 유산소 신체활동실천율(연령표준화)	아동 · 청소년	• 고등학교 남학생 현재흡연율 • 고등학교 여학생 현재흡연율
구강건강	영구치(12세) 우식 경험률(연령표준화)	여성	모성사망비(출생아 10만 명당)
자살예방	• 자살사망률(인구 10만 명당) • 남성 자살사망률(인구 10만 명당) • 여성 자살사망률 8.9명 5.7명(인구 10만 명당)	노인	• 노인 남성의 주관적 건강인지율 • 노인 여성의 주관적 건강인지율
치매	치매안심센터의 치매환자 등록 · 관리율(전국 평균)	장애인	성인 장애인 건강검진 수검률
중독	알코올 사용 장애 정신건강 서비스 이용률	근로자	연간 평균 노동시간
지역사회 정신건강	정신건강 서비스 이용률	군인	군 장병 흡연율
암	• 성인남성(20 ~ 74세) 암 발생률(인구 10만 명당, 연령표준화) • 성인여성(20 ~ 74세) 암 발생률(인구 10만 명당, 연령표준화)	건강정보 이해력제고	• 성인남성 적절한 건강정보이해능력 수준 • 성인여성 적절한 건강정보이해능력 수준
심뇌혈관 질환	• 성인남성 고혈압 유병률(연령표준화) • 성인여성 고혈압 유병률(연령표준화) • 성인남성 당뇨병 유병률(연령표준화) • 성인여성 당뇨병 유병률(연령표준화) • 급성 심근경색증 환자의 발병 후 3시간 미만 응급실 도착 비율	손상	손상사망률(인구 10만 명당)
비만	• 성인남성 비만 유병률(연령표준화) • 성인여성 비만 유병률(연령표준화)	감염병 예방 및 관리	신고 결핵 신환자율(인구 10만 명당)

18 검사 도구의 민감도가 일정하고 특이도가 낮아질 때, 증가하는 것은?

① 진양성률

② 가양성률

③ 가음성률

④ 진음성률

19 다음에 해당하는 역학 연구 방법은?

> 흡연과 폐암 발생의 관계를 밝히기 위해, 2000년에 35 ~ 69세 성인 100만 명을 연구 대상자로 선정한 후 2020년까지 추적 관찰하였다. 그 결과 흡연자는 비흡연자보다 폐암 발생률이 8배 높았다.

① 단면조사 연구

② 실험 연구

③ 코호트 연구

④ 환자 – 대조군 연구

ANSWER 18.② 19.③

18 민감도 … 질병에 걸린 환자의 검사결과가 양성으로 나타나는 정도를 말한다. 진양성이 많고 가음성률이 적어야 높아진다. 특이도는 질병에 걸리지 않은 환자의 검사결과가 음성으로 나올 확률을 말한다. 따라서 민감도가 일정하고 특이도가 낮아질 때 가양성률이 증가한다.

 ※ **가양성률** … 질병에 걸리지 않았는데 양성으로 진단될 확률을 말한다.

19 코호트연구(전향적 연구)는 질환에 걸리지 않은 건강군을 모집단으로 하여 유해요인 집단과 나누어 장기간 관찰한 후 위험요인과 질병 발생의 상관관계를 연구한다.

 ① **단면조사 연구**: 일정 인구집단을 대상으로 조사 시점 혹은 단기간에 질병 유무 및 요인의 유무를 동시에 조사한다. 만성기관지염이나 각종 정신질환을 연구할 때 사용되는 방법이다.

 ② **실험 연구**: 관련 요인에 대한 의도적인 중재 후 대상자의 건강문제의 변화를 측정한다.

 ④ **환자–대조군 연구(후향적 연구)**: 질병에 걸린 환자군과 질병에 걸리지 않은 대조군을 선정하여 질병 발생 요인과 원인관계를 규명한다. 현재 환자군이 과거에 어떤 요인에 노출되었는지 조사한다.

20 (개), (내)에 들어갈 용어로 옳게 짝 지은 것은?

> (개) - 조사 시점에 해당 지역에 주소를 둔 인구
> (내) - 조사 시점에 해당 지역에 실제로 존재하는 인구

	(개)	(내)
①	상주 인구	현재 인구
②	현재 인구	상주 인구
③	종업지 인구	상주 인구
④	현재 인구	종업지 인구

ANSWER 20.①

20 귀속 인구(실제적 인구)는 시간 및 지역 등의 속성으로 분류하여 도시계획 등의 정책 기초자료로 활용한다.

구분	내용
상주 인구	거주지를 중심으로 조사 시점에 해당 지역에 거주하고 있는 인구집단을 모두 그 지역의 인구로 간주한다.
현재 인구	조사 시점에 현존하고 있는 인구 집단을 모두 그 지역의 인구로 간주한다.
법적 인구	법에 입각하여 조사 시점에 특정한 집단을 그 지역에 귀속시킨 인구로 간주한다. 예 「선거법」에 따른 유권자 인구

지역사회간호 | 2022. 6. 18. 제2회 서울특별시 시행

1 1920년대 전국 각지의 선교회에서 본격적인 간호사업이 시작되었다. 태화여자관에 보건사업부를 설치하여 보건 사업을 이끌었던 인물과 중심사업으로 옳게 짝지은 것은?

① 로젠버거(Rosenberger), 모자보건사업
② 페베(Pheobe), 방문간호사업
③ 윌리엄 라스본(William Rathbone), 구역간호사업
④ 릴리안 왈드(Lillian Wald), 통합보건간호사업

ANSWER 1.①

1 1923년에 로젠버거(Rosenberger)와 한신광이 태화여자관에 보건사업부를 설치하여 모자보건사업 중심으로 임산부 위생, 아동 위생지도 등 감염병 예방과 환경위생사업을 실시했다.
② 페베(Pheobe)는 최초의 지역사회 가정방문 간호사이다.
③ 윌리엄 라스본(William Rathbone)은 1895년 영국에서 최초로 비종교적 방문간호사업을 실시했으며 1859년에 구역공중보건간호협회를 조직했다.
④ 릴리안 왈드(Lillian Wald)는 1893년 미국 빈민구호소에서 방문간호사업을 시작하였으며 1912년 공중보건간호사회를 발족하여 지역사회 중심의 보건 간호사 조직을 구성했다.

2 〈보기〉에서 설명하고 있는 지역사회간호사의 역할로 가장 옳은 것은?

〈보기〉
A시 지역사회간호사는 복합적인 건강문제를 가진 기초 생활 수급권자의 문제해결을 위하여 다학제적 팀 구성원 간의 협력적 활동을 계획하고 모니터링하였다. 보건소의 여러 가지 사업을 통합적으로 분석하여 서비스 제공에 중복, 결핍이 없는지를 확인하였다.

① 상담자(counselor)
② 변화촉진자(facilitator)
③ 옹호자(advocator)
④ 조정자(coordinator)

3 〈보기〉는 인구변천단계에 대한 그림이다. (A)~(D)에 해당하는 단계로 가장 옳은 것은?

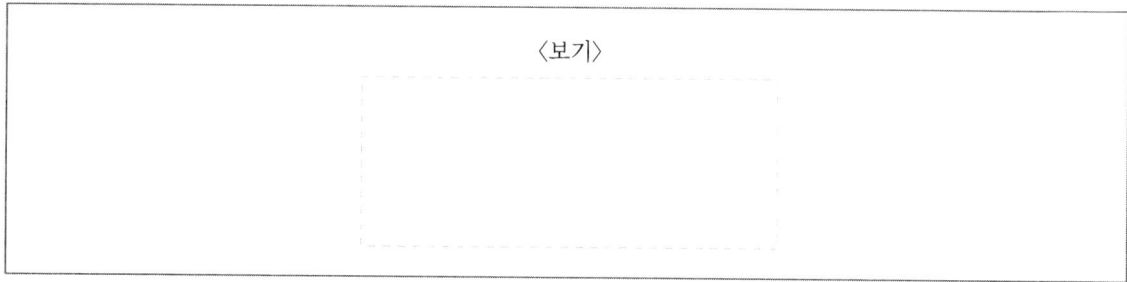

① (A) - 저위정지기
② (B) - 과도기적 성장단계
③ (C) - 고잠재적 성장단계
④ (D) - 확장기

ANSWER 2.④ 3.②

2 조정자(coordinator)는 건강관리 전달 중심 역할이다. 대상자에게 중복되는 서비스나 불충분한 서비스가 이루어지고 있는지를 확인하고 조정하여 대상자에게 충족되는 최선의 서비스가 제공되도록 한다.
① 상담자(counselor): 대상자 중심의 역할이다. 전문적인 지식과 기술을 바탕으로 대상자가 자신의 건강문제를 이해하고 해결 과정을 알도록 상담한다.
② 변화촉진자(facilitator): 인간 중심의 역할이다. 대상자의 행동이 바람직한 방향으로 변화할 수 있도록 동기를 부여하고 촉진한다. 대상자의 의사결정과정에 영향력을 행사한다.
③ 옹호자(advocator): 대상자 중심의 역할이다. 대상자가 자신의 이익을 위한 활동과 권리를 주장할 수 있도록 대상자의 입장을 대변한다.

3 과도기적 성장단계는 Thompson 분류 2단계에 해당한다. 다산소사형으로 인구폭증이 일어나는 단계이다.
① 저위정지기: Blacker 분류 4단계에 해당한다. 출생률과 사망률이 최저에 달하는 인구증가 정지형이다.
③ 고잠재적 성장단계: Thompson 분류 1단계에 해당한다. 다산다사형으로 출생률과 사망률이 모두 높다.
④ 확장기: Blacker 분류 2, 3단계에 해당한다. 고출생률·저사망률 시기인 초기 확장기와 저출생률·저사망률 시기인 후기 확장기로 구분할 수 있다.

4 보건소 방문건강관리사업의 대상자 군 분류별 관리 내용으로 가장 옳은 것은?

① 정기관리군은 6개월마다 1회 이상 방문한다.
② 집중관리군은 3개월 이내 8회 이상 방문한다.
③ 자기역량지원군은 9개월마다 1회 이상 방문한다.
④ 건강관리지원군은 6개월 이내 8회 이상 방문한다.

5 사례관리의 원칙 중 대상자의 요구를 충족시킬 수 있도록 사후관리, 지지적 체계, 재평가 등의 서비스를 제공하는 것은?

① 포괄성(comprehensiveness)
② 통합성(integration)
③ 연속성(continuity)
④ 책임성(responsibility)

ANSWER 4.② 5.③

4 ① 3개월마다 1회 이상 방문한다.
③ 6개월마다 1회 이상 방문한다.
④ 해당사항이 없다.

5 연속성(continuity)은 사례에 따라 전 생애에 걸쳐 적절한 서비스를 제공하고 문제와 파생되는 고통 등을 관리해야 한다. 일회성으로 그치지 않고 대상자의 요구를 충족시키기 위해 포괄적인 서비스를 제공하는 것을 말한다. 대표적으로 퇴원 후 환자의 사후관리가 해당된다.
   ① **포괄성**(comprehensiveness) : 특정한 시점에서 대상자가 가지고 있는 다양한 욕구를 반영하여 전반적인 생활의 질 유지를 위해 다각적인 서비스를 제공하는 것을 말한다.
   ② **통합성**(integration) : 사례관리의 다양한 서비스 체계, 즉 분리된 서비스를 대상자 중심으로 연결시키는 것을 말한다.
   ④ **책임성**(responsibility) : 담당 대상자 관리 시 끝까지 책임지는 것을 말한다.

6 〈보기〉에 해당하는 보건교육 방법은?

〈보기〉
A보건소 간호사가 소수의 보건교육 대상자들에게 교육목표를 제시하고 교육지침을 알려준 다음, 대상자 스스로 자료를 수집하고 교육내용을 찾아서 자신의 건강문제를 이해하고, 해결방안을 찾아가도록 하였다.

① 플립러닝
② 블렌디드 러닝
③ 시뮬레이션
④ 프로젝트 학습

7 우리나라 감염병 위기경보 단계 중 〈보기〉에 해당하는 단계는?

〈보기〉
- 국내 유입된 해외 신종감염병의 제한적 전파
- 국내 원인불명·재출현 감염병의 지역사회 전파

① 관심(Blue) 단계
② 주의(Yellow) 단계
③ 경계(Orange) 단계
④ 심각(Red) 단계

ANSWER 6.④ 7.③

6 프로젝트 학습은 실제 상황에서 목적 달성하기 위한 활동으로, 문제중심의 학습법이다. 학습목표 달성을 위해 대상자 스스로 계획하고 수행하게 하여 학습에 대한 동기 유발 및 자주성과 책임감이 개발된다.
① 플립러닝: 온라인 선행학습 후 오프라인 강의를 통해 토론을 진행하는 학습법이다.
② 시뮬레이션: 실제와 유사한 환경에서 중요한 요소를 선별하여 실제 상황에 적용할 수 있는 능력을 향상시킨다.
③ 블렌디드 러닝: 오프라인 수업에서 온라인 자료(채점 관리 프로그램, 영상 자료 등)를 사용하는 등 다양한 형태가 가능한 온·오프라인 혼합형 학습법이다.

7 관심(Blue) 단계는 해외에 신종감염병이 발생했으나 국내엔 유입되지 않은 상태이다.
② 주의(Yellow) 단계: 해외 신종감염병이 국내에 유입되었으나 유행하지 않은 상태이다.
③ 경계(Orange) 단계: 국가 위기경보 단계에서 해외 신종감염병이 국내 유입 후 지역사회에 전파된 상태이다.
④ 심각(Red) 단계: 해외 신종감염병이 전국적으로 전파된 상태이다.

8 〈보기〉의 방법으로 수행한 연구방법으로 가장 옳은 것은?

〈보기〉
연구자는 다른 지역에 비해 A지역에서 높은 백혈병 유병률을 보이고 있음을 알고 관련요인을 파악하고자 하였다. 이에, 연구자는 백혈병 환자 30명을 선정하고, 환자와 동일한 특성을 지니었으나 백혈병이 없는 사람들 30명을 선정하여 관련요인을 비교하는 연구를 하였다. 연구결과 방사선 노출여부가 백혈병에 영향을 미침을 확인하였다.

① 위험요인의 노출수준을 정확히 측정할 수 있다.
② 연구대상자의 기억력에 의존하므로 정보편견의 위험이 크다.
③ 장기간 자료를 수집하기 때문에 비용이 많이 든다.
④ 한 번에 대상 집단의 건강문제 양상과 규모를 파악할 수 있다.

ANSWER 8.②

8 〈보기〉는 환자 - 대조군 연구 특성을 나타낸다. 정보편견의 위험이 있는 것은 환자 - 대조군 연구의 단점이다.
①③ 코호트 연구
④ 단면조사연구

9 프라이(Fry)의 보건의료체계 분류방식 중 〈보기〉에서 제시한 유형의 특징으로 가장 옳은 것은?

〈보기〉
- 국민보건 서비스형, 무료 의료서비스, 예방의학 강조
- 정치적으로는 자유민주주의를 채택하고 사회적으로는 사회보장을 중요시하는 국가에서 채택한다. 이 제도의 특징은 주로 정부에 의해 의료서비스가 포괄적으로 제공되고, 보건기획 및 보건의료자원의 효율적인 활용을 통해 의료서비스가 공평하게 무상으로 제공된다.

① 의료서비스의 균등성과 포괄성이 보장된다.
② 의료의 형평성과 효율성이 낮다.
③ 의료서비스의 질적 수준이 가장 높다.
④ 의료인에게 의료의 내용과 범위에 대한 재량권이 많다.

10 우리나라 국민건강보험제도에 대한 설명으로 가장 옳은 것은?

① 국내에 거주하는 모든 국민이 적용대상이다.
② 모든 가입자의 균등한 부담으로 재원을 조성한다.
③ 모든 가입자에게 보험료 부담 수준과 관계없이 균등한 급여를 제공한다.
④ 모든 직장가입자는 가입자와 사용자가 각각 보험금의 10분의 30씩 부담한다.

ANSWER 9.① 10.③

9 ② 의료의 형평성과 효율성은 높다.
③ 의료서비스의 질적수준이 가장 높은 것은 자유방임형이다.
④ 자유방임형일 때 해당된다.
※ 프라이(Fry)의 보건의료체계 분류 특징

자유방임형	사회보장형	사회주의형
• 대한민국, 미국, 프랑스 등 • 자유로운 의료기관 선택권 보장 • 높은 의료서비스 질과 의료기술의 발달 • 최소한의 정부개입으로 민간이 주도	• 영국 등 • 보건의료의 공공성 구현 • 조세에 의한 의료서비스 무료제공(균등성) • 정부와 사회의 주도	• 북한, 중국 등 • 형평성 보장 • 의료인 사기저하로 인한 의료 질 저하 • 국가주도

10 ① 건강보험과 의료급여로 구분되므로 모든 국민이 적용대상이 되지 않는다.
② 가입자 보험료는 차등부담이다.
④ 사립학교의 교원은 본인 50%, 학교 30%, 국가 20%씩 부담한다.

11 지역사회간호과정 중 〈보기〉에서 설명하는 지역사회 사정 유형으로 가장 옳은 것은?

〈보기〉
- 지역사회 특정 부분에 초점을 두고 실시한다.
- 다양한 영역에 대한 사정을 실시한다.
- 정태성보다는 역동성을 고려하여 실시한다.
- 어디에 중심을 둘 것인지에 따라 다양하게 정보를 수집할 수 있다.

① 포괄적 사정
② 친밀화 사정
③ 문제 중심 사정
④ 하위체계 사정

12 〈보기〉의 호 안에 들어갈 수로 옳은 것은?

〈보기〉
모성사망 측정을 위해 개발된 지표 중 가장 많이 사용되는 지표인 모성사망비는 특정 연도 출생아 (   ) 명당 같은 해 임신, 분만, 산욕으로 인한 모성사망자 수로 표시된다.

① 100
② 1,000
③ 10,000
④ 10,000

ANSWER 11.④ 12.④

11 하위체계 사정은 지역사회의 특정 부분(하위체계)에 초점을 두고 다양한 영역에 한정적으로 조사하는 방법이다.
① 포괄적 사정: 방법론에 근거하여 1차 자료를 생성하고 지역사회에 관련된 자료 전부를 찾아낸다.
② 친밀화 사정: 사업장이나 정부기관 등 직접 시찰하며 자원을 파악하는 방법으로 일정량의 자료를 직접 수집한다.
③ 문제 중심 사정: 아동보호, 노인보건 등 지역사회의 중요 문제에 초점을 두고 사정하는 방법이다. 전체 지역 사회와 관련되므로 하위체계 사정과는 상이하다.

12 모성사망비 … 모성사망 측정의 대표적인 지표로 해당 연도 출생아 10만 명당 임신, 분만 산욕으로 인한 모성사망의 수로 산출한다.

13 〈보기〉에서 설명하고 있는 이론으로 가장 옳은 것은?

> 〈보기〉
> - 사회인지이론 및 기대 가치이론을 기초로 개발되었다.
> - 건강행위에 영향을 미치는 요인을 개인의 특성과 경험, 행위와 관련된 인지와 감정으로 설명한다.
> - 질병예방행동에 그치지 않고 건강을 강화하는 행위까지 확장되고 전 생애에 걸쳐 적용할 수 있다.

① PRECEDE-PROCEED 모형
② 건강증진 모형
③ 범이론적 모형
④ 합리적 행위이론

ANSWER 13.②

13 ① PRECEDE-PROCEED 모형 : 교육·생태학적 접근을 통한 포괄적 기획모형이다. 사회적 진단, 역학적 진단과 행위 및 환경적 진단, 교육 및 조직·행태학적 진단, 행정·정책적 진단, 수행, 과정평가, 영향평가, 결과평가의 단계를 거친다.
③ 범이론적 모형 : 행위변화의 단계 과정을 핵심으로 개인과 집단이 문제를 어떻게 수정하고 긍정적인 행위를 선택하는지에 대한 변화를 설명한다. 각 단계마다 서로 다른 중재를 요구한다. 계획 전 단계, 계획단계, 준비단계, 실행단계, 유지단계, 종결단계를 거친다.
④ 합리적 행위이론 : 인간 행위의 직접적인 결정 요인은 행위 의도이며 태도와 주관적 규범에 의해 결정된다는 이론이다.

14 〈보기〉 유형의 가족건강사정도구에 대한 설명으로 가장 옳은 것은?

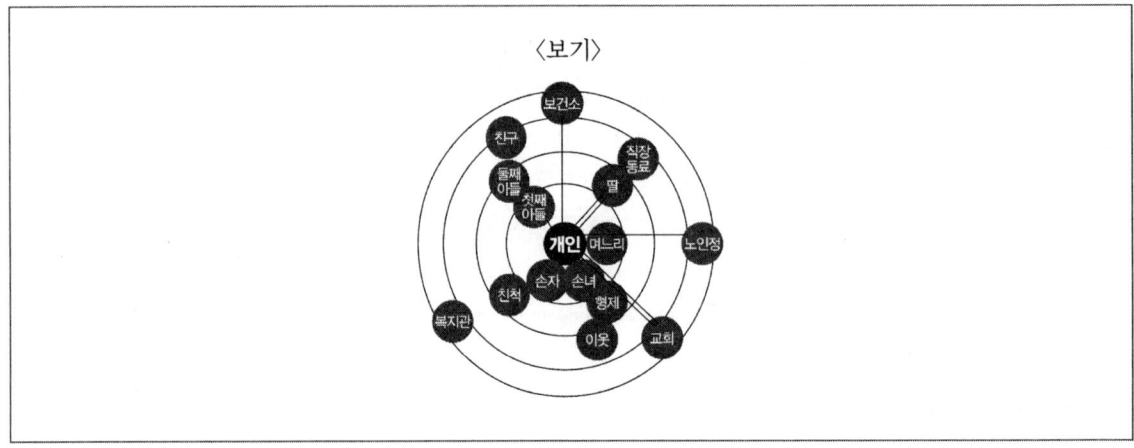

① 가족의 적응력, 협력성, 성장성, 애정성 등을 확인할 수 있다.
② 가족 구성원들과 외부체계와의 접촉, 지지, 스트레스를 파악할 수 있다.
③ 가족 구성원 중 한 명을 중심으로 가족, 친척, 이웃 및 지역사회의 지지를 파악할 수 있다.
④ 가족에 대한 정보를 도식화하여 가족의 질병력 및 상호관계를 확인할 수 있다.

ANSWER 14.③

14 〈보기〉의 유형은 사회지지도이다. 사회지지도는 가족 중 가장 취약한 구성원을 중심으로 지역사회관계를 그린다. 선을 이용하여 지지 정도를 표시하고 소원한 경우에는 선을 그리지 않는다. 보통은 1개, 친밀한 경우는 2개의 선을 그린다.
① 가족밀착도에 대한 설명이다.
② 외부체계도에 대한 설명이다.
④ 가계도에 대한 설명이다.

15 〈보기〉의 사례에서 나타나는 노인장기요양 급여의 종류는?

〈보기〉
노인장기요양 인정자인 갑(甲)씨는 자신의 집에 방문하여 자신의 신체활동과 가사를 지원하는 급여를 신청하였다.

① 방문요양
② 방문간호
③ 단기보호
④ 노인요양공동생활가정

16 〈보기〉는 유방 자가검진(BSE) 결과와 유방조직 검사 결과이다. 옳은 것은?

〈보기〉

BSE 결과	유방조직 검사결과		계
	양성	음성	
양성	45	15	60
음성	5	155	160
계	50	170	220

① 특이도 - 5/160
② 민감도 - 45/50
③ 양성 예측도 - 45/220
④ 음성 예측도 - 155/170

ANSWER 15.① 16.②

15 ② 방문간호: 간호사 등이 방문간호지시에 따라 가정에 방문하여 간호를 제공한다.
③ 단기보호: 일정 기간 동안 신체활동 지원 및 교육·훈련 등을 제공한다.
④ 노인요양공동생활가정: 10인 미만의 대상자를 보호할 수 있는 비교적 정원이 작은 곳이다.
※ 재가 급여의 종류
　㉠ 방문요양: 장기요양요원이 대상자 가정 등을 방문하여 신체활동 및 가사활동을 지원한다.
　㉡ 방문간호: 간호사 등이 방문간호지시에 따라 가정에 방문하여 간호를 제공한다.
　㉢ 방문 목욕: 목욕설비를 갖춘 장비를 이용하여 대상자 가정 등에 방문하여 목욕을 제공한다.
　㉣ 주야간 보호: 일정 시간 동안 신체활동 지원 및 교육·훈련 등을 제공한다.
　㉤ 단기보호: 일정 기간 동안 신체활동 지원 및 교육·훈련 등을 제공한다.

16 ① 특이도: 질환에 걸리지 않은 사람에게 검사결과 음성으로 진단할 확률을 말하므로 155/170가 되어야 한다.
③ 양성예측도: 검사결과가 양성인 사람이 실제 질환자일 수 있는 확률이므로 45/60가 되어야 한다.
④ 음성예측도: 검사결과가 음성인 사람이 비질환자일 수 있는 확률이므로 155/160가 되어야 한다.

17 PATCH 모형에 대한 설명으로 가장 옳지 않은 것은?

① 건강증진과 질병예방 프로그램을 기획하기 위해 사용된다.
② 집단 및 지역사회 수준의 보건사업 기획 모형이다.
③ 3단계에서 중요성과 변화가능성을 기준으로 건강문제 우선순위를 선정한다.
④ 1단계에서 가장 먼저 대상 지역의 건강문제에 관한 자료를 수집하고 분석한다.

18 노년기 발달단계와 이를 고려한 보건교육기법으로 가장 옳은 것은?

① 지각능력이 저하되므로 시청각 자료를 지양한다.
② 기억 증강을 위하여 토론과 강의 중심으로 교육한다.
③ 테스트에 대한 불안감이 감소하므로 교육 중간 개별 질문을 한다.
④ 이전에 가지고 있던 상징이나 단어로 인해 새로운 학습에 혼돈이 있는 점을 고려한다.

ANSWER 17.④ 18.④

17 PATCH 모형 … 미국 질병관리본부의 보건사업 기획 지침서로 개발된 기획모형이다. 집단과 지역사회 수준의 보건사업 기획모형이다. 1단계 지역사회 조직화, 2단계 자료 수집 및 자료 분석, 3단계 건강문제 우선순위 설정, 4단계 포괄절 수행전략, 5단계 평가 과정을 거친다.

18 ① 지각능력이 저하되므로 빨강, 검정, 진회색 등의 시청각 자료를 더욱 활용해야 한다.
② 기억 증강을 위해 치매를 예방하는 프로그램(인지건강 프로그램 등)을 활용해야 한다.
③ 불안감이 증가하므로 질문을 삼간다.

19 〈보기〉에서 지역사회 간호사업의 평가절차를 순서대로 나열한 것은?

〈보기〉
㉠ 평가자료 수집
㉡ 재계획 수립
㉢ 설정된 목표와 현재 상태의 비교
㉣ 평가대상 및 기준 결정
㉤ 목표도달 정도의 판단과 분석

① ㉠→㉢→㉣→㉤→㉡
② ㉠→㉣→㉢→㉤→㉡
③ ㉣→㉠→㉢→㉤→㉡
④ ㉣→㉢→㉡→㉤→㉠

20 중재수레바퀴 모델 중 〈보기〉에 해당하는 중재활동으로 가장 옳은 것은?

〈보기〉
A구는 경제소득이 높은 도시지역이다. 간호사는 A구의 b동이 보건의료서비스 접근성이 낮은 곳이라는 것을 주목하고, b동 주민센터에 방문간호사 배치를 늘려 보건 의료서비스가 필요한 취약인구집단을 확인하고, 정보를 제공하고자 하였다.

① 사례관리
② 스크리닝
③ 아웃리치
④ 의뢰 및 추후관리

ANSWER 19.③ 20.③

19 '㉣ 평가대상 및 기준 결정→㉠ 평가자료수집→㉢ 설정된 목표와 현재 상태의 비교→㉤ 목표도달 정도의 판단과 분석→㉡ 재계획 수립' 순으로 진행된다.

20 아웃리치는 보건의료 서비스에 대한 접근성이 낮은 위험군이나 관심 인구집단에게 건강문제의 원인 및 문제해결 방법 등을 제공하는 것을 말한다.
 ① 사례관리 : 서비스를 조정하여 체계적으로 제공함으로써 중복이나 누락을 방지하고 지역사회 역량을 최적화하는 것을 말한다.
 ② 스크리닝 : 건강위험요인이나 증상이 없는 질병 상태의 개인을 찾는 것을 말한다.
 ④ 의뢰 및 추후관리 : 실제적, 잠재적 문제를 예방 또는 해결에 필요한 자원을 찾아 개인이나 가족, 집단, 전체 등이 활용할 수 있게 도움을 준다.
 ※ 중재수레바퀴모델 … 가정간호 학교보건 산업간호 등의 지역사회 간호영역의 200여 개 실무 시나리오에서 공통점 17개 중재를 선정하여 개인 및 집단, 전체에 적용되는 것이다.

지역사회간호 | 2022. 6. 18. 제1회 지방직 시행

1 가족 사정의 기본적인 원칙으로 옳은 것은?

① 가족의 문제점뿐만 아니라 강점도 동시에 사정한다.
② 정상 가족이라는 고정적 관점으로 가족 문제를 규명한다.
③ 가족구성원 중 한 명으로부터 자료를 수집하여 일관성을 유지한다.
④ 지역사회간호사가 사정단계부터 가족의 문제점과 중재 방법을 주도적으로 제시한다.

2 오타와 헌장에서 제시한 건강증진의 활동 영역 중 개인의 기술 개발(develop personal skills)의 예로 적절한 것은?

① 다중이용시설을 금연구역으로 지정하고 지도 단속하였다.
② 금연 의지가 있는 사람들을 모아 동아리를 만들어 지지하였다.
③ 청소년을 대상으로 흡연 권유를 거절하는 방법을 교육하였다.
④ 청소년에 대한 담배판매금지법을 만들어 시행하였다.

ANSWER 1.① 2.③

1 ② 고정관점을 가지면 안 된다.
　　③ 이중적인 정보가 있으므로 가족 구성원 모두에게 사정해야 한다.
　　④ 가족과 상의해야 한다.

2 ①④ 건강지향적인 공공정책 수립
　　② 지역사회의 활동 강화
　　※ 오타와 헌장 건강증진 5개 활동영역
　　　　㉠ 건강지향적인 공공정책 수립
　　　　㉡ 지원적인 환경조성
　　　　㉢ 지역사회의 활동 강화
　　　　㉣ 개인의 건강기술 개발
　　　　㉤ 보건의료서비스의 방향 재설정

3 보건소에서 과체중 중년 여성을 대상으로 8주간의 운동프로그램을 실시하였다. 간호과정의 사정단계 내용으로 옳은 것은?

① 체중감소율을 4주, 6주, 8주 후에 각각 평가하기로 하였다.
② 과체중 중년 여성이 다른 지역에 비해 얼마나 많은지 비교하였다.
③ 지역사회간호사가 운동프로그램을 실시하였다.
④ '프로그램 참여자의 20%가 체중이 감소한다'로 목표를 설정하였다.

ANSWER 3.②

3 ①④ 계획단계
③ 수행단계
※ 지역사회 간호과정
㉠ 사정: 자료 수집 및 분석, 건강문제 도출
㉡ 진단: 간호문제 도출 진단의 분류체계 우선순위 설정
㉢ 계획: 목표설정 및 수단 선택, 수행계획 및 평가계획
㉣ 수행: 사업의 수행
㉤ 평가: 평가 및 피드백

4 다음에서 설명하는 「감염병의 예방 및 관리에 관한 법률」상 감염병은?

> - 전파가능성을 고려하여 발생 또는 유행 시 24시간 이내에 신고하여야 하고, 격리가 필요한 감염병을 말한다. 다만, 갑작스러운 국내 유입 또는 유행이 예견되어 긴급한 예방·관리가 필요하여 질병관리청장이 보건복지부장관과 협의하여 지정하는 감염병을 포함한다.
> - 결핵, 수두, 홍역, 콜레라, 장티푸스 등을 포함한다.

① 제1급감염병
② 제2급감염병
③ 제3급감염병
④ 제4급감염병

ANSWER 4.②

4 ① 제1급감염병 : 생물테러감염병 또는 치명률이 높거나 집단 발생의 우려가 커서 발생 또는 유행 즉시 신고하여야 하고, 음압격리와 같은 높은 수준의 격리가 필요한 감염병으로서, 에볼라바이러스병, 마버그열, 라싸열, 크리미안콩고출혈열, 남아메리카출혈열, 리프트밸리열, 두창, 페스트, 탄저, 보툴리눔독소증, 야토병, 신종감염병증후군, 중증급성호흡기증후군(SARS), 중동호흡기증후군(MERS), 동물인플루엔자 인체감염증, 신종인플루엔자, 디프테리아를 말한다.
③ 제3급감염병 : 그 발생을 계속 감시할 필요가 있어 발생 또는 유행 시 24시간 이내에 신고하여야 하는 감염병을 말한다. 다만, 갑작스러운 국내 유입 또는 유행이 예견되어 긴급한 예방·관리가 필요하여 질병관리청장이 보건복지부장관과 협의하여 지정하는 감염병을 포함한다. 파상풍(破傷風), B형간염, 일본뇌염, C형간염, 말라리아, 레지오넬라증, 비브리오패혈증, 발진티푸스, 발진열(發疹熱), 쯔쯔가무시증, 렙토스피라증, 브루셀라증, 공수병(恐水病), 신증후군출혈열(腎症侯群出血熱), 후천성면역결핍증(AIDS), 크로이츠펠트-야콥병(CJD) 및 변종크로이츠펠트-야콥병(vCJD), 황열, 뎅기열, 큐열(Q熱), 웨스트나일열, 라임병, 진드기매개뇌염, 유비저(類鼻疽), 치쿤구니야열, 중증열성혈소판감소증후군(SFTS), 지카바이러스 감염증, 매독(梅毒)이 있다.
④ 제4급감염병 : 제1급감염병부터 제3급감염병까지의 감염병 외에 유행 여부를 조사하기 위하여 표본감시 활동이 필요한 감염병으로, 인플루엔자, 회충증, 편충증, 요충증, 간흡충증, 폐흡충증, 장흡충증, 수족구병, 임질, 클라미디아감염증, 연성하감, 성기단순포진, 첨규콘딜롬, 반코마이신내성장알균(VRE) 감염증, 메티실린내성황색포도알균(MRSA) 감염증, 다제내성녹농균(MRPA) 감염증, 다제내성아시네토박터바우마니균(MRAB) 감염증, 장관감염증, 급성호흡기감염증, 해외유입기생충감염증, 엔테로바이러스감염증, 사람유두종바이러스 감염증이 있다.

5 다음 사례에서 가장 의심되는 식중독은?

> - 지역사회 주민들이 회식 2~4시간 후 복통, 오심, 구토와 설사 등의 증상이 집단으로 발생하였으나, 38℃ 이상의 고열과 연하곤란, 시력저하 등의 신경계 증상은 보이지 않았다.
> - 역학조사 결과 음식물 중 어패류 등 수산물은 없었고, 회식을 준비했던 조리사의 손가락에 화농성 상처가 있는 것으로 확인되었다.

① 살모넬라 식중독
② 보툴리누스 식중독
③ 장염 비브리오 식중독
④ (황색)포도상구균 식중독

6 다음 내용은 가이거와 다비드하이저(Giger & Davidhizar)가 개발한 횡문화사정 모형(Transcultural Assessment Model)에서 어떤 문화현상을 사정한 것인가?

> - 억양과 발음을 확인한다.
> - 침묵을 사용하는 경향을 파악한다.
> - 터치하였을 때 불편감을 느끼는 정도를 파악한다.

① 환경통제
② 사회조직
③ 의사소통
④ 생물학적 차이

ANSWER 5.④ 6.③

5 ① 살모넬라 식중독 : 살모넬라균에 오염된 식품을 먹음으로써 일어나는 식중독. 급성 위장염의 증상을 보이며, 심하면 구역질, 구토, 설사, 쇠약감, 고열 등이 나타난다.
② 보툴리누스 식중독 : 공기가 차단된 상태에서 비위생적으로 처리된 식품을 두었을 경우에 보툴리누스균이 증식하는데, 이러한 식품을 먹었을 때 발생한다. 메스꺼움, 구토, 복통, 설사 등을 나타나며 발열은 나타나지 않는다.
③ 장염 비브리오 식중독 : 세균 식중독. 생선류나 조개류를 여름철에 날것으로 먹으면 12~24시간 뒤에 발생한다. 복통, 구토, 설사, 미열 등의 증상을 나타낸다.

6 ① 환경통제 : 내외적 통제위 척도를 사정한다.
② 사회조직 : 결혼 유무나 현재 건강 상태를 사정한다.
③ 생물학적 차이 : 일반적인 신체 사정을 시행한다.
※ 횡문화사정 모형(Transcultural Assessment Model)의 요소
 ㉠ 의사소통 : 목소리 특징, 침묵 사용, 억양과 발음 확인, 의사소통 시 터치 사정
 ㉡ 공간 : 편안한 정도 사정
 ㉢ 사회조직 : 건강 상태 사정
 ㉣ 시간 : 과거·현재·미래 중심, 시간에 관련된 사정
 ㉤ 환경통제 : 내외적 통제위 척도 사정
 ㉥ 생물학적 차이 : 일반적인 신체 사정

7 다음 설명에 해당하는 지표는?

> 지역 간 사망률 수준을 비교할 때 각 지역의 인구학적 특성의 차이가 사망률 수준에 영향을 미칠 수 있다. 이를 보정하기 위해 두 집단 간의 인구학적 특성의 차이를 통제하고 같은 조건으로 만들어 각 지역별로 한 개의 객관적 측정치를 산출한다.

① 조사망률
② 연령별사망률
③ 비례사망지수
④ 표준화사망률

8 진료비 지불제도의 장·단점에 대한 설명으로 옳은 것은?

① 총액계약제는 보험자와 의사단체 간의 계약 체결이 용이하나 과소진료의 가능성이 있다.
② 포괄수가제는 양질의 의료서비스가 제공되나 진료비 청구 방법이 복잡하다.
③ 인두제는 예방보다 치료중심의 의료서비스가 제공되나 의사가 중증질병 환자의 등록을 기피하는 경향이 높다.
④ 행위별수가제는 양질의 의료서비스가 제공되나 과잉진료로 의료비 증가가 우려된다.

ANSWER 7.④ 8.④

7 ① 조사망률 : 보통사망률이라고도 한다. 조사망률이 높으면 개도국, 낮으면 선진국이라고 할 수 있으나 그 나라의 건강 수준 외에 인구 성별이나 연령 등 인구학적 특성 차이에 의한 영향을 받으므로 인구집단의 사망수준을 비교하는 데 한계가 있다.
② 연령별사망률 : 한 해 동안 발생한 특정 연령의 사망자수를 해당 연도의 특정 연령군의 연중앙인구로 나눈 수치를 일컫는다.
③ 비례사망지수 : 같은 해에 발생한 50세 이상 사망자수를 토대로 구한 수치이다. 값이 클수록 그 지역의 건강수준이 좋다는 것을 의미한다.

8 ②④ 행위별 수가제의 경우 양질의 의료서비스가 제공된다.
① 과소진료의 가능성이 있으나 보험자와 의사단체 간 계약 체결이 혼란스럽고 복잡하다.
③ 치료보다 예방 중심의 서비스가 제공된다.

9 PATCH(Planned Approach to Community Health) 모형의 단계를 순서대로 바르게 나열한 것은?

> ㉠ 자료수집과 분석
> ㉡ 우선순위 선정
> ㉢ 지역사회 조직화(동원)
> ㉣ 포괄적인 중재안 개발
> ㉤ 평가

① ㉠→㉡→㉢→㉣→㉤
② ㉠→㉢→㉡→㉣→㉤
③ ㉢→㉠→㉡→㉣→㉤
④ ㉢→㉠→㉣→㉡→㉤

10 건강생활지원센터에 대한 설명으로 옳지 않은 것은?

① 「보건의료기본법」에 근거하여 설치한다.
② 읍·면·동(보건소가 설치된 읍·면·동은 제외)마다 1개씩 설치할 수 있다.
③ 센터장은 보건소장의 지휘·감독을 받아 건강생활지원센터의 업무를 관장한다.
④ 지역주민의 만성질환 예방 및 건강한 생활습관 형성을 지원한다.

ANSWER 9.③ 10.①

9 PATCH 모형 … 미국 질병관리본부의 보건사업 기획 지침서로 개발된 기획모형이다. 집단과 지역사회 수준의 보건사업 기획모형이다. 1단계 지역사회 조직화, 2단계 자료 수집 및 자료 분석, 3단계 건강문제 우선순위 설정, 4단계 포괄적 수행전략, 5단계 평가 과정을 거친다.

10 「지역보건법」에 근거하여 설치한다.
※ 건강생활지원센터 … 거주지 가까운 곳에서 전문가에게 건강 상담과 통합 건강증진서비스를 받을 수 있는 건강증진 전담기관으로, 건강상담과 건강증진 프로그램을 제공한다. 초기 슬로건은 "아쉽다 건강관리, 아! 쉽다 건강관리"이다.

11 「지역보건법」상 보건소의 기능 및 업무에 해당하는 것만을 모두 고르면?

> ㉠ 정신건강증진 및 생명존중에 관한 사항
> ㉡ 감염병의 예방 및 관리
> ㉢ 모성과 영유아의 건강 유지 · 증진
> ㉣ 난임의 예방 및 관리

① ㉠
② ㉡, ㉢
③ ㉠, ㉡, ㉢
④ ㉠, ㉡, ㉢, ㉣

ANSWER 11.④

11 보건소의 기능 및 업무〈지역보건법 제11조 제1항〉
㉠ 건강 친화적인 지역사회 여건의 조성
㉡ 지역보건의료정책의 기획, 조사 · 연구 및 평가
㉢ 보건의료인 및 「보건의료기본법」 제3조 제4호에 따른 보건의료기관 등에 대한 지도 · 관리 · 육성과 국민보건 향상을 위한 지도 · 관리
㉣ 보건의료 관련기관 · 단체, 학교, 직장 등과의 협력체계 구축
㉤ 지역주민의 건강증진 및 질병예방 · 관리를 위한 다음의 지역보건의료서비스의 제공
  • 국민건강증진 · 구강건강 · 영양관리사업 및 보건교육
  • 감염병의 예방 및 관리
  • 모성과 영유아의 건강유지 · 증진
  • 여성 · 노인 · 장애인 등 보건의료 취약계층의 건강유지 · 증진
  • 정신건강증진 및 생명존중에 관한 사항
  • 지역주민에 대한 진료, 건강검진 및 만성질환 등의 질병관리에 관한 사항
  • 가정 및 사회복지시설 등을 방문하여 행하는 보건의료 및 건강관리사업
  • 난임의 예방 및 관리

12 A 산업체의 1년간 재해 관련 통계수치가 다음과 같을 때, 도수율(빈도율)은?

- 연 근로시간 수 : 100,000
- 재해자 수 : 10
- 재해 건수 : 4
- 근로손실일수 : 40

① 0.4
② 10
③ 40
④ 100

13 보건사업 기획에서 사용되는 NIBP(Needs Impact Based Planning)의 우선순위 결정 기준은?

① 건강문제의 크기와 건강문제의 심각성
② 건강문제의 크기와 해결방법의 효과
③ 건강문제의 중요성과 자원이용 가능성
④ 건강문제의 중요성과 주민의 관심도

ANSWER 12.③ 13.②

12 도수율 = $\dfrac{\text{재해건수}}{\text{근로시간수}} \times 1,000,000$

= $\dfrac{4}{100,000} \times 1,000,000$

= 40

13 NIBP(Needs Impact Based Planning) … 보건사업기획 과정으로 건강문제의 크기와 문제해결 방법의 효과를 기준으로 우선순위를 결정하며 CLEAR(지역사회 역량, 적법성, 효율성, 수용성, 자원이용가능성으로 판단하는 수행가능성)으로 보완한다.

14 B 지역의 지난 1년간 사망 관련 통계가 다음과 같을 때, α-index 값은?

구분	사망자 수(명)
생후 28일 미만	10
생후 28일부터 1년 미만	20

① $\dfrac{10}{20}$ ② $\dfrac{20}{10}$

③ $\dfrac{10}{30}$ ④ $\dfrac{30}{10}$

ANSWER 14.④

14 출생 ~ 28일(4주) = 신생아 사망률, 출생 ~ 1년 = 영아사망률 이므로

$$\alpha-\text{index} = \frac{\text{영아사망수}}{\text{신생아사망수}}$$

$$= \frac{30}{10}$$

15 지역사회간호사가 PRECEDE-PROCEED 모형을 적용하여 만성질환과 관련된 건강행위에 영향을 주는 소인요인, 가능요인, 강화요인을 사정하였다면 이에 해당하는 진단(사정)단계는?

① 사회적 진단

② 역학적 진단

③ 교육 및 생태학적 진단

④ 행정적, 정책적 진단 및 중재설계

ANSWER 15.③

15

㉠ 1단계(사회적 진단)
- 삶의 질에 영향을 미치는 사회적 요인 규명(건강문제 제외)
- 객관적 사정 : 환경지표(대기환경), 사회적지표(실업률), 지역사회 관련한 대중매체 등
- 주관적 사정 : 주민의 반응·적응 정도

㉡ 2단계(역학적 진단) : 건강문제 규명, 생활양식 및 환경요인

㉢ 3단계(교육생태학적 진단)
- 보건교육 프로그램 설정
- 성향요인 : 지식이나 태도, 신념, 가치관 등 행위의 근거나 동기를 부여하는 인지·정서적 요인
- 촉진요인 : 자원의 이용 가능성, 접근성, 기술 등 건강행위 수행을 가능하게 도와주는 요인
- 강화요인 : 보상이나 칭찬, 처벌과 같이 긍정·부정적인 반응으로 행위를 지속시키거나 중단시키는 요인

㉣ 4단계(행정·정책적 진단) : PRECEDE에서 PROCEED로 진행되는 단계로, 건강증진 프로그램으로 전환시키기 위해 행정·정책적 사정이나 진단이 요구된다.

㉤ 5단계(실행) : 프로그램 개발 및 방안을 마련하여 수행하는 단계

㉥ 6단계(과정 평가) : 프로그램 실행이 제대로 잘 이루어졌는지 평가(단기 평가)

㉦ 7단계(영향 평가) : 행동, 환경적 요인의 변화와 성향·촉진·강화요인의 변화 평가

㉧ 8단계(결과 평가) : 초기에 사정된 건강상태와 삶의 질 변화 평가(장기 평가)

16 SWOT분석에서 강점-위협전략(ST전략)에 해당하는 것은?

① 불리한 환경을 극복하기 위한 신사업 개발
② 위협을 회피하기 위한 사업의 축소
③ 내부조직의 역량 강화를 위한 혁신 및 구조조정
④ 공격적인 사업영역 확대

17 지역사회간호의 역사적 사건들을 이른 것부터 순서대로 바르게 나열한 것은?

> ㉠ 「학교보건법」 제정
> ㉡ 「농어촌 등 보건의료를 위한 특별조치법」 제정
> ㉢ 전 국민 의료보험(현 국민건강보험) 시행
> ㉣ 노인장기요양보험제도 시행

① ㉠→㉡→㉢→㉣
② ㉠→㉡→㉣→㉢
③ ㉡→㉠→㉢→㉣
④ ㉡→㉠→㉣→㉢

ANSWER 16.① 17.①

16 다각화 전략으로 위협을 최소화하고 내부 강점을 사용하는 전략이다. 따라서 불리한 환경 극복을 위한 신사업 개발은 강점-위협(ST)이다.
② 외부의 위협을 피하고 내부 약점을 최소화하는 약점-위협(WT) 전략이다.
③ 약점을 최소화하기 위해 외부의 기회를 활용하는 약점-기회(WO) 전략이다.
④ 내부의 강점으로 외부의 기회를 극대화하는 강점-기회(SO) 전략이다.

17 1967년 「학교보건법」 제정 → 1980년 「농어촌 등 보건의료를 위한 특별조치법」 제정 → 1989년 전 국민 의료보험(현 국민건강보험) 시행 → 2008년 노인장기요양보험제도 시행(2007년 제정)이므로 '㉠→㉡→㉢→㉣' 순으로 나열해야 한다.

18 근로자의 업무상 재해에 대한 신속·공정한 보상과 재해근로자의 재활 및 사회복귀를 촉진하기 위한 보험시설 운영 등을 주요 목적으로 하는 기관은?

① 근로자건강센터
② 대한산업보건협회
③ 근로복지공단
④ 한국산업안전보건공단

ANSWER 18.③

18 ① 근로자건강센터: 건강관리가 취약한 50인 미만 소규모 사업장 노동자의 건강관리를 위해 설치되어 직종별 유해 요인 파악을 통한 전문 건강상담 등 다양한 건강 서비스를 지원하는 기관이다.
② 대한산업보건협회: 근로자 중심으로 1963년에 설립한 비영리기관이다. 건강진단, 쾌적한 작업환경 조성을 위한 작업환경측정과 근로자 건강을 관리하는 보건관리대행 업무를 수행하고 있다.
④ 한국산업안전보건공단: 산업재해 예방기술의 연구·개발과 보급, 산업안전보건 기술지도 및 교육, 안전·보건진단 등 산업재해 예방에 관한 사업을 수행하는 기관이다.

19 지역사회간호사가 고혈압관리 프로그램의 교육목표를 '대상자들은 정상혈압의 범위를 말할 수 있다'로 설정한다면 이는 블룸(Bloom)이 제시한 교육을 통한 변화영역 중 어느 영역에 해당하는가?

① 인지적 영역(cognitive domain)
② 정의적 영역(affective domain)
③ 심동적 영역(psychomotor domain)
④ 생리적 영역(physiological domain)

ANSWER 19.①

19 인지적 영역(cognitive domain)은 복잡성의 원칙(점점 복잡하고 어려운 지식으로 위계구분)에 따르며 지식, 이해, 적용, 분석, 종합, 평가 능력으로 구분된다. 질문은 인지적 영역 중 지식에 해당된다.
② 정의적 영역(affective domain) : 내면화의 원칙(이상향과 동일시하는 과정)에 따르며 감수, 반응, 가치화, 조직화, 인격화로 구분된다.
③ 심동적 영역(psychomotor domain) : 기능의 일상화 원칙에 따르며 지각, 태세, 유도반응, 기계화, 복합외현반응, 적응, 독창성으로 구분된다.
④ 생리적 영역(physiological domain) : 블룸(Bloom)의 교육목표에 해당되지 않는다.
※ 블룸(Bloom)의 교육목표

구분	내용
인지적 영역 (cognitive domain)	• 지식 : 사실이나 개념, 원리, 방법 등 이미 배운 내용을 기억하고 재생하는 능력 • 이해 : 지식을 바탕으로 의미를 파악하는 능력 • 적용 : 이미 배운 내용을 적용하여 해결하는 능력 • 분석 : 상호 간 조직 원리를 분석하고 발견하는 능력 • 종합 : 여러 가지 요소나 부분을 새로운 의미 체계가 성립되게 하는 능력 • 평가 : 주어진 자료의 가치를 판단하는 능력
정의적 영역 (affective domain)	• 감수 : 자극이나 활동에 주의를 기울이고 수용하는 능력 • 반응 : 자극이나 활동에 적극적으로 참여하고 만족을 얻는 능력 • 가치화 : 특정한 대상 혹은 활동 가치를 추구하여 행동으로 나타내는 능력 • 조직화 : 서로 다른 가치들을 비교·종합하여 일관된 체계를 형성하는 능력 • 인격화 : 일관성 있게 내면화되어 인격의 일부가 된 상태
심동적 영역 (psychomotor domain)	• 지각 : 주변 자극을 지각하고 해석하여 환경에 대처하는 능력 • 태세 : 행위를 위해 준비하는 단계 • 유도 반응 : 복잡한 기능을 배우는 초기 단계 • 기계화 : 습득된 행동이 습관이 되고 신뢰와 효율을 증진시키는 단계 • 복합외현반응 : 최소한의 에너지로 신속하고 부드럽게 행동하는 단계 • 적응 : 숙달된 행위를 수정시키거나 변화시키는 단계

20 고도비만인 C 씨가 가족들에게 "저 오늘부터 비만 탈출하겠습니다."라고 선언하는 것은 범이론 모형 (Transtheoretical Model : TTM)의 어떤 변화과정에 해당하는가?

① 자기 해방(self liberation)
② 의식 고취(consciousness raising)
③ 자기 재평가(self reevaluation)
④ 사회적 해방(social liberation)

ANSWER 20.①

20 자기 해방(self liberation)은 스스로에게 행동 변화의 의지와 능력을 주위에 말하고 다니는 것을 말한다.
② 의식 고취(consciousness raising) : 행위 변화에 도움을 주는 정보나 조언 등을 찾아 습득하여 인식을 개선하는 것을 말한다.
③ 자기 재평가(self reevaluation) : 스스로를 인지·정서적으로 비교평가하며 동기 부여하는 것을 말한다.
④ 사회적 해방(social liberation) : 사회규범이 자신을 지지한다고 인식하며 사회적 장치를 발견하거나 대안을 제공하는 것을 말한다.

※ 범이론모형 … 개인별로 상이한 변화단계에 따라 차별화된 보건교육 필요성을 강조하는 이론이다. 계획이전단계(전숙고) → 계획 단계(숙고) → 준비 단계(준비) → 행동 단계(실행) → 유지 단계(유지) → 종료 단계(종료)를 거친다.

과정	내용
의식 고취	행위 변화에 도움을 주는 정보나 조언 등을 찾아 습득하여 인식을 개선하는 것
극적해소	부정적인 정서 해소와 이후에 나타나는 감정을 경험하고 표출하여 해소하는 것
환경 재평가	개인의 특정한 행동이 주변인에게 미치는 영향을 평가하고 인식하는 것
자기 재평가	스스로를 인지·정서적으로 비교평가하며 동기 부여하는 것
자기 해방	스스로에게 행동 변화의 의지와 능력을 주위에 말하고 다니는 것
역조건 형성	문제행동을 대처하는 건강한 행동을 학습하는 것
지원관계 형성	긍정적인 변화에 대한 지지와 관심, 신뢰, 라포형성, 작업 동맹 등
강화관리	개인의 변화 노력에 대한 적절한 보상을 제공하는 것
자극통제	문제행동을 촉진시키는 요인을 통제하거나 피하는 것
사회적 해방	사회규범이 자신을 지지한다고 인식하며 사회적 장치를 발견하거나 대안을 제공하는 것

지역사회간호 | 2023. 6. 10. 제1회 지방직 시행

1 다음에서 설명하는 보건교육 방법은?

> • 전체 학습자를 여러 개 소그룹으로 나누어 토론을 진행하고, 토론 후 전체 학습자가 다시 모여 토론한 결과를 요약 정리하여 결론을 낸다.
> • 참석 인원이 많아도 전체 의견을 교환할 수 있고 학습자들에게 참여 기회가 주어진다.

① 배심토의　　　　　　　　② 심포지엄
③ 분단토의　　　　　　　　④ 브레인스토밍

2 다음에 해당하는 작업환경 관리 방법은?

> 화재 예방을 위해 가연성 물질의 저장을 플라스틱 통에서 철제 통으로 바꾸었다.

① 대치　　　　　　　　　　② 격리
③ 환기　　　　　　　　　　④ 교육

ANSWER　1.③　2.①

1　전체 학습자를 여러개의 소그룹으로 나누어 토론을 진행하고, 토론 후 전체 학습자가 정리하며 결론을 내는 것은 분단 토의 방법이다.
　① 토의 주제에 대하여 상반되는 의견을 가진 전문가들이 의견을 발표하고, 질의응답을 통해 전체 토의를 진행하는 방법이다.
　② 여러 전문가들이 다각도에서 의견을 발표하고 청중의 질문에 대답하는 방식으로 진행된다.
　④ 한 그룹이 10~15분 동안 단기 토의를 진행하며 자유롭고 창의적인 아이디어를 내는 토의 방법이다.

2　변경의 의미로서 공정변경, 시설변경, 물질 변경 등을 말하며 저장 통을 바꾼 것은 대치에 해당한다.
　② 작업장과 유해인자 사이에 물체, 거리, 시간 등을 격리하는 원리이다.
　③ 오염된 공기를 작업장으로부터 제거하고 신선한 공기로 치환하는 원리이다.
　④ 관리자, 기술자, 감독자, 작업자를 교육, 훈련하여 관리하는 원리이다.

3 성인이 되어 결혼해 출가한 첫 자녀, 그리고 부모와 동거하며 취업 중인 막내가 있는 가족의 발달과업은?

① 직업의 안정화
② 부부관계의 재조정
③ 자녀의 사회화 교육
④ 친척에 대한 이해와 관계 수립

4 다음 프로그램의 결과평가 지표에 해당하는 것은?

> A 지역의 보건소는 지역사회의 비만관리를 위해 성인을 대상으로 6개월간 걷기운동프로그램을 운영하였다.

① 걷기운동 참여자 수
② 프로그램 운영 간호사 수
③ 체중 감소자 수
④ 프로그램 운영횟수

ANSWER 3.② 4.③

3 진수기에 해당하며 이 시기에는 부부관계의 재조정, 노부모지지, 새로운 흥미 개발과 참여가 필요하다.
① 직업(수입)의 안정화는 청소년기에 해당한다.
③ 자녀들의 사회화가 필요한 것은 학령기에 해당한다.
④ 결혼에 적응하는 단계인 신혼기에 해당한다.
※ 듀발(Duvall)의 가족생활주기 8단계
  ㉠ 신혼기(결혼~첫 자녀 출생 전) : 건전한 부부관계를 수립하고 친척에 대한 이해관계 수립, 가족계획 등을 하는 시기
  ㉡ 양육기(첫 자녀의 출생~30개월) : 만족한 가족 형성을 하는 시기로 부모의 역할과 기능에 적응이 필요
  ㉢ 학령전기(첫 자녀가 30개월~6세) : 자녀들의 사회와 교육 및 영양 관리, 불균형된 자녀와의 관계 대처가 필요
  ㉣ 학령기(첫 자녀가 6세~13세) : 자녀들의 학업과 사회화 증진이 필요하며, 가족 내 규칙과 규범을 확립하는 시기
  ㉤ 청소년기(첫 자녀가 13~19세) : 안정된 수익, 결혼 관계의 유지 시기로 세대간 충돌 대처가 필요
  ㉥ 진수기(첫 자녀가 결혼~막내 결혼) : 부부관계의 재조정, 노부모지지, 새로운 흥미의 개발과 참여가 필요
  ㉦ 중년기(자녀들 독립~은퇴) : 경제적으로 풍요롭고 출가한 자녀 가족과의 결속과 유대 확립이 필요
  ㉧ 노년기(은퇴~사망) : 배우자 상실, 은퇴, 건강문제, 사회적 지위 및 경제력 감소에 대한 대처가 필요

4 비만 관리가 목적이므로 체중 감소자 수가 결과평가 지표에 해당한다.
① 걷기운동 참여자 수는 투입 요소에 해당한다.
② 프로그램에 투입되는 인력으로 구조평가에 해당한다.
④ 프로그램의 진행 일정의 준수와 진행 수를 확인하는 것은 과정평가에 해당한다.

5 「농어촌 등 보건의료를 위한 특별조치법 시행령」상 보건진료 전담공무원이 근무지역에서 할 수 있는 의료행위만을 모두 고르면?

> ⊙ 만성병 환자의 요양지도 및 관리
> ⓒ 질병·부상의 악화 방지를 위한 처치
> ⓒ 질병·부상상태를 판별하기 위한 진찰·검사
> ⓔ 환자의 이송

① ⊙, ⓒ
② ⓒ, ⓔ
③ ⊙, ⓒ, ⓒ
④ ⊙, ⓒ, ⓒ, ⓔ

ANSWER 5.④

5 보건진료 전담공무원의 업무〈농어촌 등 보건의료를 위한 특별조치법 시행령 제14조〉
  ⊙ 보건진료 전담공무원의 의료행위의 범위는 다음과 같다.
  • 질병, 부상상태를 판별하기 위한 진찰, 검사
  • 환자의 이송
  • 외상 등 흔히 볼 수 있는 환자의 치료 및 응급조치가 필요한 환자에 대한 응급처치
  • 질병, 부상의 악화 방지를 위한 처치
  • 만성병 환자의 요양지도 및 관리
  • 정상분만 시의 분만 도움
  • 예방접종
  • 위의 의료행위에 따르는 의약품의 투여
  ⓒ 보건진료 전담공무원은 ⊙의 의료행위 외에 다음의 업무를 수행한다.
  • 환경위생 및 영양개선에 관한 업무
  • 질병예방에 관한 업무
  • 모자보건에 관한 업무
  • 주민의 건강에 관한 업무를 담당하는 사람에 대한 교육 및 지도에 관한 업무
  • 그 밖에 주민의 건강증진에 관한 업무

6 (개), (내)에 해당하는 건강신념모형의 개념을 바르게 짝 지은 것은?

> (개) 흡연자는 비흡연자보다 폐암에 걸릴 가능성이 높다고 생각한다.
> (내) 폐암에 걸리면 다른 암보다 치료가 어렵고 사망확률이 높다고 생각한다.

	(개)	(내)
①	지각된 민감성	지각된 심각성
②	지각된 심각성	지각된 민감성
③	지각된 민감성	지각된 장애성
④	지각된 심각성	지각된 장애성

ANSWER 6.①

6. (개)는 어떤 건강 상태가 될 것이라는 가능성에 대한 생각이므로 지각된 민감성, 질병이 걸렸을 경우 심각하게 될 것인지에 대한 지각인 (내)는 지각된 심각성의 예시이다.
   ※ 건강 신념 모형은 인간의 행위가 개인이 그 목표에 대하여 생각하는 가치와 목표를 달성할 가능성에 대한 생각에 달려 있다고 가정하는 심리학과 행동이론을 기본으로 한다.
   ㉠ **지각된 민감성**: 어떤 건강상태가 될 것이라는 가능성에 대한 생각으로 개인의 실제 위험을 좀 더 일관성 있게 인지하도록 만든다.
   ㉡ **지각된 심각성**: 질병에 걸렸을 경우나 치료를 하지 않았을 경우 어느 정도 심각하게 될 것인지에 대한 지각으로 위험요인과 상황 결과를 세분화 한다.
   ㉢ **지각된 유익성**: 특정 행위를 하게 될 경우 얻을 수 있는 혜택에 대한 지각으로 결과의 심각성이나 위험을 감소시키기 위해 권고된 효능에 대한 개인의 믿음이다.
   ㉣ **지각된 장애성**: 특정 건강행위에 대한 부정적 지각이며, 어떤 행위를 취할 시에 거기에 들어가는 비용이나 위험성 등이 건강행위를 방해하게 된다는 것이다.
   ㉤ **자기효능감**: 주어진 행위가 어떤 성과를 끌어낼 것이라는 개인의 기재를 정의한 것으로 개인의 행동할 능력에 대한 신뢰이다.
   ㉥ 기타 변인

7 보건소에서 관리하는 신생아 대상 선천성대사이상검사 항목이 아닌 것은?

① 갑상선기능저하증
② 브루셀라증
③ 호모시스틴뇨증
④ 단풍당뇨증

8 다음 지역사회간호 활동에서 적용한 간호이론은?

- 기본 구조와 에너지 자원의 상태를 사정한다.
- 실제적 · 잠재적 스트레스원과 반응을 사정한다.
- 저항선, 정상방어선, 유연방어선을 확인한다.
- 스트레스원과 방어선과의 상호작용을 중심으로 간호진단을 기술한다.
- 1차 · 2차 · 3차 예방활동을 초점으로 중재방법을 모색한다.

① 건강관리체계이론
② 자가간호이론
③ 교환이론
④ 적응이론

ANSWER 7.② 8.①

7 부르셀라증은 선천성대사이상질병이 아니라 감염병이다.
※ 신생아 대상 선천성대사이상 검사항목은 6종으로 페닐케톤뇨증, 갑상선기능저하증, 호모시스틴뇨증, 단풍당뇨증, 갈락토스혈증, 선천성부신과형성증이다.

8 기본구조, 저항선, 정상방어선, 유연방어선으로 되어있으며, 이 구조를 유지하기 위한 1, 2, 3차 예방 활동으로 중재방법을 모색하고 있다.
② 인간 내부에 자가간호를 위한 요구와 수행할 수 있는 역량을 동시에 가지고 있다고 보았으며, 자가간호결핍이 있는 사람에게 간호가 제공되어야 한다고 보았다.
③ 지역사회간호사와 주민 간 물질적, 비물질적 교환과정을 통해서 바람직한 상호관계가 이루어지도록 노력한다.
④ 인간이 하나의 체계로서 주위 환경으로부터 계속적으로 투입되는 자극을 받고 있으며, 이러한 자극에 대하여 내부의 과정인 대처기전을 활용하여 적응양상을 나타내고, 그 결과 반응을 나타낸다고 보고 있다.

9 다음은 지역사회간호사업 체계모형이다. (가) 에 해당하는 것은?

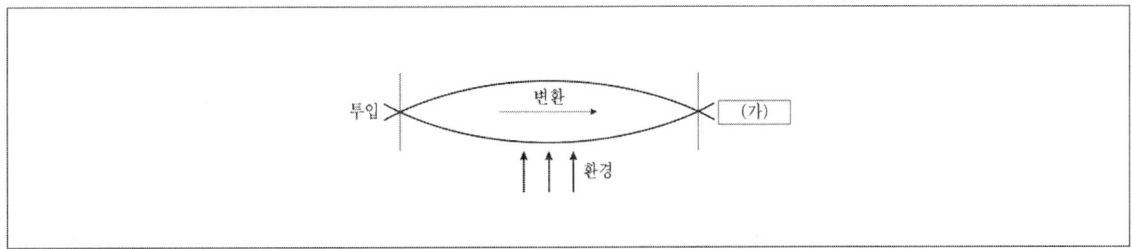

① 지역사회주민
② 지역사회간호과정
③ 지역사회 적정기능 수준 향상
④ 지역사회 물적 자원

10 다음 지표 중 분모가 '당해연도 연간 출생아수'가 아닌 것은?

① 영아사망률
② 저체중아 출생률
③ 모성사망비
④ 모성사망률

ANSWER 9.③ 10.④

9 (가)는 산출로 간호사업의 변환과정을 통해 나온 결과가 해당한다.
① 지역사회 주민은 간호사업에 투입되는 인적자원에 해당한다.
② 지역사회간호과정은 변환과정에 해당한다.
④ 지역사회 물적자원은 투입되는 자원에 해당한다.
※ **지역사회 체계**
　㉠ **투입** : 체계가 활동하기 위한 에너지(물질, 정보)가 유입되는 과정
　㉡ **변환** : 체계 내에서 에너지, 물질, 정보를 사용하는 과정
　㉢ **산출** : 체계 내 보유하지 않는 에너지를 배출하는 과정, 변환을 통해 나온 결과

10 모성사망률은 임신, 분만, 산욕 합병증으로 인한 모성사망 수÷15~49세 가임기 여성 수×1,000으로 분모가 다르다.
① 영아사망률은 영아기 사망 수÷당해 연도 출생아 수×1,000이다.
② 저체중아 출생아 수÷당해 연도 출생아 수×1,000
③ 모성사망비는 임신, 분만, 산욕 합병증으로 인한 모성사망 수÷당해 연도 출생 수×100,000이다.

11 우리나라의 방문간호에 대한 설명으로 옳은 것은?

① 의료기관 가정간호의 목표는 지역사회 인구집단의 건강행태 개선이다.
② 「의료법 시행규칙」상 가정간호를 실시하는 의료기관의 장은 가정전문간호사를 2명 이상 두어야 한다.
③ 「지역보건법 시행규칙」상 방문건강관리 전담공무원이 되고자 하는 간호사는 2년 이상의 간호업무경력이 있어야 한다.
④ 노인장기요양보험법령상 방문간호급여는 급여제공 행위별 진료수가를 기준으로 급여비용을 산정한다.

12 BPRS(Basic Priority Rating System)를 적용했을 때 가장 먼저 해결해야 할 건강문제는?

	건강문제	문제의 크기	문제의 심각도	사업의 효과
①	높은 흡연율	8	6	4
②	높은 고위험 음주율	2	4	7
③	낮은 고혈압 인지율	4	8	5
④	낮은 신체활동 실천율	10	5	3

ANSWER 11.② 12.③

11 ① 의료기관의 가정간호는 입원의 대체 수단일 뿐이며 지역사회 인구집단의 건강 행태 개선을 목표하는 것은 보건소의 방문간호에 해당한다.
③ 간호업무경력 여부는 관계없다.
④ 행위별 진료수가가 아니라 방문당 제공 시간으로 산정한다.

12 (4+16)×5=100으로 가장 먼저 해결해야 한다.
① (8+12)×4=80으로 두 번째로 해결해야 한다.
② (2+8)×7=70으로 세 번째로 해결해야 한다.
④ (10+10)×3=60으로 마지막으로 해결해야 한다.
※ BPRS에서는 사업의 추정 효과, 문제의 심각도, 문제의 크기 순서로 우선순위에 영향을 미치며 "(문제의 크기+2(문제의 심각도))×사업의 효과"로 점수를 계산한다.

13 다음 환자-대조군 연구 결과에 대한 교차비는?

(단위 : 명)

오염원으로 의심되는 음식 섭취 여부	식중독 발생	
	예	아니오
예	240	360
아니오	40	460

① $\dfrac{360 \times 40}{240 \times 460}$

② $\dfrac{240 \times 460}{360 \times 40}$

③ $\dfrac{240(40+460)}{40(240+360)}$

④ $\dfrac{40(240+360)}{240(40+460)}$

14 가족밀착도를 이용하여 파악할 수 있는 정보가 아닌 것은?

① 가족의 생활사건
② 가족 간의 관계
③ 가족의 정서적 지지
④ 가족의 전체적인 상호작용

ANSWER 13.② 14.①

13 ② (240×460)÷(360×40)
※ 교차비… 질병이 있는 경우 위험인자 유무의 비와 질병이 없는 경우 위험인자 유무의 비의 비를 말한다. 환자-대조군 연구에서 주로 사용하며, 통계분석에서 수학적인 장점이 있다.

14 가족의 생활사건은 가족연대기로 파악할 수 있다.
② 가족 간의 관계를 선으로 표시하기 때문에 파악할 수 있다.
③ 밀착 관계, 갈등 관계, 단절 등을 각각 다른 모양의 선으로 표시하여 정서적 관계를 알 수 있다.
④ 평소 가족이 알지 못하던 관계를 새롭게 조명해 볼 수 있고, 가족의 전체적인 상호작용을 바로 볼 수 있어 가족 간의 문제를 확인하기 용이하다는 장점이 있다.

15 의료급여에 대한 설명으로 옳지 않은 것은?

① 1종 수급권자와 2종 수급권자의 본인부담금은 차등 적용된다.
②「국민기초생활 보장법」상 수급자가 아니면 의료급여 수급자가 될 수 없다.
③ 의료급여는 사회보장체계 중 공공부조에 해당된다.
④ 의료급여 관리사는 의료기관에서 2년 이상 근무한 경력을 가진 의료인이어야 한다.

ANSWER 15.②

15「국민기초생활 보장법」에 따른 의료급여 수급자 이외에도 수급자가 될 수 있는 경우가 있다.
　① 1종 수급권자와 2종 수급권자의 본인부담금은 차등적용 되며, 비급여 청구분은 전액 본인이 부담해야 한다.
　③ 사회보장체계는 사회보험과 공공부조가 있으며 의료급여는 공공부조에 해당한다.
　④ 의료급여 관리사는 의료기관에서 2년 이상 근무한 경력을 가진 의료인이어야 한다.
　※ 수급권자〈의료급여법 제3조〉
　　㉠ 이 법에 따른 수급권자는 다음 각 호와 같다.
　　　•「국민기초생활 보장법」에 따른 의료급여 수급자
　　　•「재해구호법」에 따른 이재민으로서 보건복지부장관이 의료급여가 필요하다고 인정한 사람
　　　•「의사상자 등 예우 및 지원에 관한 법률」에 따라 의료급여를 받는 사람
　　　•「국내입양에 관한 특별법」에 따라 입양된 18세 미만의 아동
　　　•「독립유공자예우에 관한 법률」,「국가유공자 등 예우 및 지원에 관한 법률」및「보훈보상대상자 지원에 관한 법률」의 적용을 받고 있는 사람과 그 가족으로서 국가보훈부장관이 의료급여가 필요하다고 추천한 사람 중에서 보건복지부장관이 의료급여가 필요하다고 인정한 사람
　　　•「무형유산의 보전 및 진흥에 관한 법률」에 따라 지정된 국가무형유산의 보유자(명예보유자를 포함한다)와 그 가족으로서 국가유산청장이 의료급여가 필요하다고 추천한 사람 중에서 보건복지부장관이 의료급여가 필요하다고 인정한 사람
　　　•「북한이탈주민의 보호 및 정착지원에 관한 법률」의 적용을 받고 있는 사람과 그 가족으로서 보건복지부장관이 의료급여가 필요하다고 인정한 사람
　　　•「5·18민주화운동 관련자 보상 등에 관한 법률」제8조에 따라 보상금등을 받은 사람과 그 가족으로서 보건복지부장관이 의료급여가 필요하다고 인정한 사람
　　　•「노숙인 등의 복지 및 자립지원에 관한 법률」에 따른 노숙인 등으로서 보건복지부장관이 의료급여가 필요하다고 인정한 사람
　　　• 그 밖에 생활유지 능력이 없거나 생활이 어려운 사람으로서 대통령령으로 정하는 사람
　　㉡ ㉠의 규정에 따른 수급권자의 인정 기준 등에 관한 사항은 보건복지부장관이 정하는 바에 따른다.
　　㉢ ㉠에 따른 수급권자에 대한 의료급여의 내용과 기준은 대통령령으로 정하는 바에 따라 구분하여 달리 정할 수 있다.
　　㉣ ㉠에 따른 수급권자에 대한 의료급여의 개시일 등에 관하여 필요한 사항은 대통령령으로 정한다.

16 취약가족의 분류 상 기능적으로 취약한 가족에 해당하는 것은?

① 학대 가족
② 한부모 가족
③ 미혼모 가족
④ 저소득 가족

17 Leavell과 Clark가 제시한 질병의 자연사 단계별 예방적 조치로 옳은 것은?

① 비병원성기 - 사례발견
② 불현성 감염기 - 집단검진
③ 발현성 감염기 - 환경위생
④ 회복기 - 개인위생

ANSWER 16.④ 17.②

16 저소득 가정은 기능적으로 취약한 가족에 해당한다.
  ① 가족 내 상호작용이 취약한 가족 유형으로는 폭력 가족, 비행 청소년 가족, 학대 가족 등이 있다.
  ② 한부모 가족은 구조적으로 취약한 가족에 해당한다.
  ③ 발달 단계의 취약 가족으로는 미숙아 가족, 미혼모 가족 등이 있다.

17 불현성 감염기는 2차 예방에 해당하며 집단 검진 등을 통하여 조기 발견하는 것이다.
  ① 비병원성기는 질병이 없는 건강한 상태를 유지하는 단계이다.
  ③ 발현성 감염기는 증상이 발현하는 감염기로 적절한 치료가 필요한 시기이다.
  ④ 회복기는 질병이 회복되거나 만성화된 상태로 재활이 필요한 단계이다.
  ※ Leavell&Clark의 질병의 자연사 단계
    ㉠ 비병원성기 : 질병이 없는 건강한 상태
    ㉡ 초기 병원성기 : 병원체의 자극을 받기 시작하는 단계
    ㉢ 불현성 감염기 : 자극을 통해 병리적 변화가 시작되는 단계
    ㉣ 발현성 감염기 : 증상이 발현하는 감염기
    ㉤ 회복기 : 질병이 회복되거나 만성화된 상태로 재활이 필요한 단계

18 보건의료체계 하부구조의 구성요소에서 보건의료자원 개발에 해당하는 것은?

① 외국 원조
② 공공재원
③ 국가보건당국
④ 보건의료지식

19 「지역보건법 시행령」상 지방자치단체장이 매년 보건소를 통하여 지역 주민을 대상으로 실시한 지역사회 건강실태조사 결과를 통보해야 하는 대상은?

① 행정안전부장관
② 한국건강증진개발원장
③ 질병관리청장
④ 보건복지부장관

ANSWER 18.④ 19.③

18 보건의료지식은 보건의료자원 개발에 포함된다.
　① 외국의 원조는 경제적 지원에 해당한다.
　② 공공재원은 경제적 지원에 해당한다.
　③ 국가보건당국은 자원의 조직적 배치에 해당한다.
　※ 보건의료체계 하부구조의 구성요소
　　㉠ 보건의료자원 개발 : 인력, 물자, 시설, 지식, 기술
　　㉡ 자원의 조직적 배치 : 국가보건당국, 비정부기관, 정부기관 등
　　㉢ 보건의료제공 : 예방, 치료, 재활
　　㉣ 경제적 지원 : 공공재원 조달, 외국 원조, 고용주 등
　　㉤ 관리 : 의사결정, 조정, 지도력 등

19 협조 요청을 받은 지방자치단체의 장은 매년 보건소(보건의료원을 포함한다. 이하 같다)를 통하여 지역 주민을 대상으로 지역사회 건강실태조사를 실시하여야 한다. 이 경우 지방자치단체의 장은 지역사회 건강실태조사의 결과를 질병관리청장에게 통보하여야 한다〈지역보건법 시행령 제2조(지역사회 건강실태조사의 방법 및 내용) 제2항〉.

20 다음 상황에서 우선적으로 취해야 할 조치는?

> 뜨거운 여름날 아스팔트 위에서 작업 중이던 근로자가 쓰러졌다. 확인 결과, 의식이 없고 체온은 41℃ 였으며 발한은 없다.

① 얼음물에 몸을 담근다.
② 1~2시간 정도 안정시킨다.
③ 가슴을 격렬하게 마찰해 준다.
④ 강심제를 투여한다.

ANSWER 20.①

20 열이 40℃ 이상으로 올라가는 것은 열사병이다. 얼음팩, 에어컨 등으로 체온을 낮춰주어야 한다.
② 일사병은 시원한 곳에서 안정을 취해야 한다.
③ 열사병은 체온을 관리해주는 간호가 중요하다.
④ 강심제 투여는 하지 않는다.

지역사회간호 | 2023. 6. 10. 제1회 서울특별시 시행

1 우리나라 지역사회 간호의 발달사에 대한 설명으로 가장 옳은 것은?

① 1956년 「보건소법」이 제정되면서 읍·면 단위의 무의촌에 보건진료소가 설치되었다.
② 1981년 「산업안전보건법」이 제정되면서 산업장 간호사가 보건관리자가 되었다.
③ 1995년 「국민건강증진법」이 제정되고 「보건소법」이 「지역보건법」으로 개정되었다.
④ 「노인장기요양보험법」이 2008년에 제정되었다.

2 〈보기〉에서 설명하고 있는 지역사회간호사의 주된 역할로 가장 옳은 것은?

〈보기〉
A보건소의 방문건강관리팀은 당뇨병을 앓고 있는 독거노인을 대상으로 혈당 관리, 복약지도, 영양상담 등의 서비스를 제공하는 프로그램을 추진하기 위해 방문간호사, 의사, 약사, 영양사, 사회복지사 등의 보건·의료 전문가들과 건강관리 서비스의 내용과 제공과정을 결정하는 회의를 시행하였다.

① 교육자(educator)
② 조정자(coordinator)
③ 협력자(collaborator)
④ 사례관리자(case manager)

ANSWER 1.③ 2.③

1 ① 1956년에 「보건소법」이 제정된 것은 맞으나 보건진료소 설치는 1980년에 이루어졌다.
② 「산업안전보건법」은 1981년 제정되었으며 보건관리자로 개칭한 것은 1990년이다.
④ 「노인장기요양보험법」이 제정된 것은 2007년이며 전면 실시가 2008년이다.

2 〈보기〉의 내용은 다른 보건·의료 전문가들과 협력을 통해 의사결정에 참여하며 지역사회간호를 제공하는 노력을 하고 있으므로 협력자 역할에 해당한다.
① 대상자의 교육 요구를 사정하고 보건교육을 계획-수행-결과 평가를 진행한다.
② 대상자에 관한 상태와 요구에 대해 다른 요원과 의사소통하며 사례관리 집담회를 연다.
④ 사례관리 대상자를 선정하여 사정-계획-수행-평가의 사례관리를 진행하는 역할이다.

3 노인장기요양보험의 방문간호에 대한 설명으로 가장 옳은 것은?

① 장기요양 5등급 판정을 받은 자는 신청할 수 없다.
② 의사의 지시서가 필요하지 않다.
③ 주된 인력은 가정전문간호사이다.
④ 건강보험가입자의 경우 장기요양급여비용의 15%를 본인이 부담한다.

4 일반정책에 비하여 보건의료정책이 갖는 특성에 대한 설명으로 가장 옳지 않은 것은?

① 효율성보다는 형평성이 강조된다.
② 시장경제원리를 적용함에 있어 한계가 있다.
③ 보건정책은 경제정책에 우선한다.
④ 국민들의 소득과 교육 수준이 향상되어 보건의료서비스에 대한 욕구가 증가하였다.

ANSWER 3.④ 4.③

3 건강보험 가입자는 재가급여는 15%, 시설급여는 20% 본인 부담한다〈노인장기요양보험법 시행령 제15조의 8(본인부담금)〉.
  ① 장기요양등급을 받은 수급자라면 모두 신청할 수 있다.
  ② 장기요양요원인 간호사 등이 의사, 한의사 또는 치과의사의 지시서에 따라 가정 등을 방문하여 간호, 진료의 보조, 요양에 관한 상담 또는 구강위생 등을 제공하는 장기요양급여가 방문간호이다.
  ③ 가정간호와 방문간호는 별개의 간호 방법이다. 가정전문간호사는 병원 가정간호팀에서 업무를 수행한다.

4 보건정책은 파급효과 범위가 넓으며 국가경쟁력과 관련되어 있다.
  ① 공공재적 성격을 띠므로 효율성보다는 형평성을 강조한다.
  ② 보건의료정책은 시장경제원리 적용에 한계가 있다.
  ④ 소득과 교육 수준이 향상되어 건강과 복지에 대한 관심이 높아져 보건의료서비스에 대한 욕구가 증가하였다.

5 지역사회 주민을 대상으로 금연사업을 계획하고 있다. 투입 – 산출 모형에 따라 목표를 설정할 때 산출목표에 해당하는 것은?

① 금연 클리닉을 4개소 설치한다.
② 금연 클리닉 상담인력을 8명 확보한다.
③ 성인 흡연율을 36%에서 32%로 낮춘다.
④ 금연 이동 클리닉을 6개월 간 8개 지역에 운영한다.

6 보건사업 기획에 대한 설명으로 가장 옳은 것은?

① 미션(mission)은 보건사업이 궁극적으로 달성하고자 하는 것에 대한 일반적 기술로서 건강한 지역사회에 대한 조직의 비전을 기초로 한다.
② 결과평가는 사업에 투입되는 자원의 적절성을 평가하는 것이다.
③ 단기목표는 대개 2~3개월 이내에 달성할 수 있는 목표로 행동의 변화 등을 측정한다.
④ 보건사업 평가의 지표 중 지역 사망률은 통제가능성이 낮은 지표이다.

ANSWER 5.④ 6.④

5 산출목표는 즉각적으로 확인할 수 있는 수치를 말한다. 6개월 동안 8개 지역에 클리닉을 운영한다는 것은 산출목표에 해당한다.
① 금연 클리닉 설치는 사업에 투입되는 구조적 자원이다.
② 상담 인력은 사업에 투입되는 자원이므로 투입목표에 해당한다.
③ 흡연율, 유병률 등은 사업의 장기적 목표로 결과목표에 해당한다.
※ 지역사회 간호평가의 범주
  ㉠ 투입된 노력에 대한 평가(구조평가)는 결과가 효과적으로 나타날 수 있는 노력과 자원의 투입에 대한 평가이다.
  ㉡ 사업진행에 대한 평가(과정평가)는 과정과 산출에 대한 평가가 있다.
  ㉢ 목표달성 정도에 대한 평가(결과평가)는 구체적 목표 달성을 평가하는 것으로 질적 평가와 양적 평가가 있다.

6 사망률은 관련된 요인이 다양하므로 통제 가능성이 낮은 지표이다.
① 미션은 절대 변하지 않는 사업의 궁극적 기술이며, 미션을 기초로 비전을 만든다.
② 투입되는 자원의 적절성을 평가하는 것은 구조평가이다.
③ 단기 목표는 2~3개월부터 2년 이내로 소요되며 지식, 신념, 태도 등의 변화를 측정한다.

7 〈보기〉에서 두 지역의 인구 현상을 설명한 것으로 옳은 것은?

〈보기〉

〈단위 : 명〉

지역	인구수			
	14세 이하	15~64세	65세 이상	총인구
A지역	3,500	2,500	4,000	10,000
B지역	2,000	8,000	10,000	20,000

① B지역은 A지역보다 총부양비가 높다.
② B지역은 A지역보다 노령화지수가 높다.
③ B지역은 A지역보다 유년부양비가 높다.
④ B지역은 A지역보다 노년부양비가 높다.

8 국가 암 관리 사업에서 2차 예방 수준의 지역사회 간호중재에 대한 설명으로 가장 옳은 것은?

① 의료 급여 수급권자가 무료로 국가 암 검진을 받도록 안내한다.
② 초등학생을 대상으로 간접흡연의 유해성을 교육한다.
③ 중학교 여학생에게 무료 자궁경부암 예방접종 사업 캠페인을 실시한다.
④ 암 환자를 위한 가정방문형 호스피스 사업을 추진한다.

ANSWER 7.② 8.①

7 노령화지수=65세 이상 인구÷0~14세 인구×100으로 A지역 114, B지역 500으로 B지역이 높다.
① 총부양비=(1~14세 인구+65세 이상 인구)÷15~64세 인구×100으로 A지역 300, B지역 150으로 A지역이 높다.
③ 유년부양비=0~14세 인구÷15~64세 인구×100으로 A지역 140, B지역 25로 A지역이 높다.
④ 노년부양비=65세 이상 인구÷15~64세 인구×100으로 A지역 160, B지역 125로 A지역이 높다.

8 질병의 조기 발견을 위해 국가 암 검진을 받는 것은 2차 예방에 해당한다.
② 건강에 위해 요인이 될 수 있는 간접흡연에 대해 교육하는 것은 1차 예방에 해당한다.
③ 예방접종을 통해 질병에 이환되는 것을 예방하는 것은 1차 예방에 해당한다.
④ 이미 질병이나 건강 문제가 있는 경우 합병증 예방과 재발 방지를 위해 노력하는 것은 3차 예방에 해당한다.
※ 타나힐(Tannahill)의 건강증진모형 예방단계
  ㉠ 일차예방 : 건강위험요인을 감소시켜 질병이나 특정 건강문제가 발행하지 않도록 하는 것
  ㉡ 이차예방 : 질병이나 건강문제를 조기 발견하여 예방하는 것
  ㉢ 삼차예방 : 질병이나 건강문제로 인해 발생할 수 있는 합병증 예방과 재발 방지를 하는 것

9 방문건강관리 사업 대상자 중 정기관리군을 〈보기〉에서 모두 고른 것은?

〈보기〉
㉠ 북한이탈 주민으로 감염성 질환이 1개 있는 자
㉡ 암 대상자로 암 치료 종료 후 3년이 경과한 자
㉢ 뇌졸중 등록자로 신체활동 미실천자
㉣ 당화혈색소가 6.8%인 자
㉤ 출생 후 22일이 경과한 아기가 있는 다문화 가족

① ㉠, ㉣
② ㉡, ㉢
③ ㉡, ㉤
④ ㉢, ㉤

ANSWER 9.②

9 ㉡ 정기관리군에 해당하며, 암 등록자로 흡연, 고위험 음주, 비만, 신체활동 미실천 중 2개 이상의 건강 행태 개선이 필요할 경우는 집중관리군에 해당한다.
㉢ 정기관리군에 해당하며, 뇌졸중 등록자로 흡연, 고위험 음주, 비만, 신체활동 미실천 중 2개 이상의 건강 행태 개선이 필요할 경우는 집중관리군에 해당한다.
㉠ 북한이탈 주민은 감염성 질환이 1개 이상이거나, 흡연, 고위험 음주, 비만, 신체활동 미실천 중 2개 이상의 건강행태 개선이 필요할 경우 집중관리군에 해당한다.
㉣ 당화혈색소 7% 미만인 자는 자기역량지원군에 해당한다.
㉤ 출생 4주 이내의 신생아가 있는 다문화 가족은 집중관리군에 해당한다.
※ 방문건강관리 사업 대상자
  ㉠ 집중관리군 : 건강위험요인의 적극적 개선을 위하여 보건소 다분야 보건·의료 전문가 참여를 통한 전문적 건강관리 서비스 제공이 필요하다. 건강 문제가 있고 증상 조절이 안되는 경우가 해당한다.
  ㉡ 정기관리군 : 3개월마다 대상별 맞춤 건강 교육 및 상담, 정보제공을 한다.
  ㉢ 자기역량지원군 : 연 1회이상 대상별 맞춤 건강정보를 제공한다. 건강문제가 있으나 증상이 없는 경우에 해당한다.

10 가족 이론 중 〈보기〉에서 설명하는 이론은?

> 〈보기〉
> 가족구성원 간의 상호작용에 대한 개인의 중요성을 강조하고 가족의 역할, 갈등, 의사소통, 의사결정 등 가족의 내적인 과정에 초점을 두었다.

① 가족발달 이론
② 가족체계 이론
③ 구조기능주의 이론
④ 상징적 상호작용 이론

11 20~30대 여성을 대상으로 자궁경부암 예방접종률을 높이기 위한 보건교육을 건강신념모형(health belief model, HBM)에 따라 기획하고 있다. 구성요소 중에서 '행동의 계기'에 대한 설명으로 옳은 것은?

① 자궁경부암 예방접종으로 예상되는 건강효과를 제시 한다.
② 자궁경부암에 걸려 수술, 항암치료, 방사선치료를 받은 어려움을 소개한다.
③ 자궁경부암 예방접종에 대한 퀴즈 이벤트를 실시한다.
④ 자궁경부암 예방접종을 잘 받을 수 있도록 자신감을 불어넣어 준다.

ANSWER 10.④ 11.③

10 가족을 서로 상호작용하는 인격체로 보고 접근하는 방식은 상징적 상호작용 이론에 해당한다.
① 가족성장주기를 통해 가족의 발달을 분석하고, 가족과업과 어린이, 부모 그리고 가족의 역할기대와 가족성장주기를 통한 가족 변화를 조사하는 이론이다.
② 개인보다는 가족 전체를 체계로 접근하는 방법이다.
③ 가족의 사회적 기능과 사회와 가족 개개인을 위해 가족이 수행하는 기능을 중요시하는 이론이다.

11 대중매체 캠페인, 다른 사람의 조언, 의료진의 약속 카드, 지인의 질병 등을 통해 행동의 계기를 얻는다.
① 예방접종의 효과를 제시함으로써 유익성을 지각한다.
② 질병에 걸렸을 경우나 치료를 하지 않았을 경우에 심각하게 될 것인지에 대한 지각을 하게 하는 것이다.
④ 예방접종을 잘 받을 수 있도록 지지하는 것은 개인이 행동할 능력에 대한 신뢰를 불어넣어 자기효능감을 높여준다.

12 제1차 국제 건강증진 회의(1986)에서 채택한 오타와 헌장의 건강증진 5대 활동요소 중 〈보기〉의 내용에 해당하는 것은?

〈보기〉
• 운동시설 이용료에 대해 소비세를 경감하도록 관련법을 개정하였다.
• 입법 조세 및 조직변화 등과 같은 다양하고 보완적인 접근방식이 결합되었다.

---

① 지지적인 환경 조성(create supportive environment)
② 건강한 공공정책 수립(build healthy public policy)
③ 지역사회 활동의 강화(strengthen community action)
④ 개인의 건강기술 개발(develop personal skills)

13 지역사회 간호진단의 우선순위 결정 기준 중 BPRS(Basic Priority Rating System)의 구성요소에 해당하는 것은?

① 문제의 중요성, 변화 가능성
② 문제의 크기, 문제의 심각성, 해결 가능성, 주민의 관심도
③ 대상자의 취약성, 문제의 심각성, 주민의 관심도
④ 문제의 크기, 문제의 심각성, 사업의 추정효과

ANSWER 12.② 13.④

12 입법, 조세 및 조직변화, 운동시설 이용료 소비세 경감을 위한 관련법 개정은 모두 건강 지향적 공공정책을 수립하는 것이다.
① 건강증진을 즐겁고 유익한 생활을 위한 것으로 인식하는 지지적 환경 조성을 하는 것이다.
③ 지역사회의 발전을 위하여 지원을 강화하는 것이다.
④ 건강증진에 대한 지식과 정보를 통해 스스로 생활에 반영 및 유지할 수 있도록 하는 것이다.
※ WHO 오타와 헌장(1986)의 건강한 생활환경을 조성하기 위한 5가지 요소
  ㉠ 건강 지향적 공공정책의 수립
  ㉡ 건강 지지적 환경 조성
  ㉢ 지역사회활동의 강화
  ㉣ 개개인의 기술개발
  ㉤ 보건의료서비스의 방향 재설정

13 BPRS에서는 사업의 추정 효과, 문제의 심각도, 문제의 크기 순서로 우선순위에 영향을 미친다.
① 문제의 변화 가능성은 우선순위 결정 기준에 속하지 않는다.
② 문제의 해결 가능성과 주민의 관심도는 BPRS의 구성요소가 아니다.
③ BPRS에서는 대상자와 주민의 관심 정도는 우선순위에 영향을 미치는 요인이 아니라고 보았다.

14 A방문간호사는 지역주민을 대상으로 범이론모형(transtheoretical model, TTM)을 이용하여 고위험음주에 대한 중재를 하려고 한다. 〈보기〉가 설명하고 있는 변화과정은?

〈보기〉
스트레스 해소를 위하여 음주를 하고 있다면 스트레스 해소를 위해 음주 이외에 더 긍정적인 행동, 즉 운동이나 이완요법 등 음주를 대체할 다른 행위를 하도록 한다.

① 강화관리(contingency management)
② 역조건화(counterconditioning)
③ 자극조절(stimulus control)
④ 자기해방(self-liberation)

15 감염성 질환에 대한 설명으로 가장 옳은 것은?

① 발병력(pathogenicity)은 병원체가 숙주에 침입하여 숙주에 질병 혹은 면역 등의 반응을 일으키는 것을 말하며 병원력이라고도 한다.
② 어떤 질병의 기초감염재생산수(basic reproduction number, R0)가 12~18이라면, 이는 1명이 12~18명을 감염시킨다는 의미이다.
③ 수동면역은 이미 면역을 보유하고 있는 개인의 항체를 다른 개인에게 주는 방법으로서 수두와 같은 질환은 대부분 수동면역이 이루어진다.
④ 독력(virulence)은 병원체가 숙주에게 일으키는 질병의 위중 정도를 말하며 풍진 등의 병원체는 독력이 높다.

ANSWER 14.② 15.②

14 역조건화는 부정적 행동을 제거하기 위해 대체할 다른 긍정적 행위를 하도록 하는 것이다.
① 강화관리는 긍정적인 행위는 강화하고 부정적 행위는 처벌하는 중재법이다.
③ 환경 또는 경험을 재구축하여 문제자극이 덜 발생하도록 하는 것이 자극조절 중재법이다.
④ 신념에 근거하여 변화하고 실행할 수 있다는 믿음을 주는 것이다.
※ 범이론모형 … 횡이론적 변화단계 이론으로 개인의 행위에 영향을 주는 인적 요소가 어떤 것이 있는지에 초점을 두고 건강행위를 설명한다. 변화의 단계로는 계획(인식) 전 단계, 계획(인식) 단계, 준비단계, 행동단계, 유지단계로 5단계로 구분되었다.

15 기초감염재생산수는 한 사람이 직접 감염시키는 인원이다.
① 발병력과 병원력은 다른 개념이며, 병원체가 숙주에게 병을 발생시키는 능력을 발병력이라고 한다.
③ 수두, 볼거리, 홍역 등은 능동면역에 속한다.
④ 풍진과 수두는 독력이 낮은 질병이다.

16 〈보기〉는 COVID-19의 선별을 위해 신속항원검사의 사용가능성을 판단하기 위한 자료이다. 옳은 것은?

〈보기〉

〈단위 : 명〉

		실시간 역전사 중합효소연쇄반응법(real-time RT-PCR)에 의한 COVID-19 확진		계
		양성	음성	
신속항원 검사결과	양성	180	80	260
	음성	20	720	740
계		200	800	1,000

① 민감도 - (180/260) ×100
② 특이도 - (720/790) ×100
③ 양성예측도 - (180/260) ×100
④ 음성예측도 - (720/800) ×100

ANSWER 16.③

16 양성예측도=(180÷260)×100
① 민감도=(180÷200)×100
② 특이도=(720÷800)×100
④ 음성예측도=(720÷740)×100

17 〈보기〉에서 설명하는 역학 연구방법으로 가장 옳은 것은?

〈보기〉

A지역사회간호사는 2023년 A지역 주민들을 대상으로 대사증후군 발생위험을 파악하기 위한 연구를 설계하였다. B병원에서 2010~2022년까지 2년 단위로 건강검진을 받은 주민 중, 2010년 대사증후군으로 진단받았거나 위험 요인이 있는 사람을 제외한 주민들의 건강검진 결과를 통해 2022년까지 대사증후군 발생 여부에 영향을 미치는 요인을 파악하였다.

① 단면조사 연구
② 환자-대조군 연구
③ 전향적 코호트 연구
④ 후향적 코호트 연구

18 「환경정책기본법 시행령」상 환경기준 중에서 대기환경의 기준 지표 항목에 해당하는 것은?

① 아황산가스, 일산화탄소, 이산화질소, 벤젠, 납
② 이산화탄소, 이산화질소, 초미세먼지, 오존, 벤젠
③ 포름알데하이드, 이산화탄소, 초미세먼지, 벤젠, 납
④ 아황산가스, 염화수소, 오존, 초미세먼지, 일산화탄소

ANSWER 17.④ 18.①

17 이미 질병이 발생한 상황에서 과거를 조사하여 관련 위험요인을 파악하는 조사 방법이므로 후향적 코호트 연구에 해당한다.
① 한 시점에서 한 모집단에 대한 유병 조사이며, 구체적인 가설을 증명하고 특정한 질병과 특정한 속성과의 관계를 유추하기 위하여 모집단을 대표하는 표본인구를 추출하여 정확한 방법으로 조사한다.
② 분석역학의 한 종류이며, 이미 특정 질병에 걸려 있는 환자군과 질병에 걸려 있지 않은 대조군을 선정하여 진행한다.
③ 실험자가 먼저 코호트를 구성하고 추적 관찰 조사하는 방법이다.

18 대기환경 기준 지표 항목은 아황산가스, 일산화탄소, 이산화질소, 미세먼지, 초미세먼지 오존, 납, 벤젠이다.
② 이산화탄소는 항목에 해당하지 않는다.
③ 포름알데히드는 수질 및 수생태계 기준 중 하천 항목에 해당한다.
④ 수소이온농도는 수질 및 수생태계 기준 중 생활환경 기준에 해당한다.

19 우리나라 재난안전관리에 대한 설명으로 가장 옳은 것은?

① 응급처치반은 재난현장에서 발생한 사상자를 검진하여 분류한 후 긴급·응급환자에 대한 응급처치를 담당한다.
② 재난예방 장기계획의 수립, 개발규제 및 건축기준 등 법규를 마련하는 것은 대비단계의 활동 내용이다.
③ 대규모의 재난 시 중앙재난안전대책본부장은 행정안전부장관이다.
④ 현장응급의료소의 인력은 응급의학 전문의를 포함한 의사 3명, 간호사 1명, 1급 응급구조사 5명 이상으로 편성한다.

20 A방문간호사는 당뇨를 진단받고 인슐린 자가 주사를 해야하는 김씨를 위하여 〈보기〉와 같은 목표를 설정 하였다. 학습목표의 영역과 수준을 옳게 짝지은 것은?

〈보기〉
대상자는 간호사가 행하는 인슐린 자가주사 시행 절차 중 일부를 자신이 해보겠다고 자원하여 표현한다.

① 심동적 영역, 태세
② 정의적 영역, 반응
③ 심동적 영역, 적응
④ 정의적 영역, 적용

ANSWER 19.③ 20.①

19 「재난 및 안전관리 기본법」제14조 제3항에 의거하여 중앙대책본부의 본부장은 행정안전부장관이 된다.
 ① 응급처치반, 분류반, 이송반, 운영지원반이 있다. 환자 분류는 분류반에서 수행한다.
 ② 대비단계에서는 재난대응 계획, 비상경보체계, 통합대응체계, 비상통신망 구축 등의 활동을 한다.
 ④ 「긴급구조대응활동 및 현장지휘에 관한 규칙」제20조 제9항에 의하여 현장응급의료소의 인력은 응급의학 전문의를 포함한 의사 3명, 간호사 또는 1급응급구조사 4명 및 지원요원 1명이상으로 편성한다.

20 〈보기〉는 인슐린 주사를 자가로 시행하기 위하여 준비를 하는 것이므로 심동적 영역의 태세에 해당한다.
 ② 반응은 교육자의 안내 하에 학습자가 외형적인 행위를 하는 것으로 활동에 앞서 반응할 준비성과 적절한 반응을 선택하는 것이다.
 ③ 신체적 반응이 새로운 문제 상황에 대처하기 위해 운동 활동을 변경하는 것을 적응이라고 한다.
 ④ 정의적 영역은 느낌이나 정서의 내면화가 깊어짐에 따라 대상자의 성격과 가치체계에 통합되어가는 과정을 말한다.
 ※ Bloom은 학습 목표를 인지적, 정의적, 심동적 영역으로 구분하였다.
  ㉠ 인지적 영역 : 지식의 증가와 이를 활용하는 능력을 말하며, 지식, 이해, 적용, 분석, 종합, 평가로 분류한다.
  ㉡ 정의적 영역 : 느낌이나 정서의 내면화가 깊어짐에 따라 대상자의 성격과 가치체계에 통합되어가는 과정을 말하며 감수, 반응, 가치화, 조직화, 성격화로 분류한다.
  ㉢ 심동적 영역은 관찰이 가능하고 학습목표의 확인과 측정이 용이한 영역으로 심동적 역역이 높아질수록 신체기술을 좀 더 효과적으로 수행 가능하며 지각, 태세, 반응, 기계화, 복합 외적 반응, 적응으로 분류한다.

지역사회간호 | 2024. 6. 22. 제1회 지방직 시행

1 SWOT 분석에서 다음 내용에 해당하는 것은?

―〈보건소 간호사가 파악한 지역사회 현황〉―
- 대기오염, 기후 변화에 따른 건강문제 발생 증가
- 신종 감염병 대유행에 따른 국내 불안감 증대

① 강점　　　　　　　　　② 약점
③ 기회　　　　　　　　　④ 위협

2 프라이(Fry)의 분류에 따른 자유방임형 보건의료체계의 일반적인 특징은?

① 국민의료비 절감에 효과적이다.
② 지역 간, 사회계층 간 보건의료 자원 배분의 형평성이 높다.
③ 국민이 의료기관과 의료인을 선택할 수 있는 재량권이 높다.
④ 예방과 치료를 포함하는 포괄적 보건의료서비스가 최대한 제공된다.

ANSWER 1.④　2.③

1　대기오염과 기후 변화로 인한 건강문제 증가, 신종 감염병 대유행으로 인한 불안감 증대는 모두 외부 환경에서 발생하는 위협 요소에 해당한다.

2　자유방임형 보건의료체계에서는 개인이 의료기관과 의료인을 자유롭게 선택할 수 있는 재량권이 높다. 시장경쟁을 통한 자율적인 선택을 중시하는 체계의 특징이다.
① 시장의 자율성을 기반으로 국민의료비 절감에 효과적이지 않고 의료비가 증가할 수 있다.
② 시장의 논리에 따라 자원이 배분되므로 형평성이 낮아질 수 있다.
④ 예방과 치료를 포괄적으로 제공하기보다는 개인의 선택과 지불 능력에 따라 의료서비스가 제공된다.

3 지역사회 간호사업 목표 기술 시 갖추어야 할 기준이 아닌 것은?

① 측정 가능성
② 추상성
③ 실현 가능성
④ 지역사회 문제와의 연관성

4 의료기관 가정간호에 대한 설명으로 옳지 않은 것은?

① 기본간호와 치료적 간호가 제공된다.
② 누구에게나 무료로 제공되는 서비스이다.
③ 가정간호를 실시하는 간호사는 가정전문간호사이어야 한다.
④ 대상자는 담당의사가 의뢰한 조기퇴원환자 등이다.

5 지역사회 간호사정 시 다음 설명에 해당하는 자료분석 단계는?

> A 지역 보건소 간호사는 수집한 정보를 서로 연관성 있는 항목끼리 묶어 범주화하였다.

① 분류단계
② 요약단계
③ 확인 · 비교단계
④ 결론단계

ANSWER 3.② 4.② 5.①

3 목표는 구체적이고 명확해야 한다. 추상적인 목표는 평가나 실현이 어렵기 때문에 목표 기술 시 갖추어야 할 기준이 아니다.
① 목표는 구체적이고 측정 가능해야 하며 목표 달성 여부를 평가할 수 있어야 한다.
③ 목표는 현실적이고 달성 가능한 것이어야 한다.
④ 목표는 지역사회의 실제 문제와 연관성이 있어야 지역사회의 요구와 필요를 반영할 수 있다.

4 가정간호 서비스는 건강보험 또는 본인 부담금을 통해 제공되며, 무료로 제공되지 않는다.

5 분류단계는 수집된 정보를 연관성 있는 항목끼리 묶어 범주화하는 단계로 데이터를 체계적으로 정리하고 분석하기 쉽게 만드는 과정이다.
② 요약단계: 요약단계는 분류된 정보를 요약하여 주요 내용을 간략하게 정리하는 단계이다.
③ 확인 · 비교단계: 요약된 정보를 다른 데이터나 기준과 비교하여 분석하고, 자료의 정확성과 일관성을 확인하는 단계이다.
④ 결론단계: 분석된 자료를 바탕으로 최종 결론을 도출하는 단계이다.

6 다음 그림에 해당하는 가족사정 도구는?

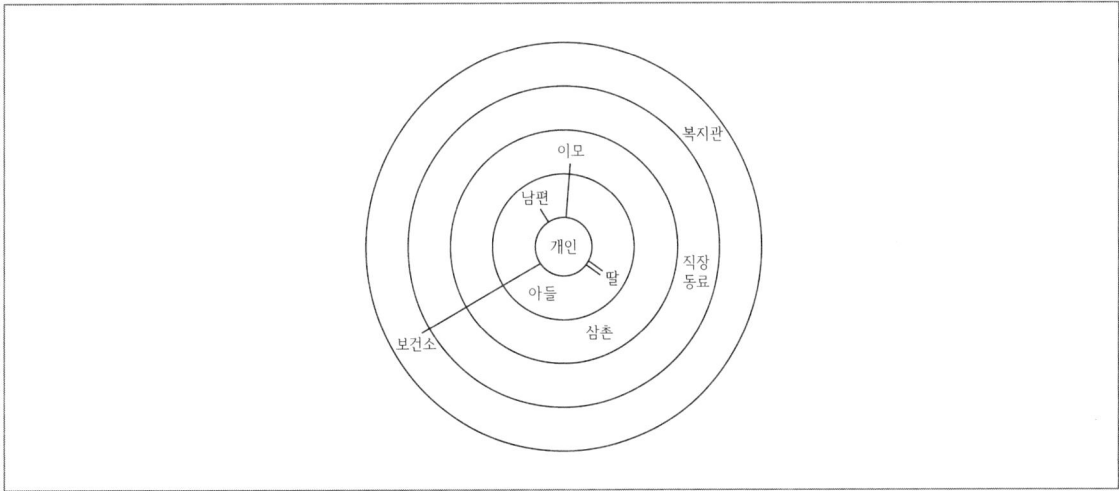

① 사회지지도
② 외부체계도
③ 가족밀착도
④ 가족구조도

ANSWER 6.①

6
　※ **사회지지도** … 개인이 의지할 수 있는 사회적 지원망을 시각적으로 표현한 것이다. 개인을 중심으로 가족, 친척, 친구, 동료 등과의 관계를 나타내며, 사회적 지원체계와의 관계를 평가한다. 개인을 중심으로 가족과 외부의 사회적 관계(이모, 남편, 아들, 딸, 삼촌, 직장 동료, 복지관, 보건소)들이 원형으로 배치된 것이다.

7 다음 사례에 해당하는 범이론 모형의 변화단계는?

> A 씨는 20년간 하루 20개비 이상의 담배를 피웠다. 그는 숨이 가쁘고 가래가 많이 생겨서 보건소 금연클리닉에 방문했고, 이달 내로 담배를 끊겠다고 서약서를 작성했다.

① 계획이전단계
② 준비단계
③ 행동단계
④ 유지단계

8 오마하체계(Omaha System)를 구성하는 영역(domain)이 아닌 것은?

① 인지적 영역
② 환경적 영역
③ 생리적 영역
④ 사회심리적 영역

9 질병의 자연사에 따른 예방단계 중 이차예방 활동은?

① 지역주민 대상 개인위생 보건교육
② 성장기 학생을 위한 균형 잡힌 급식 제공
③ 선별검사를 통한 자궁경부암 조기 진단
④ 뇌졸중 회복기 환자에 대한 작업요법

ANSWER 7.② 8.① 9.③

7 A 씨는 금연을 결심하고 금연클리닉에 방문하여 서약서를 작성했으므로 준비단계에 해당한다.
8 오마하체계를 구성하는 영역은 환경적, 생리적, 사회심리적, 건강 관련 행위가 있다.
9 ③ 이차예방 : 질병의 초기 단계를 발견하고 조기에 치료하여 진행을 막기 위한 활동으로 조기 진단과 조기 치료가 있다.
①② 일차예방 : 질병 발생을 예방하기 위한 활동으로, 건강 증진과 위험요인 감소를 중점으로 한다.
④ 삼차예방 : 이미 진행된 질병을 치료하고 합병증을 예방하거나 최소화하여 기능을 회복시키기 위한 활동이다.

10 다음 간 초음파 검사의 간암 진단에 대한 특이도[%]와 민감도[%]는?

(단위 : 명)

간 초음파	간암	
	있다	없다
양성	40	10
음성	10	190

	특이도	민감도
①	40	95
②	80	95
③	95	40
④	95	80

11 다음 사례에 해당하는 로이(Roy) 적응이론에 따른 적응 양상은?

> A 씨는 본인의 외모에 만족하고, 자신이 가치 있는 사람이라고 생각한다.

① 생리적 기능 양상
② 자아개념 양상
③ 역할기능 양상
④ 상호의존 양상

ANSWER 10.④ 11.②

10 특이도 $= \left(\dfrac{진음성}{진음성+위양성}\right) \times 100 = \left(\dfrac{190}{190+10}\right) \times 100 = 95(\%)$

민감도 $= \left(\dfrac{진양성}{진양성+위음성}\right) \times 100 = \left(\dfrac{40}{40+10}\right) \times 100 = 80(\%)$

11 자아개념 양상은 자신에 대한 생각과 느낌, 자아 존중감, 자신감, 자기 가치 등 심리적이고 정신적인 양상으로 본인의 외모에 만족하고 자신이 가치 있는 사람이라고 생각하는 것이 있다.
① 생리적 기능 양상 : 신체의 기본적인 생리적 요구와 기능을 유지하는 양상으로 호흡, 순환, 영양, 배설 등이 있다.
③ 역할기능 양상 : 사회적 역할과 책임, 직업적 기능, 가족 내 역할 등을 포함하여 사회적 관계와 역할 수행을 의미한다.
④ 상호의존 양상 : 타인과의 관계, 사랑, 소속감, 지원 시스템 등 사회적 상호작용이다.

12 인구구조 유형 중 항아리형에 대한 설명으로 옳은 것은?

① 생산연령층의 유출이 큰 농촌형 구조
② 생산연령층의 유입이 큰 도시형 구조
③ 출생률과 사망률이 모두 높은 다산다사형 구조
④ 출생률과 사망률이 모두 낮고, 출생률이 사망률보다 낮아 인구가 감소하는 구조

13 「제5차 국민건강증진종합계획(Health Plan 2030)」상 '비감염성 질환 예방관리' 분과의 중점과제에 해당하는 것은?

① 손상
② 신체활동
③ 지역사회 정신건강
④ 건강정보 이해력 제고

ANSWER 12.④ 13.①

12
① 호로형
② 별형
③ 피라미드형

13 「제5차 국민건강증진종합계획(Health Plan 2030)」 비감염성 질환 예방관리
  ㉠ 심뇌혈관질환 예방부터 재활까지 연속적 관리체계 구축
   • 선행질환(고혈압, 당뇨, 이상지질혈증 등) 예방관리 제도화
   • 지역사회 심뇌혈관질환 치료역량 강화 및 퇴원 환자 연계체계 구축
   • 심뇌혈관질환 국가통계 생산체계 구축
  ㉡ 비만 예방을 위한 통합 거버넌스 및 환경 구축
   • 대상자별 비만예방·관리 서비스 제공
   • 고도비만 관리를 위한 기반 구축
   • 비만유발 환경 및 생활습관 개선을 위한 거버넌스 구축
  ㉢ 손상으로 인한 사망 및 장애 예방
   • 중증손상 및 장애를 유발하는 손상기전에 대한 모니터링 강화
   • 손상 위험지역 및 취약계층에 대한 손상예방관리 사업 강화

14 「학교보건법 시행령」상 보건교사의 직무에 해당하는 것은?

① 학교보건계획의 수립에 관한 자문
② 학생과 교직원의 건강상담
③ 학생과 교직원의 건강진단과 건강평가
④ 보건지도를 위한 학생가정 방문

ANSWER 14.④

14 ①②③ 학교의사의 직무〈학교보건법 시행령 제23조(학교에 두는 의료인·약사 및 보건교사) 제4항 제1호〉
※ 보건교사의 직무〈학교보건법 시행령 제23조(학교에 두는 의료인·약사 및 보건교사) 제4항 제3호〉
  ㉠ 학교보건계획의 수립
  ㉡ 학교 환경위생의 유지·관리 및 개선에 관한 사항
  ㉢ 학생과 교직원에 대한 건강진단의 준비와 실시에 관한 협조
  ㉣ 각종 질병의 예방처치 및 보건지도
  ㉤ 학생과 교직원의 건강관찰과 학교의사의 건강상담, 건강평가 등의 실시에 관한 협조
  ㉥ 신체가 허약한 학생에 대한 보건지도
  ㉦ 보건지도를 위한 학생가정 방문
  ㉧ 교사의 보건교육 협조와 필요시의 보건교육
  ㉨ 보건실의 시설·설비 및 약품 등의 관리
  ㉩ 보건교육자료의 수집·관리
  ㉪ 학생건강기록부의 관리
  ㉫ 다음의 의료행위(간호사 면허를 가진 사람만 해당한다)
    • 외상 등 흔히 볼 수 있는 환자의 치료
    • 응급을 요하는 자에 대한 응급처치
    • 부상과 질병의 악화를 방지하기 위한 처치
    • 건강진단결과 발견된 질병자의 요양지도 및 관리
    • 위에 해당하는 의료행위에 따르는 의약품 투여
  ㉬ 그 밖에 학교의 보건관리

15 다음 설명에 해당하는 가족 관련 이론은?

> • 가족 내 구성원의 배열, 구성원 간의 관계, 전체와 구성원의 관계에 관심을 둠
> • 가족 구성원 간 다양한 내적 관계뿐 아니라 가족과 더 큰 사회와의 관계를 강조함

① 위기이론
② 가족발달이론
③ 교환이론
④ 구조-기능이론

16 브라이언트(Bryant) 우선순위 결정방법에 대한 설명으로 옳은 것은?

① 캐나다 토론토 보건부가 개발하였다.
② 결정기준에 주민의 관심도가 포함된다.
③ 보건지표의 상대적 크기와 변화의 경향을 황금다이아몬드 상자에 표시한다.
④ 평가항목별로 0점 혹은 1점을 부여하며, 한 항목이라도 0점을 받으면 사업을 수행하지 못하게 된다.

17 세균성 식중독 중 독소형은?

① 살모넬라 식중독
② 장염 비브리오 식중독
③ 황색포도상구균 식중독
④ 캠필로박터 식중독

ANSWER 15.④ 16.② 17.③

15 구조-기능이론은 가족을 하나의 사회적 체계로 보는 것이다. 가족 내 구성원의 배열, 구성원 간의 관계, 전체와 구성원의 관계에 관심을 가지며, 가족 구성원 간의 다양한 내적 관계뿐 아니라 가족과 더 큰 사회와의 관계를 강조하여 가족의 역할과 규범, 상호작용이 사회적 질서와 어떻게 연결되는지를 설명하는 이론이다.
  ① 위기이론: 가족이 위기 상황에서 어떻게 반응하고 적응하는지를 설명하는 것으로 스트레스와 위기 관리가 중요하다.
  ② 가족발달이론: 가족이 생애 주기 동안 어떻게 변화하고 발달하는지를 설명하는 것으로 가족의 생애 단계와 각 단계에서의 과업과 역할이 중요하다.
  ③ 교환이론: 사회적 교환의 관점에서 가족 내 구성원 간의 상호작용을 설명하는 이론으로 비용과 보상의 관점에서 인간의 행동을 분석한다.

16 우선순위를 결정하는 기준은 보건문제의 크기, 보건문제의 심각성, 사업 해결가능성, 주민 관심도가 있다.
  ③ 황금 다이아몬드 방식에 해당한다.
  ④ 평가항목별로 1~4점의 점수를 부여하고 배정받은 수를 곱하여 우선순위를 부여한다.

17 황색포도상구균 식중독은 독소형 식중독에 해당한다. 황색포도상구균이 생성한 독소가 식품에 존재하여 이 독소를 섭취함으로써 발생하는 것이다. 균 자체가 아닌 독소에 의해 식중독이 발생한다.
  ①②④ 감염형 식중독

18 다음 설명에 해당하는 지역사회 간호수행 활동은?

> • 지역사회사업 담당자의 기술 수준이나 능력에 맞게 일이 분배되었는지 대조한다.
> • 담당자들 간에 업무가 중복되거나 누락되지 않도록 확인한다.

① 감독
② 감시
③ 조정
④ 직접간호

19 「학교 감염병 예방·위기대응 매뉴얼」(제3차 개정판)상 다음 내용에 해당하는 학교 내 감염병 발생 시 대응단계는?

> 감염병 유증상자를 발견하여 의료기관 진료를 통해 감염병(의심)환자 발생 여부를 확인하는 단계

① 예방단계
② 대응 제1단계
③ 대응 제2단계
④ 대응 제3단계

ANSWER 18.③ 19.②

18 조직 내에서 다양한 업무나 활동이 효율적으로 이루어지도록 담당자들 간의 활동을 정리하고 조율하는 과정인 조정은 업무 분배의 적절성을 확인하고, 중복이나 누락을 방지하는 역할이다.

19 대응 제1단계는 감염병 유증상자를 발견하여 의료기관 진료를 통해 감염병(의심)환자 발생 여부를 확인하는 단계이다.
① 예방단계: 수동감시를 실시하는 단계이다.
③ 대응 제2단계: 의료기관으로부터 확인받은 감염병 (의심)환자가 있어 감염병 (의심)환자의 추가 발생 및 유행 의심 여부를 판단하는 단계이다.
④ 대응 제3단계: 동일 학급에서 감염병 (의심)환자가 2명 이상 존재하는 것을 확인하여, 학생 감염병 관리 조직의 유행 시 대응활동을 통해 유행 확산을 방지하는 단계이다.

20 다음에서 '나' 판정이 의미하는 것은?

> 근로자 건강진단 상 질병 유소견자가 업무수행 적합여부 평가 결과에서 '나' 판정을 받았다.

① 건강관리상 현재의 조건하에서 작업이 가능한 경우
② 건강장해가 우려되어 한시적으로 현재의 작업을 할 수 없는 경우
③ 일정한 조건(환경개선, 보호구착용, 건강진단주기의 단축 등)하에서 현재의 작업이 가능한 경우
④ 건강장해의 악화 또는 영구적인 장해의 발생이 우려되어 현재의 작업을 해서는 안 되는 경우

ANSWER 20.③

20 ① '가' 판정
② '다' 판정
④ '라' 판정
※ 업무수행 적합여부 판정〈「근로자 건강진단 실시기준」 별표4〉

구분	업무수행 적합여부 내용
가	건강관리상 현재의 조건하에서 작업이 가능한 경우
나	일정한 조건(환경개선, 보호구착용, 건강진단주기의 단축 등)하에서 현재의 작업이 가능한 경우
다	건강장해가 우려되어 한시적으로 현재의 작업을 할 수 없는 경우(건강상 또는 근로조건상의 문제가 해결된 후 작업복귀 가능)
라	건강장해의 악화 또는 영구적인 장해의 발생이 우려되어 현재의 작업을 해서는 안되는 경우

지역사회간호 | 2025. 6. 21. 제1회 지방직 시행

1 건설 현장 옥외 작업자가 다음 증상을 보일 때 의심되는 건강문제는?

- 체온이 41°C까지 상승함
- 땀을 흘리지 않고 피부가 건조함
- 중추신경계통 장애로 인해 의식을 잃음

① 열경련(heat cramp)
② 열사병(heat stroke)
③ 열실신(heat syncope)
④ 열피로(heat exhaustion)

ANSWER 1.②

1 온열질환

구분	위험도	증상	대처
일사병	주의	어지럼증, 식은땀, 메스꺼움	그늘, 수분 섭취, 옷 느슨하게 풀기, 몸 식혀주기, 큰 혈관 부위 집중 냉각
열사병	응급	40도 이상 고열, 의식 장애, 땀 안 남	119 신고, 그늘, 체온 낮추기, 의식 없을 경우 물 금지
열경련	주의	근육통증, 경련	전해질 보충, 스트레칭, 휴식
열피로	가벼움	기운 없음, 무기력	실내 이동, 냉방, 휴식
열실신	경고	갑작스러운 실신	눕히고 다리 올려 혈액 순환 돕기

2 보건소가 다음 SWOT 분석 결과를 근거로 수립하는 전략 유형은?

> • 보건소 인력의 높은 전문성
> • 정부의 보건사업 예산 확대
> • 보건소장의 적극적 사업 의지
> • 만성질환 관리에 대한 주민 요구도 증가

① Strength-Threat 전략
② Strength-Opportunity 전략
③ Weakness-Threat 전략
④ Weakness-Opportunity 전략

3 「국민건강증진법」에 근거한 국민건강증진종합계획(Health Plan 2030)의 총괄목표는?

① 건강환경 조성, 출산율 제고
② 감염성질환 관리, 건강생활 실천
③ 건강수명 연장, 건강형평성 제고
④ 건강잠재력 강화, 만성퇴행성질환 관리

ANSWER 2.② 3.③

2 보건소 인력의 전문성이 높고, 보건소장의 적극적인 사업 의지는 강점이다. 또한 정부의 보건사업 예산이 확대되고 만성질환 관리에 대한 주민 요구도가 증가하는 기회가 작용하고 있으므로 S-O 전력이 적합하다.

※ SWOT 분석 … 강점(strength), 약점(weakness), 기회(opportunity), 위협(threat)의 머리글자를 따서 SWOT 분석이라 하며, 기업의 강점과 약점, 환경적 기회와 위협을 열거하여 효과적인 기업 경영전략을 수립하기 위한 분석 방법이다.
 ㉠ 강점 : 경쟁사에 비해 우위에 있는 요소. 우수한 기술력, 강력한 브랜드 인지도, 효율적인 조직 구조 등
 ㉡ 약점 : 경쟁사에 비해 부족한 요소. 부족한 자원, 기술의 부재, 비효율적인 프로세스 등
 ㉢ 기회 : 활용할 수 있는 외부적인 요소. 새로운 시장 진출, 기술 혁신, 시장 수요의 증가 등
 ㉣ 위협 : 기업이 직면할 수 있는 외부적인 위험 요소. 경쟁사의 등장, 시장 환경의 변화, 규제 변화 등

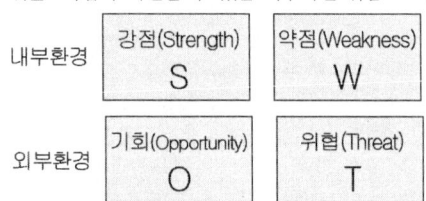

3 국민건강증진종합계획의 총괄목표는 3차 계획(2011~2015)부터 5차 계획(2021~2030)까지 동일하게 '건강수명 연장, 건강형평성 제고'이다. HP 2030은 '모든 사람이 평생 건강을 누리는 사회'를 비전으로 내세우고 있다.

4 지역주민이 원할 때 지리적 제한 없이 보건의료서비스를 쉽게 이용할 수 있어야 한다는 일차보건의료의 특성은?

① 접근성
② 수용성
③ 주민참여
④ 지불부담능력

5 간호사가 가족 사정 시 지켜야 할 원칙으로 옳지 않은 것은?

① 사정 과정에 다양한 가구원을 참여시킨다.
② 가족의 문제점뿐만 아니라 강점도 사정한다.
③ 가구원 개개인보다 가족 전체에 초점을 맞춘다.
④ 정상 가족과 비정상 가족으로 구분하여 자료를 수집한다.

ANSWER 4.① 5.④

4 일차보건의료의 특성(WHO)
  ㉠ 접근성: 주민의 적극적인 참여 속에 개개인이나 가족 단위의 모든 지역 주민들이 쉽게 접근하고 이용할 수 있도록 하여야 한다.
  ㉡ 수용성: 일차보건의료는 과학적 기술과 방법으로 모든 지역 주민들이 쉽게 받아들일 수 있어야 한다.
  ㉢ 주민참여: 지역사회의 적극적인 참여에 의하여 운영되어야 한다.
  ㉣ 지불부담능력: 지역사회의 지불능력에 맞는 비용으로 사업이 제공되어야 한다.
  ㉤ 포괄성: 기본적인 건강 관리 서비스는 모든 사람에게 필요한 서비스를 제공해야 한다.
  ㉥ 유용성: 지역 주민들에게 꼭 필요하고 유용한 서비스여야 한다.
  ㉦ 지속성: 기본적인 건강 상태를 유지하기에 필요한 서비스를 지속적으로 제공할 수 있어야 한다.
  ㉧ 상호협조성: 관련 부서가 서로 협조하여 의뢰체계를 구축하여야 한다.
  ㉨ 균등성: 누구나 어떤 여건이든지 필요한 만큼의 서비스를 똑같이 받을 수 있어야 한다.

5 ④ 정상 가족과 비정상 가족으로 나누는 것은 주관적이고 불명확한 잣대를 적용한 구분이다. 가족 사정 시 자료는 객관적 기준에 따라 수집되어야 한다.

6 지역사회에 대한 자료수집 방법 중 '차창 밖 조사'에 대한 설명으로 옳은 것은?

① 지역사회 내 공식 · 비공식 지도자가 주요 정보원이다.
② 주민의 가치관, 규범, 상호관계 정보를 파악할 때 적합하다.
③ 지역의 환경과 생활상 등을 비교적 단시간에 파악할 수 있다.
④ 주민을 대상으로 구조화된 질문지를 이용하여 자료를 수집한다.

7 오렘(Orem) 이론에서 다음에 해당하는 자가간호요구는?

> • 충분한 공기, 물, 영양 섭취의 유지
> • 고립과 사회적 상호작용의 균형 유지
> • 활동과 휴식의 균형 유지

① 보편적(universal) 자가간호요구
② 발달적(developmental) 자가간호요구
③ 상호의존적(interdependent) 자가간호요구
④ 건강이탈(health deviation) 시 자가간호요구

ANSWER 6.③ 7.①

6 차창 밖 조사…지역사회를 걷거나 차를 타고 두루 다니며 신속하게 관찰하는 방법이다.
① 지역사회 내 공식 · 비공식 지도자가 주요 정보원이다. → 정보원면담법
② 주민의 가치관, 규범, 상호관계 정보를 파악할 때 적합하다. → 참여관찰법
④ 주민을 대상으로 구조화된 질문지를 이용하여 자료를 수집한다. → 지역사회조사

7 오렘(Orem) 자가간호요구
㉠ 보편적 자가간호요구 : 인간의 구조, 기능을 유지하는 내적, 외적 조건과 관련된 모든 인간이 공통적으로 가지고 있는 자가간호요구
㉡ 발달적 자가간호요구 : 생의 주기의 다양한 성장발달단계 동안에 특정하게 필요로 되는 자가간호요구
㉢ 건강이탈 자가간호요구 : 질병상태, 의학적 진단, 장애, 불능, 치료와 관계된 병리적 형태의 비정상적 상태에 생명과 안녕을 유지하려는 자가간호요구

8 「재난 및 안전관리 기본법」상 자연재난에 해당하지 않는 것은?

① 미세먼지로 인한 재해
② 호우로 인한 재해
③ 황사로 인한 재해
④ 태풍으로 인한 재해

9 지역사회 보건사업을 평가할 때 결과평가 지표에 해당하는 것은?

① 사업 인력의 전문성
② 대상자의 건강지식 변화
③ 목표 대비 사업 진행률
④ 투입 시설과 장비의 적절성

ANSWER 8.① 9.②

8 재난〈「재난 및 안전관리 기본법」제3조(정의) 제1호〉… "재난"이란 국민의 생명·신체·재산과 국가에 피해를 주거나 줄 수 있는 것으로서 다음의 것을 말한다.
  ㉠ 자연재난 : 태풍, 홍수, 호우(豪雨), 강풍, 풍랑, 해일(海溢), 대설, 한파, 낙뢰, 가뭄, 폭염, 지진, 황사(黃砂), 조류(藻類) 대발생, 조수(潮水), 화산활동, 「우주개발 진흥법」에 따른 자연우주물체의 추락·충돌, 그 밖에 이에 준하는 자연현상으로 인하여 발생하는 재해
  ㉡ 사회재난 : 화재·붕괴·폭발·교통사고(항공사고 및 해상사고를 포함한다)·화생방사고·환경오염사고·다중운집인파사고 등으로 인하여 발생하는 대통령령으로 정하는 규모 이상의 피해와 국가핵심기반의 마비, 「감염병의 예방 및 관리에 관한 법률」에 따른 감염병 또는 「가축전염병예방법」에 따른 가축전염병의 확산, 「미세먼지 저감 및 관리에 관한 특별법」에 따른 미세먼지, 「우주개발 진흥법」에 따른 인공우주물체의 추락·충돌 등으로 인한 피해

9 ①④ 구조평가
  ③ 과정평가
  ※ 평가 유형
    ㉠ 구조평가(투입에 대한 평가)
      • 사업에 투입된 자원의 적절성 평가
      • 사업인력, 시설 및 장비의 적절성에 대한 평가, 양적인 측면과 질적인 측면 모두 포함
    ㉡ 과정평가(과정 및 산출에 대한 평가)
      • 사업에 투입된 자원이 계획대로 실행되고 있는지, 일정대로 진행되고 있는지 평가
      • 평가내용은 사업 일정 준수, 자원의 적절성과 효율성, 이용자의 범위와 특성, 서비스의 질
      • 사업계획과 진행정도를 비교하여 목표달성이 가능하도록 사업내용을 조정하기 위함
    ㉢ 결과평가(결과에 대한 평가)
      • 사업의 종료 시 사업효과를 측정하는 것으로 사업의 지속이나 확대 여부를 판단하기 위해 실시
      • 사업종료 후 설정한 장단기 목표가 얼마나 달성되었는가를 평가
      • 지역사회 간호사업의 건강수준 변화나 조직 및 지역사회의 변화정도를 측정하는 것

10 다음 중 고위험 임신이라고 할 수 없는 것은? (단, 자연임신과 자연분만으로 제한함)

① 당뇨병이 있는 임신부
② 첫 아이를 임신한 35세 임신부
③ 비만(BMI 30kg/m2)한 임신부
④ 두 번의 출산 경험이 있는 임신부

11 건강불평등에 관한 설명으로 옳지 않은 것은?

① 보건의료의 형평성이 건강불평등에 영향을 미친다.
② 사회경제적 요인으로 인해 건강불평등이 심화될 수 있다.
③ 지역별, 교육수준별 기대여명이나 유병률 등을 통해 판단할 수 있다.
④ 건강 취약계층보다 불특정 다수를 대상으로 하는 정책이 효과적이다.

ANSWER 10.④ 11.④

10 고위험 임신에 속하는 경우
  ㉠ 임신 전 모체 측 위험
  • 고령 산모(35세 이상)
  • 19세 이하의 산모
  • 과거에 잦은 유산, 기형아, 조산아, 사산아, 거대아의 출산력이 있는 산모
  • 유전 질환의 가족력이 있는 경우
  • 임신에 영향을 줄 수 있는 병을 가진 산모: 당뇨, 고혈압, 갑상선질환, 심장병, 신장병, 자가면역질환, 천식 등
  • 저체중, 혹은 비만의 산모
  • 자궁 및 자궁경부 기형이 있는 경우
  • 감작된 Rh 음성 산모
  ㉡ 임신 중 발생한 질환 또는 징후
  • 임신성 당뇨병
  • 모체 혈액을 통한 기형아 검사에서 이상 소견이 있는 경우
  • 초음파 검사에서 이상소견을 보인 경우
  • 자궁 내 태아발육부전이 있는 경우
  • 양수과다증 또는 양수과소증을 보인 경우
  • 조기 양막 파수
  • 조기 진통
  • 예정일을 1~2주 지난 산모
  • 임신중독증
  • 전치태반
  • 다태임신(쌍태아, 삼태아 등)
  ㉢ 기타
  • 임신 중 흡연, 음주, 약물복용을 한 경우
  • 산전진찰이 늦었거나 받지 않은 경우

11 ④ 불특정 다수보다 건강 취약계층을 대상으로 하는 정책이 효과적이다.

12 가정폭력에 대한 삼차예방 활동에 해당하는 것은?

① 가정폭력 예방 교육
② 부부간 의사소통 및 감성훈련 강화
③ 상담과 관찰을 통한 피해자 발견
④ 가족 학대 재발을 방지하는 사례관리

13 보건소에 대한 설명으로 옳은 것은?

① 시·도에 1개소의 보건소를 설치한다.
② 보건소장은 지역보건의료계획을 5년마다 수립하여야 한다.
③ 보건소장은 보건지소장과 건강생활지원센터장을 지휘·감독한다.
④ 보건소는 보건복지부와 시·도 보건행정조직을 연결하는 중간 조직이다.

ANSWER 12.④ 13.③

12 일차예방은 건강한 일반인, 이차예방은 고위험군, 삼차예방은 이미 문제가 있는 집단을 대상으로 한다. 삼차예방에서는 합병증 및 재발 방지가 주요 목적이 된다.
①② 일차예방
③ 이차예방

13 ① 지역주민의 건강을 증진하고 질병을 예방·관리하기 위하여 시·군·구에 1개소의 보건소(보건의료원을 포함한다)를 설치한다. 다만, 시·군·구의 인구가 30만 명을 초과하는 등 지역주민의 보건의료를 위하여 특별히 필요하다고 인정되는 경우에는 대통령령으로 정하는 기준에 따라 해당 지방자치단체의 조례로 보건소를 추가로 설치할 수 있다〈「지역보건법」 제10조(보건소의 설치) 제1항〉.
② 시·도지사 또는 시장·군수·구청장은 지역주민의 건강 증진을 위하여 다음 각 호의 사항이 포함된 지역보건의료계획을 4년마다 제3항 및 제4항에 따라 수립하여야 한다〈「동법」 제7조(지역보건의료계획의 수립 등) 제1항〉.
  1. 보건의료 수요의 측정
  2. 지역보건의료서비스에 관한 장기·단기 공급대책
  3. 인력·조직·재정 등 보건의료자원의 조달 및 관리
  4. 지역보건의료서비스의 제공을 위한 전달체계 구성 방안
  5. 지역보건의료에 관련된 통계의 수집 및 정리
④ 보건소는 기술적 자문 등은 보건복지부를 통해서 받지만 인력 및 재정 등은 행정안전부에 속해 있는 시·도 및 시·군·구의 관리를 받는다. 따라서 둘을 연결하는 중간 조직으로 보기 어렵다.

14 다음 비만 관리 프로그램의 교육 목표 중 블룸(Bloom)의 인지적 영역에 해당하는 것만을 모두 고르면?

> ㉠ 매일 3km 이상 걷는다.
> ㉡ 비만 관련 만성질환을 2개 이상 열거한다.
> ㉢ 운동에 대한 긍정적 태도를 보인다.
> ㉣ 식이 계획의 적절성을 평가한다.

① ㉠, ㉡
② ㉠, ㉢
③ ㉡, ㉣
④ ㉠, ㉡, ㉣

15 학교보건법령상 학교보건 인력에 대한 설명으로 옳지 않은 것은?

① 학교약사는 학교장이 위촉하거나 채용한다.
② 학교의사에는 한의사와 치과의사도 포함된다.
③ 학교에는 1명 이상의 학교의사를 두어야 한다.
④ 36학급 이상의 학교에는 2명 이상의 보건교사를 두어야 한다.

ANSWER 14.③ 15.③

14   ㉠ 심동적 영역
㉡ 인지적 영역
㉢ 정의적 영역
㉣ 인지적 영역
※ 블룸은 학습의 영역을 인지적, 정의적, 심동적 영역의 세 가지로 구분하고 각각을 저차원적 사고에서부터 고차원적 사고로 분류하여 제시하였다. 인지적 영역은 지식 즉, 아는 것과 관련한 정신적·지적 영역으로 '기억-이해-적용-분석-평가-창안'의 6단계로 구성하고 있다.

15 학교에 두는 의료인·약사 및 보건교사〈「학교보건법」제15조〉
① 학교에는 대통령령으로 정하는 바에 따라 학생과 교직원의 건강관리를 지원하는 「의료법」제2조 제1항에 따른 의료인과 「약사법」제2조 제2호에 따른 약사를 둘 수 있다.
② 학교(「고등교육법」제2조 각 호에 따른 학교는 제외한다)에 제9조의2에 따른 보건교육과 학생들의 건강관리를 담당하는 보건교사를 두어야 한다. 다만, 대통령령으로 정하는 일정 규모 이하의 학교에는 순회 보건교사를 둘 수 있다.
③ 제2항에 따라 보건교사를 두는 경우 대통령령으로 정하는 일정 규모 이상의 학교에는 2명 이상의 보건교사를 두어야 한다.
※ 법 제15조 제3항에서 "대통령령으로 정하는 일정 규모 이상의 학교"란 36학급 이상의 학교를 말한다〈「학교보건법 시행령」제23조(학교에 두는 의료인·약사 및 보건교사) 제3항〉.

16 다음 사례에 적용된 연구방법의 특징으로 옳은 것은?

─────────〈'원인 미상 폐질환' 산모에 대한 역학 조사〉─────────
- '원인 미상 폐질환' 산모를 환자군에 배정하였다.
- 환자군과 연령, 병력 등 주요 특성이 동일하지만 폐질환이 없는 산모를 대조군에 배정하였다.
- 연구 대상자들이 과거에 가습기 살균제를 사용하였는지 조사하였다.
- 최종적으로 가습기 살균제 사용이 폐질환과 원인적 인과관계에 있다고 판단하였다.

① 연구 과정에서 피연구자가 새로운 위험에 노출될 수 있다.
② 지역사회 인구를 대상으로 특정 질환의 유병률을 알 수 있다.
③ 위험요인에 노출될 때부터 질병 진행의 전 과정을 관찰할 수 있다.
④ 희귀한 질병 또는 잠복기간이 긴 질병의 위험요인을 파악할 수 있다.

17 세균성 식중독 중 독소형 식중독에 관한 설명으로 옳은 것은?

① 균체 내 독소에 의해 발생한다.
② 생균이 없어도 발생할 가능성이 있다.
③ 대부분 가열 조리하면 예방할 수 있다.
④ 장염 비브리오 식중독은 독소형이다.

ANSWER 16.④ 17.②

16 사례에 적용된 연구방법은 환자-대조군 연구이다.
①③ 코호트 연구
② 단면조사 연구

17 ① 균체 외 독소에 의해 발생한다.
③ 감염형 식중독에 대한 설명이다.
④ 장염 비브리오 식중독은 감염형이다.
※ 세균성 식중독
 ㉠ 감염형 식중독 : 병원성 세균이 오염된 음식을 통해 인체에 들어와 장관에서 증식하며 발생하는 유형
 ㉡ 독소형 식중독 : 세균이 오염된 음식물 내에서 독소를 생성하고 이 독소가 인체에 들어가 발생하는 유형
 ㉢ 생체 내 독소형 식중독 : 세균이 인체 내에 들어와 장관에서 증식하며 독소를 생성하고 이로 인해 장관이나 다른 장기에 영향을 미치는 유형
 ㉣ 알레르기성 식중독 : 특정 음식에 포함된 물질이나 세균이 면역 체계의 과민 반응을 일으켜 발생하는 유형

18 듀발(Duvall)의 가족생활주기별 발달과업으로 옳은 것은?

① 신혼기 가족 - 부모의 책임에 대한 적응
② 학령기 가족 - 가족 내 규칙과 규범 확립
③ 청소년기 가족 - 자녀의 사회화 교육 및 양육
④ 노년기 가족 - 자녀 출가에 따른 부모 역할 적응

ANSWER 18.②

18 ① 양육기 가족
③ 학령기 가족
④ 진수기 가족
※ 듀발(Duvall)의 가족생활주기별 발달과업
㉠ 신혼기 가족 : 결혼~첫 자녀 출생 전
• 부부 관계 : 친밀한 부부 관계 수립
• 결혼 적응 : 성, 결혼 역할의 적응으로 독립성과 의존성의 조화
• 친척 : 친척과 관계 형성
• 자녀 대비 : 임신에 적응, 자녀 출생에 대비
• 생활 수준 : 생활 수준 향상
㉡ 양육기(출산기) 가족 : 첫 자녀의 출생~30개월 전
• 부부 관계 : 안정된 부부 관계 유지
• 자녀 양육 : 산아제한, 임신, 자녀 양육 문제에 배우자 간 동의
• 자녀 발달 : 자녀를 가지고 적응하며 자녀 발달 격려
• 역할 조정 : 부모의 역할, 기능, 책임에 적응으로 가족 구성원 간 갈등이 있는 역할 조정
• 생활비 : 가족의 생활비 충족과 시간, 시설 같은 자원 분배
㉢ 학령전기 가족 : 첫 자녀 30개월~만 5세
• 부부 관계 : 안정된 부부 관계 유지
• 역할 적응 : 부모역할로 에너지 소모, 사생활 부족 적응
• 성장 증진 : 아동의 성장을 자극, 증진하는데 관심, 요구, 양육, 영양 관리에 적응
• 자녀 관계 : 자녀들의 경쟁, 불균형된 자녀와 관계 대처
• 사회화 : 자녀의 사회화
㉣ 학령기 가족 : 첫 자녀 6~12세
• 관습 전승 : 가정의 관습, 전통 전승
• 규칙 확립 : 가족 내 규칙과 규범 확립
• 학업 : 학업 성취 격려
• 사회화 : 자녀의 사회화
• 부부 관계 : 안정된 부부 관계 유지

- ⓜ **청소년기 가족** : 첫 자녀 13~20세
  - 세대 충돌 : 세대 간 충돌 대처
  - 성 문제 대처 : 자녀들의 성문제 대처로 성에 대한 관심 고조, 원치않는 임신에 유의함
  - 부부 관계 : 안정된 부부 관계 유지
  - 자유와 책임 : 10대 자녀들의 독립성 증가에 따른 자유와 책임의 균형 유지
  - 출가 대처(준비) : 자녀의 출가 대처(준비)로 청소년이 부모를 떠날 수 있도록 허용하는 부모-자녀 관계의 변화
- ⓑ **진수기 가족** : 첫 자녀가 독립하여 집을 떠남~막내 자녀 독립
  - 부부 관계 : 부부 관계 재조정
  - 자녀 독립 : 성인이 된 자녀의 독립으로 대학, 군대, 직장, 결혼 등 성인으로 발전
  - 출가 적응 : 자녀의 출가에 따른 부모의 역할 적응
  - 부모 지지 : 늙어가는 부모들의 지지
  - 흥미 개발 : 새로운 흥미의 개발, 참여
- ⓢ **중년기 가족** : 자녀들이 모두 집을 떠나고 두 부부만 남은 시기~은퇴 전
  - 부부 관계 : 부부 관계 재확립
  - 유대 관계 : 출가한 자녀 가족인 자녀, 사위, 며느리, 손자녀와의 적절한 유대 관계, 원만한 의사소통 유지
- ⓞ **노년기 가족** : 은퇴~부부 모두 사망
  - 은퇴 : 은퇴에 의한 생활의 변화, 경제력 감소, 사회적 지위의 낮아짐에 대처
  - 권위 이양 : 권위의 이양, 의존과 독립의 균형과 전환
  - 생활 유지 : 만족스러운 생활, 사기, 동기 유지
  - 흥미 개발 : 새로운 흥미의 개발, 참여
  - 건강 문제 : 노화, 건강 문제에 대처
  - 부모 사망 : 노인 부모의 질병, 사망에 대처
  - 배우자 사망 : 배우자 사망에 적응

19 인구구조 관련 지표의 산출식으로 옳은 것은?

① 성비 $= \dfrac{\text{남성 인구}}{\text{전체 인구}} \times 100$

② 총부양비 $= \dfrac{\text{65세 이상 인구}}{\text{15~64세 인구}} \times 100$

③ 노령화지수 $= \dfrac{\text{65세 이상 인구}}{\text{0~14세 인구}} \times 100$

④ 경제활동인구비 $= \dfrac{\text{경제활동인구}}{\text{18세 이상 인구}} \times 100$

20 건강생활지원센터에 대한 설명으로 옳은 것은?

① 시·군·구마다 1개씩 설치·운영되고 있다.
② 의사를 배치하고 진료 업무를 수행한다.
③ 「농어촌 등 보건의료를 위한 특별조치법」에 근거하여 설치한다.
④ 지역주민의 만성질환 예방 및 건강한 생활습관 형성을 지원한다.

ANSWER 19.③ 20.④

19 ① 성비 $= \dfrac{\text{남성 인구}}{\text{여성 인구}} \times 100$

② 총부양비 $= \dfrac{\text{0~14세 인구} + \text{65세 이상 인구}}{\text{15~64세 인구}} \times 100$

④ 경제활동참가율 $= \dfrac{\text{경제활동인구}(=\text{취업자}+\text{실업자})}{\text{18세 이상 인구}} \times 100$

20 ① 법 제14조에 따른 건강생활지원센터는 읍·면·동(보건소가 설치된 읍·면·동은 제외한다)마다 1개씩 설치할 수 있다〈「지역보건법 시행령」제11조(건강생활지원센터의 설치)〉.
② 의사를 배치하고 진료 업무를 수행한다. → 보건소·보건지소에 대한 설명이다.
③ 「농어촌 등 보건의료를 위한 특별조치법」에 근거하여 설치한다. → 보건진료소에 대한 설명이다.
※ 건강생활지원센터의 설치〈「지역보건법」제14조〉… 지방자치단체는 보건소의 업무 중에서 특별히 지역주민의 만성질환 예방 및 건강한 생활습관 형성을 지원하는 건강생활지원센터를 대통령령으로 정하는 기준에 따라 해당 지방자치단체의 조례로 설치할 수 있다.

기준 법령

- 의료법[시행 2025. 12. 21.] [법률 제20593호, 2024. 12. 20., 일부개정]
- 의료법 시행령[시행 2025. 6. 21.] [대통령령 제35573호, 2025. 6. 2., 일부개정]
- 의료법 시행규칙[시행 2025. 3. 11.] [보건복지부령 제1096호, 2025. 3. 11., 타법개정]
- 마약류 관리에 관한 법률[시행 2025. 10. 2.] [법률 제20878호, 2025. 4. 1., 일부개정]
- 마약류 관리에 관한 법률 시행령[시행 2025. 2. 7.] [대통령령 제35252호, 2025. 2. 6., 일부개정]
- 마약류 관리에 관한 법률 시행규칙[시행 2025. 2. 7.] [총리령 제2011호, 2025. 2. 6., 일부개정]
- 환자안전법[시행 2021. 1. 30.] [법률 제16893호, 2020. 1. 29., 일부개정]
- 환자안전법 시행령[시행 2022. 12. 20.] [대통령령 제33112호, 2022. 12. 20., 타법개정]
- 환자안전법 시행규칙[시행 2024. 11. 7.] [보건복지부령 제1068호, 2024. 11. 7., 타법개정]
- 한국간호사 윤리강령[2023. 2. 28.]
- 지역보건법[시행 2025. 3. 21.] [법률 제20449호, 2024. 9. 20., 타법개정]
- 지역보건법 시행령[시행 2024. 7. 3.] [대통령령 제34643호, 2024. 7. 2., 일부개정]
- 지역보건법 시행규칙[시행 2025. 3. 21.] [보건복지부령 제1103호, 2025. 3. 21., 일부개정]
- 후천성면역결핍증 예방법[시행 2020. 9. 12.] [법률 제17472호, 2020. 8. 11., 타법개정]
- 재난 및 안전관리 기본법[시행 2025. 11. 28.] [법률 제20961호, 2025. 5. 27., 일부개정]
- 재난 및 안전관리 기본법 시행령[시행 2025. 3. 20.] [대통령령 제35394호, 2025. 3. 19., 일부개정]
- 재난 및 안전관리 기본법 시행규칙[시행 2025. 3. 20.] [행정안전부령 제553호, 2025. 3. 19., 일부개정]
- 농어촌 등 보건의료를 위한 특별조치법[시행 2025. 3. 21.] [법률 제20449호, 2024. 9. 20., 타법개정]
- 농어촌 등 보건의료를 위한 특별조치법 시행령[시행 2022. 12. 20.] [대통령령 제33112호, 2022. 12. 20., 타법개정]
- 농어촌 등 보건의료를 위한 특별조치법 시행규칙[시행 2025. 3. 21.] [보건복지부령 제1099호, 2025. 3. 13., 일부개정]
- 감염병의 예방 및 관리에 관한 법률[시행 2025. 10. 2.] [법률 제20873호, 2025. 4. 1., 일부개정]
- 감염병의 예방 및 관리에 관한 법률 시행령[시행 2025. 7. 31.] [대통령령 제35574호, 2025. 6. 2., 일부개정]
- 감염병의 예방 및 관리에 관한 법률 시행규칙[시행 2025. 7. 31.] [보건복지부령 제1114호, 2025. 6. 2., 일부개정]
- 먹는물관리법[시행 2025. 2. 21.] [법률 제20332호, 2024. 2. 20., 일부개정]
- 먹는물관리법 시행령[시행 2025. 2. 21.] [대통령령 제35272호, 2025. 2. 18., 일부개정]
- 먹는물관리법 시행규칙[시행 2025. 2. 21.] [환경부령 제1159호, 2025. 2. 21., 일부개정]
- 먹는물 수질기준 및 검사 등에 관한 규칙[시행 2023. 11. 17.] [환경부령 제1061호, 2023. 11. 17., 타법개정]
- 산업재해보상보험법[시행 2025. 1. 1.] [법률 제20523호, 2024. 10. 22., 일부개정]
- 학교보건법[시행 2025. 9. 19.] [법률 제20789호, 2025. 3. 18., 일부개정]
- 학교보건법 시행령[시행 2023. 2. 14.] [대통령령 제33246호, 2023. 2. 14., 일부개정]
- 학교보건법 시행규칙[시행 2022. 6. 29.] [교육부령 제270호, 2022. 6. 29., 일부개정]
- 학교건강검사규칙[시행 2025. 3. 10.] [교육부령 제354호, 2025. 3. 10., 일부개정]
- 농어촌 등 보건의료를 위한 특별조치법[시행 2025. 3. 21.] [법률 제20449호, 2024. 9. 20., 타법개정]
- 농어촌 등 보건의료를 위한 특별조치법 시행령[시행 2022. 12. 20.] [대통령령 제33112호, 2022. 12. 20., 타법개정]
- 농어촌 등 보건의료를 위한 특별조치법 시행규칙[시행 2025. 3. 21.] [보건복지부령 제1099호, 2025. 3. 13., 일부개정]
- 국민기초생활 보장법[시행 2025. 3. 21.] [법률 제20446호, 2024. 9. 20., 일부개정]
- 국민기초생활 보장법 시행령[시행 2023. 11. 16.] [대통령령 제33858호, 2023. 11. 16., 타법개정]
- 국민기초생활 보장법 시행규칙[시행 2025. 3. 21.] [보건복지부령 제1089호, 2025. 2. 17., 일부개정]
- 환경정책기본법[시행 2025. 1. 1.] [법률 제20626호, 2024. 12. 31., 타법개정]
- 환경정책기본법 시행령[시행 2023. 7. 4.] [대통령령 제33591호, 2023. 6. 27., 일부개정]
- 환경정책기본법 시행규칙[시행 2021. 7. 6.] [환경부령 제927호, 2021. 7. 6., 일부개정]

자격증

한번에 따기 위한 서원각 교재

한 권에 준비하기 시리즈 / 기출문제 정복하기 시리즈를 통해 자격증 준비하자!